KB189169

HANGIL
GREAT BOOKS
132

중용
中庸

주희 지음 | 최석기 옮김

한길사

HANGIL
GREAT BOOKS
132

朱熹
中庸

Translated by Choi Seok-ki

Published by Hangilsa Publishing co., Ltd., Korea, 2014

주자상

주희는 송대 신유학을 집대성해 우주론과 심성론 등 형이상학적 사상체계를 만들었다.
이로써 한(韓)·당(唐)나라 때의 훈고학적 해석의 한계에서 벗어나 우주와 인간을
하나의 논리구도 속에서 이해하는 주자학을 완성했다.

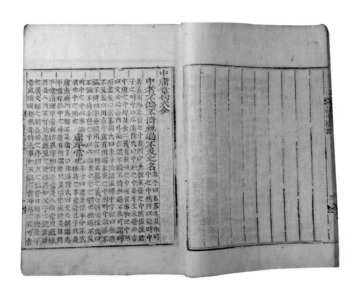

『중용』

주자가 전체를 33장으로 나누어 새롭게 해석한 『중용장구』로,
조선시대 금속활자로 간행한 대전본 판본이다.
『중용』은 인도(人道)와 천도(天道)를 번갈아 말하는데
주자도 이해하기 어렵다고 했을 정도로 심오한 내용을 담고 있다.

무이구곡 석각(위), 무이구곡 제1곡 석각(아래)
주자가 살던 무이정사가 있는 무이구곡의 바위에 새겨진 각자(刻字).
위는 『논어』에 나오는 '서자여사'(逝者如斯)로, 공자가 흘러가는 시냇물을 보고
자연의 이치가 이와 같음을 탄식한 말씀이다. 아래는 무이구곡 제1곡에 새겨진 각자로
'수신위본'(修身爲本) 등의 글자가 새겨져 있다.
『대학』과 『중용』이 근본으로 삼는 '수신'의 정신이 단적으로 드러난다.

무이서원

주자가 살던 무이정사 입구에 후대 무이서원을 만들면서 세운 정문(위)과
그 서원 안에 모셔져 있는 주자의 상(아래).
주자가 이학(理學)의 정종(正宗)이라는 글자가 현판에 쓰여 있다.

HANGIL GREAT BOOKS 132

중용

주희 지음 | 최석기 옮김

한길사

중용

중용혹문(中庸或問)

일러두기

1. 이 책은 주희의 『중용장구』와 『중용혹문』을 『중용』을 이해하는 기본서로 삼아 번역한 것이다. 『중용장구』는 주희가 전체를 33장으로 나누어 새롭게 해석한 책이며, 『중용혹문』은 자신이 『중용』을 해석하는 관점을 문답식으로 설명한 책이다.

2. 『중용장구』의 주석만으로 이해하기 어려운 경우 『중용혹문』을 참조하면 『중용』의 내용을 이해하는 데 도움이 되므로 한 책으로 묶은 것이다. 『주자어류-중용』도 『중용』을 이해하는 데 도움이 되지만, 분량이 방대해 함께 수록하지 못하였다.

3. 『중용장구』와 『중용혹문』 모두 명나라 초에 간행된 대전본(大全本)을 저본으로 하여 번역하였다. 『중용장구대전』에 실려 있는 「중용장구서」(中庸章句序)와 「독중용법」(讀中庸法) 등도 번역하여 실었다.

4. 『중용』에 대한 기초적인 이해를 돕기 위해 '중용' 해석을 위한 기초적 이해'라는 글을 앞에 첨부하였다.

5. 번역문은 가능한 한 현대어로 쉽게 풀이하려 하였고, 한문고전을 공부하는 사람들을 위해 주석을 상세히 달았으며, 원문의 문장이 생략되어 이해하기 어려운 경우 ⟨ ⟩ 속에 생략된 내용을 보충하여 이해하기 쉽도록 하였다.

6. 『중용장구』는 경서를 주석한 책이므로 원문과 주에 모두 토를 달았으며, 『중용혹문』은 참고서이므로 토를 달지 않았다. 전해 내려오는 토에 문제가 있는 경우 ⟨ ⟩ 속에 다른 토를 달아 이해하기 쉽도록 하였으며, 한자의 독음(讀音)이 문제가 되는 경우 ( ) 속에 한글로 음을 표기하였다.

7. 『중용혹문』은 원문의 의미를 손상시키지 않도록 문장구조에 맞추어 번역하였기 때문에 한 문장이 길게 이어지는 만연체로 되어 있다.

8. 주석은 대부분 각주(脚註)로 처리하였으며, 간단한 역자의 주석은 간주(間註)로 처리하였다.

9. 한자는 모두 괄호 속에 표기하였다. 다만 『중용혹문』의 각주에는 원전의 원문을 그대로 인용해놓은 경우도 있다.

10. 원문 그대로 번역하면 이해하기 어려운 경우 ⟨ ⟩ 속에 보충역을 넣었다.

11. 각 장 뒤에 해설을 붙여 그 장의 요지와 의미를 풀이해놓았다.

12. 이 책에 사용된 부호는 다음과 같다.

    ( ): 번역문과 음이 같은 한자를 묶는다.

    〔 〕: 번역문과 음이 다른 한자를 묶는다.

    " ": 대화 등의 인용문을 묶는다.

    ' ': " " 안의 재인용문 또는 강조 문구를 묶는다.

    『 』: 책명.

    「 」: 편명.

『중용』해석을 위한 기초적 이해

최석기 경상대 교수 · 한문학

1.『중용』의 구조분석에 관한 설

『중용』의 내용을 체계적으로 해석하기 위해서는 무엇보다도 구조분석과 논리접속이 필요하다. 주자의 「중용장구서」에 '지분절해 맥락관통'(支分節解 脈絡貫通)이라는 문구가 이에 대한 결정적 단서를 제공한다. 따라서 단락을 나누어 구조를 분석하고, 각 지절(支節) · 장구(章句)의 논리접속을 제대로 파악하지 않으면 주석에 따라 문구나 해석하는 데서 그칠 수밖에 없다. 따라서『중용』을 해석하는 기초적인 이해를 돕기 위해 이 점에 대해 더 구체적으로 살펴보고자 한다.

십삼경주소본에 실린『예기』「중용」은 후한 정현(鄭玄)의 주(註)에 당나라 공영달(孔穎達)이 소(疏)를 낸 것인데, 전체를 32장으로 나누고 있다. 북송 때 조열지(晁說之, 1059~1129)는 이를 다시 81절(節)로 나누어 해석했다. 그 뒤 주자는 33장으로 분장(分章)하였고, 주자 후세대인 여입무(黎立武)는 15장으로 분장하였다. 그러나 주자학이 관학(官學)이 된 뒤로는 주자의 설이 통용되었다.

그런데 주자가 33장으로 분장해놓은『중용장구』의 요지를 파악하기 위해 크게 몇 단락으로 나누어 요지를 분석할 것인가 하는 문제가 주자의 재전 문인대부터 제기되었다. 그 첫 번째 인물이 진력(陳櫟, 新安陳氏)과 요로(饒魯, 雙峰饒氏)이다. 진력은 주자의 『중용장구』를 제1장~제11장, 제12장~제20장, 제21장~제33장으로 크게 3단락으로 나누어 보았다. 한편 요로는 6대절로 나누어 요지를 파악하였는데, 이를 정리하면 아래와 같다.

단락	범위	장수	요지	비고
제1대절	제01장	1	중화(中和)	
제2대절	제02장~제11장	10	중용(中庸)	
제3대절	제12장~제19장	8	비(費)와 은(隱)	
제4대절	제20장~제26장	8	성(誠)	제20장을 2장으로 나눔(총 34장으로 봄)
제5대절	제27장~제32장	6	대덕(大德)과 소덕(小德)	
제6대절	제33장	1	다시 제1장의 뜻을 해석〔復釋首章之義〕	

　요로가 『중용장구』를 6대절로 나눈 다음 『중용』의 분절에 대한 논의는 활발하게 일어났다. 원나라 호병문(胡炳文)은 체용론의 관점에서 일리(一理)가 중간에 흩어졌다가 마지막에 다시 합하는 연관구조로 되어 있다고 보았고, 경성(景星)은 요로의 6대절 중 제21장부터 32장까지를 한 절로 묶어 5대절로 보았으며, 사백선(史伯璿)은 경성의 설과 유사한 5대절을 주장하였다.

　그런데 명나라 초에 호광(胡廣) 등이 편찬한 『중용장구대전』(中庸章句大全)에는 종전에 보이지 않던 주자의 「독중용법」(讀中庸法)이 실렸는데, 그중 아래와 같이 6대절로 나누어보는 설이 실려 있다.

단락	범위	장수	요지
제1대절	제01장	1	중화(中和)를 말한다
제2대절	제02장~제11장	10	중용(中庸)을 말한다
제3대절	제12장~제19장	8	비(費)와 은(隱)을 말한다
제4대절	제20장~제26장	7	성(誠)을 말한다
제5대절	제27장~제32장	6	대덕(大德)과 소덕(小德)을 말한다
제6대절	제33장	1	다시 제1장의 뜻을 말한다[復申首章之義]

이 「독중용법」의 6대절설은 요로의 6대절설과 거의 같다. 『중용장구
대전』에는 이 「독중용법」 아래 소주에 왕씨(王氏)의 4대지설(大支說)이
실려 있다. 왕씨는 대지(大支)라는 명칭을 쓰면서 제20장을 앞 단락에
소속시켜 전체를 4대지로 나누어보고 있다. 그런데 왕씨의 4대지설은
주자가 『중용장구』 장하주(章下註)에서 4단락으로 나누어 요지를 파악
한 것과 일치한다. 『중용장구』 장하주 제1장, 제2장, 제11장, 제12장, 제
20장, 제21장, 제32장, 제33장의 설을 종합해보면 아래와 같이 4단락으
로 나누어 구조를 분석하고 있음을 알 수 있다.

단락	범위	장수	요지
제1대절	제01장~제11장	11	중용(中庸)
제2대절	제12장~제20장	9	비은(費隱)을 포함하고 소대(小大)를 겸함
제3대절	제21장~제32장	12	천도(天道)와 인도(人道)
제4대절	제33장	1	한 편의 요지를 총론함

이렇게 보면 주자는 『중용장구』의 분절에 대해 「독중용법」에서는 6대
절을 주장하고, 『대학장구』 장하주에서는 4단락을 주장한 것이 된다. 이
러한 주자의 본의를 요로는 6대절설로 수용하였고, 왕씨는 4대지설로

수용한 것이다.

명나라 초에 만들어진 『중용장구대전』에 「독중용법」이 전면에 실리고, 왕씨의 설이 소주에 실린 것을 보면 당시까지는 6대절설이 4대지설보다 우세했음을 알 수 있다. 그러나 이에 대한 논의는 계속되었다. 15~16세기에 활동한 주기(周琦)는 요로의 설을 그대로 수용하여 6대절설을 주장하였고, 하상박(夏尙樸, 1466~1538)은 8대절설을 주장하였다. 한편 채청(蔡淸, 1453~1508)은 「중용장구서」의 지분절해(支分節解)에 대해 인신(人身)의 사지(四肢)와 각절(各節)에 비유하여 해석하였다. 그의 설을 보면 지분(支分)과 절해(節解)를 분리해 해석하는 성향이 뚜렷이 나타나는데, 분절은 왕씨의 4대지설과 유사하다. 채청이 4대지설을 본격 주장함으로써 이후 4단락으로 나누어보는 설은 대체로 4대지설로 일컬어졌다.

이처럼 명나라 중반까지는 「독중용법」의 6대절설이 있음에도 불구하고, 4대지설 및 독자적인 설이 부단히 제기되고 있었다. 그러나 양명학이 등장한 이후에는 고본을 저본으로 해석하는 풍조가 대두되어 이에 대한 관심이 줄어들었고, 또 고증학이 대두되면서 더 이상의 진전을 이룩하지 못하였다.

2. 조선시대 『중용』 분절설

그러면 조선시대 『중용』 분절설은 어떻게 전개되었을까? 조선시대 초기 권근(權近, 1352~1409)은 남송 말 동괴(董槐) 등이 주자의 『대학장구』를 일부 개정한 사실을 알고 있었지만 『대학장구』를 개정하는 문제에 대해서는 신중한 태도를 보였다. 그런데 『중용』 해석에 있어서는 주자의 설과 달리 대지삼절(大旨三節)·세분오절(細分伍節)을 주장하였다. 권근의 설은 우리나라에서 최초로『중용장구』분절에 대해 독자적인 설을 제기한 것이 된다. 권근은『중용장구대전』이 만들어지기 전에 별세했지만「중용분절변의」(中庸分節辨議)를 지어『중용』의 분절문제를 심도 있게 논의하였다. 그는 이 글에서 주자는 4대절로 보고 요로는 6대절로 보았다는 언급을 하고 있다. 그러면서 자신이 이 두 설을 모두 따르지 않고 독자적인 설을 주장하게 된 이유를 논변하였다. 권근이 주자의 설을 4대절로 본 것은「독중용법」의 6대절설을 따르지 않은 것이 된다.

『중용장구대전』이 우리나라에 유입되어 간행 반포된 뒤로는「독중용법」의 6대절설이 널리 받아들여질 수밖에 없었다. 그런데다「중용장구서」의 지분절해에 대해 학자들이 아직 문제의식을 갖지 못하였고, 편제(篇題)에 인용된 정자(程子)가 "처음에는 일리를 말하고, 중간에는 흩어져 만사가 되고, 마지막에는 다시 합하여 일리가 된다"(始言一理 中散爲萬事 末復合爲一理)라고 한 설에서 그 실마리를 찾았다. 그 대표적인 인물이 장현광(張顯光, 1554~1637)이다. 그는「중용장구서」의 지분절해보다 정자의 설에 치중해『중용장구』의 구조를 분석하였는데, 그의 설을 정리하면 5대절로 나누는 것이 된다. 장현광의「중용지도」(中庸之圖)에는 제20장을 앞 대절에 소속시켰는데, 이는 4대지설에 근거하되 제1장을 독립시켜 제1대절로 삼은 것이다.

17세기 전라도 나주에 살던 김만영(金萬英, 1624~71)은 주자의 4대지설과 6대절설, 요로의 6대절설, 왕씨의 4대지설 등을 모두 따르지 않고, 독자적으로 새롭게 분절하여 논지를 파악하였다. 그의 설을 보면 주자의 4대지설을 근본으로 하되 제1장부터 제20장까지 독자적으로 분절하여 논지를 파악하고 있다. 또한 기호학파 박세채(朴世采, 1631~95)의「중용총도」(中庸總圖)를 보면『중용장구』장하주의 설에 천착해 해석한 것을 알 수 있다. 박세채는「독중용법」의 6대절설을 따르지 않고, 장하주에 의거하여 4대지로 분절하였다. 그는 「중용장구서」의 지분절해라는 말에 주목해 대절(大節)이라 하지 않고 대지(大支)라고 하였다. 그것은 4대지설을 근본으로 하는 시각을 드러낸 것이다. 이런 점에서 박세채의 설은 조선시대 『중용』 해석사에서 4대지설을 본격적으로 주장한 최초의 설이 된다. 이는 명나라 채청의 설이 국내에 널리 알려져 그 영향을 받은 것으로 추정된다.

한편 경주에 살던 한여유(韓汝愈, 1642~1709)는 주자의 4대지설과 6 대절설을 모두 따르지 않고, 요로의 6대절설에 의거하여 6대절로 분절하였다. 그의 설과 요로의 설을 비교해보면 제4대절·제5대절의 분절이 다를 뿐 나머지는 모두 동일하다. 그가 도설에서 "쌍봉 요씨의 설이 옳다"라고 한 말을 보면 요로의 설을 취하여 다시 개정한 것을 알 수 있다.

또한 기호학파 김간(金幹, 1646~1732)은 「중용장구서」의 '지분절해 맥락관통'에 대해 "지(支)는 대지(大支)이고, 절(節)은 그 안의 절단(節段)이니 절이 어찌 지 밖에 있겠는가?"라고 하여 채청의 4대지설을 수용하였다. 또한 그는 대전본 소주에 보이는 요로의 6대절설과 「독중용법」의 6대절설을 비교하면서 분절은 동일하지만 요지파악이 다른 점을 지적하였다. 김간은 송시열·박세채 등에게 수학한 인물인데, 채청 등의 설을 수용하면서 4대지설을 지지하고 있다. 또한 권상하·김창협에게 수학한 이현익(李顯益, 1678~1717)의 「중용도」를 분석해보면 4대지설을 추종하고 있음을 알 수 있다.

그런데 박세채의 문인 이태수(李泰壽, 1658~1724)는 「독중용법」의 6 대절설에 따라 「중용칠도」(中庸七圖)를 그렸는데, 요지파악은 「독중용법」의 설과 약간 다르다. 그는 스승 박세채의 설을 따르지 않고 「독중용법」의 설을 추종한 것이다. 이를 통해 볼 때, 기호학파 내에서도 『중용장구』 분절에 대해 여전히 정설이 없었음을 알 수 있다.

18세기 기호학파의 한원진(韓元震, 1682~1751)은 주자의 정설을 확정하려고 노력한 인물답게 「독중용법」의 6대절설을 주자의 초년설로 보아 폐기하고, 『중용장구』 장하주의 4대절설을 주자의 만년 정설로 보았다. 그러나 그는 대지(大支)라는 말을 쓰지 않고 대절(大節)이라는 말을 써서 주자의 분절은 4대절설이 정설이라고 주장하였다. 한원진은 주자의 여러 설을 분변하여 정설을 확정하는 한편, 주자의 정설과 다른 대전본 소주 및 후유(後儒)들의 설을 논변하여 주자학의 정통성을 확립하는 데 일생을 바친 인물이다. 그는 이설을 통섭하는 시각보다는 동이(同異)를 정밀히 분변하여 명징한 정설을 만드는 데 심혈을 기울였다. 『중용』의 분절도 이런 분변의 척도에 의한 것이다.

　　그의 문인 김근행(金謹行, 1712~82)도 스승의 설에 따라 4대절로 나누고 각 대절마다 상세하게 도표를 그렸다. 그가 그린 4개의 도표를 보면 『중용장구』 장하주의 분절에 의거해 그린 것을 알 수 있다. 또한 대지라 명명하지 않고, 스승의 설에 따라 대절이라고 이름을 붙였다. 이를 통해 보면 한원진 이후 기호 노론계 학자들은 주자의 『중용장구』 분절을 4대절로 보는 설이 수용된 듯하다. 한원진의 설이 영남의 유건휴(柳健休, 1768~1834)와 최상룡(崔象龍, 1786~1849) 등에게 거론되고 있는 것을 보면 19세기 초 영남 퇴계학파 학자들에게까지 널리 유전된 듯하다.

　　조선시대 후기 영남의 퇴계학파는 이상정(李象靖, 1711~86)이 통간(通看)을 주장함으로써 종래 퇴계의 설만을 고수하던 시각에서 벗어나 유연성을 갖게 되었다. 그의 문인 정종로(鄭宗魯, 1738~1816)의 문하에서 수많은 경학가들이 배출되었는데, 대구 출신 최상룡은 4대지설과 6대절설을 겸취하는 생각을 가졌다가 스승에게 질정한 뒤 4대지설로 입장을 정리하였다. 다만 그는 대절이라는 말을 쓰지 않고 대지로 명명하였다. 이를 보면 이 시기에는 주자의 『중용장구』 장하주에 의거해 4단락으로 분절하는 것이 주자의 정설로 인정한 듯한데, 다만 한원진 계열은 대절이라 칭하고, 영남의 학자들은 대지라고 일컬었다.

19세기 중반에는 경상우도 지역에 다양한 학파의 학자들이 울흥하여 활발하게 학술활동을 하였는데, 퇴계학맥을 이은 이진상(李震相, 1818~86)도 그중 한 사람이다. 이진상은 영남학파의 일원으로서 기호학파의 설에 본격적으로 이론적 대응을 한 인물인데, 경서 해석에 있어서도 종래와는 다른 독자적인 설을 다수 제기하였다. 그 가운데 하나가 『중용』 분절에 대해 기호학파 한원진 등의 4대절설을 비판하면서 독자적인 설을 내세운 것이다. 그의 분절설은 『중용장구』 장하주의 4대지설과 「독중용법」의 6대절설을 모두 수용하여 새로운 해석을 한 것으로, 한원진처럼 서로 다른 설을 분변하여 어느 하나를 폐기하는 분변적 관점을 척도로 한 것이 아니라 서로 다른 설을 수용하여 통섭하는 통섭적 관점을 척도로 하고 있다.

이진상은 4대지설과 6대절설을 합해 「중용사지육절도」(中庸四支六節圖)를 그리고, 그 밑에 설을 붙여 자신의 견해를 피력해 놓았다. 그의 사지육절설은 「중용장구서」의 '지분절해 맥락관통'에 근거를 두고 있는데, 지분절해와 맥락관통을 연속적으로 파악하면서 정자(程子)의 설과 합해 통섭적 관점으로 해석한 것이다. 그런데 이를 인간의 지절(支節)에 국한하지 않고 심신(心身)을 가진 생명체에 비유해 설명하고 있는 것이 특징이다. 이진상은 4대지설·6대절설을 주장하는 사람들의 설에 일일이 반론을 제기하면서 대지만 있고 대절이 없으면 운용할 수 없고 대절만 있고 대지가 없으면 통섭할 수 없다고 하였다. 이는 대지와 대절을 유기적으로 연관해 해석해야 한다는 점을 강조한 것으로, 통섭과 운용의 묘합을 추구한 것이다. 이진상의 사지육절설은 기호학파 한원진의 4대절설 및 그의 「중용도」를 비판하면서 정립한 설이다.

이진상이 4대지설· 6대절설을 통섭해 해석하자 그의 문인들에게도 큰 반향을 불러 일으켰다. 그의 문인 허유(許愈, 1833~1904)도 인신(人身)의 운용은 4대지에 달려 있는데 이 4대지는 각각 1대절을 겸하며, 제2대절의 중용과 제4대절의 성(誠)은『중용』의 체요(體要)와 추뉴(樞紐)라고 파악하였다. 또한 이진상의 문인 곽종석(郭鍾錫, 1846~1919)은 28세 때 동문 선배 허유의 요청으로 4대지·6대절을 합해「중용지절도」(中庸支節圖)를 그렸다. 그는 뒤에 스승에게 자신의「중용지절도」를 보이고 질정을 받았으며, 자신의 도표를 허유에게 보여주고 서너 차례 토론을 거친 뒤「중용대지변」(中庸大支辨)을 짓고 그다음해「중용지절별도」(中庸支節別圖)를 그렸다.

이러한 사실을 통해 볼 때『중용장구』의 분절에 대해 이진상이 사지육절설을 주장하며 한원진의 설을 비판한 뒤로 그의 문하에서는 큰 틀에서 스승의 설을 따르면서 세부적으로는 다양하게 독자적인 주장을 하는 논의가 전개된 것을 알 수 있다. 이들은 모두 한원진의 분변적 관점과는 다른 통섭적 관점으로 4대지설과 6대절설을 하나로 합해 유기적인 통일성을 추구한 것이 특징이다.

이상에서『중용』해석의 기초적인 이해를 위해 구조분석과 논리접속의 문제를 살펴보았다. 이는『중용』해석에 있어서 이 두 사안이 얼마나 중요한지를 단적으로 보여주는 것이며,『중용』을 공부하는 사람들에게도 이정표와 같은 역할을 한다.

3. 『중용』을 어떻게 읽을 것인가

『중용』을 우스갯소리로 성도교(性道敎)라 한다. 마치 어떤 종교를 지칭하는 듯한데, 그것은 이 책 첫머리에 하늘이 명(命)한 것을 성(性)이라 하고, 그 본성을 거역하지 않고 순응하는 삶을 도라 하며, 그런 도를 닦은 성인의 말씀을 교(敎)라 하기 때문이다. 『중용』은 이런 공자(孔子)의 도를 그의 손자 자사(子思)가 기록해놓은 것이다.

『중용』의 주제어는 이 성·도·교인데, 특히 사람의 마음에 초점을 맞추어 논한 것이다. 『중용』에서는 인간 존재의 심성(心性)에 주목하여 존심양성(存心養性)해서 하늘이 명한 성(性)을 해치지 않고 그에 순응하는 인간의 길을 제시하고 있다. 그래서 인간의 길을 걸어 천도(天道)에 합하는 방도를 알려주고 있다. 그런데 그 길은 먼 데 있는 것이 아니라 우리 마음속에 내재되어 있다. 인간이 잠시도 벗어나서는 안 되는 길이 곧 인도(人道)이고, 이 인간의 길은 마음이 발하기 전에 계신공구(戒愼恐懼)하고, 마음이 발하면 신독(愼獨)하여 희로애락의 정(情)이 중절(中節)하도록 하는 것이다. 이 길을 오래 걸어 넓고 두터우며 높고 밝은 경지에 이른 분이 바로 성인이다. 그래서 제1장에 중용(中庸)을 말하지 않고, 마음의 성정(性情)으로써 말한 중화(中和)를 거론한 것이다.

중용은 이치로써 말한 것이고, 중화는 마음으로써 말한 것이다. 그런데 중용은 또 도리로써 말할 때도 있고, 마음으로써 말할 때도 있다. 그러므로 중용의 중(中)은 마음이 발하기 전에 치우치거나 의지하지 않고, 마음이 발한 뒤에 지나치거나 미치지 못함이 없는 것이며, 용(庸)은 그런 마음을 늘 끊어지지 않고 이어지게 하는 것이라고 해석한 것이다. 역시 이런 마음이 오래되어 넓고 두터우며 높고 밝아지면 성인의 경지에 이르게 된다.

『중용』의 대지(大旨)는 성(誠)이라고 하는데, 이 성(誠)도 도리로 말할 경우와 인심으로 말할 경우가 있다. 도리로 말하면 천도이다. 그러나 인심으로 말하면 진심이 가득 차서 망령된 생각이 없어진 진실무망(眞實無妄)의 100퍼센트 진실로 가득 찬 마음이다. 그래서 자신의 마음을

100퍼센트 진심으로 가득 차게 하는 것이 인간의 길인 것이다. 이를 위해 『중용』에서는 수신(修身)을 극도로 강조하고 있다. 노나라 애공(哀公)이 공자에게 정사를 물었을 때 공자가 답한 요지는 바로 수신이다.

주자는 태산에 오르는 과정은 공부이지만 태산의 정상에 서면 하늘과 하나가 된다고 했다. 물론 이 말은 이치상 그렇다는 것이지만 귀담아들을 만한 말이다. 『중용』에 천도(天道)와 인도(人道)를 번갈아 말한 것은 우리가 추구할 목표와 과정을 다 같이 보여준 것이다.

『중용』에는 현상과 개체에 해당하는 용(用)과 그 본체에 해당하는 체(體)가 등장하는데, 그것이 바로 비(費)와 은(隱)이다. 이는 우리가 눈으로 보고 귀로 들을 수 있는 현상의 세계만을 인식해서는 안 되고, 그 이면에 내재된 소이연(所以然)까지 알지 않아서는 안 된다는 것이다. 우리는 사유능력을 가진 우리의 마음이 전부인 것으로 이해하지만 『중용』에서는 마음의 근원이 천명(天命)에 있다고 본다. 따라서 하늘이 명한 본성(本性)을 올바로 알고 그에 순응하지 않으면 온전한 삶을 살 수가 없다. 공자가 눈앞에 보이는 흘러가는 시냇물을 보고서 그 근원을 생각하고 그 궁극처를 생각한 것과 무관하지 않다.

우리는 현상만을 보고 그 이면의 원리를 보지 못한다. 그러나 그 원리를 모르면 현상도 온전히 이해할 수 없다. 그래서 솔개가 허공에 떠 있으면서 떨어지지 않는 이치, 물고기가 연못에서 자유롭게 노닐며 물에 빠져 생명을 잃지 않는 이치, 그런 이치를 솔개와 물고기를 통해 보고 알아야 한다고 가르친다. 또 우리 존재의 근원이 하늘임을 알게 하기 위해 제사를 사례로 들어 귀신(鬼神)을 언급하고 있다. 눈에 보이지 않는 원리와 이치를 알아야 나의 삶을 온전히 할 수 있기 때문이다. 이 점이 『중용』이 우리에게 주는 교훈이다.

주자가 연못에 비친 천광(天光)과 운영(雲影)을 보고서 천리(天理)가 유행하는 것을 지각한 것과 조선시대 학자들이 산색(山色)을 보고 시냇물 소리〔溪聲〕를 듣고서 천리가 유행하는 것을 알아차렸듯이 일상에서 천리와 늘 함께하는 것은 인간의 삶을 속되지 않게 한다. 이것이 바로 자연(自然)의 삶이다. 이 삶의 원리를 우리 선현들은 일상 속에서 늘 느끼며 자신을 성찰했는데, 우리는 이러한 정신을 온전히 잃어버렸다. 그래서 우리 시대에 새삼 『중용』이 절실히 다가오는 것이다. 『중용』은 내 마음을 공평무사하고 광명정대하게 오래오래 지속하여 자연과 하나가 되는 삶을 살라는 공자의 가르침이다.

중용장구
中庸章句

"인심은 오직 위태롭고 도심은 오직 미미하니
오직 인식을 정밀하게 하고 오직 마음을 전일하게 해야
진실로 그 중도를 잡을 수 있다."

人心惟危 道心惟微
惟精惟一 允執厥中

중용장구서 中庸章句序

『중용』(中庸)은 어찌하여 지어진 것인가? 자사자(子思子)[1]가 도학
(道學)[2]이 그 전함을 잃어버릴까 우려하여 지으신 것이다.

대개 상고(上古)시대 성스럽고 신령스러운 분이 하늘의 뜻을 계승하
여 이 땅에 법도를 세우신 뒤로 도통(道統)의 전함이 유래가 있게 되
다. 그것이 경전에 보이는 것으로는 "진실로 그 중도를 잡아라"(允執厥
中)[3]라는 말은 요(堯)[4]임금이 순(舜)[5]임금에게 전수하신 것이고, "인
심(人心)[6]은 오직 위태롭고 도심(道心)[7]은 오직 미미하니 오직 인식을

---

1) 자사자(子思子): 자사(子思)는 공자의 손자인 공급(孔伋)의 자이다. 뒤의 자(子)는
   선생이라는 의미로 붙인 것이다. 즉 자사 선생이라는 뜻으로 쓴 것이다.
2) 도학(道學): 유교의 도에 관한 학문.
3) 진실로……잡아라:『논어』「요왈」(堯曰)에 "아! 너 순(舜)아, 하늘의 운수가 너
   의 몸에 있으니 진실로 그 중도를 잡아라"(咨爾舜 天之歷數在爾躬 允執其中)라
   고 하였다. 궐(厥)이나 기(其)가 같은 의미이기 때문에 통용해 쓴 것이다.
4) 요(堯): 중국 고대 제왕인 도당씨(陶唐氏)의 이름. 역대로 흔히 제요(帝堯)로 일
   컬어졌으며, 방훈(放勳)이라고도 한다.
5) 순(舜): 중국 고대 제왕인 유우씨(有虞氏)의 이름. 역대로 흔히 우순(虞舜)으로
   일컬어졌으며, 중화(重華)라고도 한다. 요에게 왕위를 선양받아 천하를 다스리
   다가 우(禹)에게 선양하였다.

정밀하게 하고 오직 마음을 전일하게 해야 진실로 그 중도를 잡을 수 있다"(人心惟危 道心惟微 惟精惟一 允執厥中)[8]라고 한 말은 순임금이 우(禹)[9]임금에게 전해주신 것이다. 요임금의 한 마디 말씀[10]이 지극하고 극진하다. 그런데 순임금이 다시 거기에 세 마디 말씀[11]을 덧붙인 것은 요임금의 한 마디 말씀이 반드시 이와 같이 한 뒤에야 거의 그것에 가까울 수 있다는 것을 밝힌 것이다.

　대개 내가 시험 삼아[12] 그 점을 논해보았다. 마음의 허령(虛靈)[13]과 지각(知覺)[14]은 하나일 따름이다. 그런데 사람들이 그 마음에 인심(人心)과 도심(道心)의 다름이 있다고 생각하는 것은, 그 마음이 어떤 경우는 형기(形氣)[15]의 사사로운 데에서 생기기도 하고, 그 마음이 어떤 경우는 성명(性命)[16]의 바른 데에 근원하기도 하여 지각을 하는 것이 같지 않기 때문이다. 그러므로 혹 위태로워 편안하지 않기도 하고, 혹 미묘하여 보기 어렵기도 하다. 그러나 사람은 이 형기를 소유하지 않은 사람이 없기 때문에 아무리 상등의 자질을 타고난 지혜로운 사람일지라도 인심이 없을 수 없다. 또한 사람은 이 본성을 소유하지 않은 사람이 없기

---

6) 인심(人心): 형체와 기운을 가진 몸의 사사로운 데서 일어나는 마음.

7) 도심(道心): 하늘이 부여한 본성의 바른 데에서 근원해 일어나는 마음.

8) 인심(人心)은……있다: 이 내용은 『서경』(書經) 「대우모」(大禹謨)에 보인다.

9) 우(禹): 중국 고대 하(夏)나라의 시조. 곤(鯀)의 아들로, 치산치수(治山治水)를 잘하여 순으로부터 왕위를 선양받았다. 흔히 대우(大禹) 또는 하우(夏禹)라고 한다.

10) 요임금의……말씀: 위에 보이는 "允執厥中"을 가리킨다.

11) 세 마디 말씀: 위에 보이는 "人心惟危 道心惟微 惟精惟一"을 가리킨다.

12) 시험 삼아: 원문의 '상'(嘗)은 시험하다는 뜻이다.

13) 허령(虛靈): 텅 비어 있으면서 신령스러운 마음의 영령.

14) 지각(知覺): 마음이 사물을 인식하고 느끼는 능력.

15) 형기(形氣): 형질(形質)과 기운(氣運).

16) 성명(性命): 하늘이 인간에게 부여한 본성.

때문에 아무리 하등의 자질을 타고난 어리석은 사람일지라도 도심이 없을 수 없다. 이 인심과 도심 두 가지가 마음속에 섞여 있는데, 그것을 다스릴 방법을 알지 못하면 위태로운 것은 더욱 위태로워지고, 미미한 것은 더욱 미미해져 천리(天理)[17]의 공정함이 끝내 인욕(人欲)[18]의 사사로움을 이길 수 없게 된다.

유정유일(惟精惟一)의 정(精)은 이 인심과 도심 사이를 살펴서 섞이지 않게 하는 것이고, 일(一)은 그 본심의 바름을 지켜서 이탈하지 않게 하는 것이다. 이 일에 종사하여 조금도 중단함이 없어서 반드시 도심으로 하여금 항상 일신(一身)의 주인이 되게 하고, 인심으로 하여금 매양 도심에게 명령을 듣게 하면 위태로운 것은 편안해지고 미미한 것은 드러나서 움직이고 고요하고 말하고 행동하는 것들이 저절로 지나치거나 미치지 못하는 차이가 없게 될 것이다.

요임금·순임금·우임금은 이 세상의 위대한 성인이고, 이 세상에 그 도가 서로 전한 것은 이 세상의 위대한 일이다. 이 세상의 위대한 성인으로서 이 세상의 위대한 일을 행하셨는데, 그분들이 도를 전해주고 받으실 때에 정녕하게 일러 경계하신 말씀이 이와 같은 데 불과하니 이 세상의 이치가 어찌 이 말씀에 더할 것이 있겠는가.

이 뒤로는 성인과 성인이 그 도를 서로 계승하여 임금이 된 성탕(成湯)[19]·문왕(文王)[20]·무왕(武王)[21] 같은 분들과 신하가 된 고요(皐

---

17) 천리(天理): 하늘이 부여한 본연의 이치.
18) 인욕(人欲): 형기에서 생기는 사람의 욕망.
19) 성탕(成湯): 상(商)나라의 시조인 탕(湯)임금을 말한다.
20) 문왕(文王): 성명은 희창(姬昌)이다. 은나라 주왕(紂王) 때 서방의 제후로서 서백(西伯)이 되었으며, 주(周)나라가 천하를 소유하는 데 기반을 마련하였다. 문왕은 아들 무왕(武王)이 천하를 소유한 뒤에 추봉한 시호이다.
21) 무왕(武王): 주나라 문왕의 아들로서 아버지의 유업을 계승하여 은나라 주왕을

陶)²²⁾・이윤(伊尹)²³⁾・부열(傅說)²⁴⁾・주공(周公)²⁵⁾・소공(召公)²⁶⁾ 같은 분들이 모두 이 말씀으로써 그 도통이 전해진 것에 접하셨다. 그리고 우리 선생 공자(孔子) 같은 분은 비록 그 덕에 합당한 지위를 얻지는 못하였지만 과거 성인들의 마음을 계승하여 후대 학자들에게 그 도를 열어 보여주었으니 그 공이 도리어 요임금이나 순임금보다 더 훌륭한 점이 있다. ^{22) 23) 24) 25) 26)}

그러나 이때를 당해 공자를 직접 뵙고서 그 도를 안 것으로는 오직 안씨(顏氏)²⁷⁾와 증씨(曾氏)²⁸⁾가 전한 것만 그 종지(宗旨)를 얻었다. 증씨가 재차 전하여 공자의 손자 자사(子思)를 다시 얻어서는 성인 공자와의 거리가 멀어지고 이단(異端)이 일어났다. 자사가 세월이 오래될수록 그 참된 도를 더 잃어버릴까 두려워하여 이에 요임금과 순임금 이후로 서로 전한 뜻을 미루어 근본하고, 평소 아버지와 스승에게 들은 바의 말씀을 바탕으로 하고서 상호 연역하여 이 글을 지어 만들어서 후세의 학자들에게 가르쳤다.

대개 자사는 그 점을 우려하심이 깊었기 때문에 그 말씀이 간절하였고, 그 사려하심이 원대했기 때문에 그 말씀이 상세하였다. 천명(天命)²⁹⁾・솔성(率性)³⁰⁾이라고 하신 것은 도심(道心)을 말한 것이고, 택선

물리치고 천하를 차지하였다.
22) 고요(皐陶): 순임금 때 법을 담당하는 신하의 이름.
23) 이윤(伊尹): 상나라 초 탕임금을 도와 태평성대를 이룩한 현신.
24) 부열(傅說): 은나라 고종을 도운 현신.
25) 주공(周公): 주나라 문왕의 아들로 문왕과 무왕을 도와 주나라 초기의 예악문물제도를 완비한 인물.
26) 소공(召公): 주나라 문왕의 아들.
27) 안씨(顏氏): 공자의 제자 안회(顏回)를 말한다.
28) 증씨(曾氏): 공자의 제자 증삼(曾參)을 말한다.
29) 천명(天命): 『중용장구』 제1장 제1절에 보이는 "天命之謂性"을 줄여 쓴 것이다.

고집(擇善固執)[31]이라고 하신 것은 유정유일(惟精惟一)을 말한 것이고, 군자시중(君子時中)[32]이라고 하신 것은 윤집궐중(允執厥中)을 말한 것이다. 그로부터 세대가 흘러내려온 것이 1천여 년이나 되었는데 그 말씀이 다르지 않은 것이 부절(符節)[33]을 합한 것과 같다. 앞 시대 성인들의 서적을 차례로 선별해보건대 기강(紀綱)을 끌어내어 깊은 뜻을 열어 보여준 것으로는 이『중용』과 같이 분명하고 극진한 것이 없다.

  그 뒤로 재차 전하여 맹씨(孟氏)[34]를 얻어서 능히 이 책을 미루어 밝히는 일을 하여 앞 시대 성인이 전한 도통을 계승하였다. 그러나 맹씨가 돌아가시자 그 도통이 전하는 것을 마침내 잃어버렸다. 그러니 우리 도가 의지할 바는 언어와 문자 사이를 넘어서지 못하였고, 이단의 설은 날마다 새로워지고 달마다 극성하여 노장(老莊)과 불교(佛敎)의 무리들이 세상에 나오는 데 이르러서는 이치에 더욱 가까워서 진리를 크게 어지럽혔다.

  그러나 오히려 다행스럽게도 이 책이 없어지지 않았기 때문에 정부자(程夫子)[35] 형제분이 세상에 태어나 이 책을 얻어 상고한 바가 있어서 1천 년 동안 전해지지 못한 실마리를 이으시고, 이 책을 얻어 근거한 바가 있어서 저 노장과 불교의 근사한 듯하지만 잘못된 설을 배척하셨다. 대개 자사의 공이 이에 위대하게 되고, 그리고 정부자 형제분이 아니었으면 또한 그 언어를 통해 그 마음을 얻을 수 없었을 것이다. 그런데 애석하게도 정부자께서 해설을 하신 것이 전해지지 않고, 석씨(石氏)가 모아

---

30) 솔성(率性):『중용장구』제1장 제1절에 보이는 "率性之謂道"를 줄여 쓴 것이다.
31) 택선고집(擇善固執):『중용장구』제20장 제18절에 보인다.
32) 군자시중(君子時中):『중용장구』제2장 제2절에 보인다.
33) 부절(符節): 고대 신표의 일종으로 금·옥 등으로 만들었다.
34) 맹씨(孟氏): 맹자(孟子)를 말한다.
35) 정부자(程夫子): 북송 때 정호(程顥)와 정이(程頤) 형제를 가리킨다.

기록한 것[36]은 겨우 그의 문인[37]들의 기록에서 나온 것이다. 그러므로 대의(大義)가 밝혀졌지만 미미한 말씀은 분석되지 못하였다. 그리고 그의 문인들이 각자 해설을 한 데에 이르러서는 자못 상세하고 극진하여 발명한 바가 많았으나 그 스승의 설에 위배되어 노장과 불교보다 지나친 것도 있게 되었다.

나는 젊어서부터 이 책[38]을 받아 읽었는데, 삼가 의심하여 침잠해 반복한 것이 대개 여러 해나 되었다. 그러다 어느 날 황홀하게 그 요령을 얻음이 있는 듯하였다. 그런 뒤에 감히 여러 설을 모아 절충하여 이를 위해[39]『중용장구』(中庸章句) 한 책을 편정(編定)해 저술하여 후세의 군자를 기다렸다. 그리고 한두 명의 동지들과 다시 석씨가 전한 책을 취하여 그 번잡하고 혼란스러운 것을 산삭(刪削)하여『중용집략』(中庸輯略)이라고 이름을 붙였다. 또 일찍이 논의하고 분변하고 취하고 버린 의미를 기록하여 별도로『중용혹문』(中庸或問)을 만들어 그 뒤에 붙였다.

그런 뒤에야 이『중용』의 본지는 사지(四支)가 나누어지고 마디〔節〕가 분해되는 것처럼 구조를 갖추게 되고, 맥락(脈絡)이 관통하는 것처럼 서로 연관되어 상세하고 소략한 부분이 서로 인하게 되며, 크고 작은 뜻이 모두 거론되게 되어 모든 여러 설의 동이득실이 또한 자세히 드날리고 널리 통할 수 있어 각기 그 지취(旨趣)을 극진히 하게 되었다. 그러니 비록 도통의 전함에 대해 내가 감히 망령되게 의논할 수는 없지만 처음

---

36) 석씨(石氏)가……것: 석씨(石氏)는 주희와 동시대 학자 석돈(石𡕒)을 말한다. 자는 자중(子重), 호는 극재(克齋)이다. 1145년 진사가 되어 현령을 지냈다. 저술로『중용집략』(中庸輯略)『중용집해』(中庸集解) 등이 있다.
37) 그의 문인: 정자(程子)의 문인을 말한다.
38) 이 책:『중용』을 말한다.
39) 위해:『중용장구대전』에 위(爲)를 거성(去聲)으로 표기하여 '위해'라고 번역한 것이다.

배우는 사인(士人)들이 혹 이 책을 취함이 있다면 또한 "먼 길을 갈 때에 가까운 데로부터 시작하고, 높은 곳에 오를 때에 낮은 데로부터 비롯한 다"[40]는 말씀처럼 하나의 도움이 될 수 있을 것이다.

순희(淳熙)[41] 기유년(1189) 봄 3월 무신일(18일) 신안(新安) 주희(朱熹)가 서문을 짓다.

中庸은 何爲而作也오 子思子가 憂道學之失其傳而作也라

蓋自上古聖神繼天立極으로 而道統之傳이 有自來矣라 其見於經으로는 則允執厥中者는 堯之所以授舜也오 人心惟危 道心惟微 惟精惟一 允執厥中者는 舜之所以授禹也라 堯之一言이 至矣盡矣어늘 而舜復益之以三言者는 則所以明夫堯之一言이 必如是而後에야 可庶幾也라

蓋嘗論之컨대 心之虛靈知覺은 一而已矣어늘 而以爲有人心道心之異者는 則以其或生於形氣之私하고 或原於性命之正하여 而所以爲知覺者가 不同일새라 是以로 或危殆而不安하고 或微妙而難見耳라

然이나 人莫不有是形이라 故로 雖上智라도 不能無人心하고 亦莫不有是性이라 故로 雖下愚라도 不能無道心이라 二者가 雜於方寸之間호되 而不知所以治之면 則危者愈危하고 微者愈微하여 而天理之公이 卒無以勝夫人欲之私矣리라

精은 則察夫二者之間而不雜也오 一은 則守其本心之正而不離也라 從事於斯하여 無少間斷하여 必使道心으로 常爲一身之主하고

---

40) 이 말은 『중용장구』 제15장에 보이는 "行遠必自邇 登高必自卑"를 줄여 쓴 것이다.
41) 순희(淳熙): 남송 효종(孝宗)의 연호로 1174년부터 1189년까지이다.

而人心으로 每聽命焉하면 則危者安하고 微者著하여 而動靜云爲가 自無過不及之差矣리라

夫堯舜禹는 天下之大聖也오 而天下相傳은 天下之大事也라 以天下之大聖으로 行天下之大事호되 而其授受之際에 丁寧告戒가 不過如此하니 則天下之理가 豈有以加於此哉리오

自是以來로 聖聖相承하여 若成湯文武之爲君과 皐陶伊傅周召之爲臣이 旣皆以此而接夫道統之傳하시고 若吾夫子는 則雖不得其位나 而所以繼往聖開來學하시니 其功이 反有賢於堯舜者라

然이나 當是時하여 見而知之者는 惟顏氏曾氏之傳이 得其宗이라 及曾氏之再傳하여 而復得夫子之孫子思하얀 則去聖遠而異端起矣라 子思가 懼夫愈久而愈失其眞也하여 於是에 推本堯舜以來相傳之意하고 質以平日所聞父師之言하고서 更互演繹하여 作爲此書하여 以詔後之學者라

蓋其憂之也深이라 故로 其言之也切하고 其慮之也遠이라 故로 其說之也詳이라 其曰天命率性은 則道心之謂也오 其曰擇善固執은 則精一之謂也오 其曰君子時中은 則執中之謂也라 世之相後가 千有餘年이로되 而其言之不異가 如合符節하니 歷選前聖之書컨대 所以提挈綱維하여 開示蘊奧이 未有若是之明且盡者也라

自是而又再傳하여 以得孟氏하여 爲能推明是書하여 以承先聖之統이라 及其沒하얀 而遂失其傳焉하니 則吾道之所寄는 不越乎言語文字之間이오 而異端之說은 日新月盛하여 以至於老佛之徒出하얀 則彌近理而大亂眞矣라

然而尙幸此書之不泯이라 故로 程夫子兄弟者出하여 得有所考하여 以續夫千載不傳之緒하고 得有所據하여 以斥夫二家似是之非라 蓋子思之功이 於是爲大요 而微程夫子면 則亦莫能因其語而得其

心也리라 惜乎라 其所以爲說者가 不傳이요 而凡石氏〈石㦤〉之所
輯錄은 僅出於其門人之所記라 是以로 大義雖明이나 而微言未析오
至其門人所自爲說하얀 則雖頗詳盡하여 而多所發明이나 然이나 倍
其師說하여 而淫於老佛者도 亦有之矣라

　熹自蚤歲로 卽嘗受讀한대 而竊疑之하여 沈潛反復이 蓋亦有年이
러니 一旦에 恍然似有得其要領者라 然後에 乃敢會衆說而折其衷하
여 旣爲〈去聲〉定著章句一篇하여 以俟後之君子하고 而一二同志로
復取石氏書하여 刪其繁亂하여 名以輯略하고 且記所嘗論辨取舍之
意하여 別爲或問하여 以附其後라 然後에 此書之旨가 支分節解하고
脈絡貫通하여 詳略相因하고 巨細畢擧하여 而凡諸說之同異得失이
亦得以曲暢旁通하여 而各極其趣하니 雖於道統之傳에 不敢妄議어
니와 然이나 初學之士가 或有取焉하면 則亦庶乎行遠升高之一助云
爾라

　淳熙己酉 春三月 戊申 新安 朱熹 序하노라

해설

　「중용장구서」에 대해서는 역대로 단락을 나누어 요지를 파악한 설이
보이지 않는다. 그런데 우리나라 김근행(金謹行, 1712~82)에 이르러 아
래와 같이 12단락으로 나누어 요지를 파악한 설이 처음으로 나타난다.

단 락	범 위	요 지	비 고
제01단락	中庸何爲而作也……失其傳而作也	論作書之由	摠論一書之要
제02단락	蓋自上古……可庶幾也	論心法	
제03단락	盖嘗論之……難見耳	論心之名目	釋第二節之義
제04단락	然人莫不有是形……人欲之私矣	論心病	
제05단락	精則察夫二者……自無過不及之差矣	論治心之術	

제06단락	夫堯舜禹……加於此哉	申言心法	結上三節而應第二節之義
제07단락	自是以來……反有賢於堯舜者	論傳授之實	承上第六節而起下第九節之義
제08단락	然當是時……後之學者	論作書之由	
제09단락	蓋其憂之也……明且盡者也	論前後一揆	應上第六節之義 而結第七八兩節
제10단락	自是而又再傳……大亂眞矣	論書存道亡	申明書道晦明 以承第九節之義
제11단락	然而尙幸此書……亦有之矣	論書道略明	
제12단락	熹自蚤歲……一助云爾	論書道俱明	摠結之

　　이 도표는 우리나라에서 최초로 주자의 「중용장구서」를 12단락으로 나누어 요지를 파악하고, 그것의 논리적 전개를 체계화하여 그렸다는 점에 의의가 있다. 위의 번역문도 김근행이 12단락으로 나누어 분석한 것에 의거하여 번역한 것이다.

독중용법讀中庸法

● 주자가 말씀하셨다. "『중용』 한 책을 내가 망령되이 나의 생각으로 장구(章句)를 나누었다. 이 책이 어찌 장구로써 그 본지를 구할 수 있는 책이겠는가? 그러나 학자가 경전을 공부함에 있어 문사(文辭)를 터득하지 못하면서 능히 그 의미를 통달하는 자는 아직까지 없었다."[1]

● 朱子曰 中庸一篇을 某妄以己意로 分其章句이라 是書가 豈可以章句求哉리오 然이나 學者之於經에 未有不得於辭而能通其意者라

● 주자가 또 말씀하셨다. "『중용』은 초학자들이 이해하기에 타당치 않은 책이다."[2]

○ 주자가 또 말씀하셨다. "『중용』은 보기가 어렵다. 중간에 귀(鬼)를

---

1) 이는 주희의 『회암집』 권81 「서중용후」(書中庸後)에 "熹嘗伏讀其書 而妄以己意 分其章句 如此 竊惟是書子程子以爲孔門傳授心法 此謂先讀者得之 終身用之 有不能盡 是豈可以章句求哉 然又聞之 學者之於經 未有不得於辭 而能通其意者 是以……"라고 한 문장을 『중용장구대전』을 편찬한 사람들이 줄여서 쓴 것이다.
2) 이 문장은 『주자어류』 권62 「중용1-강령(綱領)」에 보인다.

말하고 신(神)을 말하여 도무지 이해할 수가 없다. 학자들은 모름지기 이 도리를 알고 나서야 바야흐로 이 책을 보면서 그 도리를 증명해낼 수 있을 것이다."[3]

○주자가 또 말씀하셨다. "독서의 차서는 모름지기 먼저 힘을 기울여 『대학』(大學)을 읽어야 하고, 다음에 또 힘을 기울여 『논어』(論語)를 읽어야 하고, 다음에 또 힘을 기울여 『맹자』를 읽어야 한다. 이 세 책을 보고 나면 이 『중용』은 반쯤 마친 것이어서 남들에게 물어볼 필요 없이 대략적인 의미를 눈에 보이는 대로 읽어갈 따름이다. 그런데 쉬운 부분을 내버려두고 어려운 부분으로 먼저 가서 탐구하려 해서는 안 된다. 『중용』에는 형체와 그림자도 없는 것을 말한 것이 많으니 예컨대 〈귀신(鬼神)[4] 또는 천지참(天地參)[5]과 같은 경우는 고원한 이치를 말한 것이다.〉 그리하여 하학(下學)[6]에 대해 말한 것은 적고, 상달(上達)[7]에 대해 말한 것은 많다. 그러니 또한 문장의 뜻을 이해하려 한다면 가할 것이다."[8]

○주자가 또 말씀하셨다. "독서할 때에는 먼저 대강(大綱)[9]을 보아야 하고, 또 간가(間架)[10]가 얼마나 되는지를 보아야 한다. 예컨대 천명

---

3) 이 문장도 『주자어류』 권62 「중용1-강령」에 보인다.
4) 귀신(鬼神): 『중용장구』 제16장에 보인다.
5) 천지참(天地參): 『중용장구』 제22장에 보인다.
6) 하학(下學): 알기 쉬운 일상의 지식이나 이치를 배우는 것. 이는 『논어』에 나오는 말로 하안(何晏)은 하학인사(下學人事)를 가리키는 것으로 보았다.
7) 상달(上達): 알기 어려운 상등의 형이상적 이치에 도달하는 것. 이 역시 『논어』에 보이는 말로 하안은 상달천리(上達天理)를 가리키는 것으로 보았다.
8) 이 문장도 『주자어류』 권62 「중용1-강령」에 보인다.
9) 대강(大綱): 그물을 지탱하는 사방의 큰 줄로 근본이 되는 요점이나 핵심을 지칭한다.
10) 간가(間架): 건축물의 방이나 칸을 의미하는 말로 세부적인 요소를 가리킨다.

지위성(天命之謂性)·솔성지위도(率性之謂道)·수도지위교(修道之謂
敎)[11] 이런 것들은 대강이고, '필부필부의 일반인으로서도 능히 알고 능
히 행할 수 있는 것'[12], '성인으로서도 알지 못하고 능히 행할 수 없는
것'[13] 이런 것들은 간가이다. 비유컨대 사람이 집을 볼 때 먼저 그 집의
대강을 보고, 그다음 방이 몇 칸이며 칸 안에 또 작은 칸이 있는지를 보
는 것과 같다. 이와 같이 본 뒤에야 바야흐로 이 책을 꿰뚫어 통할 수 있
다."[14]

● 又曰 中庸은 初學者가 未當理會라 ○中庸之書는 難看이라 中
間에 說鬼說神하여 都無理會라 學者는 須是見得箇道理了라야 方可
看此書하여 將來印證이라 ○讀書之序는 須是且著力去看大學하고
又著力去看論語하고 又著力去看孟子라 看得三書了하면 這中庸은
半截都了라 不用問人하고 只略略恁看過라 不可掉了易底하고 却先
去攻那難底라 中庸은 多說無形影하니 〈如鬼神如天地參等類는 說
得高라〉 說下學處少하고 說上達處多라 若且理會文義면 則可矣라
○讀書에 先須看大綱하고 又看幾多間架라 如天命之謂性과 率性
之謂道와 脩道之謂敎는 此是大綱이요 夫婦所知所能과 與聖人不
知不能處는 此類是間架라 譬人看屋에 先看他大綱하고 次看幾多
間하며 間內又有小間이라 然後에 方得貫通이라

●주자가 또 말씀하셨다. "『중용』은 제1장부터 대부분 상대적으로 말

11) 천명지위성(天命之謂性)·솔성지위도(率性之謂道)·수도지위교(修道之謂敎):
   이 세 구절은 모두 『중용장구』 제1장 첫머리에 보이는 것으로 『중용』의 강령이
   된다.
12) 필부필부의……것: 이 내용은 『중용장구』 제12장에 보인다.
13) 성인으로서도……것: 이 내용도 『중용장구』 제12장에 보인다.
14) 이 문장도 『주자어류』 권62 「중용1-강령」에 보인다.

을 전개해 나갔으니 〈저 옛사람이 어떻게 저런 문자를 만들어 곧장 저와 같이 정제되게 말을 이어갔는지 모르겠다.〉 나는 옛날 『중용』을 읽을 때에 〈도대체 마음이 번거로워 볼 수가 없었다. 또한 이 책은 누가 지은 것인지 알 수 없었다.〉 만약 자사(子思)가 지었다면 또 때로 다시 자왈(子曰)이라는 자가 있어 〈다시 이해할 수 없었다. …… 그 뒤〉 이 책을 읽은 것이 익숙해진 뒤에야 바야흐로 자사가 공자의 말씀을 참고하여 이 책을 저술한 것을 알게 되었다. 이로부터 침잠해 읽고 반복해 읽으면서 점점 그 지취(旨趣)를 터득하게 되었다. 그래서 지금의 『중용장구』를 편정(編定)하여 구분해놓았는데, 참으로 이와 같이 세밀하게 되었다."[15]

○주자가 또 말씀하셨다. "근래 『중용』을 보다가 장구(章句)의 문의(文義) 사이에서 성인[16]이 조술해 짓고 현인[17]이 전수한 의도에 마치 먹줄이 바둑판을 관통하여 어지럽힐 수 없는 것처럼 지극히 조리(條理)가 있는 것을 보았다."[18]

○주자가 또 말씀하셨다. "『중용』은 6대절(大節)이 되는 것으로 보아야 한다. 제1장이 한 대절이니 중화(中和)를 말한 것이다. 군자중용(君子中庸)[19] 이하 10장이 한 대절이니 중용(中庸)을 말한 것이다. 군자지도비이은(君子之道費而隱) 이하 8장이 한 대절이니 비은(費隱)을 말한 것이다. 애공문정(哀公問政) 이하 7장이 한 대절이니 성(誠)을 말한 것이다. 대재성인지도(大哉聖人之道) 이하 6장이 한 대절이니 대덕(大德)·소덕(小德)을 말한 것이다. 마지막 제33장이 한 대절이니 다시 제1

---

15) 이 문장은 『주자어류』권64 「중용3-제20장」에 보인다.
16) 성인: 공자를 가리킨다.
17) 현인: 『중용』을 지은 자사를 가리킨다.
18) 이 문장은 주자의 『회암집』별집 권3 「임택지」(林擇之)에 보인다.
19) 군자중용(君子中庸): 이는 『중용장구』제2장에 보인다.

장의 뜻을 거듭 말한 것이다."[20]

●又曰 中庸은 自首章以下로 多對說將來하니 〈不知它古人如何做得這樣文字하여〉直是〈恁地〉整齊〈因言〉이라 某舊讀中庸에〈都心煩看不得이요 且是不知是誰做라 若〉以爲子思做면 又時復有箇子曰字하여〈更沒理會處라……後來〉讀得熟後에야 方見得是子思參夫子之說하여 著爲此書라 自是로 沈潛反覆하여 遂[21] 漸得其旨趣라 定得今章句擺布得來한대 直恁麼細密이라 ○近看中庸이라가 於章句文義間에 窺見聖賢述作傳授之意가 極有條理하여 如繩貫某局之不可亂이라 ○中庸當作六大節看이라 首章이 是一節이니 說中和라 自君子中庸以下十章이 是一節이니 說中庸이라 君子之道費而隱以下八章이 是一節이니 說費隱이라 哀公問政以下七章이 是一節이니 說誠이라 大哉聖人之道以下六章이 是一節이니 說大德小德이라 末章이 是一節이니 復申首章之義라

●어떤 사람이 『중용』과 『대학』의 차별에 대해 묻자 주자가 말씀하셨다. "『중용』을 읽어 의리를 구하는 것과 같은 것은 『대학』의 치지공부(致知工夫)이고, 혼자만 아는 바의 생각을 삼가며 수신하고 성찰하는 것과 같은 것은 또한 『대학』의 성의공부(誠意工夫)이다." 어떤 사람이 또 물었다. "『중용』에서는 곧장 말하여 '성스러워서 사람들이 측량할 수 없는 점'(聖而不可知)[22]에 이르렀으니 어째서입니까?"라고 하자 주자가 말

---

20) 이 문장은 주자의 저술에 보이지 않는다. 이 문장은 원나라 때 학자 호병문(胡炳文)의 『사서통』(四書通)에서 보이기 시작하는데, 쌍봉 요씨(雙峰饒氏)의 설로 되어 있다. 따라서 『중용』을 6대절로 나누어보는 것은 쌍봉 요씨로부터 비롯된 것을 알 수 있으며, 「독중용법」에 인용된 것은 주자의 설이라고 볼 수 없다.

21) 遂: 문연각 사고전서 『주자어류』에는 '축'(逐)으로 되어 있다.

22) 이 구절은 『맹자』「진심 하」(盡心下)에 보이는 말로 신(神)의 경지를 말한다.

씀하셨다. "『대학』에도 전왕불망(前王不忘)[23]과 같은 구절이 있으니 이는 『중용』의 '공경함을 돈독히 하여 천하가 평치된다'(篤恭而天下平)[24]라고 한 일이다."[25]

●問中庸大學之別한대 曰 如讀中庸求義理는 只是致知功夫요 如謹獨脩省은 亦只是誠意라 問只是中庸直說到聖而不可知處한대 曰 如大學裏에도 也有如前王不忘하니 便是篤恭而天下平底事라

해설

「독중용법」이라는 글은 그전에 보이지 않다가 명나라 초 호광(胡廣) 등이 만든 대전본(大全本)에 처음으로 나타난다. 「독중용법」에 실린 문장의 출처를 번역문에 일일이 밝혔듯이 대부분 『주자어류』에서 발췌해 놓은 것인데, 『중용』을 6대절로 나누어보는 것은 주자의 글에 보이지 않는 것이다. 우리나라에서는 세종 때 사서오경 대전본이 유입되어 교과서가 됨으로써 「독중용법」의 6대절설에 의거하여 『중용』의 요지를 파악한 것으로 추정된다. 그러다 주자학이 발달하면서 18세기 한원진(韓元震)에 이르러 「독중용법」의 6대절설은 주자의 초년설이라는 주장이 대두되었고, 이후로는 대체로 『중용장구』 장하주(章下註)에서 4단락으로 나누어 요지를 파악한 것에 근거하여 4대절(大節) 또는 4대지(大支)로 나누어보는 설이 지배적이었다. 그러다 19세기 영남의 이진상(李震相)에 의해 4대지설과 6대절설을 하나로 통합해 구조를 분석하는 설이 본격적으로 대두되었다.

---

23) 이 구절은 『대학장구』 전 제3장에 보인다.
24) 이 구절은 『중용장구』 제33장에 보인다.
25) 이 문장은 『주자어류』 권62 「중용1-강령」에 보인다.

중용장구 中庸章句

　중(中)은 치우지 않고 의지하지 않으며 지나치거나 미치지 못함이 없는 명칭이고, 용(庸)은 평소 늘 그러하다는 뜻이다.

　우리 선생 정자(程子)[1] 께서는 말씀하셨다. "치우치지 않은 것을 중(中)이라 하고, 변치 않는 것을 용(庸)이라 한다. 중(中)은 천하의 정도(正道)이고, 용(庸)은 천하의 정리(定理)이다. 이 책은 공자 문하에서 전해 내려온 심법(心法)이다. 자사(子思)[2]는 세월이 오래 흘러 그 도리가 달라질까 염려하였다. 그러므로 책에다 그 내용을 써서 맹자(孟子)[3]에게 전해주었다. 이 책은 처음 하나의 이치를 말하고, 중간에는 흩어져 만가지 일이 되었고, 마지막에는 다시 합하여 하나의 이치가 되었다. 그 내용을 세상에 풀어놓으면 온 세상[4]에 가득 하고, 그 내용을 거두어들이

---

1) 정자(程子): 북송 때 학자 정호(程顥, 1032~85)와 정이(程頤, 1033~1107)를 말한다.
2) 자사(子思): 공자의 손자인 공급(孔伋)을 말한다. 공자-증자로 이어진 도통을 이은 인물이다.
3) 맹자(孟子): 중국 주(周)나라 전국시대 사상가인 맹가(孟軻, 기원전 372~289)를 말한다. 자사의 학문을 계승하여 공자의 유교사상을 발전시켰다.
4) 온 세상: 원문의 '육합'(六合)은 상하의 천(天)·지(地)와 동·서·남·북 사방을 가

면 물러나 은밀한 데 간직되어 그 맛이 끝없으니 모두 실제적인 학문⁵⁾
이다. 책을 잘 읽는 사람이 완미하여 탐색해서 터득함이 있으면 종신토
록 그것을 쓰더라도 다 쓸 수 없는 점이 있을 것이다."

中者는 不偏不倚無過不及之名이오 庸은 平常也라 子程子曰 不
偏之謂中이오 不易之謂庸이라 中者는 天下之正道요 庸者는 天下
之定理라 此篇은 乃孔門傳授心法이라 子思는 恐其久而差也라 故
로 筆之於書하여 以授孟子라 其書는 始言一理하고 中散爲萬事하고
末復合爲一理라 放之則彌六合하고 卷之則退藏於密하여 其味無
窮하니 皆實學也라 善讀者가 玩索而有得焉이면 則終身用之라도 有
不能盡者矣니라 하니라

해설

이를 편제(篇題)라고 한다.

주자는 여기에서 중용(中庸)의 개념을 간결하게 정의해놓았는데, 중
(中)은 불편불의무과불급(不偏不倚無過不及)으로, 용(庸)은 평상(平常)
이라 하였다. 불편(不偏)은 어느 쪽으로 치우치지 않는 것이고, 불의(不
倚)는 어디에 의지하지 않는 것이다. 이는 모두 마음이 아직 발하기 전의
정시공부(靜時工夫)에 해당한다. 무과불급(無過不及)은 마음이 발하고
나서 지나치거나 미치지 못함이 없이 중도에 들어맞는 것을 가리키는
말로, 마음이 발한 뒤의 동시공부(動時工夫)에 해당한다. 주자는 용(庸)
을 평상(平常)으로 풀이하였는데, 이는 '평소에 늘 그러하다'는 뜻이다.
즉 중(中)의 마음을 평소 늘 유지해 나가는 것을 말한다.

리킨다.
5) 실제적인 학문: 원문의 '실학'(實學)은 자신에게 유익한 실질적인 학문을 의미하
는 말로, 조선시대 후기의 새로운 학풍인 실학(實學)과는 의미가 다른 용어이다.

중(中)은 이것과 저것의 중간이라는 뜻이 아니고, 마음이 진실하여 중도를 잃지 않는 균형 잡힌 마음가짐을 말한다. 또한 용(庸)은 그런 중용의 마음을 늘 유지하여 한순간도 벗어나지 않는 것을 가리킨다. 이를 지속하여 마음이 천도에 합하는 것이 『중용』에서 말하는 인도를 닦아 천도에 합하는 길이다. 제25장에서 유원(悠遠)·박후(博厚)·고명(高明)을 말한 것이 바로 중(中)의 마음을 오래 지속해서 넓고 두텁게 하며 높고 밝게 하여 하늘에 합하는 길을 말한 것이다. 요컨대 중(中)은 미발(未發)의 치우치거나 의지함이 없는 공평한 마음으로, 이를 한순간도 해이하지 않고 오래 지속하여 넓고 두터우며 높고 밝게 지속하면 천지의 도에 합한 성인의 덕을 이룰 수 있다는 것이다.

중용(中庸)이라는 어휘에 대해 풀이한 학자들의 견해는 다양하다. 대체로 말하자면 중(中)은 본체이고 용(庸)은 작용으로 본다. 본체의 중(中)을 현실에 늘 적용하여 저절로 실천할 수 있는 경지에 이르면 사람이 인도(人道)를 닦아 천도(天道)에 합한 것이 된다. 중(中)은 천덕(天德)에 비유하고, 용(庸)은 왕도(王道)에 비유하기도 한다.

정자(程子)의 중용에 대한 해석은 주자와 약간 다르다. 이에 대해서도 역대로 여러 설이 제기되었는데, 여기서는 주자의 해석을 위주로 하기 때문에 논하지 않기로 한다.

정자는 『중용』이라는 책을 공자 문하에서 전수된 심법(心法)으로 정의하였다. 그리고 자사(子思)가 이 책을 저술한 이유를 밝혀놓았다. 공자 문하에서 전수된 심법은 요임금이 순임금에게 전해주고, 다시 순임금이 우임금에게 전해준 고대의 성왕으로부터 전해진 것을 공자가 정립해놓은 것이다.

또한 정자는 『중용』의 구조를 시언일리(始言一理), 중산위만사(中散爲萬事), 말부합위일리(末復合爲一理)로 봄으로써 후대 『중용』의 논리구조를 분석하는 데 결정적인 논거를 제공하였다. 정자의 이 세 마디 말과 주자가 『중용장구』 장하주(章下註)[6]에서 4단락으로 요지를 파악한 것, 그리고 쌍봉 요씨(雙峰饒氏)[7]가 6대절로 나누어본 것이 『중용』의 논리 구조를 분석하는 대표적인 설이 되었다.

---

6) 장하주(章下註): 각 장의 말미에 그 장의 전체 요지나 구조 또는 맥락에 대해 언급한 것을 가리킨다.
7) 쌍봉 요씨(雙峰饒氏): 주자의 문인 황간(黃榦)·이번(李燔) 등에게 수학한 요로(饒魯)를 말한다. 쌍봉은 그의 호이다.

제1장

01-01

하늘이 명한 것을 성(性)이라 하고, 성을 해치지 않고 그대로 따르는 것을 도(道)라 하고, 도를 닦은 분의 말씀을 교(敎)라 한다.

天命之謂性이요 率性之謂道요 修道之謂敎니라

명(命)은 영(令)과 같은 뜻이다. 성(性)은 곧 이(理)이다. 천(天)이 음양(陰陽)·오행(五行)으로 만물을 화생(化生)할 때에 기(氣)로써 형질(形質)을 이루고 이(理)를 또한 부여하니 마치 명령하는 것과 같다. 이에 사람과 생물이 태어나는 것이 이로 인해 각기 그 부여한 바의 이(理)를 얻어서 건순(健順)[8]·오상(五常)[9]의 덕을 삼으니 이른바 성(性)이라는 것이다. 솔(率)은 따르다〔循〕는 뜻이고, 도(道)는 길〔路〕과 같은 뜻이다. 사람과 생물이 각기 그들이 부여받은 본성의 저절로 그러한 점을 따르면 그들이 일상에서 응사접물(應事接物)하는 사이에 각각 마땅히 행해야 할 길이 있지 않음이 없을 것이니 이것이 이른바 도(道)라는 것이다. 수(修)는 각각의 경우에 맞게 그것을 조절해 놓은 것이다. 성(性)·도(道)

---

8) 건순(健順): 건(健)은 하늘의 덕으로 양(陽)을 의미하고, 순(順)은 땅의 덕으로 음(陰)을 의미한다.
9) 오상(五常): 사람의 본성인 인·의·예·지·신을 가리킨다.

는 같지만 기품(氣稟)[10]이 혹 다르기 때문에 지나치거나 미치지 못하는 차이가 없을 수 없다. 그래서 성인이 사람과 생물이 행해야 할 바를 따라 각각의 경우에 맞게 조절하여 온 세상에 법을 만들어놓았으니 그것을 교(敎)라고 한다. 예악(禮樂)·형정(刑政)[11]과 같은 것들이 그것이다.

대개 사람들은 자기가 본성을 가지고 있는 것을 알면서도 그 본성이 하늘[天]에서 나온 것인 줄 모르고, 일에 도가 있는 줄 알면서도 그 도가 본성에서 말미암는 줄 모르며, 성인이 교훈을 남긴 것이 있는 줄 알면서도 그 교훈이 내가 본디 가지고 있는 것으로 인해 재단한 것인 줄 모른다. 그러므로 자사(子思)가 이에 대해 이 책의 첫머리에 드러내 밝혀놓았으니 동자(董子)[12]가 이른바 "도의 큰 근원은 하늘에서 나온다"(道之大原出於天)라고 한 것이 또한 이런 의미이다.

命은 猶令也라 性은 卽理也라 天이 以陰陽五行으로 化生萬物할새 氣以成形하고 而理亦賦焉하니 猶命令也라 於是에 人物之生이 因各得其所賦之理하여 以爲健順五常之德하니 所謂性也라 率은 循也라 道는 猶路也라 人物이 各循其性之自然이면 則其日用事物之間에 莫不各有當行之路하니 是則所謂道也라 修는 品節之也라 性道가 雖同이나 而氣稟은 或異라 故로 不能無過不及之差라 聖人이 因人物之所當行者하여 而品節之하여 以爲法於天下하니 則謂之敎라 若禮樂刑政之屬이 是也라 蓋人은 知己之有性호되 而不知其出於天하고 知事之有道호되 而不知其由於性하고 知聖人之有敎호되 而不知其因吾之所固有者하여 裁之也라 故로 子思가 於此에 首發

---

10) 기품(氣稟): 품부받은 기질(氣質)을 말한다. 기질에는 맑고 탁하고 순수하고 박잡한(淸濁粹駁) 다른 점이 있다고 말한다.
11) 형정(刑政): 형(刑)은 법(法)을 말하고, 정(政)은 정령(政令)을 뜻한다.
12) 동자(董子): 한(漢)나라 때 유학자 동중서(董仲舒, 기원전 179~104)를 말한다.

明之하니 而董子所謂道之大原出於天이 亦此意也라

01-02

도(道)라는 것은 잠시도 벗어나서는 안 되니 벗어날 수 있는 것이라면 그것은 진정한 도가 아니다. 그러므로 군자는 그 눈으로 보지 않는 바에서도 경계하고 삼가며, 그 귀로 듣지 않는 바에서도 두려워하고 두려워한다.

道也者는 不可須臾離也니 可離면 非道也라 是故로 君子는 戒愼乎其所不睹하고 恐懼乎其所不聞이니라

도는 일상에서 응사접물할 때에 마땅히 행해야 할 이치이다. 이는 모두 성(性)의 덕으로 마음에 갖추어져서 어떤 사물이든 있지 않음이 없고, 어느 때인들 그렇지 않음이 없으니 잠시도 벗어나서는 안 되는 까닭이다. 만약 그것이 벗어날 수 있는 것이라면 어찌 솔성(率性)이라고 말하였겠는가. 그러므로 군자의 마음은 항상 공경과 두려움을 보존하여 비록 눈으로 보고 귀로 듣지 않을지라도 감히 소홀히 하지 않는다. 이것이 군자가 천리(天理)의 본연을 보존하여 잠시의 사이라도 도에서 벗어나지 않게 하는 이유이다.

道者는 日用事物當行之理니 皆性之德而具於心하여 無物不有하고 無時不然하니 所以不可須臾離也라 若其可離면 則豈率性之謂哉리오 是以로 君子之心이 常存敬畏하여 雖不見聞이라도 亦不敢忽하니 所以存天理之本然하여 而不使離於須臾之頃也니라

01-03

〈마음이 발하고 난 뒤에 남들은 모르지만 자신은 그것을 알고 있으니 도라는 것은〉 보이지 않는 은밀한 곳보다 더 잘 나타나는 것이 없으며, 들리지 않는 미세한 일보다 더 잘 드러나는 것이 없다. 그러므로 군자는 자신 혼자만 알고 있는 바를 삼간다.

莫見乎隱이며 莫顯乎微니 故로 君子는 愼其獨也니라

은(隱)은 어두운 곳이다. 미(微)는 미세한 일이다. 독(獨)은 남들은 모르는 바이지만 자기는 홀로 아는 바의 경지이다. 말하자면 보이지 않는 어두운 곳이나 들리지 않는 미세한 일은 그 자취가 아직 드러나지 않지만 그 기미는 이미 움직였고, 남들은 그것을 모르지만 자기는 홀로 그것을 알고 있다. 그러니 이것이 바로 이 세상의 일 가운데 나타나고 드러나되 이보다 더한 경우가 없는 것이다. 그러므로 군자는 항상 경계하고 두려워하되 이럴 때에 더욱 삼가는 것을 더한다. 그런 까닭에 생각이 싹트려고 할 때에 인욕(人欲)을 막아서 그것이 은미한 가운데에서 몰래 증식하고 자라나 도에서 멀리 이탈하는 데에 이르지 않게 하는 것이다.

隱은 暗處也라 微는 細事也라 獨者는 人所不知而己所獨知之地也라 言幽暗之中과 細微之事는 跡雖未形이나 而幾則已動하고 人雖不知나 而己獨知之하니 則是는 天下之事가 無有著見明顯而過於此者라 是以로 君子는 旣常戒懼호되 而於此에 尤加謹焉이라 所以로 遏人欲於將萌하여 而不使其潛滋暗長於隱微之中하여 以至離道之遠也라

01-04

희로애락(喜怒哀樂)이 아직 발하지 않은 것을 중(中)이라 하고, 희로애락이 발하여 모두 절도에 맞은 것을 화(和)라고 한다. 그러니 중(中)이라는 것은 천하의 큰 근본이고, 화(和)라는 것은 천하의 두루 통하는 도이다.

喜怒哀樂之未發을 謂之中이요 發而皆中節을 謂之和니 中也者는 天下之大本也요 和也者는 天下之達道也니라

희로애락은 정(情)이다. 그것이 아직 발하지 않은 상태는 성(性)이니 치우치거나 의지하는 바가 없기 때문에 중(中)이라고 한다. 발하여 모두 절도에 맞은 것은 정(情)의 바른 것이니 이탈하거나 어긋나는 바가 없기 때문에 화(和)라고 한다. 큰 근본〔大本〕은 하늘이 명한 본성으로, 천하의 이치가 모두 이로 말미암아 나오니, 도의 본체이다. 두루 통하는 도〔達道〕는 본성을 그대로 따르는 것을 말하는 것으로, 이 세상의 예로부터 오늘날에 이르기까지 모든 사람들이 함께 말미암는 바이니 도의 작용이다. 이 절은 성정(性情)의 덕을 말하여 "도는 잠시도 벗어나서는 안 된다"(道不可須臾離)는 의미를 밝힌 것이다.

喜怒哀樂은 情也요 其未發은 則性也니 無所偏倚라 故로 謂之中이요 發皆中節이 情之正也라 無所乖戾니 故로 謂之和라 大本者는 天命之性으로 天下之理가 皆由此出하니 道之體也라 達道者는 循性之謂로 天下古今之所共由니 道之用也라 此는 言性情之德하여 以明道不可離之意라

01-05

중화(中和)를 극진히 하면 하늘과 땅이 제자리를 잡고 만물이 길러
진다.

致中和면 天地位焉하며 萬物育焉이니라

치(致)는 미루어 지극히 하는 것이다. 위(位)는 제자리에 안정되는 것
이다. 육(育)은 그들의 삶을 이루는 것이다. 마음이 움직이지 않았을 때
경계하고 삼가며 두려워하여 마음을 단속하는 것으로부터 지극히 고요
한 가운데에 치우치거나 의지하는 바가 없어 자신이 지키는 것을 잃지 않
는 데에까지 이르면 그 중(中)을 지극히 하여 천지가 제자리를 잡게 된다.
홀로 알고 있는 바를 삼가서 마음이 움직인 것을 정밀히 살피는 것으로
부터 응사접물하는 곳에서 조금의 착오도 없어 어디로 간들 그렇지 않
음이 없는 데에까지 이르면 그 화(和)를 지극히 하여 만물이 길러진다.

대개 천지(天地)와 만물(萬物)은 나에게 근본하고 본체를 하나로 한
다. 나의 마음이 바르면 천지의 마음도 바르고, 나의 기(氣)가 순하면 천
지의 기도 순하다. 그러므로 그 효험이 이와 같은 데에 이르는 것이다. 이
는 학문의 지극한 공효(功效)이고, 성인만이 능히 할 수 있는 일인데, 애
초 바깥에서 무엇을 기다림이 있는 것이 아니며, 도를 닦은 분의 가르침
도 그 속에 들어 있다. 이 하나의 본체와 하나의 작용에 비록 움직이거나
고요한 다른 점이 있지만 반드시 그 본체가 성립된 뒤에 그 작용이 행해
짐이 있게 되니 그 실제는 또한 두 가지 일이 있는 것이 아니다. 그러므
로 이 절에서 합하여 그 점을 말해 위의 문장의 의미를 결론지은 것이다.

○이상은 제1장이다. 자사가 전해 받은 바의 의미를 기술하여 글을 지
은 것이다. 맨 처음에는 도의 큰 근원이 하늘에서 나와 바꿀 수 없다는

점과 그 실체는 나에게 갖추어져 있어 벗어날 수 없다는 점을 밝혔다. 그 다음에는 존양(存養)[13]과 성찰(省察)[14]의 요점을 말하였다. 마지막에는 성(聖)스럽고 신묘(神妙)한 분의 공업(功業)과 교화(敎化)의 극치를 말하였다. 이는 대체로 학자들로 하여금 이를 통해 자신에게 돌이켜 문제점을 찾아서 스스로 터득하여 저 외부에서 유혹하는 사욕을 제거하고 그 본연의 선을 충만하게 하고자 한 것이니 양씨(楊氏)[15]가 이른바 "이는 이 한 책의 체요(體要)[16]이다"라고 한 것이 그것이다. 그 아래 10장(제2장~제11장)은 대체로 자사가 공자의 말씀을 인용하여 이 제1장의 뜻을 끝맺은 것이다.

致는 推而極之也라 位者는 安其所也요 育者는 遂其生也라 自戒懼而約之하여 以至於至靜之中에 無所偏倚하여 而其守不失이면 則極其中하여 而天地位矣라 自謹獨而精之하여 以至於應物之處에 無少差謬하여 而無適不然이면 則極其和하여 而萬物育矣라 蓋天地萬物은 本吾一體라 吾之心이 正하면 則天地之心도 亦正矣요 吾之氣가 順하면 則天地之氣도 亦順矣라 故로 其效驗이 至於如此라 此는 學問之極功이요 聖人之能事로되 初非有待於外요 而修道之敎도 亦在其中矣라 是其一體一用에 雖有動靜之殊나 然이나 必其體立而後에 用有以行이니 則其實은 亦非有兩事也라 故로 於此에 合而言之하여 以結上文之意라

---

13) 존양(存養): 존심양성(存心養性)의 준말로 마음이 움직이기 이전에 경(敬)공부를 통해 마음을 혼몽하게 하지 않는 심성수양의 방법이다.

14) 성찰(省察): 마음이 움직이고 난 뒤 그 기미를 살펴 악으로 빠지지 않도록 하는 것으로 심성을 수양하는 방법이다.

15) 양씨(楊氏): 북송 때 정자(程子)의 문인인 양시(楊時, 1053~1135)를 말한다.

16) 체요(體要): 대체(大體)와 요지(要旨)를 말한다.

○右는 第一章이라 子思가 述所傳之意하여 以立言이라 首明道之本原이 出於天하여 而不可易과 其實體가 備於己하여 而不可離라 次言存養省察之要라 終言聖神功化之極이라 蓋欲學者로 於此에 反求諸身하여 而自得之하여 以去夫外誘之私하고 而充其本然之善이니 楊氏所謂一篇之體要가 是也라 其下十章은 蓋子思가 引夫子之言하여 以終此章之義라

해설

이 제1장은 자사(子思)의 말이다. 자사가 『중용』 전체의 강령(綱領)에 해당하는 성(性)·도(道)·교(敎)와 그것이 천(天)에서 나온 것임을 말하고, 사람이 본성에 순응하여 살아야 한다는 인간의 길을 제시한 것이다.

제1절은 모든 생명체의 근원을 하늘〔天〕에 두고 하늘로부터 사람〔人〕으로 내려가며 말한 것인데, 대체로 성(性)·도(道)·교(敎)를 강령으로 본다. 하늘은 태극(太極)이고, 이(理)이다. 태극이 동하여 음·양을 낳고, 다시 사상(四象)·팔괘(八卦)가 나누어지며 만물이 발생한다는 것이 『주역』의 논리이다. 그리고 태극이 동하여 음·양이 되고, 음양과 오행이 묘하게 합하여 만물을 발생케 한다는 것이 주돈이(周敦頤)의 「태극도설」(太極圖說)의 논리이다. 그렇게 하늘로부터 만물이 발생하는데, 일신(一身)을 주재하는 마음에 중점을 두되 그 마음의 본성에 초점을 맞추어 논리를 전개한 것이다.

성·도·교 가운데 성·도는 모든 생명체에 해당되고, 교는 사람에 해당된다. 모든 생명체가 태어날 때에 하늘이 부여하는 것을 성(性)이라 하였다. 사람이 받은 것은 인성(人性)이고, 소가 받은 것은 우성(牛性)이며, 말이 받은 것은 마성(馬性)이다. 이처럼 그 생명체가 받은 본성을 해치지 않고 그대로 순응하는 것을 도(道)라 하였다. 사람에게서는 그것이

인도(人道)가 된다. 성(性)은 곧 이(理)이다. 여기서 천명지위성(天命之謂性)이라고 말한 것은 하늘이 명하여 내가 하늘로부터 부여받아 가지고 있는 것이기 때문이다. 개체(個體)를 염두에 둔 말이다.

사람의 경우 인도를 몸소 닦아 천도에 합한 분의 말씀을 교(敎)라고 한다. 마지막 구절 수도지위교(修道之謂敎)를 대부분의 번역서에서 "도를 닦는 것을 교라 한다"라고 하였는데, 이는 명백한 오역이다. 도를 닦은 분의 말씀이 교이지 도를 닦는 자체가 교일 리는 없다. 주자의 주석에는 수(修)를 품절지(品節之)라고 풀이하였는데, 품절지는 '각각의 경우에 맞게 절제하다'라는 뜻이다. 즉 사람이 마땅히 행해야 할 바를 성인이 각각의 경우에 맞게 절제하여 세상에 법도를 세웠다는 뜻으로, 예악형정(禮樂刑政)을 말한다.

흔히 『대학』은 학자의 일이고, 『중용』은 가르치는 사람의 일이라고 한다. 그것은 『대학』의 삼강령(三綱領)과 팔조목(八條目)에는 학자로서 마땅히 해야 할 공부의 규모가 다 들어 있지만 『중용』에는 마음을 다스려 중용의 도를 구해서 천도에 합한 성인의 말씀을 위주로 하기 때문이다. 그런 가르침 속에 학자들이 마음을 다스리는 공부가 들어 있다.

제2절은 성(性)·도(道)·교(敎) 가운데서 도(道)에 중점을 두어 말한 것이다. 그런데 그 도는 바로 인도(人道)를 말한 것이다. 도는 길이다. "도란 잠시도 벗어나서는 안 된다"라고 말한 것은 자동차가 차도를 벗어나면 낭떠러지로 굴러 떨어지듯이 사람도 인도를 벗어나면 사람 구실을 할 수 없다고 보기 때문이다. 이 절의 후반부는 마음이 움직이기 이전의 정시공부(靜時工夫)를 계신(戒愼)·공구(恐懼)로 말한 것이니 존양(存養)에 해당한다. 존양은 존심양성(存心養性)을 의미한다. 성리학의 수양론에서는 마음이 움직이기 전에도 공부가 있다고 한다. 즉 경(敬)을 통해 마음이 혼몽하지 않고 깨어 있도록 하는 것인데, 그 구체적인 조목

으로 정제엄숙(整齊嚴肅)·주일무적(主一無適)·상성성(常惺惺)·기심수렴(其心收斂) 등이 있다. 주자는 이러한 경공부(敬工夫)에 두려워하는 마음[惟畏近之]을 더 추가하였는데, 제2절의 주석에 상존경외(常存敬畏)라고 한 것이 그런 의중을 드러낸 것이다.

　제2절의 기소부도(其所不睹)와 기소불문(其所不聞)은 해석이 난해하다. 우선 기(其)는 자신을 전제로 한 말인데, 남들까지 다 포함한다. 부도(不睹)는 눈으로 보는 것에 해당하고, 불문(不聞)은 귀로 듣는 것에 해당한다. 사람의 마음이 드나드는 관문으로는 눈[目]이 가장 중요하고, 그 다음이 귀[耳]라고 한다. 유교 경전을 세밀히 들여다보면 마음이 움직인 뒤의 성찰에서 보고 듣는 것을 가장 먼저 거론하고 있는 것을 발견할 수 있다. 이는 백문불여일견(百聞不如一見)이라는 속담에 여실히 드러난다. 보는 것은 마음이 눈을 통해 사물을 보는 것으로 안으로부터 바깥으로 작용하는 것이며, 듣는 것은 마음이 귀를 통해 소리를 듣는 것으로 바깥으로부터 안으로 작용하는 것이다. 그러므로 이 절에서 말하고자 한 요지는 마음의 작용이 안팎으로부터 일어나지 않은 상태에서 계신하고 공구해야 한다는 것이다. 계신과 공구를 줄여서 계구(戒懼)라고 하며, 다음 절에 보이는 신독(愼獨)과 상대적으로 일컫는다.

　제3절은 마음이 움직이고 난 뒤의 동시공부(動時工夫)인 성찰(省察)을 말한 것이다. 마음이 움직이고 나면 선으로 갈 수도 있지만 악으로 빠질 수도 있다. 그러기 때문에 그 마음의 움직임을 주시하여 악으로 흘러가지 않도록 해야 한다. 그래서 마음이 처음 움직일 때 그 기미(幾微)를 살피는 일이 중요하다.

　이 절의 막현호은 막현호미(莫見乎隱 莫顯乎微)는 "은밀한 것보다 더 잘 나타나는 것은 없고, 미세한 것보다 더 잘 드러나는 것은 없다"라고 번역하는데, 그 의미를 이해하기가 매우 어렵다. 그래서 운봉 호씨(雲峰

胡氏)¹⁷⁾는 이 두 구절 앞의 주어를 제2절의 도야자(道也者)로 보았다. 그런데 주자의 주에는 이 두 구절의 주어를 천하지사(天下之事)로 보았다. 운봉 호씨의 설은 보편적인 시각으로 말한 것이고, 주자의 주석은 구체적인 시각으로 말한 것이다. 그런데 그보다 이 두 구절 앞에는 생략된 전제어가 있어야 말이 성립된다. 즉 이 두 구절은 "마음이 움직이고 나면 남들은 모르지만 나는 마음속에 싹튼 생각을 분명히 알고 있으니 눈으로 볼 수 없는 아무리 은밀한 곳에서도 그보다 더 잘 나타나는 것은 없고, 귀로 들을 수 없는 미세한 것이어도 그보다 더 잘 드러나는 것은 없다"라고 해석해야 비로소 그 의미가 통한다. 그러므로 그다음에 '그러므로 군자는 자신이 혼자만 알고 있는 마음속 생각을 삼간다'라고 말한 것이다.

신기독(愼其獨)을 "그 홀로를 삼간다"라고 번역한 경우가 많은데, 이는 말이 성립되지 않는다. 기(其)는 '자기'를 의미하고, 독(獨)은 '남들은 모르지만 자신은 알고 있는 것'을 가리키니 '마음속에 싹튼 생각'을 뜻한다. 즉 마음이 움직인 것이니 "자기 혼자만 알고 있는 마음속에 싹튼 생각을 삼간다"라고 번역해야 한다. 이는 『대학』성의장(誠意章)과 연관해서 보면 더욱 묘미가 있다.

이 제3절의 은(隱)·미(微)도 제2절의 부도(不睹)·불문(不聞)과 연관이 있다. 은(隱)은 눈으로 볼 수 없는 것을 말하고, 미(微)는 귀로 들을 수 없는 것을 말한다. 즉 마음속에 싹튼 생각이 매우 은밀하고 미세하다는 뜻이다.

제4절은 마음의 성정(性情)에 나아가 중화(中和)를 말한 것이다. 희

---

17) 운봉 호씨(雲峰胡氏): 원나라 때 유학자 호병문(胡炳文, 1250~1333)을 말한다. 운봉은 그의 호이다.

로애락 등 칠정(七情)은 마음의 작용으로 감정이다. 정(情)은 대체로 성(性)에서 곧장 나온 것이라 한다. 그래서 희로애락의 감정이 아직 발하지 않은 상태의 중(中)은 곧 성(性)이다. 이는 제2절의 계신·공구의 공부를 내포하고 있다. 그리고 그것이 발하고 나서 신독을 해서 모두 절도에 맞게 된 것을 화(和)라고 하니 이는 정(情) 중에서 바른 것이다. 칠정이 발하기 전에는 존양을 해서 마음이 늘 중도를 유지하도록 하고, 칠정이 발한 뒤에는 성찰을 하여 모두 중도에 맞도록 하는 것, 이것이 마음의 본체와 작용을 수양하는 공부이다.

제5절은 존양하고 성찰하는 심성수양을 통해 중화를 이룩해서 천도(天道)에 합한 성인의 공업(功業)·교화(敎化)의 지극한 점을 말한 것이다. 치(致)는 '끝까지 미루어나가 극진히 하다'라는 말이니 중화를 한순간도 어기지 않고 늘 지속하는 것으로 천도에 합한 경지를 말한다. 그 경지에 올라가면 천지가 만물을 품어주고 실어주어 생육하게 하는 것과 동등한 역할을 사람이 한다는 것이다.

이 제1장은 제1절에서 도의 본원이 하늘에서 나오고 그 실체가 내 몸에 갖추어졌다는 점을 말하고, 제2절에서 존양을 말하고, 제3절에서 성찰을 말하고, 제4절에서 중화를 말하고, 제5절에서 성인의 공화(功化)를 말하였다. 그런데 이 책의 대지(大旨)인 중용(中庸)을 말하지 않고 중화(中和)를 말한 것은 『중용』이 인도를 닦아 천도에 합한 공자의 가르침을 기술했고, 또 보편적 진리를 논의하기보다는 그것을 몸소 실천하는 것에 비중을 두고 있기 때문이다. 즉 중화(中和)는 사람이 중용의 도로 마음을 수양한 것이기 때문에 중용에 비해 더 절실하고 실천적인 의미를 갖는다.

제2장

02-01

중니(仲尼)[18]께서 말씀하셨다. "군자는 중용을 행하고,[19] 소인은 중용을 반대로 한다.

仲尼曰 "君子는 中庸이요 小人은 反中庸이니라

중용(中庸)은 치우치지도 않고 의지하지도 않으며 지나치거나 미치지 못함도 없이 평소 늘 그러한 이치이니 곧 하늘이 명한 당연한 것으로 정미(精微)함의 극치이다. 오직 군자라야 능히 그것을 체득하는 일을 하고, 소인은 이와 반대로 한다.

中庸者는 不偏不倚하고 無過不及하여 而平常之理이니 乃天命所當然으로 精微之極致也라 唯君子라야 爲能體之요 小人은 反是라

---

18) 중니(仲尼): 공자의 자(字). 『중용』은 공자의 손자 공급(孔伋)이 지었는데, 자기 할아버지의 자를 쓰고 있다. 이에 대해 당시에는 자를 호처럼 썼다는 설이 있고, 또 자왈(子曰)이라는 말은 누구나 쓸 수 있지만 자사는 공자의 손자이면서 그 도를 전해 받은 입장이기 때문에 그 점을 드러내기 위해 좀더 친숙한 표현으로 중니(仲尼)라는 말을 이 책의 처음에 썼다는 설이 있다. 제30장에도 중니라고 쓰고 있다.

19) 원문의 '중용'(中庸)이 서술어인데, '중용하고'라고 번역하면 이상하기 때문에 '중용을 행하고'라고 한 것이다.

02-02

군자가 중용을 행하는 것은 군자로서 그때그때 중도에 맞게 하는 것
이며, 소인이 중용을 반대로 하는 것은 소인으로서 거리낌 없는 것이
다."

君子之中庸也는 君子而時中이요 小人之〈反〉中庸也는 小
人而無忌憚也라" 하시니라

왕숙(王肅)[20]이 전한 판본에는 소인지반중용야(小人之反中庸也)로
되어 있는데, 정자(程子)도 그 설을 옳게 여겼으니 지금 그 설을 따른다.

○군자가 중용을 행하는 것은 그가 중용의 덕을 가지고서 또 능히 때
에 따라 중용의 도에 처하기 때문이다. 소인이 중용을 반대로 하는 것은
그가 소인의 마음을 가지고서 또 거리끼는 바가 없기 때문이다. 대개 중
(中)은 정해진 체단(體段)이 없어서 때에 따라 있게 되니 이것이 바로 평
소 늘 그러한 이치이다. 군자는 그 중(中)이 나에게 있는 것을 알기 때문
에 능히 눈으로 보이지 않을 때에도 경계하고 삼가며, 귀로 들리지 않을
때에도 두려워하여 어느 때인들 중도에 맞지 않음이 없다. 소인은 그것
이 자신에게 있는 것을 알지 못하니 욕심을 부리고 행실을 함부로 하여
거리끼는 바가 없다.

○이상은 제2장이다. 이 아래 10장은 모두 중용을 논하여 제1장의 뜻
을 해석한 것이다. 문장이 연속되지 않지만 의미는 실제로 이어진다. 이
장에서 중화(中和)의 화(和)를 바꾸어 용(庸)을 말한 것에 대해 유씨(游

---

20) 왕숙(王肅): 삼국시대 위(魏)나라의 경학가로 『예기왕씨주』(禮記王氏注) 등을
저술하였다.

氏)[21]는 말하기를 "성정(性情)으로 말하면 중화라 하고, 덕행(德行)으로 말하면 중용(中庸)이라 한다"라고 하였으니 그 말이 옳다. 그러나 중용의 중(中)은 실제로 중화의 뜻을 겸한다.

王肅本에 作小人之反中庸也한대 程子도 亦以爲然하니 今從之라 ○君子之所以爲中庸者는 以其有君子之德하고 而又能隨時以處中也라 小人之所以反中庸者는 以其有小人之心하고 而又無所忌憚也라 蓋中은 無定體하고 隨時而在하니 是乃平常之理也라 君子는 知其在我라 故로 能戒謹不覩하고 恐懼不聞하여 而無時不中이요 小人은 不知有此하니 則肆欲妄行하여 而無所忌憚矣라

○右는 第二章이라 此下十章은 皆論中庸하여 以釋首章之義라 文雖不屬이나 而意實相承也라 變和言庸者는 游氏曰 以性情으로 言之면 則曰中和요 以德行으로 言之면 則曰中庸이라 하니 是也라 然이나 中庸之中은 實兼中和之義라

해설

이 제2장부터 제11장까지는 모두 공자의 말씀을 자사가 인용해놓은 것이다. 처음에는 군자중용(君子中庸)과 군자시중(君子時中)을 말하고, 다음에는 이 중용의 도가 밝혀지지 않고 행해지지 않는 이유를 말하며, 그 뒤에는 중용의 도를 얻기 위한 지(智)·인(仁)·용(勇) 삼달덕(三達德)을 말하고 있다.

이 제2장에 『중용』의 대지(大旨)인 중용이 처음으로 등장한다. 위 유작(游酢)의 설에 보이듯이 중화는 사람의 마음에 나아가 말한 것이고, 중용은 사람의 덕행에 나아가 말한 것이다. 덕행으로 말한 것이란 중

---

21) 유씨(游氏): 북송 때 정자(程子)의 문인 유작(游酢, 1053~1123)을 말한다.

(中)이 불편불의(不偏不倚)하고 무과불급(無過不及)한 마음가짐이고, 용(庸)이 그런 마음가짐을 늘 유지해 나가는 것이기 때문이다. 그런데 중용은 또 보편적 도리를 말하기도 한다. 덕행 차원이 아니라 그 진리 자체를 일컫기도 한다. 그래서 마음의 성정(性情)만으로 말한 중화보다 더 넓고 보편적인 개념으로 쓰인다. 다만 『중용』에서 중화를 먼저 언급한 것은 보편적 진리를 말하기보다는 인도를 닦아 천도에 합한 성인의 실제적인 일에 나아가 말했기 때문이다.

이 제2장에는 군자중용(君子中庸)이 주제로 등장한다. 그리고 그 군자의 중용은 중용의 도를 가진 군자로서 또 그때그때 중용의 도를 실천한다는 시중(時中)을 끌어내고 있다. 시중은 현실적이고 실제적인 일을 염두에 둔 공자의 현실주의 정신을 단적으로 드러내주는 용어이다. 군자로서 시중을 하기 위해서는 계구·신독을 통해 중화를 극진히 하는 공부가 전제되어야 한다. 즉 존양·성찰·극치(克治)의 심성수양이 전제되어야 그렇게 할 수 있다. 그렇지 않으면 바로 소인처럼 거리낌 없는 짓을 하게 된다. 거리끼는 바가 없다는 것은 두려워하고 삼가는 것이 없어 마음 내키는 대로 하는 것을 말한다. 이런 관점에서 보면 마음을 다스리는 문제에 전혀 관심 없는 현대인들은 거의 군자의 자격이 없다고 해도 과언이 아닐 것이다.

부언하자면 조선시대 성리학의 실천적인 성격은 한 마디로 조심(操心)에 있다. 즉 마음 붙잡기이다. 우리는 불조심·차조심·개조심 등 다른 사물에 대해서는 경계를 하여 마음을 붙잡으면서도 정작 자기 내면의 마음을 붙잡지 못하고 욕망에 이끌리는 경우가 너무 많다. 그러니 수시로 마음을 돌아보고 붙잡으려 해야 사람다운 사람이 될 수 있다. 군자가 어디 별도로 존재하는 것이랴. 늘 마음을 붙잡아 균형 감각을 유지하려고 노력하는 사람이 바로 군자이다. 그것이 바로 군자시중(君子時中)

으로, 공자께서 인류에게 주신 희망의 메시지이다.

　이 제2장부터 제11장까지는 모두 자사가 공자의 말씀을 인용해놓은 것인데, 일정하게 논리구조를 가지고 있다. 조선시대 후기 실학자 성호(星湖) 이익(李瀷)은 이 10장을 공자중용(孔子中庸)이라고 명명하여 경(經)으로 보고 『대학』과 마찬가지로 『중용』도 경(經)·전(傳)으로 나누어 해석하였다. 후생들이 참고해볼 만한 독특한 설이다.

제3장

　공자께서 말씀하셨다. "중용, 그것은 지극한 것이로다. 그런데 사람들 중 그 중용에 능한 자가 드문 지 오래되었다."

　子曰 "中庸은 其至矣乎인저 民鮮能이 久矣니라" 하시니라

　지나치면〔過〕 중도를 잃게 되고, 미치지 못하면〔不及〕 지극하지 않게 된다. 그러므로 오직 중용의 덕만 지극한 것이 된다. 그러나 중용은 사람들이 다 같이 얻은 것이어서 애초 어려운 일이 없다. 다만 세상의 교화가 쇠퇴하여 사람들이 그 마음을 일으켜 행하지 않기 때문에 사람들 중 중용에 능한 자가 드물어서 지금은 이미 그렇게 된 지 오래된 것이다.『논어』에는 능(能) 자가 없다.[22]

　○이는 제3장이다.

　過則失中이요 不及則未至라 故로 惟中庸之德이 爲至라 然이나 亦人所同得하여 初無難事로되 但世敎衰하여 民不興行이라 故로 鮮能之하여 今已久矣라 論語에는 無能字라

　○右는 第三章이라

---

22) 『논어』에는 …… 없다:『논어』「옹야」(雍也)에는 "子曰 中庸之爲德也 其至矣乎 民鮮 久矣"라고 되어 있어 능(能) 자가 없음을 지적한 것이다.

해설

이 제3장은 공자의 말씀이다. 중용의 덕이 사람에게 매우 지극한 것인데, 그것을 실천하는 사람들이 드문 지 오래되었음을 탄식한 것이다.

제4장

04-01

공자께서 말씀하셨다. "도가 행해지지 않는 이유를 나는 안다. 지혜로운 사람은 중도에서 지나치고, 어리석은 사람은 중도에 미치지 못하기 때문이다. 도가 밝혀지지 않는 이유를 나는 안다. 어진 사람은 중도에 지나치고, 불초한 사람은 중도에 미치지 못하기 때문이다.

子曰 "道之不行也를 我知之矣로니 知(智)者는 過之하고 愚者는 不及也일새니라 道之不明也를 我知之矣로니 賢者는 過之하고 不肖者는 不及也일새니라

도는 천리(天理)의 당연함이니 중(中)일 따름이다. 지혜롭거나 어리석은 사람, 어질거나 불초한 사람이 중도에 지나치거나 미치지 못하는 것은 태어나면서 품부받은 기질이 달라 그 중(中)을 잃기 때문이다. 지혜로운 자는 앎이 지나쳐서 이미 도를 행하기 부족한 것으로 여기며, 어리석은 자는 앎에 미치지 못하여 또한 도를 행할 방법을 모른다. 이것이 바로 도가 항상 행해지지 않는 까닭이다. 어진 자는 행함이 지나쳐서 이미 도를 알기에 부족한 것으로 여기며, 불초한 자는 행함에 미치지 못하여 또한 도를 알 방법을 구하지 않는다. 이것이 바로 도가 항상 밝혀지지 않는 까닭이다.

道者는 天理之當然이니 中而已矣라 知愚賢不肖之過不及은 則生稟之異하여 而失其中也라 知者는 知之過하여 旣以道爲不足行하며 愚者는 不及知하여 又不知所以行하니 此는 道之所以常不行也라 賢者는 行之過하여 旣以道爲不足知하고 不肖者는 不及行하여 又不求所以知하니 此는 道之所以常不明也라

04-02

사람들은 물을 마시고 음식을 먹지 않음이 없지만 그 맛을 능히 아는 사람은 드물다."

人莫不飮食也언마는 鮮能知味也니라" 하시니라

도는 잠시도 벗어날 수 없는 것인데, 사람들이 스스로 그것을 살피지 않는다. 그러므로 지나치거나 미치지 못하는 폐단이 있는 것이다.

○이는 제4장이다.

道不可離로되 人自不察이라 是以로 有過不及之弊라

○右는 第四章이라

해설

이 제4장은 공자의 말씀이다. 도가 행해지지 않고 도가 밝혀지지 않는 이유는 중용의 도를 지키지 못하고 지나치거나 미치지 못하기 때문임을 말한 것이다.

제1절에서는 지(知)와 행(行)의 측면에서 도가 밝혀지지 않고 행해지지 않는 점을 거론하였다.

제2절에서는 중용의 도가 사람이 매일 같이 먹고 마시는 음식이나 물

처럼 일상에서 꼭 필요한 것인데, 그 진정한 의미를 아는 사람이 드문 것을 탄식한 것이다.

제5장

공자께서 말씀하셨다. "중용의 도, 그것은 앞으로도 행해지지 않을 것이다."

子曰 "道〈는〉 其不行矣夫인저" 하시니라

도가 밝혀지지 않음을 말미암기 때문에 앞으로도 도가 행해지지 않을 것이라는 말이다.

○이는 제5장이다. 이 장은 위의 장을 이어서 도가 행해지지 않는 단서를 거론하여 아래의 장의 의미를 일으킨 것이다.

由不明이라 故로 不行이라

○右는 第五章이라 此章은 承上章하여 而擧其不行之端하여 以起下章之意라

해설

이 제5장은 공자의 말씀이다. 앞으로도 중용의 도가 세상에 행해지지 않을 것임을 탄식한 것이다. 원문만으로는 시제가 불분명한데, 앞뒤의 논리와 연속적으로 파악해야 그런 뜻을 읽을 수 있다. 이 제5장을 앞의 장에 붙여 해석해야 한다는 설도 있다.

제6장

공자께서 말씀하셨다. "순임금, 그분은 크게 지혜로운 분이셨도다. 순임금은 남에게 묻기를 좋아하시고 일상 가까이에 있는 말을 살피기를 좋아하시되 남의 악을 숨겨주고 남의 선을 드러내 주었으며, 여러 의견이 같지 않을 때에는 양쪽의 극단적인 주장을 모두 들어보고서 〈당연한 중도를 찾아〉 백성에게는 그 중도를 쓰셨다. 그러니 그렇게 한 것이 이에 순임금이 되신 것이다."

子曰 "舜은 其大知(智)也與신저 舜이 好問而好察邇言하시되 隱惡而揚善하시며 執其兩端하사 用其中於民하시니 其斯以爲舜乎신저" 하시니라

순임금이 크게 지혜로운 분이 되신 까닭은 스스로 자기의 생각만 쓰지 않고 남에게서 선을 취하였기 때문이다. 가까이 있는 말〔邇言〕이란 일상 가까이에 있는 심오하지 않은 말이다. 그런데 순임금은 오히려 반드시 그런 말을 살폈으니 그분이 하나의 선이라도 버리지 않은 것을 여기서 알 수 있다. 그러나 그들의 말이 선하지 않은 경우에는 숨겨주고 드러내지 않았으며, 그들의 말이 선한 경우에는 전파하여 숨기지 않았다. 그리하여 그 마음가짐의 광대하고 광명함이 또한 이와 같았으니 사람이면 누구인들 선으로써 순임금에게 고하기를 즐거워하지 않았겠는가? 양쪽의 극단적인 주장〔兩端〕이란 여러 사람의 의논이 같지 않은 극치를 말

한다. 대체로 모든 사물에는 다 양쪽의 극단적인 주장이 있으니 소(小)와 대(大), 후함[厚]과 박함[薄]의 유형과 같은 것들이다. 선에 있어서도 그 양쪽 극단을 잡고 헤아려서 중도를 취한 뒤에 그것을 사용하였으니 그 선택이 자세하고 실행이 지극한 것이다. 그러나 나에게 있는 권도(權度)[23]가 정밀하고 절실하여 조금의 차이도 없는 사람이 아니라면 어찌 이런 데에 참여할 수 있겠는가? 이는 앎[知]이 지나치거나 미치지 못함이 없기 때문이니 도가 행해지는 까닭이다.

○이는 제6장이다.

舜之所以爲大知者는 以其不自用하고 而取諸人也일새니라 邇言者는 淺近之言이로되 猶必察焉하니 其無遺善을 可知라 然이나 於其言之未善者엔 則隱而不宣하고 其善者엔 則播而不匿하여 其廣大光明이 又如此하니 則人孰不樂告以善哉리오 兩端은 謂衆論不同之極致라 蓋凡物은 皆有兩端하니 如小大厚薄之類라 於善之中에 又執其兩端而量度하여 以取中이라 然後에 用之하니 則其擇之審하고 而行之至矣라 然이나 非在我之權度가 精切不差면 何以與(예)此리오 此는 知之所以無過不及이니 而道之所以行也라

○右는 第六章이라

해설

이 제6장은 공자의 말씀이다. 삼달덕(三達德)의 지(智)를 말한 것인데, 그 사례를 순임금에게 찾은 것이다. 삼달덕은 중용의 도를 얻는 세 가지 방법으로, 중용이 좋은 것인 줄 알아서 선택할 줄 아는 것이 지(智)

---

23) 권도(權度): 권(權)은 저울이고, 도(度)는 자이다. 모두 물건의 무게와 길이를 재는 것으로 한쪽으로 치우치지 않고 중도에 맞게 조절하는 것을 의미한다.

이고, 중용을 택하여 지속적으로 지켜 나가는 것이 인(仁)이며, 중용을 택하고 지키는 일을 잘 할 수 없더라도 애써 노력하고자 하는 것이 용(勇)이다. 즉 사람이 사람답게 되기 위해 마땅히 해야 할 일임을 알아 선택하는 것, 그것을 오래오래 지켜 나가려고 노력하는 것, 이 두 가지 일이 잘 안 되지만 억지로라도 노력하여 실천하려 하는 것, 그것이 삼달덕의 지·인·용이다.

이 제6장의 핵심은 집기양단 용기중어민(執其兩端 用其中於民)에 있다. 집기(執其)의 기(其)는 주자의 설에 따르면 선(善)을 의미한다. 순임금은 하나의 선이라도 남에게서 모두 취한 분인데, 그 선에 있어서도 양쪽의 극단적인 주장을 다 들어보고 실제로 적용할 때에는 중도를 썼다는 것이다. 선을 쓸 때에도 중용을 택하였으니 나머지는 말할 것도 없다. 중도는 이쪽과 저쪽의 중간쯤을 의미하는 것이 아니라 치우치거나 의지함이 없고 지나치거나 미치지 못함이 없는 공평무사한 마음을 의미한다.

제7장

공자께서 말씀하셨다. "사람들은 모두 '나는 지혜롭다'라고 말하지만 그들을 몰아 그물과 덫과 함정 속으로 집어넣는데도 피할[24] 줄 모른다. 사람들은 모두 '나는 지혜롭다'라고 말하지만 중용을 택하여 한 달 동안도 지키지 못한다."

子曰 "人皆曰予知(智)로되 驅而納諸罟擭陷阱之中이로되 而莫之知辟(避)也하며 人皆曰予知(智)로되 擇乎中庸而不能期月守也니라" 하시니라

고(罟)는 그물이다. 확(擭)은 덫(기계장치가 있는 우리)이다. 함정(陷阱)은 구덩이이다. 이는 모두 새나 짐승을 엄습하여 잡는 도구이다. 택호중용(擇乎中庸)은 여러 이치를 변별하여 이른바 중용이라는 것을 찾는 것이니 곧 위의 장에서 말한 묻기를 좋아하고 중도를 쓴 일이다. 기월(期月)[25]은 한 달이 지난 것이다. 화를 알면서도 피할 줄 모른다는 점을 먼저 말하여 능히 중용을 택하고도 능히 중용을 지키지 못하는 점을 비유

---

24) 피할: 원문의 '벽'(辟)은 원래 으뜸 또는 임금이라는 뜻인데, 여기서는 '피'(避)와 통용되는 의미로 쓰였다.

25) 기월(期月): 기월(期月)은 두 가지 의미가 있다. 여기서처럼 달이 찼다가 기울며 지구를 한 바퀴 도는 1개월을 가리키기도 하고, 또 『논어』「자로」(子路)에 "苟有用我者 期月而已 可也"라고 한 경우처럼 1년이라는 의미로 쓰이기도 한다.

하였으니[26] 이는 모두 지(智)가 될 수 없다.

○이는 제7장이다. 이 장은 위의 장 순임금의 대지(大知)를 이어서 말을 하고, 또 도가 밝혀지지 않는 단서를 거론하여 아래의 장을 일으켰다.

罟는 網也요 擭은 機檻也요 陷阱은 坑坎也니 皆所以掩取禽獸者也라 擇乎中庸은 辨別衆理하여 以求所謂中庸이니 卽上章好問用中之事也라 期月은 匝一月也라 言知禍而不知辟하여 以況能擇而不能守하니 皆不得爲知(智)也라

○右는 第七章이라 承上章大知而言하고 又擧不明之端하여 以起下章也라

해설

이 제7장은 공자의 말씀이다. 중용이 좋은 줄 알면서도 실행하지 못하는 부지(不智)를 말한 것이다.

---

26) 비유하였으니: 원문의 '황'(況)은 비유한다는 뜻이다.

제8장

공자께서 말씀하셨다. "안회(顔回)의 사람됨은 중용을 택하여 하나의 선이라도 얻으면 정성껏 받들어 가슴속에 새겨서 그것을 잃지 않았다."

子曰 "回之爲人也는 擇乎中庸하여 得一善이면 則拳拳服膺而弗失之矣니라" 하시니라

회(回)는 공자의 제자 안연(顔淵)[27]의 이름이다. 권권(拳拳)[28]은 받들어 유지하는 모양이다. 복(服)은 붙이다(著)는 뜻과 같다. 응(膺)은 가슴이다. 받들어 유지하여 가슴속에 붙여두는 것이니 능히 지키는 것을 말한 것이다. 안자(顔子)[29]는 대체로 중용의 도를 참되게 알았다. 그러므로 중용을 능히 택하고 능히 지키는 것이 이와 같았다. 이는 행(行)이 지나치거나 미치지 못함이 없기 때문이니 도가 밝혀지는 까닭이다.

○이는 제8장이다.

回는 孔子弟子顔淵名이라 拳拳은 奉持之貌요 服은 猶著(착)也요

---

27) 안연(顔淵): 공자의 제자 안회를 가리킨다. 안회의 자가 자연(子淵)이기 때문에 안연이라고 부른다.

28) 권권(拳拳): 권(拳)은 손을 오므려 주먹처럼 쥐는 것인데, 인사를 할 때에 두 손을 모아 오므린 것을 의미한다. 이는 정성스럽게 공경함을 표현하는 행위로, 정성스럽게 공경히 받들어 간직하는 뜻이다.

29) 안자(顔子): 주자가 안회(顔回)를 높여 부른 것이다.

膺은 胸也니 奉持而著之心胸之間이니 言能守也라 顏子는 蓋眞知
之라 故로 能擇能守가 如此라 此는 行之所以無過不及이니 而道之
所以明也라

　○右는 第八章이라

해설

이 제8장은 공자의 말씀이다. 지(智)·인(仁)·용(勇) 삼달덕의 인(仁)
을 말한 것인데, 안회(顏回)를 예로 들었다. 『논어』를 보면 안회는 극기
복례(克己復禮)를 통해 인(仁)을 석 달 동안이나 어기지 않을 정도의 경
지에 오른 인물이다. 삼달덕의 인(仁)은 인·의·예·지의 인과는 의미가
다르다. 여기서는 중용을 택하여 오랫동안 지켜나가는 것을 말한 것으
로, 『논어』 「옹야」의 삼월불위인(三月不違仁)과 연관성을 갖는다. 즉 인
(仁)은 중용을 오랫동안 지켜나가는 것을 의미한다. 원문의 불실지(弗失
之)가 오래도록 지킨다는 뜻을 내포하고 있다. 앞의 제7장에 수(守) 자
가 있는데, 이는 이 장의 "정성껏 가슴속에 새겨두고서 잃지 않는다"(拳
拳服膺而弗失之)라는 문구와 상호 조응한다.

제9장

공자께서 말씀하셨다. "천하와 국가[30]를 균평하게 다스릴 수 있고, 벼슬과 녹봉을 사양[31]할 수도 있으며, 시퍼런 칼날 위를 밟을 수도 있지만 중용은 능히 지킬[32] 수 없다."

子曰 "天下國家를 可均也며 爵祿을 可辭也며 白刃을 可蹈也로되 中庸은 不可能也니라" 하시니라

균(均)은 '공평하게 다스린다'는 뜻이다. 이 세 가지는 지(智)·인(仁)·용(勇)의 일이니 또한 이 세상의 지극히 어려운 일이다. 그러나 이 모두 한쪽으로 치우친 데에 의지하기 때문에 타고난 자질이 그렇게 하기에 가깝거나 노력을 능히 기울이는 사람은 모두 충분히 그 일을 할 수 있다. 그러나 중용에 이르러서는 비록 능히 하기 쉬울 듯하지만 의(義)가 정밀하고 인(仁)이 완숙하여[33] 털끝만큼의 사사로운 인욕(人欲)도

---

30) 천하와 국가: 원문의 '천하국가'(天下國家)를 '천하의 국가'로 보기 쉽다. 그러나 여기서는 천하를 다스리는 것과 국가를 다스리는 것을 의미하기 때문에 '천하와 국가'로 나누어 보아야 한다.

31) 사양: 원문의 '사'(辭)는 사양(辭讓)한다는 뜻이다.

32) 지킬: 원문 '불가능야'(不可能也)의 능(能) 뒤에 수(守)가 생략된 것으로 본 것이다. 이 제9장은 제8장의 인을 지키는 데 이어서 불능수(不能守)를 말한 것으로 보기 때문이다. 이는 제6장에서 지(智)를 말하고, 제8장에서 부지(不智)를 말한 것과 같은 맥락에서 본 것이다.

33) 의(義)가……완숙하여: 의리가 정밀하다는 것은 중용이 좋은 것인 줄 아는 것으

없는 사람이 아니면 미칠 수가 없다. 이 세 가지는 어려우면서도 쉽지만 중용은 쉬우면서도 어렵다. 이는 사람들이 중용에 능한 자가 드문 까닭 이다.

○이는 제9장이다. 또한 위의 장을 이어서 아래의 장을 일으켰다.

均은 平治也라 三者는 亦知仁勇之事니 天下之至難也라 然이나 皆倚於一偏이라 故로 資之近而力能勉者가 皆足以能之어니와 至於 中庸하얀 雖若易能이나 然이나 非義精仁熟하여 而無一毫人欲之私 者면 不能及也라 三者는 難而易요 中庸은 易而難이라 此는 民之所 以鮮能也라

○右는 第九章이라 亦承上章하여 以起下章이라

해설

이 제9장은 공자의 말씀이다. 위의 장을 이어 중용을 능히 지킬 수 없 음을 말한 것이다. 천하와 국가를 균평하게 잘 다스리는 일은 지(智)에 해당하고, 벼슬과 녹봉을 사양하는 것은 인(仁)에 해당하며, 시퍼런 칼 날을 밟는 것은 용(勇)에 해당한다.

로 지(知)에 관한 공부를 말하고, 인(仁)이 완숙하다는 것은 그것을 오랫동안 지 켜나갈수 있는 실천으로 행(行)에 관한 공부를 말한다.

제10장

10-01

자로(子路)가 공자께 강(强)에 대해 질문을 했는데,

子路가 問强한대

자로는 공자의 제자 중유(仲由)이다. 자로는 용기를 좋아했다. 그러므로 강함을 질문한 것이다.

子路는 孔子弟子仲由也라 子路는 好勇이라 故로 問强이라

10-02

공자께서 말씀하셨다. "네가 질문한 강함은 남쪽 지방 사람들의 강함이냐? 북쪽 지방 사람들의 강함이냐? 아니면[34] 너의 강함이냐?

子曰 "南方之强與아 北方之强與아 抑而强與아

억(抑)은 어조사이다. 이(而)는 너(汝)라는 뜻이다.

抑은 語辭라 而는 汝也라

---

34) 아니면: 원문의 '억'(抑)은 어조사로 '아니' 또는 '또한'의 의미로 쓰인다.

10-03

너그럽고 부드러움으로써 가르치고 무도한 자에게 보복하지 않는 것은 남쪽 지방 사람들의 강함이니 군자가 그런 데에 마음을 둔다.

寬柔以教요 不報無道는 南方之强也니 君子居之니라

관유이교(寬柔以教)는 상대를 포용하고 유순하게 대하여 남들이 미치지 못하는 점을 가르쳐주는 것을 말하고, 불보무도(不報無道)는 상대방이 내게 횡포하게 무리한 짓을 할 때에 받아들이기만 할 뿐 보복하지 않는 것을 말한다. 남쪽 지방은 풍속과 기질이 유약하기 때문에 관용하고 인내하는 힘이 남보다 나은 것으로 강함을 삼으니 군자의 도리이다.

寬柔以教는 謂含容巽順하여 以誨人之不及也라 不報無道는 謂橫逆之來에 直受之而不報也라 南方은 風氣柔弱이라 故로 以含忍之力勝人으로 爲强이니 君子之道也라

10-04

병기와 갑옷을 깔고 자면서 싸우다가 죽더라도 싫어하지 않는 것은 북쪽 지방 사람들의 강함이니 너와 같은 강(强)을 추구하는 사람들이 그런 데에 마음을 둔다.

衽金革하여 死而不厭은 北方之强也니 而强者居之니라

임(衽)은 '자리를 편다'는 뜻이다. 금(金)은 창과 병기 등이다. 혁(革)은 갑옷과 투구 등이다. 북쪽 지방 사람들은 풍속과 기질이 강건하고 굳세기 때문에 과감한 힘이 남보다 나은 것으로 강함을 삼으니 힘이 강한

자의 일이다.

衽은 席也요 金은 戈兵之屬이요 革은 甲冑之屬이라 北方은 風氣剛勁이라 故로 以果敢之力勝人으로 爲强이니 强者之事也라

10-05

그러므로 군자는 남들과 두루 화목하게 지내지만 어느 한 쪽으로 편향되지 않으니 의지가 강하구나, 그 꿋꿋함이여. 군자는 중도에 서서 어디에 의지하지 않으니 의지가 강하구나, 그 꿋꿋함이여. 군자는 나라에 도가 있을 때에 곤궁했던 시절의 지조를 변치 않으니 의지가 강하구나, 그 꿋꿋함이여. 군자는 죽음에 이르더라도 평생의 지조를 변치 않으니 의지가 강하구나, 그 꿋꿋함이여."

故로 君子는 和而不流하나니 强哉矯여 中立而不倚하나니 强哉矯여 國有道에 不變塞焉하나니 强哉矯여 國無道에 至死不變하나니 强哉矯여" 하시니라

이 네 가지는 네가[35] 마땅히 강하게 해야 할 바임을 말한 것이다. 교(矯)는 의지가 강한 모양이다. 『시경』의 시에 "강하고 강한 무신"(矯矯虎臣)[36]이라고 한 것이 그것이다. 의(倚)는 한쪽으로 치우쳐 붙는 것이다. 색(塞)은 현달하지 않았을 때를 말한다. 나라에 도가 있을 때에는 현달하지 않았을 때에 지키던 지조를 변치 않고, 나라에 도가 없을 때에는 평생 지키는 지조를 변치 않는 것이니 이것이 이른바 "중용은 능히 지킬

---

35) 네가: 이 문장은 공자가 자로의 질문에 답한 것이므로 자로를 가리킨다.
36) 이 구절은 『시경』 노송(魯頌) 「반수」(泮水)에 보인다.

수 없다"[37]라고 하는 것이다. 스스로 인욕의 사사로움을 극복함이 있는 사람 아니면 능히 중용을 택하여 지킬 수 없다. 그러니 군자의 강함 중에서 그 무엇이 이보다 더 크겠는가? 공자께서 이 말씀으로 자로에게 일러주신 것은 그의 혈기(血氣)[38]의 강건함을 억제하여 덕의(德義)의 용감함으로 진취하게 하신 것이다.

○이는 제10장이다.

此四者는 汝之所當强也라 矯는 强貌니 詩曰矯矯虎臣이 是也라 倚는 偏著(착)也라 塞은 未達也라 國有道에 不變未達之所守하고 國無道에 不變平生之所守也니 此則所謂中庸之不可能者니 非有以 自勝其人欲之私면 不能擇而守也라 君子之强이 孰大於是리오 夫 子가 以是로 告子路者는 所以抑其血氣之剛하여 而進之以德義之 勇也라

○右는 第十章이라

해설

이 제10장은 공자의 말씀이다. 지(智)·인(仁)·용(勇) 삼달덕의 용(勇)을 말한 것인데, 자로(子路)의 질문에 공자가 답한 내용이다. 자로는 공자 문하에서 용감함으로 이름 난 사람이기 때문에 자로의 용기를 예로 든 것이다. 그러나 자로의 용기는 혈기의 용기이기 때문에 이 제10장의 요지를 군자지강(君子之强)으로 보는 것이 정설이다.

삼달덕의 지(智)는 중용이 좋은 것인 줄 알아서 택하는 지혜를 말하고, 인(仁)은 중용을 택하여 오랫동안 지켜나가는 어진 마음을 말하며,

---

37) 이 문장은 『중용장구』 제9장 마지막 절의 "中庸 不可能也"를 말한다.
38) 혈기(血氣): 정조 때 간행한 내각장판본(內閣藏板本)에는 기혈(氣血)로 되어 있다.

용(勇)은 중용을 택해 지키는 일을 애써 노력하여 이룩하려는 용기를 말한다. 즉 선을 지향하는 적극적인 추진력을 의미한다.

이 장에서 말하고 있는 강(强)은 『주역』 건괘(乾卦)에 보이는 자강불식(自强不息)의 강(强)으로, 의지를 스스로 강하게 하는 것이다. 제5절에서 말하고 있는 네 가지가 바로 중용의 도를 지켜 이룩한 강함이니 그 강함을 이룩하기 위해 덕의(德義)를 적극적으로 실천하는 용기가 필요한 것이다.

제2절의 이강(而强)을 주자는 '너의 강함'으로 해석했는데, 제4절의 이강(而强)에 대해서는 분명한 해석이 없다. 그러나 제4절의 이강(而强)의 이(而)도 '너의'라는 뜻으로 해석하는 것이 좋을 듯하다. 거지(居之)의 거(居)는 거경(居敬)의 거(居)와 마찬가지로 '마음을 두다'라는 의미로 해석하는 것이 좋다.

제5절의 강재교(强哉矯)는 "의지가 강하구나, 그 꿋꿋함이여"라는 문장이다. 제5절의 화이불류(和而不流)와 중립이불의(中立而不倚)는 중용의 도를 지키는 기본자세를 말한 것이고, 불변색언(不變塞焉)과 지사불변(至死不變)은 실제의 상황에 대처하는 자세를 말한 것이다. 불변색언(不變塞焉)의 색(塞)은 '막히다'는 뜻으로 막혀 현달하지 못해 곤궁했던 시절의 지조를 가리킨다. 지사불변(至死不變)은 지사이불변(至死而不變)으로 해석하면 된다.

제11장

11-01

공자께서 말씀하셨다. "은밀한 것을 찾고[39] 괴이한 것을 행하는 짓을 후세에 일컫는 사람이 있으니 나는 그런 짓을 하지 않는다.

子曰 "素(索)隱行怪를 後世에 有述焉하나니 吾弗爲之矣로라

소(素)는 『한서』(漢書)를 살펴보면 색(索)이 되어야 하니[40] 아마도 글자가 잘못된 듯하다. 색은행괴(索隱行怪)는 은밀하고 편벽된 이치를 깊이 탐구하고, 괴이하고 특이한 행실을 지나치게 행하는 것을 말한다. 그러나 그것은 족히 세상 사람들을 속이고 명예를 도둑질할 수 있기 때문에 후세에 혹 그것을 일컫는 사람이 있다. 이는 앎이 지나쳐서 선을 택하지 않고, 행실이 지나쳐서 그 중도를 쓰지 않는 것이니 의지를 강하게 해야 할 바에 해당하지 않는데 강하게 하는 경우이다. 성인이 어찌 이런 짓을 하시겠는가?

素는 按漢書컨대 當作索이니 蓋字之誤也라 索隱行怪는 言深求

---

39) 찾고: 본래 원문에는 '소'(素)로 되어 있는데, 말이 되지 않기 때문에 유형이 비슷한 색(索)의 오자로 추정한 것이다.

40) 소(素)는……하니: 『전한서』(前漢書) 권30 「예문지」(藝文志) 권10에 "孔子曰 索隱行怪 後世有述焉 吾不爲之矣"라는 문구가 보인다.

隱僻之理하고 而過爲詭異之行也라 然이나 以其足以欺世而盜名이
라 故로 後世에 或有稱述之者하니 此는 知之過而不擇乎善이요 行
之過而不用其中이니 不當強而強者也라 聖人이 豈爲之哉리오

11-02

군자가 도를 따라 행하다가 중도에 그만두니 나는 그만둘 수가 없다.

君子가 遵道而行하다가 半塗而廢하나니 吾弗能已矣로라

준도이행(遵道而行)은 능히 선을 택하는 것이다. 반도이폐(半塗而廢)
는 힘이 부족한 것이다. 이는 그의 앎이 비록 족히 그 경지에 미칠 수 있
으나, 그의 행실은 거기에 미치지 못함이 있는 것이니 의지를 강하게 해
야 할 바에 해당하는데 강하게 하지 않는 경우이다. 이(已)는 '그친다'
〔止〕는 뜻이다. 성인은 이런 점에 대해 억지로 힘을 써서 감히 그 일을 그
만두는 것이 아니다. 대개 지극한 성(誠)이 그침이 없어서 저절로 그만
둘 수 없는 바가 있는 것이다.

遵道而行은 則能擇乎善矣요 半塗而廢는 則力之不足也라 此는
其知가 雖足以及之나 而行有不逮니 當強而不強者也라 已는 止也
라 聖人은 於此에 非勉焉而不敢廢라 蓋至誠無息하여 自有所不能
止也라

11-03

군자는 중용에 의지해 세상에 숨어서 알려지지 않더라도 후회하지
않으니 오직 성스러운 분만 능히 그것을 한다."

君子는 依乎中庸하여 遯世不見知而不悔하나니 唯聖者야(라야) 能之니라"하시니라

은밀한 것을 찾고 괴이한 것을 행하지 않으면 중용에 의지할 뿐이며, 능히 중도에 그만두지 않는다. 그러므로 세상에 숨어 알려지지 않더라도 후회하지 않는다. 이는 중용이 덕을 이룩한 것이다. 중용을 택하는 지혜가 극진하고, 중용을 지키는 어진 마음이 지극하여 억지로 노력하는 용기에 의지하지 않아도 넉넉히 그렇게 되는 경우이다. 이는 바로 우리 공부자(孔夫子)[41]의 일이지만 오히려 자처하지 않으셨다. 그러므로 "오직 성스러운 분만 능히 그것을 할 뿐이다"라고 말씀하신 것이다.

○이는 제11장이다. 자사가 공자의 말씀을 인용하여 제1장의 뜻을 밝힌 것이 이 장에서 그쳤다. 대체로 이『중용』의 대지(大旨)는 지(智)·인(仁)·용(勇) 삼달덕으로 중용의 도에 들어가는 문을 삼은 것이다. 그러므로 이 책의 첫머리에 곧 대순(大舜)·안연(顔淵)·자로(子路)의 일로써 그 점을 밝힌 것이다. 순임금은 지(智)에 해당하는 사례이고, 안연은 인(仁)에 해당하는 사례이며, 자로는 용(勇)에 해당하는 사례이다. 이 세 가지 가운데서 어느 하나라도 폐지하면 도에 나아가 덕을 이룩할 방법이 없다. 나머지는 제20장에 보인다.

不爲索隱行怪면 則依乎中庸而已요 不能半塗而廢라 是以로 遯世不見知而不悔也라 此는 中庸之成德이라 知(智)之盡하고 仁之至하여 不賴勇而裕如者니 正吾夫子之事로되 而猶不自居也라 故로 曰唯聖者라야 能之而已라 하니라

○右는 第十一章이라 子思가 所引夫子之言하여 以明首章之義者

가 止此라 蓋此篇大旨는 以知仁勇三達德으로 爲入道之門이라 故로 於篇首에 卽以大舜顔淵子路之事로 明之라 舜은 知(智)也요 顔淵은 仁也요 子路는 勇也라 三者에 廢其一이면 則無以造道而成德矣라 餘見第二十章이라

해설

이 제11장은 공자의 말씀이다. 이 장은 군자가 중용에 의지하는 것을 말한 것이다.

제1절의 오불위지의(吾弗爲之矣)는 '나는 그런 짓을 절대로 하지 않는 사람이다'라는 강한 의미가 내포되어 있다. 제2절의 오불능이의(吾不能已矣)도 '나는 능히 그 일을 그만둘 수 없다'라는 강한 의미가 내포되어 있다.

제2절의 군자(君子)는 덕을 이룩하는 데 뜻을 둔 사람을 말한다. 군자는 크게 유덕자(有德者)와 유위자(有位者) 두 부류로 나누어 말하는데, 여기서는 전자를 의미하지만 덕을 이룩한 사람이 아니라 덕을 추구하는 사람을 의미한다. 반면 제3절의 군자(君子)는 덕을 이룩한 사람을 의미한다. 군자라는 용어는 문맥에 따라 그 의미가 다르다. 즉 도를 구하는 학자를 의미하는 경우도 있고, 도를 완성한 성인을 의미하는 경우도 있다.

제3절의 불견지(不見知)는 피동형으로 '세상에 알아줌을 받지 못한다'라는 의미이다.

이 장의 장하주에 보이듯이 주자는 제2장부터 제11장까지를 한 단락으로 보고, 그 요지를 지·인·용 삼달덕을 말한 것으로 보았다. 또한 제2장부터 제11장까지는 모두 공자의 말씀을 인용해놓은 것으로 공자가 중용에 대해 말씀한 것들인데, 중용의 도를 이룩하기 위한 방법으로 지·인·용을 제시한 것이다.

제12장

12-01

군자의 도는 비(費)하면서도 은(隱)하다.

君子之道는 費而隱이니라

비(費)는 작용이 넓은 것이고, 은(隱)은 본체가 은미한 것이다.

費는 用之廣也요 隱은 體之微也라

12-02

필부필부(匹夫匹婦)[42]의 어리석음으로도 참여하여 그 도를 알 수 있지만 그 도의 지극한 경지에 이르러서는 성인(聖人)일지라도 그 도를 알지 못하는 바가 있다. 필부필부의 불초(不肖)[43]함으로도 능히 그 도를 행할 수 있지만 그 도의 지극한 경지에 이르러서는 성인일지라도

---

42) 필부필부(匹夫匹婦): 한 남편의 짝이 되고 한 부인의 짝이 되는 사람이라는 뜻으로 일반 평민을 가리킨다. 고대 사회의 일반인들은 교육을 제대로 받지 못해 무지하기 때문에 어리석다고 말한 것이다.

43) 불초(不肖): 본래는 자식이 아비만 못하다는 의미로 쓰이는 말인데, 그 의미가 확대되어 남들만 못한 변변찮은 사람이라는 뜻으로 쓰인다.

그 도를 능히 행할 수 없는 바가 있다. 천지가 그토록 큰데도 사람들은 오히려 유감으로 여기는 바가 있다. 그러므로 군자가 큰 도를 말할 경우에는 이 세상 사람의 힘으로도 능히 그 도를 실을 수 없으며, 군자가 작은 도를 말할 경우에는 이 세상 사람의 지혜로도 능히 그 도를 설파할 수가 없다.

夫婦之愚로도 可以與(예)知焉이로되 及其至也하얀 雖聖人이라도 亦有所不知焉하며 夫婦之不肖로도 可以能行焉이로되 及其至也하얀 雖聖人이라도 亦有所不能焉하며 天地之大也에도 人猶有所憾이라 故로 君子가 語大인댄 天下가 莫能載焉하며 語小인댄 天下가 莫能破焉이니라

군자의 도가 가까이로는 필부필부가 한 집에서 살아가는 일상적인 것으로부터 멀리로는 성인과 천지로서도 능히 극진히 할 수 없는 바에까지 이르러 그 큰 것은 밖으로 한계가 없고, 그 작은 것은 안으로 끝이 없으니 그 작용이 광대하다(費)고 말할 수 있다. 그러나 그 이치가 그러한 까닭은 은미하여(隱) 드러나지 않는다. 대개 누구나 알 수 있고, 누구나 행할 수 있는 것은 도 가운데 한 가지 일이다. 그 도의 지극한 경지에 이르러서는 성인으로서도 알 수 없고 행할 수 없으니 이는 전체를 거론하여 말한 것이다. 성인도 능히 극진히 할 수 없는 점이 참으로 있다.

후씨(侯氏)[44]는 말했다. "성인도 알지 못하는 것은 공자께서 노자(老子)에게 예를 묻고[45] 담자(郯子)에게 관제(官制)를 물은[46] 것과 같은 유

---

44) 후씨(侯氏): 북송 때 학자 후중량(侯仲良)을 말한다. 주돈이(周敦頤)·정이(程頤) 등에게 수학하였다.

45) 노자(老子)에게……묻고: 노자(老子)는 노담(老聃)을 말한다. 공자 나이 34세 때 주(周)나라로 가서 노자에게 예를 물은 기사는 『사기』 「공자세가」(孔子世家) 및

형이고, 성인도 능히 행할 수 없는 것은 공자가 성인으로서 천자의 지위를 얻지 못한 것과 요임금·순임금이 은혜를 널리 베풀어 대중을 능히 구제하지 못한 것을 부족하게 여긴[47] 유형과 같은 것들이다."

　생각건대 사람들이 천지에 대해 유감으로 여기는 것은 하늘이 덮어주고 땅이 실어주어 만물을 낳고 육성할 때의 치우친 것, 또는 추위와 더위 및 재앙과 상서가 그 바른 도리를 얻지 못한 것과 같은 것들이다.

　君子之道는 近〈而〉自夫婦居室之間으로 遠而至於聖人天地之所不能盡하여 其大無外하고 其小無內하니 可謂費矣라 然이나 其理之所以然은 則隱而莫之見也라 蓋可知可能者는 道中之一事요 及其至하얀 而聖人도 不知不能하니 則擧全體而言이라 聖人도 固有所不能盡也라 侯氏曰 聖人所不知는 如孔子問禮問官之類요 〈聖人〉所不能은 如孔子不得位와 堯舜病博施之類라 하니라 愚謂人所憾於天地는 如覆載生成之偏과 及寒署災祥之不得其正者라

12-03

　『시경』의 시에 말하기를 "솔개는 날아서 하늘에 이르고, 물고기는 연못에서 뛰노네"라고 하였으니 이는 그 이치가 상하에 드러난 것을 말

　『공자가어』(孔子家語) 「치사」(致思) 「관주」(觀周) 등에 보인다.

46) 담자(郯子)에게……물은: 담자(郯子)는 현 산동성 담성(郯城) 일대에 있던 작은 나라의 임금으로, 소호씨(少昊氏)의 후예이다. 노(魯)나라 소공(昭公) 17년(기원전 525) 담자가 조회 왔을 때 공자가 담자를 찾아가 관제를 물었다. 이 기사는 『춘추좌씨전』 소공(昭公) 17년조에 보인다.

47) 요임금……여긴: 이 내용은 『논어』 「옹야」에 보이는데, 원문은 다음과 같다. "子貢曰 如有博施於民而能濟衆 何如 可謂仁乎 子曰 何事於仁 必也聖乎 堯舜其猶病諸 夫仁者 己欲立而立人 己欲達而達人 能近取譬 可謂仁之方也已."

한 것이다.

詩云 "鳶飛戾天_{이어늘} 魚躍于淵_{이라}" _{하니} 言其上下察也_{니라}

인용한 시는 『시경』 대아(大雅) 「한록」(旱麓)이다. 연(鳶)은 솔개의 종류이다. 여(戾)는 '이르다'〔至〕는 뜻이다. 찰(察)은 '드러나다'〔著〕는 뜻이다. 자사가 이 시를 인용하여 천지가 만물을 화육하는 이치가 흘러 행하여 위로는 허공과 아래로는 연못에 밝게 드러난 것이 이 이치의 작용 아닌 것이 없음을 밝힌 것이니 이른바 비(費)라는 것이다. 그러나 그것이 그러한 까닭은 사람이 보고 듣는 것이 미칠 수 있는 바가 아니니, 이른바 은(隱)이라는 것이다. 그러므로 정자(程子)께서 말씀하셨다. "이 한 구절은 자사가 긴요하게 사람들을 위해 말씀한 것으로, 이치가 활발하게 생동하는 것을 보여주는 지점이다"⁴⁸⁾라고 하였으니 독자들은 이에 대해 생각을 극진히 해야 할 것이다.

詩는 大雅 旱麓之篇_{이라} 鳶은 鴟類_라 戾는 至也_라 察은 著也_라 子思引此詩_{하여} 以明化育流行_{하여} 上下昭著가 莫非此理之用_{이니} 所謂費也_라 然_{이나} 其所以然者는 則非見聞所及_{이니} 所謂隱也_라 故로 程子曰 此一節은 子思喫緊爲人處로 活潑潑地_라 _{하니} 讀者는 其致思焉_{이라}

12-04

군자의 도는 필부필부가 한집에서 살아가는 누구나 알고 행할 수 있는 일상적인 데에서 단서를 시작하는데,⁴⁹⁾ 그 도의 지극한 경지에 이

---

48) 이 문장은 출전이 자세하지 않다.

르러서는 하늘과 땅에 밝게 드러난다.[50]

君子之道는 造端乎夫婦니 及其至也하얀 察乎天地니라

이는 위의 문장을 결론지은 것이다.

○이는 제12장이다. 자사(子思)의 말씀이다. 대개 이런 내용으로 제1
장의 "도는 잠시도 벗어나서는 안 된다"(道不可須臾離)는 의미를 거듭
밝힌 것이다. 이 아래 8장은 공자의 말씀을 이리저리 인용하여 그 점을
밝힌 것이다.

結上文이라

○右는 第十二章이라 子思之言이라 蓋以申明首章道不可離之意
也라 其下八章은 雜引孔子之言하여 以明之라

해설

이 제12장부터 제20장까지가 4대지(大支)로 나눌 때 제2대지에 해당
한다. 제12장은 자사의 말로, 도에 비(費)·은(隱)이 있음을 말한 것이다.
비(費)는 눈으로 보고 귀로 들을 수 있는 현상으로 드러난 작용을 의미
하고, 은(隱)은 보고 들을 수 없는 것으로 그것이 그렇게 되는 까닭을 의

---

49) 필부필부가……시작하는데: 원문의 '조단호부부'(造端乎夫婦)에 대해 주자는
대전본 소주에서 일상적인 인륜 가운데 부부관계가 가장 절실하기 때문에 부부
(夫婦)를 거론한 것이라 하였다. 그러나 여기서 말하는 '부부'는 앞 구절에 나오
는 '부부'처럼 필부필부를 지칭하는 말로 일상에서 누구나 알 수 있고 행할 수 있
는 것을 의미한다. 따라서 오륜의 하나인 부부의 일이 아니라 '필부필부가 한집에
서 살아가는 일상적인 것'으로 보는 것이 타당하다. 또한 언해본에는 토가 '니'로
되어 있는데, 앞뒤의 문맥이 인과관계가 아니기 때문에 역시 적절치 못하여 '하
는데'로 번역하였다.
50) 밝게 드러난다: 원문의 '찰'(察)은 앞 구절과 마찬가지로 '드러나다'는 뜻인데,
여기서는 신안 진씨의 설에 '소저'(昭著)라 한 것을 따라 번역하였다.

미한다.

이 장의 장하주에 보이듯이 이 장은 제1장의 도불가수유리(道不可須臾離)의 의미를 밝힌 것이니 여기서 말하는 군자지도(君子之道)는 제1장의 도를 가리킨다. 그런데 도는 일상에서 누구나 알 수 있고 행할 수 있는 지극히 쉬운 것으로부터 성인도 알 수 없고 행할 수 없는 지극히 어려운 것까지 다 포함된다. 전자는 도 가운데 일상에 드러난 하나의 일을 가리키고, 후자는 일상에 드러나지 않고 천지 사이에 드러난 전체를 가리킨다. 이 모두 작용으로 나타난 것이지만 작고 큰 다른 점이 있다. 그래서 비(費)에는 대(大)·소(小)가 있는 것이다. 그런데 그 속에는 사람이 보고 들을 수 없는 그 도가 그렇게 운행하는 까닭인 소이연(所以然)이 있다. 이것이 바로 이 장에서 말하고 있는 은(隱)이다.

제1절의 도는 비·은을 겸하고 있음을 말하였고, 제2절은 도의 대·소를 말하였고, 제3절은 도가 상·하에 드러나 있음을 말하였고, 제4절은 도에 원·근이 있음을 말하였다. 도에 상하·대소·원근이 있음을 말한 것은 작용이 광대한 비(費)를 말한 것이다. 그런데 그 비(費)에는 다시 은(隱)이 들어 있어 비·은을 겸하고 있다.

제1절의 비이은(費而隱)은 "비(費)하고 은(隱)하다"라고 해석하거나 "비(費)하지만 은(隱)하다"라고 해석해서는 안 된다. 이 구절은 "비(費)하면서도 은(隱)하다"라고 해석해야 체용을 모두 갖추게 된다. 비(費)는 용(用)이고, 은(隱)은 체(體)이다. 따라서 은(隱)은 본체(本體)이고 근원(根源)이다. 반면 비(費)는 작용(作用)이고 현상(現象)이다. 은(隱)은 형이상의 일본(一本)을 뜻하지만 비(費)는 형이하의 만수(萬殊)를 의미한다. 비(費)는 각각의 서로 다른 개체나 작용을 의미하지만 은(隱)은 그것들의 근원이나 이치를 말한다. 따라서 군자의 도는 현상적으로 드러나 눈으로 보고 귀로 들을 수 있는 것이면서도 이면적으로는 보이지 않고

들리지 않는 이치가 내재되어 있다는 뜻이다.

제2절의 부부(夫婦)에 대해 대부분 남편과 아내를 뜻하는 부부로 해석하고 있는데, 그렇게 해석하면 원문의 부부지우(夫婦之愚)라는 말은 성립되지 않는다. '부부의 어리석음'이란 말은 논리적으로 성립될 수가 없다. 이 부부에 대해 주자의 주에는 부부거실지간(夫婦居室之間)이라고 해석하였다. 이는 '남편과 아내가 한집에서 살아가는 일상적인 것'을 의미하는 말로 이 제2절의 문맥에 따라 해석하면 누구나 알 수 있고 누구나 행할 수 있는 일상의 쉬운 것을 가리킨다. 그렇다면 이 부부는 남편과 아내를 가리키는 부부가 아니라 필부필부(匹夫匹婦)를 가리키는 말이다. 필부필부는 평범한 사람을 가리키는 말이다. 즉 지식이 없는 일반인을 뜻한다. 그렇게 보면 부부지우(夫婦之愚)는 '평범한 일반인의 어리석음'이라는 뜻이 되어 이 제2절의 문맥과 합치된다. 퇴계의 『중용석의』(中庸釋義)에는 이 부부를 우부우부(愚夫愚婦)나 필부필부를 말한 것과 같다고 하였다.

제2절의 천하막능재언(天下莫能載焉)과 천하막능파언(天下莫能破焉)에 대해 퇴계는 "세상 사람들의 힘을 극도로 해도 능히 실을 수 없고, 세상 사람들의 지혜를 극도로 해도 능히 설파할 수 없다"(極天下之力 莫能載 極天下之智 莫能破)라고 해석하였는데, 18세기 기호학파 김근행(金謹行)도 퇴계의 이러한 해석을 지지하였다. 이는 외적으로 무한하기 때문에 실을 수 없다는 것이고, 내적으로 무한하기 때문에 다 설파할 수 없다는 뜻이다.

제3절의 연비여천 어약우연(鳶飛戾天 魚躍于淵)은 천리에 유행하여 하늘과 땅에 드러난 것을 상징하는 대표적인 말이다. 후대 주자는 「관서유감」(觀書有感)이라는 시에서 이러한 이치를 "하늘의 빛과 구름의 그림자가 연못 속에 함께 배회하네"(天光雲影共徘徊)라고 노래했는데, 천

광(天光)·운영(雲影)도 연비(鳶飛)·어약(魚躍)과 마찬가지 의미로 널리 유행하였다.

솔개가 나는 것과 물고기가 뛰노는 것은 드러난 현상으로 비(費)이다. 그 비(費)가 상하에 드러난 것이다. 그런데 솔개가 날고 물고기가 뛰노는 비(費)의 이면에는 그렇게 하는 원리가 내재되어 있으니 그것이 바로 은(隱)이다. 즉 도는 드러난 현상과 그 이면의 원리를 모두 포함하고 있기 때문에 그것까지 체득해야 한다는 뜻이 숨어 있다. 다시 말해 살아가는 일상적인 삶의 현상으로부터 궁극적으로 나라는 존재의 본원까지 알아야 하늘이 우리에게 부여한 본성을 해치지 않고 순응하며 살아 천도에 합할 수 있다는 논리이다.

제13장

13-01

공자께서 말씀하셨다. "도는 사람에게서 멀리 있지 않으니 사람이
도를 행하되 사람에게서 멀어지면 도가 될 수 없다.

子曰 "道不遠人하니 人之爲道而遠人이면 不可以爲道니라

도는 본성을 해치지 않고 순응하는 것일 뿐이니 참으로 일반인들도 능
히 알 수 있고 능히 행할 수 있는 것들이다. 그러므로 항상 사람에게서
멀리 있지 않다. 만약 도를 행하는 사람이 그 비근한 것을 싫어하여 행하
기 부족하다 여기고 도리어 행하기 어려운 고원한 일에 힘쓴다면 그것
은 도를 행하는 것이 아니다.

道者는 率性而已니 固衆人之所能知能行者也라 故로 常不遠於
人이라 若爲道者가 厭其卑近하여 以爲不足爲하고 而反務爲高遠難
行之事면 則非所以爲道矣라

13-02

『시경』의 시에 말하기를 '도끼자루를 벰이여, 도끼자루를 벰이여, 그
법칙이 멀리 있지 않네'라고 하였으니 〈사람들은〉 도끼자루를 잡고서

도끼자루감을 베되 비스듬히 흘겨 나뭇가지를 보고 오히려 도끼자루감으로 맞지 않는다고 여긴다. 그러므로 군자는 사람의 도리로써 사람을 다스리다가 그 사람이 자신의 잘못을 고치면[51] 거기서 그친다.

詩云 ‘伐柯伐柯여 其則(칙)不遠이라’ 하니 執柯以伐柯호되 睨而視之하고 猶以爲遠하나니 故로 君子는 以人治人하다가 改而止니라

인용한 시는 『시경』 빈풍(豳風)[52] 「벌가」(伐柯)이다. 가(柯)는 도끼자루이다. 칙(則)은 법칙이라는 뜻이다. 예(睨)는 사물을 비스듬히 흘겨보는 것이다. 말하자면 사람으로서 도끼자루를 잡고 나뭇가지를 베어 도끼자루를 만들고자 하는 자는 저 도끼자루의 길고 짧은 법칙이 자신이 잡고 있는 도끼자루에 달려 있다. 그러나 거기에는 피차의 구별이 있다. 그러므로 도끼자루감을 베는 자는 그 나뭇가지를 볼 때에 오히려 맞지 않는다고 여긴다. 〈그러나〉 사람의 도리로써 사람을 다스린다면 사람이 된 바의 도리가 각자 자기 몸에 내재되어 있어 애초 피차의 구별이 없다. 그러므로 군자가 사람을 다스릴 때에는 곧 그에게 내재되어 있는 사람이 된 바의 도리를 가지고 그 사람의 몸을 다스리다가 그 사람이 능히 잘못을 고치면 곧 그만두고 다스리지 않는다. 이는 대개 누구나 알 수 있고 누구나 행할 수 있는 것으로 요구하는 것이지, 사람에게서 멀리 있는 것으로써 도를 행하기를 바라지 않는 것이다. 장자(張子)[53]가 이른바 “일반인의 도리를 가지고 사람들이 행하기를 바라면 사람들이 따르기 쉽

---

51) 고치면: 원문 ‘이’(而)는 즉(則)과 같은 용례로 ‘~하면’이라는 뜻이다.
52) 빈풍(豳風): 『시경』 국풍(國風) 가운데 하나로 주나라 선조 공유(公劉)가 도읍했던 빈(豳) 땅의 민간가요를 말한다.
53) 장자(張子): 북송 때 학자 장재(張載, 1020~77)를 말한다.

다"⁵⁴⁾라고 한 것이 그런 말이다.

詩는 豳風 伐柯之篇이라 柯는 斧柄이요 則은 法也요 睨는 邪視也
라 言人執柯伐木하여 以爲柯者는 彼柯長短之法이 在此柯耳라 然
이나 猶有彼此之別이라 故로 伐者가 視之에 猶以爲遠也라 若以人
治人이면 則所以爲人之道가 各在當人之身하여 初無彼此之別이라
故로 君子之治人也엔 卽以其人之道로 還治其人之身이라가 其人이
能改면 卽止不治라 蓋責之以其所能知能行이요 非欲其遠人以爲
道也라 張子所謂以衆人望人이면 則易從이 是也라

13-03

충(忠)·서(恕)⁵⁵⁾는 도와의 거리가 멀지 않으니 자기에게 베풀어서
원치 않는 것을 또한 남에게 베풀지 말라는 것이다.

忠恕는 違道不遠하니 施諸己而不願을 亦勿施於人이니라

자기의 마음을 극진히 하는 것이 충(忠)이 되고, 자기의 마음을 미루
어 남의 마음에 미치는 것이 서(恕)가 된다. 위(違)는 '거리'라는 뜻이니
『춘추좌씨전』에 "제(齊)나라 군사가 곡(穀) 땅에서 7리쯤 떨어져 있다"
(齊師違穀七里)⁵⁶⁾라고 할 때의 위(違)와 같은 뜻이다. 말하자면 이곳으

---

54) 이 문장은 『성리대전서』 권5 『정몽1』에 보이는데, "以衆人望人 則易從 所謂以人
    治人 改而止者也"라고 하였다.

55) 충(忠)·서(恕): 충(忠)은 자기의 마음을 극진히 하여 인욕이 없는 경지를 말하고,
    서(恕)는 그런 마음을 미루어 남의 마음을 헤아리는 것이다. 『논어』「이인」(里仁)
    에 공자가 "吾道一以貫之"라고 하였는데, 증자가 "선생님의 도는 충·서일 따름
    이다"라고 하였다. 대체로 충(忠)은 자신의 마음을 극진히 하여 인욕이 사라진 본
    체를 말하고, 서(恕)는 그런 마음으로 남을 대하는 작용을 의미하는 것으로 본다.

로부터 저곳에 이르기까지 서로 간의 거리가 멀지 않아서 등을 돌리고 떨어진 것이 아님을 말한 것이다. 도는 곧 사람에게서 멀리 떨어지지 않았다는 것이 그것이다.¹ "자기에게 베풀어서 원치 않는 것을 또한 남에게도 베풀지 말라"는 것은 충서(忠恕)의 일이다.⁵⁷⁾ 자기의 마음으로 남의 마음을 헤아려보아 다르지 않으면 도가 사람에게 멀리 있지 않음을 알 수 있다. 그러므로 자기가 바라지 않는 것은 남에게도 베풀지 말라는 것이니 또한 사람에게 멀리 있는 않은 것으로써 도를 행하는 일이다. 장자(張子)가 이른바 "나를 사랑하는 마음으로 남을 사랑하면 인(仁)을 극진히 하는 것이다"⁵⁸⁾라고 한 말이 그것이다.

盡己之心이 爲忠이요 推己及人이 爲恕라 違는 去也니 如春秋傳에 齊師違穀七里之違라 言自此로 至彼히 相去不遠하여 非背而去之之謂也라 道는 卽其不遠人者가 是也라 施諸己而不願을 亦勿施於人은 忠恕之事也라 以己之心으로 度人之心하여 未嘗不同이면 則道之不遠於人者를 可見이라 故로 己之所不欲은 則勿以施於人이니 亦不遠人以爲道之事라 張子所謂以愛己之心으로 愛人이면 則盡仁이 是也라

---

56) 이 내용은 『춘추좌씨전』 애공(哀公) 27년조에 보인다.

57) 자기에게……일이다: "자기에게 베풀어 원치 않는 것을 남에게도 베풀지 말라"는 것은 일반적으로 서(恕)로 본다. 그런데 여기서는 "충서(忠恕)의 일이다"라고 주해를 하였다. 이에 대해 대전본 소주에 해석을 해놓은 것이 있다. 어떤 사람이 주자에게 묻기를 "이는 서(恕)인데 어찌하여 충서(忠恕)라고 하셨습니까?"라고 하자 주자가 답하셨다. "충(忠)과 서(恕)는 둘로 분리할 수 없다. 충(忠)할 때에는 서(恕)를 볼 수 없다. 서(恕)할 때에 이르러야 충(忠)이 그 사이에서 행해지니, '자기에게 베풀어 원치 않는 것을 남에게도 베풀지 말라'는 것은 충(忠)한 사람이 아니면 불능하다."

58) 나를……것이다: 이 문장은 『성리대전서』 권5 『정몽1』에 보인다.

13-04

군자의 도가 네 가지인데, 나는[59] 그 가운데 하나도 능하지 못하다. 자식에게 요구하는 것, 그것으로써 아버지를 섬기는 일을 능히 하지 못하며, 신하에게 요구하는 것, 그것으로써 임금을 섬기는 일을 능히 하지 못하며, 동생에게 요구하는 것, 그것으로써 형을 섬기는 일을 능히 하지 못하며, 벗에게 요구하는 것, 그것으로 먼저 그에게 베푸는 일을 능히 하지 못한다. 〈군자의 언행은〉 떳떳한 덕을 행하며 떳떳한 말을 삼가서 행실에 부족한 점이 있으면 그것에 힘쓰지 않음이 없고, 말에 남음이 있으면 감히 그 말을 다하지 않아서 말이 행실을 돌아보고 행실이 말을 돌아본다. 그러니 군자가 어찌 마음가짐을 독실하게 하지 않겠는가."

君子之道四에 丘未能一焉이로니 所求乎子로 以事父를 未能也하며 所求乎臣으로 以事君을 未能也하며 所求乎弟로 以事兄을 未能也하며 所求乎朋友로 先施之를 未能也로니 庸德之行하며 庸言之謹하여 有所不足이어든 不敢不勉하며 有餘어든 不敢盡하여 言顧行하며 行顧言이니 君子가 胡不慥慥爾리오" 하시니라

구(求)는 요구하다(責)는 의미와 같다. 도는 사람에게서 멀리 있지 않으니 무릇 자기가 남에게 요구하는 바는 모두 도의 당연한 것이다. 그러므로 그 점을 돌이켜서 스스로 그 점을 구하여 자신을 닦는 것이다. 용(庸)은 평소 늘 그러하다는 뜻이다. 행(行)은 그 실제를 실천하는 것이

---

59) 나는: 원문의 '구'(丘)는 공자의 이름이다.

고, 근(謹)은 그 옳은 것을 선택하는 것이다. 덕이 부족하여 힘쓰면 행실
이 더욱 힘쓸 것이고, 말에 남음이 있어 참으면 삼감이 더욱 지극할 것이
다. 말을 삼가기를 지극히 하면 말이 행실을 돌아볼 것이고, 덕을 행하기
에 힘쓰면 행실이 말을 돌아볼 것이다. 조조(慥慥)는 독실한 모양이다.
"군자의 언행은 이와 같으니 어찌 독실히 하지 않겠는가"라는 점을 말한
것이니 그 점을 찬미한 말이다. 무릇 이는 모두 사람에게서 멀리 있지 않
은 것으로써 도를 행하는 일이니 장자(張子)가 이른바 "남에게 요구하는
마음으로 자기에게 요구하면 도를 극진히 하는 것이다"[60]라고 한 것이
그것이다.

○이는 제13장이다. "도가 사람에게서 멀리 있지 않다"(道不遠人)라
는 것은 필부필부의 일반인들이 능히 알 수 있고 능히 행할 수 있는데,
"나는 그 가운데 하나도 능하지 못하다"(丘未能一)라고 한 것은 성인으
로서 능히 알 수 없고 능히 행할 수 없는 것이니 모두 비(費)이다. 그런데
그것이 그러한 까닭[所以然]은 지극히 은미한 점이 그 안에 보존되어 있
다. 아래의 장도 이에 준한다.

求는 猶責也라 道不遠人하니 凡己之所以責人者는 皆道之所當
然也라 故로 反之以自責而自修焉이라 庸은 平常也라 行者는 踐其
實이요 謹者는 擇其可라 德不足而勉이면 則行益力이요 言有餘而訒
이면 則謹益至라 謹之至면 則言顧行矣요 行之力이면 則行顧言矣
라 慥慥는 篤實貌라 言君子之言行은 如此하니 豈不慥慥乎리오 하니
贊美之也라 凡此는 皆不遠人以爲道之事니 張子所謂以責人之心
으로 責己면 則盡道가 是也라

○右는 第十三章이라 道不遠人者는 夫婦所能이요 丘未能一者는

---

60) 남에게……것이다: 이 문장은 『성리대전서』 권5 『정몽1』에 보인다.

聖人所不能이니 皆費也로되 而其所以然者는 則至隱存焉이라 下章
도 放此라

해설

이 제13장은 모두 공자의 말씀이다. 도에 비(費)·은(隱)이 있지만 도
는 사람에게서 멀리 있는 것이 아님을 강조한 것으로, 주제어는 도불원인
(道不遠人)이다. 도가 필부필부도 모두 능히 알 수 있고 행할 수 있는 인간
의 일상적인 것에 있다는 것은 비지소(費之小)를 말한 것으로,『대학』팔
조목의 논리로 말하자면 수신(修身)·제가(齊家)에 해당하는 것이다.

제2절은 매우 난해하다. 주자의 주석에서 설명하고 있듯이 이인치인
(以人治人)은 피차의 구별이 없는 것을 말한 것으로 집가이벌가(執柯以
伐柯)는 피차의 구별이 있는 것으로 보아 도불원인의 의미를 강조한 것
으로 해석하였다. 이 절에 대해서는 역대로 해석이 구구하다. 주자의 해
석은 도끼자루와 도끼자루감은 피차의 구별이 있지만 사람의 도리로써
사람을 다스리는 것은 사람의 본성에 내재한 도리를 일깨워 스스로 깨
닫게 하는 것이므로 피차의 구별이 없으며, 그 사람이 자신의 잘못을 깨
달아 고치면 거기에서 그친다는 말이다. 이 제2절은 도가 사람의 몸 밖
에 있는 것이 아님을 말하여 제3절의 충서(忠恕)를 이끌어낸 것이다.

제3절은 충서(忠恕)가 도에 들어가는 첫머리임을 말한 것이다. 그런데
충서를 끌어내고서 서(恕)만 말하였다. 그러나 그 속에는 체(體)에 해당
하는 충(忠)이 전제되어 있다.

제4절은 서(恕)에 대해 풀이한 말이지만 돌이켜 자신을 닦는 점을 도
불원인의 측면에서 말한 것이다. 충(忠)은 본체이고 서(恕)는 작용이기
때문에 서(恕)만 말하고 있지만 그 안에 충(忠)이 내포되어 있다.

제14장

14-01

군자는 현재 자신이 처한 지위에 따라[61] 행동하고, 그 밖의 것을 원치 않는다.

君子는 素其位而行이요 不願乎其外니라

소(素)는 현재(現在)라는 뜻과 같다. 말하자면 군자는 단지 현재 처한 바의 지위에 따라 그 마땅한 바를 행하고, 그 밖의 것을 사모하는 마음이 없다는 것이다.

素는 猶見在也라 言君子는 但因見在所居之位하여 而爲其所當 爲요 無慕乎其外之心也라

14-02

경제적으로 부유하고 신분적으로 귀한 지위에 처했을 때에는 부유

하고 귀한 사람으로서의 도리를 행하며, 경제적으로 가난하고 신분적으로 미천한 지위에 처했을 때에는 가난하고 미천한 사람으로서의 도리를 행하며, 오랑캐 지역에 처했을 때에는 오랑캐 지역에 처했을 때의 도리를 행하며, 환난(患難)에 처했을 때에는 환난에 처했을 때의 도리를 행한다. 그러니 군자는 어느 곳에 들어간들 자득(自得)하지 않음이 없다.

素富貴하얀 行乎富貴하며 素貧賤하얀 行乎貧賤하며 素夷狄하얀 行乎夷狄하며 素患難하얀 行乎患難이니 君子는 無入而不自得焉이니라

이 절은 현재 처한 지위에 따라 행함을 말한 것이다.

此는 言素其位而行也라

14-03

〈군자는〉 윗자리에 있으면서 아랫사람을 능멸하지[62] 않으며, 아랫자리에 있으면서 윗사람을 끌어당기지 않는다. 〈그런 자세로〉 자신을 바르게 하고 남에게 구하지 않으면[63] 원망하는 사람이 없을 것이다. 그러니 〈군자는〉 위로는 하늘을 원망하지 않으며, 아래로는 남들을 허물하지 않는다.

在上位하여 不陵下하며 在下位하여 不援上이요 正己而不求於人이면 則無怨이니 上不怨天하며 下不尤人이니라

---

62) 능멸하지: 원문의 '능'(陵)은 능(凌)과 통용된다.
63) 남에게 구하지 않으면: 이는 돌이켜 자신에게서 그 원인을 구한다는 뜻이다.

이 절은 자기 분수 밖의 것을 원하지 않음을 말한 것이다.

此는 言不願乎其外也라

14-04

그러므로 군자는 평이한[64] 데에 거처하여 천명을 기다리고, 소인은 험난한 일을 행하면서 요행을 바란다.

故로 君子는 居易以俟命하고 小人은 行險以徼幸이니라

이(易)는 평지를 말한다. 평이한 데에 거처한다(居易)라는 것은 현재 처한 지위에 따라 행하는 것이다. 천명을 기다린다(俟命)라는 것은 분수 밖의 것을 원하지 않는 것이다. 요(徼)는 구한다는 뜻이다. 행(幸)은 마땅히 얻어서는 안 되는 것인데 얻는 것을 말한다.

易는 平地也라 居易는 素位而行也요 俟命은 不願乎外也라 徼는 求也라 幸은 謂所不當得而得者라

14-05

공자께서 말씀하셨다. "활쏘기에는 군자의 도와 유사한 점이 있으니 화살을 쏘아 정곡(正鵠)을 맞추지 못할 경우에는 돌이켜 자기 자신에게서 그 이유를 찾는다."

子曰 "射有似乎君子하니 失諸正鵠이어든 反求諸其身이니라"

---

64) 평이한: 원문의 '이'(易)는 뒤의 험(險)과 상대적으로 말한 것이다. 평이하다는 것은 험하지 않다는 뜻으로 정상적인 도리를 가리킨다.

과녁의 베로 만든 천에 표적을 그린 것을 정(正)이라 하고, 표적에 가죽을 붙인 것을 곡(鵠)이라 한다. 이 모두 과녁의 중앙으로 활쏘기의 표적(標的)이다. 자사가 이 공자의 말씀을 인용하여 위 문장의 의미를 결론지었다.

○이는 제14장이다. 자사의 말씀이다. 무릇 그 장의 첫머리에 자왈(子曰)이 없는 경우는 이 장의 예에 준한다.

畫布曰正이요 棲皮曰鵠이니 皆侯之中으로 射之的也라 子思引此孔子之言하여 以結上文之意라

○右는 第十四章이라 子思之言也라 凡章首에 無子曰字者는 放此라

해설

이 제14장은 자사가 앞의 장 도불원인(道不遠人)을 이어 비지소(費之小)에 해당하는 수신(修身)을 말한 것으로, 주제어는 소기위이행(素其位而行)이다. 이는 그때그때의 상황이나 처지에 따라 적의하게 중도를 행하는 시중(時中)의 의미를 내포하고 있다.

제2절은 소기위이행(素其位而行)을 말한 것이고, 제3절은 불원호기외(不願乎其外)를 말한 것이며, 제4절은 이 두 가지를 겸하여 말한 것이다. 제5절은 공자의 말씀을 인용하여 결론으로 삼은 것이다.

제2절의 소이적 행호이적(素夷狄 行乎夷狄)과 소환난 행호환난(素患難 行乎患難)에 대해 북계 진씨(北溪陳氏)[65]는 『논어』「자한」(子罕)의

---

65) 북계 진씨(北溪陳氏): 남송 때 학자 진순(陳淳, 1159~1223)을 말한다. 북계는 그

"공자께서 구이(九夷)에 거처하려고 하시니 어떤 사람이 말하기를 '그곳은 비루하니 어찌 그런 곳에 거처하신단 말입니까?'라고 하자 공자가 말씀하시기를 '군자가 그곳에 거처하면 어찌 비루함이 있겠는가?'"(子欲居九夷 或曰 陋如之何 子曰 君子居之 何陋之有)라고 한 것과 "하늘이 이 문화를 아직 없애지 않으셨으니 광(匡) 땅 사람들이 나를 어찌하겠는가?"(天之未喪斯文也 匡人其如予何)라고 한 것을 예로 들었다.

쌍봉 요씨(雙峰饒氏)는 제13장은 자신의 몸에 나아가 말한 것으로 제14장은 자신이 처한 지위에 나아가 말한 것으로 보았다.

의 호로 주자의 문인이다.

제15장

15-01

군자의 도는 비유하자면[66] 먼 곳으로 갈 때에 반드시 가까운 데로부터 말미암는[67] 것과 같으며, 비유하자면 높은 곳으로 오를 때에 반드시 낮은 데로부터 말미암는 것과 같다.

君子之道는 辟(譬)如行遠必自邇하며 辟(譬)如登高必自卑니라

벽(辟)은 비(譬)와 같은 뜻이다.[68]

辟는 譬同이라

15-02

『시경』의 시에 말하기를 "처자식들과 사이좋게 화합하는 것이 마치 비파와 거문고를 타는 것과 같으며, 형제가 이미 화합하여 화락하고

---

66) 비유하자면: 원문의 '벽'(辟)은 비(譬)와 통용된다.
67) 말미암는: 원문의 '자'(自)는 서술어로 쓰였으니 유(由)와 같은 뜻이다.
68) 벽(辟)은……뜻이다: 고대에 벽(辟)은 비(譬)·피(避)·벽(闢)·벽(僻) 등의 의미로 통용되었다.

또 즐겁네. 그대의 집안 식구들에게 마땅하게 하며, 그대의 처자식들을 즐겁게 하네"라고 하였다.

詩曰 "妻子好合이 如鼓瑟琴하며 兄弟旣翕하여 和樂且耽이로다 宜爾室家하며 樂爾妻帑라" 하여늘

인용한 시는 『시경』 소아(小雅)「상체」(常棣)이다. '비파와 거문고를 탄다'라는 것은 화락한 것을 말한다. 흡(翕)도 '화합하다'는 뜻이다. 탐(耽)도 '즐겁다'는 뜻이다. 노(帑)는 아들과 손자를 말한다.

詩는 小雅 常棣之篇이라 鼓瑟琴은 和也라 翕도 亦合也요 耽도 亦樂也라 帑는 子孫也라

15-03

이 시에 대해 공자께서 논평하기를 "그의 부모, 그들은 삶이 순탄했을 것이다[69]"라고 하셨다.

子曰 "父母는 其順矣乎인저" 하시니라

공자께서 이 시를 읊조리며 찬미하시기를 "사람이 능히 처자식과 화합하고 형제들에게 마땅한 것이 이와 같으면 그의 부모는 편안하고 즐겁게 지냈을 것이다"라고 하였는데, 자사가 『시경』의 시구 및 공자의 이 말씀을 인용하여 "먼 곳으로 갈 때에는 반드시 가까운 데로부터 말미암

---

69) 그들은……것이다: 원문은 '其~乎'의 용법으로, 『논어』에 많이 보인다. 이 용법은 앞에 반드시 전제하는 말이 있는데, 기(其)는 바로 앞에 나오는 것을 가리키며, '그것은(그는)~일 것이다' 또는 '그것은(그는)~이로구나'라는 의미로 해석된다.

고, 높은 곳에 오를 때에는 반드시 낮은 데로부터 말미암는다"는 의미를 밝힌 것이다.

　○이는 제15장이다.

　夫子誦此詩而贊之曰 人能和於妻子하고 宜於兄弟가 如此면 則 父母는 其安樂之矣인저 한데 子思引詩及此語하여 以明行遠自邇登 高自卑之意라

　○右는 第十五章이라

해설

　이 제15장은 자사의 말로 비지소(費之小)를 말한 것인데, 주제어는 행원자이 등고자비(行遠自邇 登高自卑)이다. 즉 중용의 도는 비(費)하면서도 은(隱)한데, 일상의 알기 쉽고 행하기 쉬운 것으로부터 행해야 한다는 의미이다. 또한 그것은 바로 자신과 가장 가까운 사람인 처자식 및 부모형제와 화락하게 화합하는 것을 실천하는 것으로부터 비롯해야 함을 말한 것이다. 제2절에 인용한 시에 대해 제3절에서 공자의 말씀을 인용하여 결론지은 것에 그런 의미가 들어 있다. 따라서 이 장도 수신(修身)을 말한 것이다. 중용의 도를 체득하기 위해서는 일상에서 수신하는 것으로부터 시작해야 한다는 것을 말한 것이다.

제16장

16-01

공자께서 말씀하셨다. "귀신의 덕됨,[70] 그것은 성대하구나!

子曰 "鬼神之爲德이 其盛矣乎인저

    정자(程子)는 말씀하시기를 "귀신(鬼神)은 천지의 공용(功用)[71]이고, 조화(造化)의 자취[72]이다"[73]라고 하였으며, 장자(張子)는 말씀하시기를 "귀신은 이기(二氣)[74]의 양능(良能)[75]이다"[76]라고 하였다. 나는 생

---

70) 귀신의 덕됨: 이는 귀신의 성정(性情)과 공효(功效)를 말한 것이다. 즉 음양이 작용하여 생명체가 태어나며, 죽을 때까지 그 몸의 본체가 되고, 죽고 나면 다시 돌아가 귀신이 되기 때문에 그 본체와 공효가 성대하다고 한 것이다. 성정은 정상(情狀)이라는 의미로 그 본체를 말한다. 귀신은 만물을 출생하고 길러주며 거두고 간직하니 누가 시켜 그런 것이 아니고, 그의 성정이 그러한 것이다. 그래서 그 덕됨이 성대하다고 말한 것이다.

71) 공용(功用): 공능(功能) 또는 작용(作用)을 의미한다. 주자는 발현(發見)하는 것으로 보아 추위가 오면 더위가 가고, 해가 지면 달이 뜨는 것과 같은 것을 예로 들었다.

72) 조화(造化)의 자취: 조화는 자연의 창조(創造)와 화육(化育)을 말한다. 북계 진씨는 음양이 유행하여 천지간에 나타나는 것을 조화의 자취로 보았다.

73) 정자의 이 말은 출전이 자세하지 않다.

74) 이기(二氣): 음양(陰陽)을 말한다.

75) 양능(良能): 배우지 않고 천부적으로 능한 것, 즉 저절로 능한 것을 말한다. 음양

각건대 이기(二氣)로써 말하면 귀(鬼)는 음(陰)의 정령(精靈)이고, 신(神)은 양(陽)의 정령이다. 일기(一氣)로써 말하면 이르러 펼쳐지는 것은 신(神)이 되고, 돌이켜 돌아가는 것은 귀(鬼)가 되니 그 실제는 한 물체일 따름이다. 위덕(爲德)은 〈귀신의〉 성정(性情)[77]과 공효(功效)[78]를 말한 것과 같다.

程子曰 鬼神은 天地之功用이요 而造化之迹也라 하고 張子曰 鬼神者는 二氣之良能也라 하니라 愚謂 以二氣로 言이면 則鬼者는 陰之靈也이요 神者는 陽之靈也며 以一氣로 言이면 則至而伸者는 爲神이요 反而歸者는 爲鬼라 其實은 一物而已라 爲德은 猶言性情功效라

16-02

〈우리가〉 귀신의 모습을 보아도 보이지 않고, 귀신의 소리를 들어도 들리지 않지만 귀신은 생명체[79]에 본체가 되어[80] 빼버릴[81] 수 없다.

이 왕래하고 굴신(屈伸)하는 것이 인위적으로 하는 것이 아니라 이치가 저절로 그러하다는 점을 말한 것이다.
76) 장자의 이 말은 『성리대전서』 권5 『정몽1』에 보인다.
77) 성정(性情): 주자는 성정을 귀신의 정상(情狀)으로 보고, 이기(二氣)의 양능(良能)이라 하였다. 또한 다음 절에 나오는 "視之而不見 聽之而不聞"이 성정이라 하였다.
78) 공효(功效): 공효는 노력을 통해 이루어지는 것을 뜻하는 말인데, 주자는 다음 절에 보이는 체물이불가유(體物而不可遺)를 공효라 하였다.
79) 생명체: 원문의 '물'(物)을 대부분의 번역서에서는 '사물' 또는 '물건'으로 번역하고 있는데, 이는 잘못이다. 여기서는 생명체를 의미한다.
80) 생명체에 본체가 되어: 원문의 '체물'(體物)은 '물에 체가 되다'라는 문형으로 '생명체에 본체가 되다'라는 의미이다.
81) 빼버릴: 원문의 '유'(遺)는 '버리다'라는 의미이다. 귀신, 즉 음양은 우리 몸에서

視之而弗見하며 聽之而弗聞이로되 體物而不可遺니라

귀신은 형체도 없고 소리도 없다. 그러나 생명체가 태어나서 죽을 때까지 음양의 합산(合散)이 하는 바가 아닌 것이 없다. 이것은 귀신이 생명체의 본체가 되어서 생명체가 빼버릴 수 없는 것이다. 그 체물(體物)이라는 것은 『주역』에 이른바 "바른 도리를 굳건하게 지키는 것이 족히 일을 주간하게 한다"(貞固足以幹事)[82] 라고 한 것과 같다.

鬼神은 無形與聲이라 然이나 物之終始는 莫非陰陽合散之所爲니 是其爲物之體하여 而物之所不能遺也라 其言體物은 猶易所謂幹事라

16-03

〈귀신은〉 이 세상 사람들로 하여금 재계(齋戒)[83]하고 마음을 밝게 하고 제복(祭服)을 성대하게 갖추어 입고서 제사를 받들게 하고, 성대하게 제사지내는 자리에 강림하여 살아 있는 것처럼 여기게 하며, 제사지내는 사람들의 좌우에 살아 있는 것처럼 여기게 한다.

使天下之人으로 齊(齋)明盛服하여 以承祭祀하고 洋洋乎如在其上하며 如在其左右니라

제(齊)라는 말은 가지런하다는 뜻이니 가지런하지 않은 것을 가지런

떼어낼 수 없는 존재라는 말이다.

82) 이 문장은 『주역』 건괘(乾卦) 「문언」(文言)에 보인다.

83) 재계(齋戒): 신을 만나기 위해 몸과 마음을 가지런히 정돈하고 경계하여 삼가는 것을 말한다.

히 하여 그 가지런함을 극진히 하는 것이다. 명(明)은 '깨끗이 하다'[潔]라는 뜻과 같다. 양양(洋洋)은 '흘러넘쳐서 충만하다'는 의미이다. 〈귀신이〉능히 사람들로 하여금 두려워하고 공경하고 받들게 하여 나타나고 밝게 드러남이 이와 같으니 곧 귀신이 생명체에 본체가 되어 빼버릴 수 없는 징험이다. 공자께서 말씀하시기를 "귀신의 기운이 위에 나타나서 밝게 드러나고, 향기가 피어오르고, 자손들로 하여금 슬픈 마음을 갖도록 하니 이는 모든 생명체의 정령(精靈)이고, 신(神)이 드러난 것이다"[84]라고 하였으니 바로 이를 말한 것이다.

　　齊之爲言은 齊也니 所以齊不齊而致其齊也라 明은 猶潔也라 洋洋은 流動充滿之意라 能使人으로 畏敬奉承하여 而發見昭著가 如此니 乃其體物而不可遺之驗也라 孔子曰 其氣가 發揚于上하여 爲昭明焄蒿悽愴하니 此는 百物之精也요 神之著也라 하니 正謂此爾라

16-04

『시경』의 시에 말하기를 '신이 이르러 오는 것을 우리는 헤아릴 수 없는데, 하물며 우리가 신을 싫어할 수 있으리'라고 하였으니

　　詩曰 '神之格思를 不可度(탁)思은 矧可射(역)思아' 하니

　　인용한 시는 『시경』대아(大雅) 「억」(抑)이다. 격(格)은 '신이 이르러 오다'는 뜻이다. 신(矧)은 '하물며'[況]라는 뜻이다. 역(射)은 '싫어하다'는 뜻이니 싫어하고 태만히 여겨 공경하지 않음을 말한 것이다. 사(思)는 어조사이다.

---

84) 이 말은 『예기』「제의」(祭義)에 보인다.

詩는 大雅 抑之篇이라 格은 來也라 矧은 況也라 射은 厭也니 言厭怠而不敬也라 思는 語辭라

16-05

〈이를 보면〉 은미한 것은 드러나게 마련이니 〈우리가〉 성(誠)이 발현하는 것을[85] 덮어버릴 수 없음[86]이 이와 같은 것이다."

夫微之顯이니 誠之不可揜이 如此夫인저" 하시니라

성(誠)은 진실이 가득 차서 망령됨이 없는 것을 말한다. 음양이 합하고 흩어지는 것은 실리(實理) 아닌 것이 없다. 그러므로 성(誠)이 발현하는 것을 우리가 무시할 수 없음이 이와 같다.

○이는 제16장이다. 보이지 않고〔不見〕 들리지 않는〔不聞〕 것은 은(隱)이고, 생명체에 본체가 되고〔體物〕 살아 있는 것처럼 여기게 하는〔如在〕 것은 또한 비(費)이다. 이 제16장 앞의 3장(제13장~제15장)은 비지소(費之小)[87]로써 말한 것이고, 이 제16장 뒤의 3장(제17장~제19장)은

---

85) 성(誠)이……것을: 원문의 '성지'(誠之)를 번역한 것으로 지(之)를 목적격으로 본 것이다. 성(誠)은 천도(天道)를 의미한다. 귀신은 음양으로 천명(天命)의 실리(實理)이다. 그러므로 주자의 주에 기발현(其發見)이라고 한 것이다. 여기서는 이 주석에 의거해 번역하였다. 성(誠)은 천도인 이(理)를 의미하기도 하고, 사람의 마음에 한 점의 인욕도 없는 진실무망한 마음을 가리키기도 한다. 여기서는 천도를 의미한다.

86) 덮어버릴 수 없음: 원문의 '엄'(揜)은 '덮다' 또는 '가리다'는 뜻으로 불가엄(不可揜)은 '무시할 수 없다'라는 의미이다.

87) 비지소(費之小): 현상의 광대한 작용 가운데 작은 것, 즉 수신(修身)·제가(齊家)와 같은 일을 말한다.

비지대(費之大)[88])로써 말한 것이다. 이 제16장은 비·은을 겸하고 대·소를 포함하여 말한 것이다.

誠者는 眞實無妄之謂라 陰陽合散이 無非實者라 故로 其發見之不可揜이 如此라

○右는 第十六章이라 不見不聞은 隱也라 體物如在는 則亦費矣라 此前三章은 以其費之小者而言이요 此後三章은 以其費之大者而言이요 此一章은 兼費隱包大小而言이라

해설

이 제16장은 모두 공자의 말씀이다. 이 장은 도가 비(費)하면서도 은(隱)하다는 점을 다시 말한 것이다. 이 장에는 귀신(鬼神)이라는 용어가 등장하여 일명 귀신장이라고 하는데, 『중용』을 읽다가 이 대목에 이르면 도무지 갈피를 잡을 수 없게 된다. 도대체 무엇을 말하는 것인지 감을 잡을 수 없기 때문이다. 이 장에서 말하는 귀신은 우리가 흔히 생각하는 귀신이 아니라 음·양의 이기(二氣)이다. 귀신, 즉 음양은 하늘이 명한 것으로, 하늘과 생명체를 연결하는 매개이다. 음양이 합산(合散)하고 굴신(屈伸)하는 데에 따라 생명체가 태어나기도 하고, 다시 근원으로 돌아가기도 한다. 이기(二氣)를 말하면 음·양이지만 공용(功用)·양능(良能)으로 말하면 귀·신이다. 귀신은 사람이 죽은 뒤의 혼백(魂魄)을 의미하기도 하지만 또한 음양의 조화를 말하기도 한다. 음양이 작용하여 펼쳐지고 거두어 돌아가는 것을 명하는 것은 천(天)이다.

하늘, 즉 천도(天道)는 우리가 보고 들을 수 없지만 조상에게 제사를

---

88) 비지대(費之大): 현상의 광대한 작용 가운데 큰 것, 즉 치국(治國)·평천하(平天下)와 같은 일을 말한다.

지낼 때에 마치 그 자리에 살아 있는 것처럼 여기기 때문에 천도인 성(誠)이 발현한 것을 알 수 있다. 이 장은 귀신을 말하여 우리의 근원이 하늘에 있음을 환기시킨 것이다. 즉 우리는 개체를 가진 생명체이지만 그 근원은 눈에 보이지 않는 하늘과 늘 연결되어 있다는 것이다. 이를 굳이 말한 것은 천인합일(天人合一)을 지향하여 하늘이 부여한 본연을 회복하는 것이 진정한 삶이라는 점을 보여주기 위해서이다.

이 제16장에 천명(天命)을 말하지 않았지만 앞의 제14장에 사명(俟命)이라 하였고, 뒤의 제17장에 수명(受命)이라 한 것을 보면 귀신은 하늘이 명한 것임을 알 수 있다. 귀신은 우리가 보고 들을 수 없는 것이다. 그러기에 제사를 통해 그 존재를 느낄 수 있다. 그래서 이 장은 나〔人〕라는 존재에 대해 근원적으로 성찰하는 의미가 있다.

제1절은 귀신이 우리에게 어떤 존재인지를 환기시킨 것이다. 그래서 그 덕이 성대하다고 탄식한 것이다. 제2절은 보이지도 않고 들을 수도 없는 것이 은(隱)이지만 생명체에 본체가 되어 빼버릴 수 없는 것이 비(費)임을 말한 것이다. 음양의 작용에 의해 생명체가 태어나기 때문에 생명체에는 하늘이 명한 실리(實理)가 늘 내재해 있다고 보는 것이다.

제3절은 그 귀신에 대해 사람들이 제사지내는 것을 통해 귀신이라는 존재가 살아 있는 사람과 불가분의 관계에 있음을 말하였다. 제4절은 『시경』의 시를 인용하여 이 점을 다시 환기시킨 것이다.

제5절은 천도인 성(誠)이 발현한 것이 곧 귀신의 실제 이치임을 말해 사람이 그것을 무시해서는 안 된다는 점을 말한 것이다. 하늘에서 나온 것은 도(道)라 하고, 하늘에서 얻은 것을 덕(德)이라 하며, 하늘과 하나가 되는 것을 성(誠)이라고 한다. 이는 우리가 귀신을 통해 천도에 합하는 삶을 사는 것이 추구해야 할 길임을 보여준 것이다.

이 장에서 귀신을 말한 것은 생명체를 중심으로 말하였기 때문이다.

은(隱)은 생명체의 근원이지만 그것은 이(理)이기 때문에 존재를 거론할 수 없다. 기(氣)를 말해야 존재와 연관시킬 수 있기 때문에 귀신을 끌어낸 것이다.

제17장

17-01

공자께서 말씀하셨다. "순임금, 그분은 큰 효자이셨도다. 덕으로는 성인이 되시고, 존귀하기로는 천자가 되시고, 부유하기로는 온 세상을 소유하셨다. 그래서 돌아가신 뒤에 종묘(宗廟)의 제사를 흠향하시고, 자손들을 보전하셨다.[89]

子曰 "舜은 其大孝也與신저 德爲聖人이시고 尊爲天子시고 富有四海之內하사 宗廟饗之하시며 子孫保之하시니라

자손(子孫)은 우사(虞思)[90]와 진 호공(陳胡公)[91] 등이다.

子孫은 謂虞思陳胡公之屬이라

---

89) 자손들을 보전하셨다: 이 말은 순임금이 훌륭했기 때문에 후대 후손들까지도 보전해주었다는 말이다.

90) 우사(虞思): 순임금의 후손으로 하(夏)나라 초기의 인물이다. 『춘추좌씨전』애공(哀公) 원년조에 보인다.

91) 진 호공(陳胡公): 순임금의 후손으로 주(周)나라 무왕(武王) 때 도정(陶正)을 지낸 우알보(虞閼父)의 아들. 무왕이 큰딸 태희(太姬)를 우알보에게 시집보내 호공(胡公)을 낳았는데, 진(陳)나라에 봉해주었다. 『춘추좌씨전』양공(襄公) 25년조에 보인다.

17-02

그러므로 순임금처럼 큰 덕을 가지신 분은 반드시 그에 합당한 지위를 얻으며, 반드시 그에 합당한 녹봉을 얻으며, 반드시 그에 합당한 명예를 얻으며, 반드시에 그에 합당한 수명을 누리신 것이다.

故로 大德은 必得其位하며 必得其祿하며 必得其名하며 必得其壽니라

순임금의 나이는 110세였다.

舜年은 百有十歲라

17-03

그러므로 하늘이 만물을 생장(生長)하는 이치는 반드시 그 타고난 재질(材質)에 따라 후하게 한다. 그러므로 〈하늘의 이치는〉 뿌리를 튼튼히 내려 견고한 생물을 북돋우고,[92] 뿌리를 잘 내리지 못해 기울어진 생물을 전복한다.[93]

故로 天之生物이 必因其材而篤焉하나니 故로 栽者를 培之하고 傾者를 覆之니라

재(材)는 재질(材質)이다. 독(篤)은 후하게 하는 것이다. 재(栽)는 뿌

_____

92) 뿌리를……북돋우고: 이는 '뿌리를 튼튼히 내려 견고한 것은 우로(雨露)가 적셔주고 북돋아주다'라는 뜻이다.
93) 뿌리를……전복한다: 이는 '뿌리를 튼튼히 내리지 못하여 기울어진 것은 비바람이 불면 전복되다'라는 뜻이다. 하늘이 의도적으로 전복한다는 뜻이 아니다.

리를 잘 내려 수립(樹立)되었다는 뜻이다. 기(氣)가 이르러 번식하는 것
이 배(培)이고, 기가 돌아가 흩어지는 것이 복(覆)이다.

材는 質也요 篤은 厚也라 栽는 植也라 氣至而滋息이 爲培요 氣反
而遊散은 則覆이라

17-04

『시경』의 시에 말하기를 '아름답고[94] 화락한 군자의, 드러나고 드러
난 아름다운[95] 덕이 백성에게 마땅하고 인민에게 마땅한지라, 하늘에
서 녹을 받으셨는데, 또 하늘이 보호하고 돕고 명하시고, 하늘로부터
그것을 거듭하셨네'라고 하였다.

詩曰 '嘉樂君子의 憲憲(顯顯)令德이 宜民宜人이라 受祿于
天이어늘 保佑命之하시고 自天申之라' 하니라

인용한 시는 『시경』 대아(大雅) 「가락」(假樂)이다. 『시경』의 가(假)는
이 『중용』에 의거하여 가(嘉)로 보아야 한다. 헌(憲)은 『시경』에 의거하
여 현(顯)으로 보아야 한다. 신(申)은 '거듭하다'의 뜻이다.

詩는 大雅 假樂之篇이라 假는 當依此作嘉요 憲은 當依詩作顯이
라 申은 重也라

---

94) 아름답고: 원문의 '가'(嘉)는 '아름답다'는 뜻이다.
95) 아름다운: 원문의 '영'(令)은 '아름답다'는 뜻이다.

17-05

그러므로 순임금처럼 큰 덕을 가지신 분은 반드시 천명을 받는다."

故로 大德者는 必受命이니라" 하시니라

수명(受命)은 천명을 받아 천자가 된다는 뜻이다.

○이는 제17장이다. 이 장은 〈순임금이〉 변치 않는 떳떳한 행실[96]을 말미암아 그것을 미루어서 그 지극함을 극진히 한 것이니 도의 작용이 광대함을 드러낸 것인데, 그것이 그러한 까닭은 도의 본체가 은미한 것이 된다. 아래의 2장도 이런 뜻이다.

受命者는 受天命하여 爲天子也라

○右는 第十七章이라 此는 由庸行之常하여 推之하여 以極其至니 見道之用廣也로되 而其所以然者는 則爲體微矣라 後二章도 亦此意라

해설

이 제17장은 모두 공자의 말씀으로, 치국(治國)·평천하(平天下)의 비지대(費之大)를 말한 것인데, 순임금을 예로 들어 말한 것이다. 자사가 『중용』을 지으면서 공자가 말씀하신 것이 있으면 자기의 말을 하지 않고 그 말을 그대로 인용해놓았다. 그래서 때로는 전체의 문맥과 꼭 일치하지 않는 듯한 느낌도 든다. 이 제17장도 그런 경우이다. 따라서 이 장과 같은 경우는 그 장의 대의(大義)를 파악하는 데 중점을 두어야지 사소한

---

96) 변치……행실: 『중용장구대전』 용행지상(庸行之常) 아래 소주에 "이는 효(孝)이다"라고 하였다. 이에 따르면 이 구절은 순임금이 젊은 시절 어려운 가정환경 속에 살면서도 효성을 저버리지 않는 것을 중용의 도를 실천한 것으로 본 것이다.

문구의 의미에 집착해서는 『중용』 전체의 논리구조를 이해하는 데 도움이 되지 않는다.

이 장의 해석은 순임금의 경우를 염두에 두지 않고 일반적인 것으로 해석하면 이치가 맞지 않을 수 있다. 그러므로 순임금의 경우를 예로 들어 정상적인 이치가 그렇다는 점을 말한 것으로 보아야 한다. 즉 천리를 따르면 그에 대한 보답이 이르는 것을 말한 것이다. 이 장은 순임금을 예로 들어 인(人)으로서 천(天)에 배합한 것을 드러내 보인 것이다. 그래서 마지막 절의 수명(受命)이라는 말에 주목할 필요가 있다.

제1절은 순임금이 대효(大孝)를 실천하여 성인이 되고 천자가 된 점을 말하였다.

제2절은 순임금처럼 큰 덕을 갖게 되면 그에 합당한 지위와 녹봉과 명예와 수명을 누릴 수 있다는 정상적인 이치를 말하였다. 공자가 그와 같은 덕이 있었는데도 그에 합당한 지위와 녹봉과 명예와 수명을 누리지 못한 것은 기수(氣數)가 변한 것에 해당한다.

제3절은 천(天)을 거론하여 천리(天理)의 정상적인 이치를 말하였다. "뿌리를 튼튼히 내려 생물을 북돋우고, 뿌리를 잘 내리지 못해 기울어진 생물을 전복한다"(栽者培之 傾者覆之)는 하늘이 그렇게 한다는 뜻이 아니라 자연의 정상적인 이치가 그러하다는 말이다. 전자는 비가 시냇가의 풀에 내리는 것에 비유하고, 후자는 바람이 바위 위의 소나무를 흔드는 것에 비유한다.

제4절에 인용한 시는 『시경』 대아(大雅) 「가락」(假樂)의 1절인데, 언해본 『시경』의 토와 다르다. 언해본의 토에 따르면 "아름답고 화락한 군자이시여, 드러나고 드러난 아름다운 덕을 지니셨네. 그 덕이 백성에게 마땅한지라, 하늘에서 녹을 받으셨는데, 하늘이 또 보호하고 돕고 명하시고, 하늘로부터 그것을 거듭하셨네"라고 해야 하는데, 여기서는 순임

금의 덕이 백성에게 마땅하여 천명을 받았다는 점을 강조하기 위해 토를 다르게 단 것이다. 이 제4절에도 천(天)을 등장시켜 천명에 배합한 순임금의 덕을 말하였다.

제5절은 결론으로 순임금처럼 큰 덕을 지닌 분은 반드시 천명을 받는다는 정상적인 이치를 다시 한번 강조한 것이다.

신안 진씨(新安陳氏)[97]는 앞의 제14장에서 거이이사명(居易以俟命)이라고 한 것은 비지소(費之小)로 학자의 일에 해당하고, 이 장에서 말한 대덕필수명(大德必受命)은 비지대(費之大)로 성인의 일에 해당한다고 분석했다.

동양 허씨(東陽許氏)[98]는 제1절이 순임금의 사실을 말한 것이고, 제2절이 이치가 반드시 그러하다는 점을 말한 것이고, 제3절이 선악에 따른 보응(報應)이 반드시 그와 같이 이른다는 점을 말한 것이고, 제4절이 덕 있는 사람에게 보답하는 것이 그와 같다는 점을 말한 것이고, 제5절이 대덕은 반드시 천명을 받는다는 점으로 결론지은 것이라 하였다. 동양 허씨의 설을 참조하면 제17장을 이해하는 데 도움이 된다.

---

97) 신안 진씨(新安陳氏): 송나라 말 원나라 초의 주자학자 진력(陳櫟, 1252~1334)을 말한다. 신안은 그의 호이다.
98) 동양 허씨(東陽許氏): 원나라 때 주자학자 허겸(許謙, 1270~1337)을 말한다. 김이상(金履祥)의 문인이다.

제18장

18-01

공자께서 말씀하셨다. "세상에 근심이 없었던 분, 그분은 오직 문왕 (文王)뿐이실 것이다. 문왕은 왕계(王季)[99]로 아버지를 삼고, 무왕으로 아들을 삼았으니 아버지는 왕업을 일으켰고, 아들은 자신의 왕업을 이어서 펼쳤다.

子曰 "無憂者는 其惟文王乎신저 以王季爲父하시고 以武王 爲子하시니 父作之이어늘 子述之하시니라

이 절은 문왕의 일을 말한 것이다. 『서경』(書經)에 "왕계(王季), 그분 은 왕실을 위해 근로하셨다"[100]라고 하였으니 그가 일으킨 것은 또한 공 업(功業)을 쌓고 인정(仁政)을 더하는 일이었을 것이다.

此는 言文王之事라 書言王季其勤王家라 하니 蓋其所作은 亦積 功累仁之事也라

---

99) 왕계(王季): 주나라 문왕의 아버지인 계력(季歷)을 말한다. 태왕(太王)의 셋째 아 들이다. 무왕이 천자가 된 뒤에 천자로 추존하였기 때문에 왕(王)을 붙인 것이다. 주나라 때는 천자를 왕(王)이라 하고, 제후의 작위(爵位)는 공(公)·후(侯)·백 (伯)·자(子)·남(男)으로 칭하였다.
100) 이 문장은 『서경』「무성」(武成)에 보인다.

18-02

무왕이 태왕(太王)[101]·왕계(王季)·문왕의 통서(統緒)를 이어서 군
복을 한 차례 입고 〈나가 싸워〉 천하를 소유하였는데,[102] 자신은 천하
에 널리 알려진 명예를 실추하지 않았으며, 존귀하기로는 천자가 되었
고, 부유하기로는 온 세상을 소유해서 종묘의 제사를 흠향하시고, 자
손들을 보전하셨다.

武王이 纘大(太)王王季文王之緒하사 壹戎衣而有天下하사
되 身不失天下之顯名하시며 尊爲天子하시고 富有四海之內하
사 宗廟饗之하시며 子孫保之하시니라

이는 무왕의 일을 말한 것이다. 찬(纘)은 계승한다는 뜻이다. 태왕(太
王)은 왕계(王季)의 아버지이다. 『서경』에 "태왕에 이르러 비로소 왕업
(王業)의 자취를 기초하였다"[103]라고 하였으며, 『시경』의 시에 "태왕에
이르러 실제로 비로소 상(商)나라[104]를 정벌하였다"[105]라고 하였다. 서
(緒)는 왕업이다. 융의(戎衣)는 갑옷과 투구 등을 말한다. 일융의(壹戎
衣)는 『서경』「무성」(武成)의 문구이니 "한 차례 군복을 입고서 주왕(紂
王)을 정벌하였다"라는 것을 말한다.

---

101) 태왕(太王): 주나라 문왕의 할아버지인 고공단보(古公亶父)를 말한다. 빈(豳)
땅에 살다가 기산(岐山) 아래로 천도하여 주나라가 부흥하는 발판을 마련하였
다.
102) 군복을……소유하였는데: 무왕이 말년에 은(殷)나라 주왕(紂王)을 정벌하고 천
하를 소유한 것을 가리킨다.
103) 이 문장은 『서경』「무성」(武成)에 보인다.
104) 상(商)나라: 은(隱)나라를 말한다. 처음에는 상(商)나라라고 일컬었다.
105) 이 문장은 『시경』노송(魯頌)「비궁」(閟宮)에 보인다.

此는 言武王之事라 纘은 繼也라 大王은 王季之父也라 書云 〈至于〉大王 肇基王迹이라 하고 詩云 至于大王 實始翦商이라 하니라 緖는 業也라 戎衣는 甲冑之屬이라 壹戎衣는 武成文이니 言壹著戎衣하여 以伐紂也라

18-03

무왕이 말년에 천명을 받았는데,[106] 주공(周公)[107]이 문왕과 무왕의 덕을 완성하여 태왕과 왕계를 천자로 추존하고, 천자의 예로써 위로 선공(先公)[108]들에게 제사지냈다. 이 예가 제후·대부 및 사(士)·서인(庶人)에게까지 통용되어 아버지가 대부가 되고 아들이 사(士)가 되었을 경우 아버지가 별세하면 대부의 예로써 아버지를 장례하고 사(士)의 예로써 아들이 제사지내며, 아버지가 사(士)가 되고 아들이 대부가 되었을 경우 아버지가 별세하면 사(士)의 예로써 아버지를 장례하고 대부의 예로써 아들이 제사를 지내며, 일년상(期年喪)은 대부에게까지 통용되고, 삼년상(三年喪)은 천자에게까지 통용되니 부모의 상은 신분의 귀천에 관계없이 한결같았다."

武王이 末受命이어시늘 周公이 成文武之德하사 追王大(太)王王季하시고 上祀先公以天子之禮하시니 斯禮也가 達乎諸侯

---

106) 무왕이……받았는데: 무왕은 93세까지 살았는데, 기원전 1046년 주왕(紂王)을 정벌하고 천자가 되었으니 90세 때 천명을 받은 것이 된다.
107) 주공(周公): 문왕의 넷째 아들 희단(姬旦)을 말한다. 문왕과 무왕을 도와 주나라의 예악문물제도를 완비하였다. 노(魯)나라에 봉해졌다.
108) 선공(先公): 태왕 윗대의 주나라 임금들을 말한다. 천자로 추존하지 않았기 때문에 제후에 해당하는 공(公)을 쓴 것이다.

大夫及士庶人하여 父爲大夫요 子爲士어든 葬以大夫하고 祭
以士하며 父爲士요 子爲大夫어든 葬以士하고 祭以大夫하며 期
之喪은 達乎大夫하고 三年之喪은 達乎天子하니 父母之喪은
無貴賤一也니라"하시니라

이 절은 주공(周公)의 일을 말한 것이다. 말(末)은 노년(老年)과 같은
뜻이다. 천자로 추존하는 것[追王]은 대개 문왕·무왕의 의도를 미루어
서 왕업의 자취가 일어난 분에게까지 미친 것이다. 선공(先公)은 조감
(組紺)[109] 이상으로 후직(后稷)[110]에 이르기까지이다. 위로 선공들에
게 천자의 예로써 제사지냈다는 것은 또한 태왕·왕계의 의도를 미루어
서 무궁한 선조에까지 미친 것이다. 예법을 제정해서 온 세상에 보급하
여 사람들로 하여금 장례를 치를 때에는 죽은 사람의 관작(官爵)을 사용
하게 하고, 제사지낼 때에는 살아 있는 사람의 작록(爵祿)을 쓰게 하였
으며, 상복은 일년상 이하는 제후들에게 적용하지 않고 대부들에게까지
강등 적용하였으며, 부모의 삼년상은 상하가 동일하게 하니 이는 자기의
마음을 미루어 남의 마음에까지 미친 것이다.
　○이는 제18장이다.
　此는 言周公之事라 末은 猶老也라 追王은 蓋推文武之意하여 以
及乎王迹之所起也라 先公은 組紺以上으로 至后稷也라 上祀先公
以天子之禮는 又推大王王季之意하여 以及於無窮也라 制爲禮法
하여 以及天下하여 使葬用死者之爵하고 祭用生者之祿하며 喪服은

---

109) 조감(組紺): 주나라 태왕(太王)의 아버지 공숙조류(公叔組類)를 말한다.
110) 후직(后稷): 주나라 시조로 이름은 기(棄)이다. 순임금 때 농관(農官)이 되어 농
　　사짓는 법을 가르쳤기 때문에 후직(后稷)으로 불린다.

自期以下는 諸侯絶하고 大夫降하며 而父母之喪은 上下同之하니 推己以及人也라

　○右는 第十八章이라

해설

　이 제18장도 모두 공자의 말을 인용해놓은 것이다. 비지대(費之大)를 예로 든 것으로, 치국·평천하한 문왕·무왕, 예악문물을 제정한 주공의 일을 말한 것이다.

　이 장의 주제어는 제17장과 마찬가지로 수명(受命)이다. 곧 사람으로서 천도에 합해 천명받은 것을 말한다. 이 장의 제3절에서 장례(葬禮)와 제례(祭禮)를 말하고 있는 것은 다음 제19장의 제례에 관한 언급을 일으키는 역할을 할 뿐만 아니라 제16장에서 귀신을 말한 것과 연속적인 맥락을 갖는다. 즉 선조에게 제사지내는 제례를 통해 하늘이 명한 음양의 조화를 이해하여 천도에 배합하기를 추구하는 의도가 들어 있다. 상례와 제례는 인간의 중요한 일이며, 그것은 실존의 인간과 그 존재의 근원을 하나로 연결하는 고리이다.

제19장

19-01

공자께서 말씀하셨다. "무왕과 주공, 그분들은 세상 사람들이 모두 칭찬하는 효자이셨다.

子曰 "武王周公은 其達孝矣乎신저

달(達)은 '통용되다'라는 뜻이다. 이는 위의 장을 이어서 말한 것이다. 무왕과 주공의 효도는 천하 사람들이 통칭하는 효도였으니 맹자(孟子)가 달존(達尊)[111]이라고 말한 것과 같은 뜻이다.

達은 通也라 承上章而言이라 武王周公之孝는 乃天下之人이 通謂之孝니 猶孟子之言達尊也라

19-02

효(孝)는 남[112]의 의지를 잘 이어받고, 남의 일을 잘 펼치는 것이다.

---

111) 달존(達尊):『맹자』「공손추 하」(公孫丑下)에 보이는 말로 세상에 두루 통용되는 존귀한 것이 세 가지 있는데, 하나는 덕이고, 또 하나는 나이이고, 또 다른 하나는 벼슬이라 했다.
112) 남: 아버지를 가리킨다.

夫孝者는 善繼人之志하며 善述人之事者也니라

위의 장은 무왕이 태왕·왕계·문왕의 통서를 계승하여 천하를 소유하고, 주공이 문왕·무왕의 덕을 완성하여 그 선조들을 추숭(追崇)한 점을 말하였으니 이는 남의 의지를 잘 이어받고 남의 일을 잘 펼친 것 가운데 큰 것이다. 아래의 문장에서는 또 주공이 제사를 제정한 바의 예가 상하에 통용된 것으로 그 점을 말하였다.

上章은 言武王이 纘大王王季文王之緖하여 以有天下하고 而周公이 成文武之德하여 以追崇其先祖하니 此는 繼志述事之大者也라 下文은 又以其所制祭祀之禮가 通于上下者로 言之라

19-03

〈효자는〉 봄·가을에 선조의 사당을 수리하며, 선대로부터 소장해 온 귀중한 기물(器物)을 진열하며, 선조가 입던 의복을 진설하며, 제철에 나는 제사 음식을 올린다.

春秋에 修其祖廟하며 陳其宗器하며 設其裳衣하며 薦其時食이니라

조상의 사당〔祖廟〕은 천자가 7묘(廟), 제후가 5묘, 대부가 3묘, 적사(適士)[113]가 2묘, 관사(官師)[114]가 1묘를 둔다.[115] 종기(宗器)는 선대

---

113) 적사(適士): 천자국의 상사(上士)·중사(中士)·하사(下士) 및 제후국의 상사(上士)를 말한다.
114) 관사(官師): 제후국의 중사(中士)·하사(下士) 및 서사(庶士)·부사(府史)를 말한다.

로부터 소장해온 귀중한 기물을 말하니 주나라의 적도(赤刀)[116] · 대훈(大訓)[117] · 천구(天球)[118] · 하도(河圖)[119] 등과 같은 것들이다. 상의(裳衣)는 선조가 남긴 의복이니 제사 지낼 때에는 이 옷을 펼쳐서 시동(尸童)[120]에게 준다. 시식(時食)은 사계절의 음식은 각각 그에 맞는 재료가 있으니 "봄철에는 염소고기와 돼지고기를 쓰되 쇠기름[121]으로 요리한다"[122]라고 하는 것과 같은 유형이 그것이다.

祖廟는 天子七이요 諸侯五요 大夫三이요 適士二요 官師一이라 宗器는 先世所藏之重器니 若周之赤刀大訓天球河圖之屬也라 裳衣는 先祖之遺衣服이니 祭則設之하여 以授尸也라 時食은 四時之食에 各有其物하니 如春行羔豚膳膏香之類가 是也라

---

115) 천자가……둔다:『예기』「왕제」(王制)에 "천자는 7묘를 두니 삼소(三昭) · 삼목(三穆)과 태조의 사당을 합쳐 7묘이고, 제후는 5묘를 두니 이소(二昭) · 이목(二穆)과 태조의 사당을 합쳐 5묘이며, 대부는 3묘를 두니, 일소(一昭) · 일목(一穆)과 태조의 사당을 합쳐 3묘이며, 사(士)는 1묘를 두고, 서인(庶人)은 정침(正寢)에서 제사한다"고 하였다. 또『예기』「제법」(祭法)에 "적사(適士)는 2묘 1단(壇)을 두는데, 2묘는 고묘(考廟) · 왕고묘(王考廟)라 하며 사계절의 제사는 지내지 않는다. 현고(顯考)는 묘 없이 기도만 하는데, 단을 만들어 제사한다"고 하였고, 또 "관사(官師)는 1묘를 두는데 고묘(考廟)라고 하며, 왕고(王考)는 묘 없이 제사만 지낸다"고 하였다.

116) 적도(赤刀): 주나라 무왕이 은나라 주왕(紂王)을 정벌할 때 쓰던 칼로 붉은색을 칠하였다고 한다.

117) 대훈(大訓): 주나라 문왕과 무왕의 교훈을 기록한 책이다.

118) 천구(天球): 옹주(雍州)에서 공물로 바친 하늘색 옥을 말한다.

119) 하도(河圖): 복희씨(伏羲氏) 때 황하에서 나온 용마(龍馬)의 등에 그려진 그림으로 복희씨가 이를 보고 팔괘를 그렸다고 한다.

120) 시동(尸童): 제사지낼 때 신주를 쓰지 않고 그 자리에 대신 앉히는 후손을 말한다.

121) 쇠기름: 원문의 '고향'(膏香)은 쇠기름을 가리킨다.

122) 이 문장은『주례』(周禮) 천관(天官)「포인」(庖人)에 보인다.

19-04

　종묘제례(宗廟祭禮)는 소(昭)·목(穆)[123]을 차례로 진열하는 것이
며, 작위(爵位)가 높은 순서로 차례를 정하는 것은 귀·천을 변별(辨
別)하는 것이며, 제사지내는 일을 차례로 분정(分定)하는 것은 어진
등급을 변별하는 것이며, 제사지낸 뒤 제사에 참여한 사람들이 모두
모여 음복주를 마실 때에 아랫사람이 윗사람을 위해〈술을 올리는 것
은 차례로 술을 마셔〉가장 미천한 사람에게까지 미치기 위함이며, 제
사 음식을 나누어 먹을 때에 나이순으로 앉는 것은 나이를 차례로 하
는 것이다.

　宗廟之禮는 所以序昭穆也요 序爵은 所以辨貴賤也요 序
事는 所以辨賢也요 旅酬에 下爲上은 所以逮賤也요 燕毛는
所以序齒也니라

　종묘에서 신주의 차례는 왼쪽이 소(昭)가 되고, 오른쪽이 목(穆)이 된
다. 그리고 자손들도 이로써 차례를 정하여 태묘(太廟)[124]에 제사가 있
으면 자손과 형제들은 군소(群昭)와 군목(群穆)[125]이 모두 있어서 그 차
례를 잃지 않는다. 작(爵)은 공(公)·후(侯)·경(卿)·대부(大夫)이다. 사
(事)는 종백(宗伯)[126]·태축(太祝)[127]·유사(有司)[128] 등이 맡는 일을

---

123) 소(昭)·목(穆): 사당에 신주를 봉안할 때에 중앙에 태조의 신주를 봉안하고 그
　　아래는 차례로 좌우에 배열하는데, 그 왼쪽의 항렬이 소(昭)가 되고, 그 오른쪽
　　의 항렬이 목(穆)이 된다.
124) 태묘(太廟): 태조의 사당.
125) 군소(群昭)와 군목(群穆): 소(昭)와 목(穆)의 항렬에 속한 여러 사람들을 가리키
　　는 말이다.
126) 종백(宗伯): 주나라 때 육경(六卿) 중 하나로 종묘의 제사를 주관하는 직책이다.

말한다. 여(旅)는 제사지내는 여러 사람이라는 뜻이고, 수(酬)는 인도하여 술을 마시게 하는 것이다. 제사지낸 뒤에 참석했던 여러 사람들이 음복을 하는 예식에서 빈객의 자제와 형제의 아들들이 각기 자기 어른에게 술잔을 들어 올리고 대중이 서로 술을 권하는 것이다. 대개 종묘에서는 맡은 일이 있는 것을 영광스럽게 여긴다. 그러므로 미천한 사람에게까지 술이 미쳐서 그의 공경을 펼 수 있게 하는 것이다. 연모(燕毛)는 제사를 마치고 잔치를 하게 되면 머리카락의 색깔로써 나이 많은 사람과 적은 사람을 구별하여 앉을 자리를 정한다. 치(齒)는 나이를 말한다.

宗廟之次는 左爲昭요 右爲穆이니 而子孫도 亦以爲序하여 有事於太廟면 則子姓兄弟는 群昭群穆이 咸在하여 而不失其倫焉이라 爵은 公侯卿大夫也라 事는 宗祝有司之職事也라 旅는 衆也라 酬는 導飮也니 旅酬之禮에 賓弟子와 兄弟之子가 各擧觶於其長하고 而衆이 相酬라 蓋宗廟之中에는 以有事爲榮이라 故로 逮及賤者하여 使亦得以申其敬也라 燕毛는 祭畢而燕이면 則以毛髮之色으로 別長幼하여 爲坐次也라 齒는 年數也라

19-05

〈사왕(嗣王)이〉 선왕(先王)의 자리에 올라 선왕이 행하던 예를 행하며, 선왕이 연주하던 음악을 연주하며, 선왕이 존경하던 사람들을 공경하며, 선왕이 친애하던 사람들을 친애하며, 갓 돌아가신 이를 섬길

---

127) 태축(太祝): 주나라 때 춘관(春官) 종백(宗伯)에 소속된 관직으로 제사에서 기도를 담당하는 직책이다.
128) 유사(有司): 맡은 일이 있는 사람이라는 뜻으로, 제사에서 맡은 역할이 있는 직임을 말한다.

때에는 살아 있는 이를 섬기듯 하며, 장례를 치른 돌아가신 이를 섬길 때에는 생존한 이를 섬기듯 하는 것이 효도의 지극함이다.

踐其位하여 行其禮하며 奏其樂하며 敬其所尊하며 愛其所親하며 事死如事生하며 事亡如事存이 孝之至也니라

천(踐)은 '밟는다'는 뜻과 같다. 기(其)는 선왕(先王)을 가리킨다. 존경하던 바〔所尊〕와 친애하던 바〔所親〕는 선왕의 할아버지와 아버지, 아들과 손자, 신민(臣民)들이다. 갓 죽은 이를 사(死)라 하고, 장례를 치르고 나면 "집으로 돌아와도 고인은 없다"[129]고 말하니 모두 선왕을 가리키는 것이다. 이 절은 위의 문장 두 구절을 결론지은 것이니 모두 아버지의 의지를 이어서 아버지가 하시던 일을 펼친다는 의미이다.

踐은 猶履也라 其는 指先王也라 所尊所親은 先王之祖考子孫臣庶也라 始死를 謂之死요 旣葬則曰反而亡焉이라 하니 皆指先王也라 此는 結上文兩節이니 皆繼志述事之意也라

19-06

교(郊)제사[130]와 사(社)제사[131]의 예는 상제(上帝)[132]와 〈후토(后土)〉[133]를 섬기는 것이며, 종묘제례의 예는 자기 선조에게 제사지내는 것이다. 교제사 · 사제사와 체(禘)제사[134] · 상(嘗)제사[135]의 의의(意

---

129) 이 문구는 『예기』 「단궁 하」(檀弓下)에 보인다.
130) 교(郊)제사: 나라의 임금이 하늘의 신에게 지내는 제사.
131) 사(社)제사: 나라의 임금이 토지의 신에게 지내는 제사.
132) 상제(上帝): 하늘의 신을 말한다.
133) 후토(后土): 땅의 신을 말한다.

義)에 밝으면 나라를 다스리는 것은 손바닥 위에 물건을 올려놓고 보는 것처럼[136] 쉬울 것이다."

郊社之禮는 所以事上帝(后土)也요 宗廟之禮는 所以祀乎
其先也니 明乎郊社之禮와 禘嘗之義면 治國은 其如示諸掌
乎인저" 하시니라

교(郊)는 하늘에 지내는 제사이고, 사(社)는 땅에 지내는 제사이다. 후토(后土)를 말하지 않은 것은 글을 생략한 것이다. 체(禘)는 천자가 종묘에서 지내는 큰 제사이니 태묘(太廟)에서 태조의 시조(始祖)[137]에게 추급해 제사를 지내고, 태조를 그곳에 배향(配享)[138]한다. 상(嘗)은 가을 제사이다. 사계절에 모두 제사를 지내는데,[139] 그 가운데 하나를 거론한 것이다. 예에는 반드시 그 의의가 있으니 상대적으로 거론한[140] 것은 호

---

134) 체(禘)제사: 나라를 세운 태조의 시조에게 지내는 제사. 대체로 봄에 지냈다.

135) 상(嘗)제사: 사계절 중 가을에 지내는 제사.

136) 손바닥……것처럼: 손바닥에 물건을 올려놓고 본다는 말은 '보기 쉽다'는 뜻이다.

137) 시조(始祖): 원문의 '소자출'(所自出)은 '말미암아 나온 바'라는 뜻으로 시조를 가리킨다.

138) 배향(配享): 주인공으로서 제사지내는 것이 아니고, 주인공 옆에 신주를 봉안하여 함께 제향을 올리는 것을 말한다.

139) 사계절에……지내는데: 『예기』「왕제」(王制)에 "천자와 제후의 종묘 제사는 봄에 지내는 것을 약(礿), 여름에 지내는 것을 체(禘), 가을에 지내는 것을 상(嘗), 겨울에 지내는 것을 증(烝)이라 하는데, 이는 하(夏)나라와 은(殷)나라의 제사 명칭이다. 주나라는 이를 개정하여 봄제사를 사(祀)라 하고, 여름제사를 약(礿)이라 하였으며, 가을제사와 겨울제사는 그대로 따랐다"라고 하였다.

140) 상대적으로 거론한: 하늘의 신과 땅의 신에게 제사지내는 교(郊)제사와 사(社)제사, 종묘에서 선조에게 제사지내는 체(禘)제사와 상(嘗)제사를 상대적으로 거론했을 뿐만 아니라 교(郊)제사·사(社)제사와 체(禘)제사·상(嘗)제사도 상호 상대적으로 거론한 것이다.

문(互文)[141]이다. 시(示)는 시(視)와 같은 뜻이니 손바닥 위에 물건을 올려놓고 본다는 것은 보기 쉽다는 말이다. 이 절은 『논어』 문장의 의미와 대동소이한데, 기록한 것에 상세하고 소략함이 있다.[142]

○이는 제19장이다.

郊는 祭天이요 社는 祭地라 不言后土者는 省文也라 禘는 天子宗廟之大祭니 追祭太祖之所自出於太廟하고 而以太祖로 配之也라 嘗은 秋祭也라 四時皆祭로되 擧其一耳라 禮必有義하니 對擧之는 互文也라 示는 與視로 同이니 視諸掌은 言易見也라 此는 與論語文意로 大同小異로되 記有詳略耳라

○右는 第十九章이라

해설

이 제19장도 모두 공자의 말을 인용해놓은 것이다. 비지대(費之大)를 말한 것으로, 은(隱)이 그 속에 내재되어 있다. 내용은 무왕과 주공의 효(孝)를 거론하면서 각종 제사에 관해 말하고 있는데, 이는 치국·평천하와 관련된 것이다. 그러므로 선현들이 비지대를 말한 것으로 요지를 파악한 것이다.

이 장은 제2절의 계지술사(繼志述事)에서 그 의미를 찾을 수 있다. 제1절에 달효(達孝)를 말하고, 그 이유를 계지술사로 본 것이다. 계지술사는 선왕이 돌아가셨지만 살아 있는 것처럼 인정하는 것이다. 이것이 눈

---

141) 호문(互文): 상대적으로 거론하여 각각의 의미를 서로 드러내주거나 보완해주는 것을 말한다.

142) 이 절은……있다: 『논어』의 문장은 「팔일」(八佾)에 있는 "或問禘之說 子曰 不知也 知其說者之於天下也 其如示諸斯乎 指其掌"을 가리킨다. 『논어』에서는 체(禘)제사의 설에 대해서만 말하고 있다.

에 보이지 않고 귀에 들리지 않지만 하나가 되고자 하는 노력이다. 제6절에 상제(上帝)와 후토(后土)를 섬기고, 선조에게 제사지내는 이치에 밝으면 나라를 다스리는 것이 쉽다고 말한 것은 천명의 의미를 알면 천하를 다스리는 것이 쉽다는 뜻이다.

귀신은 나라고 하는 생명체의 본체로 천(天)과 인(人)을 연결하는 고리이다. 사람이 제사지내는 것은 정성을 통해 귀신과 만나는 것이고, 하늘은 이에 감응하여 명을 내려준다. 그래서 계지술사를 달효의 내용으로 본 것이다.

이 장도 무왕과 주공이 효(孝)를 통해 천명을 받았다는 의미가 내재되어 있다. 그런데 특별히 제사를 집중적으로 거론하여 천명을 받은 것이 효에서 비롯되었음을 말한 것이다.

제20장

20-01

노(魯)나라 애공(哀公)이 공자에게 정사(政事)를 물었는데,

哀公이 問政한대

애공(哀公)은 노나라 임금이니 이름은 장(蔣)이다.

哀公은 魯君이니 名은 蔣이라

20-02

공자께서 말씀하셨다. "문왕과 무왕의 정사가 책[143] 속에 펼쳐져 있으니 그것을 행할 만한 사람이 있으면 그러한 정사가 거행될 것이고, 그것을 행할 만한 사람이 없으면 그러한 정사는 사라질 것입니다.

子曰 "文武之政이 布在方策하니 其人이 存〈하면〉 則其政이 擧하고 其人이 亡〈하면〉 則其政이 息이니라〈이니이다〉

방(方)은 판(版)[144]이다. 책(策)은 죽간[簡]이다. 식(息)은 '소멸하다'

---

143) 책: 원문의 '방책'(方策)은 네모난 죽간(竹簡)이라는 뜻으로 책을 의미한다.

는 말과 같다. 그럴 만한 임금이 있고, 그럴 만한 신하가 있으면 그런 정사가 있게 된다.

方은 版也라 策은 簡也라 息은 猶滅也라 有是君하고 有是臣이면 則有是政矣라

20-03

사람의 도는 정사에 민감(敏感)하고, 땅의 도〔地道〕는 나무에 민감합니다. 정사라는 것은 부들〔蒲〕·갈대〔蘆〕가 속성하듯이 그 반응이 빠르게 나타나는 것입니다.

人道는 敏政하고 地道는 敏樹하니 夫政也者는 蒲盧(蘆)也니라
〈이니이다〉

민(敏)은 신속하다는 뜻이다. 포로(蒲盧)는 심괄(沈括)[145]이 "부들과 갈대이다"[146]라고 하였으니 그 설이 옳다. 사람으로서 정사를 수립하는 것은 땅에 나무를 심는 것과 같아서 그 성과가 빨리 나타난다. 그런데 부들과 갈대는 또 쉽게 자라는 식물이니 그 성장이 더욱 빠르다. 문왕과 무왕의 정사를 거행할 만한 사람이 존재하면 그러한 정사가 거행되는 것은 쉽게 이루어짐이 이와 같다는 점을 말한 것이다.

敏은 速也라 蒲盧는 沈括이 以爲蒲葦라 하니 是也라 以人立政은 猶以地種樹하여 其成이 速矣라 而蒲葦는 又易生之物이니 其成이

---

144) 판(版): 네모난 조각 또는 틀을 말한다.
145) 심괄(沈括): 1031~95. 북송 때의 학자로 사천감(司天監)이 되어 역법(曆法)을 관장했다. 저술로 『몽계필담』(夢溪筆談) 등이 있다.
146) 이 구절의 출전이 분명하지 않다.

尤速也라 言人存政擧는 其易가 如此라

20-04

그러므로 정사를 행하는 것은 어진 사람에게 달려 있으니 〈임금은〉
수신(修身)을 한 몸으로써 인재를 취해야 하고, 도(道)로써 자신을 닦
아야 하고, 인(仁)으로써 도를 닦아야 합니다.

故로 爲政이 在人하니 取人以身이요 修身以道요 修道以仁이
니이다

이 절은 앞의 문장에서 "사람의 도는 정사에 민감하다"라고 한 것을
이어서 말한 것이다. "정사를 행하는 것이 사람에게 달려 있다"(爲政在
人)라는 구절은 『공자가어』(孔子家語)에 "정사를 하는 것은 인재를 얻
는 데에 달려 있다"(爲政在於得人)라고 되어 있으니 말의 의미가 더욱
구비된다. 인(人)은 현신(賢臣)을 말하고, 신(身)은 군신(君身)을 가리킨
다. 도(道)는 온 세상에 두루 통용되는 도이다. 인(仁)은 하늘과 땅이 만
물을 생육(生育)하는 마음으로 사람이 얻어서 태어난 것이니 이른바 "원
(元)[147]은 선(善) 가운데 으뜸이다"(元者善之長也)[148]라고 하는 것이다.
말하자면 임금이 정사를 하는 것은 인재를 얻는 데에 달려 있고, 인재를
취하는 법칙은 또 자신을 닦는 데에 달려 있으니 능히 자신을 어질게 하
면 명철한 임금도 있고 어진 신하도 있어서 정사가 거행되지 않음이 없
을 것이라는 말이다:

---

147) 원(元): 『주역』 건괘(乾卦) 첫머리에 보이는 원형이정(元亨利貞)의 원(元)으로
   인(仁)에 해당한다.
148) 이 문장은 『주역』 건괘(乾卦) 「문언」(文言)에 보인다.

此는 承上文人道敏政而言也라 爲政在人은 家語에 作爲政在於
得人하니 語意가 尤備라 人은 謂賢臣이요 身은 指君身이라 道者는 天
下之達道요 仁者는 天地生物之心으로 而人得以生者니 所謂元者
善之長也라 言人君爲政은 在於得人하고 而取人之則은 又在修身
하니 能仁其身이면 則有君有臣하여 而政無不擧矣리라

20-05

인(仁)은 사람의 몸속에 내재되어 있으니 어버이를 친애하는 것이
그중 큰 것이 되고, 의(義)는 일을 마땅하게 하는 것이니 어진이를 존
중하는 것이 그중 큰 것이 됩니다. 그러니 친한 이를 친애하는 것의 등
급과 어진이를 존중하는 바의 등급이 예(禮)가 발생한 것입니다.

仁者는 人也니 親親이 爲大하고 義者는 宜也니 尊賢이 爲大
하니 親親之殺(쇄)와 尊賢之等이 禮所生也니이다

인(人)은 사람의 몸을 가리켜 말한 것이니 사람의 몸에는 이 삶의 이
치를 갖추고 있어서 자연히 측은히 여기고 자애하는 마음을 갖게 된다
는 뜻이다. 그 의미를 깊이 체득하고 음미하면 그 뜻을 알 수 있다. 의
(宜)는 사리(事理)를 분별하여 각각 마땅한 바가 있게 하는 것이다. 예
(禮)는 이 인·의 두 가지를 각각의 경우에 맞게 절제하여 드러낸 것일
뿐이다.

人은 指人身而言이니 其此生理하여 自然便有惻怛慈愛之意라
深體味之면 可見이라 宜者는 分別事理하여 各有所宜也요 禮는 則
節文斯二者而已라

20-06

(아랫자리에 있으면서 윗사람에게 신임을 얻지 못하면 백성을 다스
릴 수 없습니다.)[149]

(在下位 不獲乎上 民不可得而治矣)

정씨(鄭氏)[150]는 말하기를 "이 구절은 아래에도 있으니 잘못되어 거
듭 여기에 있는 것이다"라고 하였다.

鄭氏曰 此句는 在下하니 誤重在此라 하니라

20-07

그러므로 군자는 자신을 닦지 않아서는 안 됩니다. 그러니 몸 닦기
를 생각한다면 어버이를 섬기지 않아서는 안 되며, 어버이 섬기기를
생각한다면 사람에 대해 알지 않아서는 안 되며, 사람에 대해 알기를
생각한다면 하늘에 대해 알지 않아서는 안 됩니다.

故로 君子는 不可以不修身이니 思修身인댄 不可以不事親이
요 思事親인댄 不可以不知人이요 思知人인댄 不可以不知天이
니이다

정사를 행하는 것은 사람에게 달려 있고, 임금의 수신한 몸으로 인재
를 취하기 때문에 임금은 자신을 닦지 않을 수 없다. 도(道)로써 몸을 닦

---

149) 이 구절은 제20장 제17절 첫머리에도 있다. 여기서는 앞뒤의 문맥과 연관성이
   없기 때문에 잘못 편입된 것으로 본 것이다.
150) 정씨(鄭氏): 후한 말의 경학자 정현(鄭玄, 127~200)을 말한다.

고, 인(仁)으로써 도를 닦기 때문에 몸 닦기를 생각한다면 어버이를 섬기지 않을 수 없다. 친한 이를 친애하는 인(仁)을 극진히 하고자 한다면 반드시 어진이를 존중하는 의(義)를 말미암아야 하기 때문에 또 사람에 대해 알아야 한다. 친한 이를 친애하는 등급과 어진이를 존중하는 등급은 모두 천리(天理)이기 때문에 또 하늘에 대해 알아야 한다.

爲政在人하고 取人以身이라 故로 不可以不修身이요 修身以道하고 修道以仁이라 故로 思修身인댄 不可以不事親이요 欲盡親親之仁인댄 必由尊賢之義라 故로 又當知人이요 親親之殺와 尊賢之等은 皆天理也라 故로 又當知天이라

20-08

온 세상에 두루 통용되는 도가 다섯 가지인데, 그것을 행하게 하는 것은 세 가지입니다. 임금과 신하 사이의 의리, 아비와 자식 사이의 친함, 남편과 아내 사이의 분별, 형과 동생 사이의 차례, 벗과 벗 사이의 교제 이 다섯 가지는 온 세상에 두루 통용되는 도입니다. 그리고 지(智)[151]·인(仁)·용(勇) 세 가지는 온 세상에 두루 통용되는 덕이니 그것을 행하게 하는 것은 하나입니다.

天下之達道五에 所以行之者三이니 曰君臣也와 父子也와 夫婦也와 昆弟也와 朋友之交也五者는 天下之達道也요 知仁勇三者는 天下之達德也니 所以行之者는 一也니이다

달도(達道)는 이 세상에 예로부터 지금까지 모든 사람이 함께 말미

---

151) 지(智): 원문의 '지'(知)는 거성(去聲)으로 지(智)의 뜻이다.

암은 길이니 곧 『서경』에 이른바 오전(五典)[152]이라고 한 것이며, 맹자에 이른바 "부자유친(父子有親)·군신유의(君臣有義)·부부유별(夫婦有別)·장유유서(長幼有序)·붕우유신(朋友有信)"[153]이라고 한 것이 그것이다. 지(智)는 이것을 아는 것이고, 인(仁)은 이것을 몸으로 실천하는 것이며, 용(勇)은 이것을 억지로라도 힘쓰는 것이다. 이것을 달덕(達德)이라고 하는 것은 이 세상에 예로부터 지금까지 모든 사람이 함께 얻은 바의 이치이기 때문이다. 일(一)은 성(誠)일 뿐이다. 달도는 사람들이 다 함께 말미암은 것이지만 이 세 가지 달덕이 없으면 그것을 행할 방법이 없다. 달덕은 사람들이 다 같이 얻은 것이지만 하나라도 성(誠)하지 않음이 있으면 인욕(人欲)이 그 사이에 끼어들어 덕은 덕다운 덕이 아니게 된다. 정자(程子)께서 말씀하시기를 "이른바 성(誠)이란 단지 이 세 가지 덕을 성실히 하는 것이니 이 세 가지밖에 별도로 성(誠)이 없다"[154]라고 하였다.

達道者는 天下古今所共由之路니 卽書所謂五典이요 孟子所謂 父子有親 君臣有義 夫婦有別 長幼有序 朋友有信이 是也라 知는 所以知此也요 仁은 所以體此也요 勇은 所以强此也라 謂之達德者는 天下古今所同得之理也라 一은 則誠而已矣라 達道는 雖人所共由나 然이나 無是三德이면 則無以行之요 達德은 雖人所同得이나 然이나 一有不誠이면 則人欲間之하여 而德非其德矣라 程子曰 所謂 誠者는 止是誠實此三者니 三者之外에 更別無誠이라 하니라

---

152) 『서경』「순전」(舜典)에 "愼徽五典 五典克從"이라 하였다. 오전(五典)은 오상(五常)을 가리킨다.
153) 이 문구는 『맹자』「등문공 상」(滕文公上)에 보인다.
154) 이 말은 『이정유서』(二程遺書) 권2 상에 보인다.

20-09

어떤 사람은 태어나면서 도를 알기도 하며, 어떤 사람은 배워서 도를 알기도 하며, 어떤 사람은 마음을 곤궁하게 하고 노력하여 도를 알기도 하는데, 그들이 그 도를 안 데에 이르면 한 가지입니다. 어떤 사람은 도를 편안히 여겨 행하기도 하며, 어떤 사람은 도를 이롭게 여겨 행하기도 하며, 어떤 사람은 억지로 애써서 도를 행하기도 하는데, 그들이 공적을 이룩한 데에 이르면 한 가지입니다.

或生而知之하며 或學而知之하며 或困而知之하나니 及其知之하얀 一也니이다 或安而行之하며 或利而行之하며 或勉强而行之하나니 及其成功하얀 一也니이다

도를 아는 자의 아는 것과 도를 행하는 자의 행하는 것은 달도(達道)를 말한다. 그 분수로써 말하면 아는 것은 지혜[智]이고, 행하는 것은 인(仁)이고, 그 도를 알고 공적을 이룩하여 하나가 되는 데에 이르는 것은 용(勇)이다. 그 등급으로써 말하면 태어나면서부터 아는 것과 편안히 여겨 행하는 것은 지혜[智]이고, 배워서 알고 이롭게 여겨 행하는 것은 인(仁)이고, 마음을 곤궁하게 하여 노력해 알고 억지로 힘써 행하는 것은 용(勇)이다. 대개 인성(人性)은 선하지 않음이 없으나 타고난 기질에는 다른 점이 있다. 그러므로 도를 듣는 데에 일찍 듣고 늦게 듣는[155] 점이 있으며, 도를 행하는 데에 어렵게 여기고 쉽게 여기는 점이 있는 것이다. 그러나 능히 스스로 의지를 강하게 하고서 쉬지 않고 노력하면 그 이르

---

155) 일찍……듣는: 원문에는 '조막'(蚤莫)으로 되어 있는데, 『중용장구대전』 소주에 조모(早暮)와 같은 뜻이라고 하였다.

는 경지는 한 가지이다. 여씨(呂氏)[156]는 말하기를 "⟨도에⟩ 들어가는 바의 길은 다르지만 이르는 바의 영역은 같으니 이것이 바로 중용이 되는 까닭이다. 만약 태어나면서부터 도를 알고 도를 편안히 여겨 행하는 분의 타고난 자질을 부러워하면서 자신은 그 경지에 미칠 수 없다고 여기거나, 마음을 곤궁히 하여 노력해 도를 알고 억지로 힘써 도를 행하는 것을 가볍게 여겨 성취함이 있을 수 없다고 생각한다면 이것이 바로 도가 밝혀지지 않고 도가 행해지지 않는 까닭이다"[157]라고 하였다.

知之者之所知와 行之者之所行은 謂達道也라 以其分而言이면 則所以知者는 知也요 所以行者는 仁也요 所以至於知之成功而一者는 勇也라 以其等而言이면 則生知安行者는 知也요 學知利行者는 仁也요 困知勉行者는 勇也라 蓋人性이 雖無不善이나 而氣稟有不同者라 故로 聞道有蚤莫(早暮)하고 行道有難易라 然이나 能自強不息이면 則其至는 一也라 呂氏曰 所入之塗는 雖異나 而所至之域은 則同하니 此는 所以爲中庸이라 若乃企生知安行之資하여 爲不可幾及하고 輕困知勉行하여 謂不能有成이라 하면 此는 道之所以不明不行也라 하니라

20-10

배우기를 좋아하는 것은 지(智)에 가깝고, 행하기를 힘쓰는 것은 인(仁)에 가깝고, 부끄러움을 아는 것은 용(勇)에 가깝습니다.

子曰 好學은 近乎知(智)하고 力行은 近乎仁하고 知恥는 近

---

156) 여씨(呂氏): 북송 때 정자(程子)의 문인 여대림(呂大臨, 1040~92)을 말한다.
157) 이 문장은 『중용집략』(中庸輯略) 권하에 보인다.

乎勇이니라〈이니이다〉

자왈(子曰) 두 글자는 남는 글자[衍文][158]이다. 이 절은 달덕(達德)에 아직 미치지 못하였으나 덕에 들어가길 구하는 일을 말한 것이다. 앞 문장에서 말한 삼지(三知)[159]는 지(智)가 되고 삼행(三行)[160]은 인(仁)이 되는 것과 통용해보면 이 구절에서 말한 삼근(三近)[161]은 용(勇)의 다음이다. 여씨(呂氏)[162]는 말하기를 "어리석은 자는 스스로 옳다고 여겨 배우기를 구하지 않고, 스스로 사사로운 것만 추구하는 자는 인욕을 따라 돌아가길 잊고, 의지가 나약한 자는 남의 밑에 들어가는 것을 기꺼이 여겨 사양하지 않는다. 그러므로 배우기를 좋아하는 것이 지(智)가 아니지만 충분히 어리석음을 타파할 수 있고, 행하기를 힘쓰는 것이 인(仁)이 아니지만 충분히 사사로운 마음을 잊을 수 있으며, 부끄러움을 아는 것이 용(勇)이 아니지만 충분히 나약한 의지를 일으킬 수 있다"라고 하였다.

子曰二字는 衍文이라 此는 言未及乎達德而求以入德之事라 通上文三知爲知와 三行爲仁이면 則此三近者는 勇之次也라 呂氏曰 愚者는 自是而不求하고 自私者는 徇人欲而忘返하고 懦者는 甘爲人下而不辭라 故로 好學이 非知나 然이나 足以破愚요 力行이 非仁이나 然이나 足以忘私요 知恥가 非勇이나 然이나 足以起懦라 하니라

---

158) 남는 글자[衍文]: 옮겨 쓴 사람의 실수로 겹쳐 나오는 글자를 말한다.
159) 삼지(三知): 생이지지(生而知之)·학이지지(學而知之)·곤이지지(困而知之)를 말한다.
160) 삼행(三行): 안이행지(安而行之)·이이행지(利而行之)·면강이행지(勉强而行之)를 말한다.
161) 삼근(三近): 호학(好學)·역행(力行)·지치(知恥)를 말한다.
162) 여씨(呂氏): 정자(程子)의 문인 여대림(呂大臨)을 말한다.

20-11

이 세 가지를 알면 몸을 닦는 방법을 알 것이며, 몸을 닦는 방법을 알면 남을 다스리는 방법을 알 것이며, 남을 다스리는 방법을 알면 천하와 국가를 다스리는 방법을 알 것입니다.

知斯三者면 則知所以修身이요 知所以修身이면 則知所以治人이요 知所以治人이면 則知所以治天下國家矣리라〈이니이다〉

이 세 가지는 삼근(三近)을 가리켜 말한 것이다. 남(人)은 자기(己)와 상대적으로 일컬은 것이다. 천하·국가는 남을 다스리는 방법을 극진히 한 것이다. 이 점을 말하여 앞 문장에서 말한 수신의 의미를 결론짓고, 아래 문장의 구경(九經)의 단서를 일으켰다.

斯三者는 指三近而言이라 人者는 對己之稱이라 天下國家는 則盡乎人矣라 言此하여 以結上文修身之意하고 起下文九經之端也라

20-12

무릇 천하와 국가를 다스리는 데에는 구경(九經)이 있으니 그것은 자신을 닦는 것(修身), 어진이를 존중하는 것(尊賢), 친족을 친애하는 것(親親), 대신(大臣)을 공경하는 것(敬大臣), 여러 신하를 체찰(體察)하는 것(體群臣), 서민들을 자식처럼 사랑하는 것(子庶民), 여러 공인(工人)들을 오게 하는 것(來百工), 멀리 있는 사람을 회유(懷柔)하는 것(柔遠人), 제후들을 품어주는 것(懷諸侯)입니다.

凡爲天下國家에 有九經하니 曰 修身也와 尊賢也와 親親也와 敬大臣也와 體群臣也와 子庶民也와 來百工也와 柔遠人

也와 懷諸侯也라 〈하니이다〉

경(經)은 떳떳한 것이다. 체(體)는 자신이 그 지위에 거처하는 것으로 가설하여 그의 마음을 살피는 것을 말한다. 자(子)는 부모가 자기 자식을 사랑하는 것과 같다. 유원인(柔遠人)은 이른바 "손님과 나그네를 잊지 말라"(無忘賓旅)[163]라고 한 뜻이다. 이 구절은 구경의 조목을 나열한 것이다.

여씨(呂氏)[164]는 말하기를 "천하와 국가를 다스리는 근본은 임금 자신에게 달려 있다. 그러므로 수신(修身)이 구경의 근본이 된다. 그러나 반드시 스승을 가까이하고 좋은 벗을 취해야 한다. 그런 뒤에야 수신의 도가 진보된다. 그러므로 존현(尊賢)이 그다음에 위치한 것이다. 수신의 도를 진보시키는 것으로는 자기 집안에서 행하는 것보다 더 먼저 할 것이 없기 때문에 친친(親親)이 그다음에 놓인 것이다. 집안으로 말미암아 조정에까지 미치기 때문에 경대신(敬大臣)·체군신(體群臣)이 그다음에 놓인 것이다. 조정으로 말미암아 그 나라 전체에 미치기 때문에 자서민(子庶民)·내백공(來百工)이 그다음에 놓인 것이다. 그 나라로 말미암아 천하에 미치기 때문에 유원인(柔遠人)·회제후(懷諸侯)가 그다음에 놓인 것이다. 이는 구경의 차례이다. 신하들을 보기를 나의 사지를 보는 것과 같이 하고, 백성 보기를 나의 자식 보는 것과 같이 하였으니 이것이 신하를 살피고 백성을 살피는 분별이다"[165]라고 하였다.

經은 常也라 體는 謂設以身處其地하여 而察其心也라 子는 如父母之愛其子也라 柔遠人은 所謂無忘賓旅者也라 此는 列九經之目

---

163) 이 문구는 『맹자』「고자 하」(告子下)에 보인다.
164) 여씨(呂氏): 북송 때 정자의 문인 여대림(呂大臨)을 말한다.
165) 이 문장도 출전이 분명하지 않다.

也라 呂氏曰 天下國家之本은 在身이라 故로 修身이 爲九經之本이
라 然이나 必親師取友 然後에 修身之道가 進이라 故로 尊賢이 次之
라 道之所進은 莫先其家라 故로 親親이 次之라 由家하여 以及朝廷
이라 故로 敬大臣과 體群臣이 次之라 由朝廷하여 以及其國이라 故로
子庶民과 來百工이 次之라 由其國하여 以及天下라 故로 柔遠人과
懷諸侯가 次之라 此는 九經之序也라 視群臣을 猶吾四體하고 視百
姓을 猶吾子하니 此는 視臣視民之別也라 하니라

20-13

〈임금이〉 몸을 닦으면 도가 나에게 확립되고, 어진이를 존숭하면 이
치에 의혹되지 않고, 친족을 친애하면 제부(諸父)[166]·형제가 원망하
지 않고, 대신을 공경하면 정사를 처리할 때에 미혹되지 않고, 신하들
을 체찰하면 하급 관리들이 보답하는 예가 중하고, 서민을 자식처럼
사랑하면 백성이 부지런히 힘쓰고, 여러 공인들을 오게 하면 재용(財
用)[167]이 넉넉해지고, 먼 곳의 사람을 회유하면 사방의 사람들이 그에
게 귀의하고, 제후들을 품어주면 천하 사람들이 그를 두려워할 것입
니다.

修身則道立하고 尊賢則不惑하고 親親則諸父昆弟가 不怨하
고 敬大臣則不眩하고 體群臣則士之報禮重하고 子庶民則百
姓勸하고 來百工則財用足하고 柔遠人則四方歸之하고 懷諸

---

166) 제부(諸父): 아버지의 항렬에 있는 백부(伯父)·중부(仲父)·숙부(叔父) 등을 말
한다.
167) 재용(財用): 재화(財貨)와 기용(器用)을 말한다. 기용은 일상에서 쓰는 기구 등
을 말한다.

侯則天下畏之니라〈이니이다〉

　이 절은 구경의 효과를 말한 것이다. 도립(道立)은 도가 자기 몸에 확
립되어 백성의 준칙(準則)이 될 수 있으니 이른바 "임금이 그 표준이 있
는 것을 세우다"(皇建其有極)[168]라고 한 것이 그것이다. 불혹(不惑)은
이치를 의심하지 않는 것을 말하고, 불현(不眩)은 일에 미혹되지 않는
것을 말한다. 대신(大臣)을 공경하면 신임이 전일하여 하급 신하들이 대
신을 이간질할 수 없기 때문에 일에 임하여 현혹되지 않는 것이다. 여러
공인(工人)들을 오게 하면 만든 것을 유통하고 일을 교역하여 농업과 공
업, 상업〔末業〕이 서로 자뢰(資賴)하기 때문에 재화(財貨)와 기용(器用)
이 넉넉해질 것이다. 먼 곳의 사람을 회유하면 천하의 나그네들이 모두
기뻐하여 그 나라의 길로 나오기를 원할 것이기 때문에 사방의 사람들
이 귀의하게 된다. 제후들을 품어주면 덕을 베푸는 것이 넓어서 위엄으
로 통제하는 지역이 넓어질 것이기 때문에 "천하 사람들이 그를 두려워
할 것이다"라고 한 것이다.

　此는 言九經之效也라 道立은 謂道成於己하여 而可爲民表니 所
謂皇建其有極이 是也라 不惑은 謂不疑於理요 不眩은 謂不迷於事
라 敬大臣하면 則信任專하여 而小臣이 不得以間之라 故로 臨事而
不眩也라 來百工하면 則通功易事하여 農末相資라 故로 財用足이
라 柔遠人하면 則天下之旅가 皆悅하여 而願出於其塗라 故로 四方
이 歸라 懷諸侯하면 則德之所施者가 博하여 而威之所制者가 廣矣라
故로 曰天下畏之라

─────────────

168) 이 구절은 『서경』「홍범」(洪範)에 보인다.

20-14

　재계하고 마음을 밝게 하고 제복을 성대하게 갖추어 입고 예가 아니면 행동하지 않는 것은 몸을 닦는 방법이요, 참소하는 자를 물리치고 여색(女色)[169]을 멀리하며 재화(財貨)를 천히 여기고 덕을 귀히 여기는 것은 어진이를 권면하는 방법이요, 친족의 작위(爵位)를 높여주고 그 녹봉을 많이 주고 그들이 좋아하고 싫어하는 것을 함께하는 것은 친족을 친애하는 것을 힘쓰는 방법이요, 관속(官屬)[170]을 성대하게 설치하고 그들을 부리는 권한을 전적으로 그에게 맡기는 것은 대신을 권면하는 방법이요, 충성(忠誠)과 신의(信義)로 대하고 녹봉을 많이 주는 것은 하급 관원[171]을 권면하는 방법이요, 제때에 사역을 시키고 세금을 가볍게 부과하는 것은 백성을 권면하는 방법이요, 날마다 살피고 달마다 검증하여 녹봉[172]을 일한 것에 알맞게 주는 것은 여러 공인들을 권면하는 방법이요, 떠나가는 이를 전송하고 입국하는 이를 환영하며 잘하는 것[173]을 가상히 여기고 불능한 것을 긍휼(矜恤)[174]히 여기는 것은 먼 곳의 사람을 회유하는 방법이요, 끊어진 세계(世系)[175]를 이어주고 없어진 나라를 일으켜주며 혼란을 다스려주고 위태로움을

---

169) 여색(女色): 여자의 미색(美色)이라는 말로 예쁜 여인을 가리킨다.

170) 관속(官屬): 장관에게 소속된 하급 관원들을 말한다.

171) 하급 관원: 원문의 '사'(士)는 상사(上士)·중사(中士)·하사(下士) 등 하급 관원을 가리킨다.

172) 녹봉: 원문의 '기품'(旣稟)에 대해 주자는 희름(餼廩)으로 주석하였기 때문에 '녹봉'으로 번역하였다.

173) 잘하는 것: 원문의 '선'(善)은 뒤의 불능(不能)과 상대적으로 일컬은 것이기 때문에 '잘하는 것'으로 번역하였다.

174) 긍휼(矜恤): 가련하고 안타깝게 여기는 것을 말한다.

175) 세계(世系): 왕위를 계승한 계통.

부지(扶持)시켜주며 제때에 맞게 조회(朝會)하고 빙문(聘問)하며 가는 사신에게 예물을 후하게 보내고 오는 사신의 공물(貢物)을 적게 받는 것은 제후들을 품어주는 방법입니다.

齊(齋)明盛服하여 非禮不動은 所以修身也요 去讒遠色하며 賤貨而貴德은 所以勸賢也요 尊其位하며 重其祿하며 同其好惡는 所以勸親親也요 官盛任使는 所以勸大臣也요 忠信重祿은 所以勸士也요 時使薄斂은 所以勸百姓也요 日省月試하여 旣稟(餼廩)稱事는 所以勸百工也요 送往迎來하며 嘉善而矜不能은 所以柔遠人也요 繼絶世하며 舉廢國하며 治亂持危하며 朝聘以時하며 厚往而薄來는 所以懷諸侯也니라〈이니이다〉

이는 구경의 일을 말한 것이다. 관성임사(官盛任事)는 관속(官屬)이 많고 성대하여 부리는 것을 충분히 맡길 수 있음을 말한다. 대개 대신은 세세한 일을 직접 해서는 마땅치 않기 때문에 그를 우대하는 것이 이와 같은 것이다. 충신중록(忠信重祿)은 대접하는 것이 정성스럽고 길러주는 것이 두터운 것이니 대개 임금이 몸으로 그들을 체찰하여 그들이 윗사람에게 자뢰(資賴)할 줄 아는 것이 이와 같은 것이다. 기(旣)는 희(餼)로 읽으니 희름(餼廩)[176]은 녹봉[177]이다. 칭사(稱事)는 『주례』(周禮) 「고인」(槀人)의 직책에 "〈고인(槀人)이〉 공인(工人)들이 만든 활과 쇠뇌를 살펴서 그들의 식량을 올려주거나 내려준다"[178]라고 한 것이 그것이다. 출국하면 그들을 위해 부절(符節)을 주어서 전송하고, 입국하면 물

---

176) 희름(餼廩): 원문의 '품'(稟)은 늠(廩)과 통용된다.
177) 녹봉: 원문의 '초식'(稍食)은 녹봉을 의미한다.
178) 『주례』 하관(夏官) 「고인」(槀人)에는 "稱其事 試其弓弩 以下上其食而誅賞"으로 되어 있다.

자[179]를 넉넉하게 주어서 그들을 맞이한다. '조(朝)는 제후가 직접 천자에게 알현하는 것을 말하고, 빙(聘)은 제후가 대부로 하여금 천자의 나라에 와서 공물(貢物)을 올리는 것을 말한다. 『예기』(禮記)「왕제」(王制)에 "〈제후는〉해마다[180] 한 차례 소빙(小聘)[181]을 하고, 3년에 한 차례씩 대빙(大聘)[182]을 하고, 5년에 한 차례씩 조회(朝會)[183]를 한다"라고 하였다. 후왕박래(厚往薄來)는 연회를 베풀고 상품을 하사하는 것은 후하게 하고 공물을 바치는 것은 박하게 하는 것을 말한다.

此는 言九經之事也라 官盛任使는 謂官屬衆盛하여 足任使令也라 蓋大臣은 不當親細事라 故로 所以優之者가 如此라 忠信重祿은 謂待之誠而養之厚니 蓋以身體之하여 而知其所賴乎上者가 如此也라 旣는 讀曰餼니 餼稟은 稍食也라 稱事는 如周禮稾人職曰考其弓弩하여 以上下其食이 是也라 往則爲之授節以送之요 來則豊其委積(자)以迎之라 朝는 謂諸侯見於天子요 聘은 謂諸侯가 使大夫로 來獻이라 王制에 比年에 一少聘하고 三年에 一大聘하고 五年에 一朝라 하니라 厚往薄來는 謂燕賜厚而納貢薄이라

---

179) 물자: 원문의 '위자'(委積)는 두 글자 모두 '쌓아두다'라는 뜻으로 식량이나 말먹이 등을 비축해둔 것을 말한다. 이를 범칭하여 재물이나 물자로 보기도 한다.

180) 해마다: 원문의 '비년'(比年)은 매년(每年)을 의미한다.

181) 소빙(小聘): 원문에는 '소빙'(少聘)으로 되어 있으나 『예기』에는 소빙(小聘)으로 되어 있다. 소빙은 제후가 매년 대부를 보내 천자에게 빙문(聘問)하는 예이다.

182) 대빙(大聘): 제후가 3년마다 한 차례씩 경(卿)을 보내 천자에게 빙문하는 예이다.

183) 조회(朝會): 제후가 5년마다 한 차례씩 직접 천자에게 가서 알현하는 예이다.

20-15

무릇 천하와 국가를 다스리는 데에는 구경(九經)이 있으니 그것을 행하는 것은 하나입니다.

凡爲天下國家에 有九經하니 所以行之者는 一也니라〈이니이다〉

일(一)은 성(誠)을 말한다.[184] 하나라도 성(誠)하지 않음이 있으면 이 아홉 가지는 모두 빈 글이 된다. 이는 구경의 실제이다.

一者는 誠也라 一有不誠이면 則是九者는 皆爲虛文矣라 此는 九經之實也라

20-16

모든[185] 일은 미리 준비하면 성립되고, 미리 준비하지 않으면 폐해집니다. 그러니 말은 미리 정해놓으면 말을 하는 것이 꼬이지 않고, 일은 미리 정해놓으면 곤경에 빠지지 않고, 행실은 미리 정해놓으면 흠이 없고, 도(道)는 미리 정해놓으면 어떤 일이 닥쳐도 곤궁해지지 않습니다.[186]

---

184) 일(一)은……말한다: 대전본 소주에 실린 삼산 반씨(三山潘氏)의 설에 의하면 앞에서 삼달덕을 행하는 것을 일(一)이라 한 것은 그 덕을 가득 채우는 것을 말하고, 여기서 구경을 행하는 것을 일(一)이라 한 것은 그 일을 실천하는 것이라고 하였다. 주자는 두 문장의 일(一)을 모두 성(誠)으로 해석하였는데, 구체적인 의미는 조금 다르다. 그것은 성(誠)이라는 글자 속에 실(實)의 의미를 내포하고 있는데, 그것이 덕의 경우와 일(一)의 경우에 따라 다르게 해석되기 때문이다.

185) 모든: 원문의 '범'(凡)은 '모두'라는 뜻이다.

186) 도(道)는……않습니다: 이 문장의 도(道)를 '길'로 보는 해석도 있으나 『주자어

凡事는 豫則立하고 不豫則廢하나니 言前定則不跲(겁)하고 事
前定則不困하고 行前定則不疚하고 道前定則不窮이니라〈이니이
다〉

범사(凡事)는 달도(達道)·달덕(達德)·구경(九經) 등을 가리킨다. 예
(豫)는 평소 정하는 것이다. 겁(跲)은 넘어진다는 뜻이다. 구(疚)는 병폐
라는 뜻이다. 이 절은 위의 문장을 이어서 모든 일은 다 성(誠)을 먼저 수
립하고자 해야 함을 말한 것이니 아래 문장에서 미루어 말한 것과 같은
내용이 그것이다.

凡事는 指達道達德九經之屬이라 豫는 素定也라 跲은 躓也라 疚
는 病也라 此는 承上文하여 言凡事는 皆欲先立乎誠이니 如下文所
推가 是也라

20-17

아랫자리에 있으면서 윗사람에게 신임을 얻지 못하면 백성을 다스
릴 수 없을 것입니다. 윗사람에게 신임을 얻는 데에는 방도가 있으니
벗들에게 신임을 얻지 못하면 윗사람에게도 신임을 얻지 못할 것입니
다. 벗들에게 신임을 얻는 데에 방도가 있으니 어버이에게 순종하지
않으면 벗들에게 신임을 얻지 못할 것입니다. 어버이에게 순종하는 데
에 방도가 있으니 자신에게 돌이켜 성(誠)[187] 하지 않으면 어버이에게

류』에는 앞의 세 구절을 모두 포함하는 도(道)로 보아 타인이 처치할 수 없는 것
을 그 사람은 바로 처치하고, 타인이 이해할 수 없는 것을 그 사람은 바로 이해한
다는 의미로 해석하였다.
187) 성(誠): 『중용』의 대지(大旨)는 성(誠)인데, 제16장에 처음으로 성(誠)이 보이

순종할 수 없을 것입니다. 자신을 성(誠)하게 하는 데에 방도가 있으니 선(善)을 밝히지 않으면 자신을 성하게 할 수 없을 것입니다.

在下位하여 不獲乎上이면 民不可得而治矣리라 獲乎上이(에) 有道하니 不信乎朋友면 不獲乎上矣리라 信乎朋友이(에) 有道하니 不順乎親이면 不信乎朋友矣리라 順乎親이(에) 有道하니 反諸身不誠이면 不順乎親矣리라 誠身이(에) 有道하니 不明乎善이면 不誠乎身矣리라〈이니이다〉

이 절은 또한 아랫자리에 있는 자로서 평소에 미리 정해놓아야 한다〔素定〕는 의미를 미루어 말한 것이다. 자신에게 돌이켜 성하지 않으면〔反諸身不誠〕은 돌이켜 자신에게서 그 문제점을 찾아 마음속에 보존된 것과 마음이 발하는 것이 능히 진실무망(眞實無妄)하지 못함을 말한다. 선을 밝히지 않으면〔不明乎善〕은 능히 인심(人心)과 천명(天命)의 본연을 살펴서 지선(至善)의 소재를 진실로 알지 못하는 것을 말한다.

此는 又以在下位者로 推言素定之意라 反諸身不誠은 謂反求諸身하여 而所存所發이 未能眞實而無妄也라 不明乎善은 謂不能察於人心天命之本然하여 而眞知至善之所在也라

20-18

성(誠)은 하늘의 도이고, 자신을 성(誠)하게 하는 것은 사람의 도입니다. 그러니 성(誠)은 인위적으로 힘쓰지 않아도 저절로 도에 적중하

고, 이 제20장 후반부터 본격적으로 나타난다. 주자는 성(誠)을 진실무망(眞實無妄)으로 풀이했다. 즉 마음이 진심으로 가득 차서 망령된 생각이 조금도 없는 경지를 의미한다.

며, 억지로 생각하지 않아도 도를 자득하여 조용히 도에 들어맞는 것이니 성인(聖人)의 경지이고, 성하게 하는〔誠之〕 것은 선을 택하여 굳게 그것을 잡는 것입니다.

誠者는 天之道也요 誠之者는 人之道也니 誠者는 不勉而中하며 不思而得하여 從容中道하나니 聖人也요 誠之者는 擇善而固執之者也니라〈이니이다〉

이 절은 위의 문장 성신(誠身)을 이어서 말한 것이다. 성(誠)은 진실한 마음으로 가득 차서 망령됨이 조금도 없는〔眞實無妄〕 것을 말하니 천리(天理)의 본연이다. 성지(誠之)는 능히 진실무망하지 못하여 진실무망하게 하려고 하는 것을 말하니 인사(人事)의 당연함이다. 성인의 덕은 천리에 완전하므로 진실무망하여 인위적으로 생각하고 힘쓰기를 기다리지 않아도 조용히 도에 들어맞으니 또한 하늘의 도이다. 성인의 경지에 이르지 못하면 인욕(人欲)의 사사로운 마음이 없을 수 없어 그 덕됨이 모두 진실할 수가 없다. 그러므로 생각하지 않고서는 자득할 수가 없으니 반드시 선을 택한 뒤에 선을 밝힐 수 있으며, 힘쓰지 않고서는 도에 적중할 수 없으니 반드시 중도를 굳게 잡은 뒤에 자신을 성하게 할 수 있다. 이것이 이른바 사람의 도라는 것이다. 불사이득(不思而得)은 앞에 보이는 생이지지(生而知之)이고, 불면이중(不勉而中)은 앞에 보이는 안이행지(安而行之)이며, 택선(擇善)은 앞에 보이는 학이지지(學而知之) 이하의 일이고, 고집(固執)은 앞에 보이는 이이행지(利而行之) 이하의 일이다.

此는 承上文誠身而言이라 誠者는 眞實無妄之謂니 天理之本然也라 誠之者는 未能眞實無妄하여 而欲其眞實無妄之謂니 人事之當然也라 聖人之德은 渾然天理라 眞實無妄하여 不待思勉而從容中道하니 則亦天之道也라 未至於聖이면 則不能無人欲之私하여 而

其爲德이 不能皆實이라 故로 未能不思而得하니 則必擇善然後에
可以明善이요 未能不勉而中하니 則必固執而後에 可以誠身이라 此
則所謂人之道也라 不思而得은 生知也요 不勉而中은 安行也요 擇
善은 學知以下之事요 固執은 利行以下之事也라

20-19

〈자신을 성하게 하는 방법은〉 그것을 널리 배우며, 그것을 자세히
질문하며, 그것을 신중히 사유하며, 그것을 명확히 분변하며, 그것을
독실하게 실천하는 것입니다.

博學之하며 審問之하며 愼思之하며 明辨之하며 篤行之니라〈이
니이다〉

이 절은 자신을 성하게 하는〔誠之〕 조목이다. 박학(博學)·심문(審
問)·신사(愼思)·명변(明辨)은 선을 택하여 지(知)를 추구하는 것이니
학이지지(學而知之)이고, 독행(篤行)은 굳게 잡고 인을 행하는 것이니
이이행지(利而行之)이다. 정자(程子)는 말씀하시기를 "이 다섯 가지 조
목 가운데 하나라도 폐지하면 그것은 배움이 아니다"[188]라고 하였다.

此는 誠之之目也라 學問思辨은 所以擇善而爲知(智)니 學而知
也요 篤行은 所以固執而爲仁이니 利而行也라 程子曰 五者에 廢其
一이면 非學也라 하니라

---

188) 이 말은 『이정외서』(二程外書) 권6에 보인다.

20-20

배우지 않음이 있을지언정 그것을 배운다면 능하지 못한 것을 그냥
내버려두지[189] 않으며, 질문하지 않음이 있을지언정 그것을 묻는다면
모르는 것을 그냥 내버려주지 않으며, 사유하지 않음이 있을지언정 그
것을 생각한다면 터득하지 못하는 것을 그냥 내버려두지 않으며, 분변
하지 않음이 있을지언정 그것을 분변한다면 분명하게 분변하지 못하
는 것을 그냥 내버려두지 않으며, 행하지 않음이 있을지언정 그것을
행한다면 독실하지 않은 것을 그냥 내버려두지 않아 남들은 한 번에
그것을 능히 하는데 〈나는 그렇게 할 수 없으면〉 나는 그것을 백 번이
라도 하여 〈능할 수 있도록 하며,〉 남들은 열 번에 그것을 능히 하는
데 〈나는 그렇게 할 수 없으면〉 나는 그것을 천 번이라도 하여 〈능할
수 있도록 해야 합니다.〉

有弗學이언정 學之인댄 弗能을 弗措也하며 有弗問이언정 問之
인댄 弗知를 弗措也하며 有弗思이언정 思之인댄 弗得을 弗措也하
며 有弗辨이언정 辨之인댄 弗明을 弗措也하며 有弗行이언정 行之
인댄 弗篤을 弗措也하여 人一能之어든 己百之하며 人十能之어든
己千之니라〈이니이다〉

군자의 학문은 하지 않으면 그만이지만 그것을 한다면 반드시 그 성취
를 구해야 한다. 그러므로 항상 공력을 백배로 한다. 이 절은 앞에 보이
는 곤이지지(困而知之)와 면강이행지(勉强而行之)에 해당하니 용(勇)의
일이다.

---

189) 내버려두지: 원문의 '조'(措)는 '버려두다'〔棄置〕는 뜻이다.

君子之學은 不爲則已어니와 爲則必要其成이라 故로 常百倍其功
이라 此는 困而知하고 勉而行者也니 勇之事也라

20-21

과연 이 방도를 능히 행하면 아무리 어리석은 사람일지라도 반드시
이치가 밝아질 것이며, 아무리 유약한 사람일지라도 반드시 의지가 굳
건해질 것입니다."

果能此道矣면 雖愚나 必明하며 雖柔나 必强이니라〈이니이다〉"하
시니라

명(明)은 택선(擇善)의 공효이고, 강(强)은 고집(固執)의 효과이다.

여씨(呂氏)[190]는 말했다. "군자가 학문을 하는 것은 능히 기질을 변화
시키기 위해서일 뿐이다. 덕이 기질을 이기면 어리석은 자도 이치가 밝
은 데로 나아갈 수 있고, 유약한 사람도 의지가 강한 데로 나아갈 수 있
을 것이다. 그러나 덕이 능히 기질을 이기지 못하면 비록 학문에 뜻을 두
더라도 어리석은 자는 이치에 밝을 수 없고, 유약한 자는 의지를 세울 수
없을 따름이다. 선을 균일하게 타고나 악이 없는 것은 성(性)이니 사람
마다 동일한 바이다. 혼매하고 밝고 강하고 약한 기질을 타고남이 가지
런하지 않은 것은 재질(才質)이니 사람마다 다른 바이다. 자신을 성하게
하는[誠之] 것은 그 같은 점으로 돌이키고 그 다른 점을 변화시키는 것
이다. 아름답지 못한 자질로 기질을 변화하여 아름답게 되기를 구한다
면 그 공력을 백배로 하지 않으면 족히 그것을 이룩할 수 없다. 그런데

---

190) 여씨(呂氏): 북송 때 정자(程子)의 문인 여대림(呂大臨)을 말한다.

오늘날에는 노망(鹵莽)하고 멸렬(滅裂)한 학문으로 그런 노력을 기울이기도 하고 그만두기도 하면서 아름답지 못한 자질을 변화시키다가 능히 변화시키지 못하는 데에 이르면 '타고난 자질이 아름답지 못한 사람은 배워서 능히 기질을 변화시킬 수 있는 바가 아니다'라고 한다. 이는 스스로 자신을 버리는 데에 과감한 것이니 그 어질지 못하게 되는 것이 심하다."[191]

○이는 제20장이다. 이 장은 공자의 말씀을 인용하여 대순(大舜)·문왕(文王)·무왕(武王)·주공(周公)의 통서(統緖)[192]를 이어서 그분들이 전한 것이 일치하여 그것을 들어 조처하면 그와 같이 할 수 있다는 점을 밝힌 것이다. 대개 비·은을 포함하고 소·대를 겸하여 제12장의 의미를 결론지은 것이다. 이 장 안에 성(誠)을 말한 것이 비로소 상세하니 이른바 성(誠)이란 것은 실로 이 책의 추뉴(樞紐)[193]이다.

또 살펴보건대 『공자가어』(孔子家語)에도 이 장의 내용이 실려 있는데,[194] 그 글이 더욱 상세하다. 그 글에는 성공일야(成功一也) 밑에 "애공이 묻기를 '그대의 말씀이 아름답고 지극하지만 과인은 실로 고루하여 족히 그것을 이룰 수 없습니다'"(公曰 子之言 美矣至矣 寡人實固 不足以成之也)라는 문구가 있다. 그러므로 그 아래 다시 자왈(子曰)로 답하는 말을 일으킨 것인데, 지금 이 책에는 애공이 질문하는 말이 없는데도 오히려 자왈(子曰) 두 글자가 있다. 이는 아마도 자사(子思)가 그 번잡한

---

191) 이 내용은 출전이 분명하지 않다.
192) 대순(大舜)……통서(統緖): 이는 제17장부터 제19장 사이에서 언급한 내용을 가리킨다.
193) 추뉴(樞紐): 추뉴는 문의 지도리와 종을 매다는 끈으로 사물의 관건(關鍵) 또는 상호 연결해주는 고리를 의미한다.
194) 『공자가어』(孔子家語)에도……있는데: 『공자가어』「애공문정」(哀公問政)에 보인다.

문장을 산삭하여 이 책에 붙일 때에 산삭한 것이 극진히 하지 못한 점이 있었던 듯하다. 지금은 마땅히 연문(衍文)으로 보아야 한다. 박학(博學) 이하는 『공자가어』에 없으니 아마도 그 책에 빠진 글이 있는 듯하다. 아니면 이는 혹 자사가 보충해넣은 것일 것이다.

明者는 擇善之功이요 强者는 固執之效라 呂氏曰 君子가 所以學者는 爲能變化氣質而已라 德勝氣質이면 則愚者도 可進於明이요 柔者도 可進於强이어니와 不能勝之면 則雖有志於學이라도 亦愚不能明하고 柔不能立而已矣라 蓋均善而無惡者는 性也니 人所同也요 昏明强弱之稟이 不齊者는 才也니 人所異也라 誠之者는 所以反其同而變其異也니 夫以不美之質로 求變而美인댄 非百倍其功이면 不足以致之어늘 今以鹵莽滅裂之學으로 或作或輟하여 以變其不美之質이라가 及不能變하얀 則曰天質不美는 非學所能變라 하니 是는 果於自棄니 其爲不仁이 甚矣라 하니라

○右는 第二十章이라 此는 引孔子之言하여 以繼大舜文武周公之緖하여 明其所傳之一致하여 擧而措之면 亦猶是爾라 蓋包費隱하고 兼小大하여 以終十二章之意라 章內에 語誠始詳하니 而所謂誠者는 實此篇之樞紐也라 又按컨대 孔子家語에 亦載此章한데 而其文이 尤詳이라 成功一也之下에 有公曰 子之言이 美矣至矣나 寡人은 實固하여 不足以成之也라 하니 故로 其下에 復以子曰로 起答辭라 今無此問辭로되 而猶有子曰二字라 蓋子思가 刪其繁文하여 以附于篇호되 而所刪이 有不盡者니 今當爲衍文也라 博學之以下는 家語에 無之하니 意彼有闕文이라 抑此或子思所補也歟인저

해설

이 제20장은 모두 공자의 말씀을 인용해놓은 것이다. 이 장의 언해에

는 공자가 애공(哀公)에게 하대(下待)하는 투가 있는데, 이는 조선시대 학자들이 공자를 너무 존숭하는 시각에서 나온 것이다. 당시의 상황으로 보면 공자가 애공에게 하대하는 말을 할 리가 없으니 독자들은 참작해 보아야 할 것이다.

『중용』은 본래 상·하 2편으로 나누어져 있었다고 하는데, 십삼경주소본 『예기주소』(禮記注疏) 제31편으로 수록되어 있는 「중용」은 주자의 『중용장구』 제20장 재하위 불획호상(在下位 不獲乎上) 이하를 권53에, 그전의 내용을 권52에 나누어 수록하고 있어 상·하 편으로 존재했던 흔적이 남아 있다. 『중용장구』 제20장 재하위 불획호상(在下位 不獲乎上) 이전은 정사(政事)를 주제로 하고 있으며, 그 이하는 명선(明善)·성신(誠身)을 주제로 하고 있다.

이 제20장을 주자는 21절로 나누어놓았는데, 중간에 중첩되어 나와 연문(衍文)으로 본 제6절을 제외하면 모두 20절이 된다. 이 가운데 제16절까지는 정사에 관해 말한 것이고, 제17절 이하는 명선·성신에 관해 말한 것인데, 정사에 관해 언급한 것도 수신(修身)을 주로 하여 말한 것이기 때문에 후반부와 연관성이 없는 것이 아니다.

제2절의 기인(其人)은 문왕·무왕 같은 성왕을 가리키고, 기정(其政)은 문왕·무왕이 했던 것과 같은 정사를 가리킨다. 존(存)과 망(亡), 거(擧)와 식(息)이 상대적인 의미로 쓰였다.

제3절은 정치의 효과가 빠르게 사람들에게 반응하는 것을 속성하는 식물인 부들이나 갈대에 비유하여 말한 것이다.

제4절의 취인이신(取人以身)의 신(身)은 주자의 주석에 보이듯이 임금의 몸을 가리키는데, 그냥 임금의 몸이 아니라 도로써 수신(修身)한 임금의 몸을 말한다. 임금이 수신을 한 몸으로써 인재를 취한다는 것은, 눈으로 보고 귀로 듣는 인심(人心)에 따라 사람을 취해서는 안 된다는

것이다. 즉 수신을 한 도심(道心)으로 인재를 취해야 한다는 뜻이다. 그리고 인(仁)으로써 도를 닦는다는 점을 말해 제1장에서 말한 하늘이 명한 성(性)에 그 근원을 닿게 하였다. 인(仁)은 인(仁)·의(義)·예(禮)·지(智)·신(信) 오성(五性)을 대표하는 것이다. 이 제4절 이하는 수신(修身)에 근거하여 정사를 말한 것이다.

제5절은 해석이 쉽지 않다. 인자인야(仁者人也)를 "인(仁)은 사람이다" 혹은 "인(仁)은 사람의 몸이다"라고 번역한 것이 많은데, 이는 말이 되지 않는다. 인(仁)은 사람이 태어날 때 하늘로부터 부여받아 몸속에 내재되어 있는 본성이라는 뜻이다. 앞의 친친(親親)은 '어버이를 친애하다'라는 뜻이고, 뒤의 친친(親親)은 '친족을 친애하다'라는 뜻이다. 인(仁) 가운데는 어버이를 친애하는 것이 가장 크다고 해석하는 것이 더 적절하며, '어버이를 친애하는 등급'은 말이 되지 않기 때문에 '친족을 친애하는 등급'으로 보는 것이 적절하다. 쇄(殺)는 '줄어들다'는 뜻으로 차이나 등급을 말한다.

이 절은 인(仁)·의(義)로부터 예(禮)가 발생한 것을 말한 것이다. 주자는 『논어』 「안연」(顏淵)의 극기복례(克己復禮)을 해석하면서 예(禮)를 "천리(天理)의 절문(節文)이고, 인사(人事)의 의칙(儀則)이다"라고 주해하였는데, 이 절의 해석에서는 인·의 두 가지를 절문(節文)한 것으로만 해석하고 있다. 절문(節文)이라는 어휘는 요즘 사람이 이해하기 어려운 용어인데, 절(節)은 대나무의 마디처럼 구분한다는 뜻이고, 문(文)은 드러내 표현한다는 뜻이다. 즉 각각의 경우에 맞게 구분하여 드러냈다는 의미이다. 예컨대 상(喪)을 당했을 때 관계에 따라 삼년복을 입어야 하는 경우, 일년복을 입어야 하는 경우, 9개월의 복을 입어야 하는 경우, 5개월의 복을 입어야 하는 경우, 3개월의 복을 입어야 하는 경우처럼 구분하여 드러냈다는 것이다.

제7절에는 『중용』의 핵심에 해당하는 지인(知人)·지천(知天)이라는 어휘가 나타난다. 중용의 도를 얻기 위해서는 수신을 해야 하는데, 수신은 자신과 불과분의 관계에 있는 어버이를 섬기는 일이 중요하다. 그런데 나와 부모의 관계를 생각하면 사람이라는 존재에 대해 알지 않으면 안 된다. 앞의 제5절에서 인(仁)을 거론하면서 친친위대(親親爲大)라고 한 것도 이와 연관이 있다. 지인(知人)은 '사람을 안다'는 뜻이 아니라 '사람의 본성이 무엇인지를 안다'는 의미이다. 그러니 사람이라는 존재를 알기 위해서는 하늘(天)을 알지 않을 수 없는 것이다. 왜냐하면 사람의 본성은 하늘이 명한 것으로, 존재의 근원이 하늘에 있기 때문이다. 이절의 지인·지천은 『중용』을 이해하는 핵심고리에 해당한다. 『중용』의 요지는 한 마디로 인도(人道)를 닦아 천도(天道)에 배합하는 것이다. 제31장 제4절에 배천(配天)이라는 말이 바로 이 점을 말한 것이다. 인도를 닦는 것은 앎을 정밀하게 하여 선을 밝히고, 마음을 전일하게 하여 진실한 마음을 가득 차게 하는 것으로 중용을 한순간도 그치지 않고 지속적으로 유지해 나가는 것이다.

제8절은 앞의 지인·지천을 이어서 말한 것이다. 앞 절에서는 나와 부모의 관계만 언급했는데, 그것이 인간관계에서 가장 절실한 것이기 때문이다. 여기서는 나와 친한 사람들과의 관계를 어떻게 설정하고 어떻게 교섭해 나갈 것인가를 중심으로 인간 존재의 의미를 논한 것인데, 부모와 자식 사이의 관계, 임금과 신하 사이의 관계, 남편과 아내 사이의 관계, 형과 동생 사이의 관계, 벗과 벗 사이의 관계를 온 세상에 두루 통하는 도로 보아 오달도(五達道)라고 하고 있다. 이것이 곧 유교에서 말하는 다섯 가지 떳떳한 인륜이라는 오상(五常)이며, 그 관계를 지속적으로 원만하게 이룩하는 도가 곧 인·의·예·지·신이다. 그리고 이는 바로 하늘이 부여한 우리의 본성 속에 내재되어 있는 것이다. 이것을 밝혀 몸으

로 실천하는 것이 수신이다.

공자는 이 오달도를 행하기 위해 사람들이 추구해야 할 덕으로 지(智)·인(仁)·용(勇) 삼달덕(三達德)을 제시하고 있으며, 이 삼달덕을 실행하기 위해 진실무망(眞實無妄)의 성(誠)을 내세우고 있다. 성(誠)은 마음을 진심으로 가득 채워 털끝만큼의 망령된 마음도 없는 100퍼센트 진실한 마음이다. 이런 마음으로 지·인·용을 행하면 오달도에 이를 수 있다는 것이다. 앞의 절에서 말한 지인·지천은 바로 이런 점을 알아야 한다는 뜻이다.

제9절은 다시 삼달덕에 나아가 말한 것이다. 삼달덕의 지(智)는 선을 택할 줄 아는 것이니 지(知)와 불가분의 관계에 있다. 그리고 인(仁)은 안 것을 몸으로 체득하는 것이니 행(行)과 무관하지 않다. 또한 용(勇)은 알고 실천하여 그 경지에 이르는 데에 필요한 적극적인 추진력이다. 이 절에서는 도를 알고 도를 행하는 데 있어서 타고난 자질에 세 등급이 있는 것으로 나누어 말하였다. 생이지지(生而知之)·안이행지(安而行之)는 성인의 경우이고, 학이지지(學而知之)·이이행지(利而行之)는 안회(顔回)와 같은 경우이고, 곤이지지(困而知之)·면강이행지(勉强而行之)는 그다음 등급 학자의 경우이다.

제10절은 제9절에서 언급한 세 등급의 경우보다 한 단계 아래에 있는 학자들의 일로 삼달덕의 용(勇)의 다음 단계에 해당한다. 이 절에서 말한 호학(好學)·역행(力行)·지치(知恥)를 삼근(三近)이라고 하는데, 이는 삼달덕에 가깝다는 뜻이다. 이 삼근도 학문을 독실히 하여 실천에 힘쓰는 학자에 해당되니 오늘날의 학자로 보면 이에 미치지 못하는 사람이 대부분일 것이다.

제11절은 삼달덕·삼근(三近)을 통해 수신을 하고 그것을 통해 치인(治人)의 방도를 알고, 그것을 통해 천하와 국가를 다스리는 점을 말한

것이다.

제12절은 천하와 국가를 다스리는 구경(九經)의 조목을 말하였고, 제13절은 구경의 효험을 말하였고, 제14절은 구경의 일을 말하였다. 제15절은 구경을 실제로 행하는 문제를 말하였다. 제12절 구경의 조목 아홉 가지는 수신(修身)을 근본으로 하여 가까이 있는 사람으로부터 멀리 있는 사람으로 미루어 나갔다.

제15절에서는 구경을 실제로 행하기 위해서는 진실무망의 성(誠)이 밑바탕에 있어야 함을 말하였고, 제16절에서는 모든 일을 할 때에 미리 준비를 해야 하듯이 성(誠)을 전제로 하지 않음을 강조하였다.

제17절은 치인(治人)을 위해 수신(修身)을 해야 하는 점을 밖에서 안으로 들어가며 말한 것이다. 백성을 다스리기 위해서는 상관에게 신임을 받아야 하는 점, 상관에게 신임을 받기 위해서는 벗들에게 신임을 받아야 하는 점, 벗들에게 신임을 받기 위해서는 부모에게 순종해야 하는 점, 부모에게 순종하기 위해서는 자신을 진실무망하게 해야 하는 점, 자신을 진실무망하게 하기 위해서는 선을 밝혀야 하는 점을 차례로 말하고 있다.

제18절은 앞 절에서 언급한 명선(明善)·성신(誠身) 가운데 자신을 성되게 하는 점을 말하였다. 이 절에서 천도(天道)·인도(人道)를 비로소 말하고 있는데, 자신을 진실무망하게 하기 위해 선을 택하고 굳게 잡는 성지(誠之)를 인도로, 그런 경지에 올라가 진실무망한 성인의 성(誠)을 천도로 말하고 있다.

제19절은 자신을 성되게 하는 조목, 즉 공부를 말한 것이다. 박학(博學)·심문(審問)·신사(愼思)·명변(明辨)은 학이지지(學而知之)를, 독행(篤行)은 이이행지(利而行之)를 말한 것이다.

제20절은 제19절을 이어서 곤이지지(困而知之)와 면강이행지(勉强而行之)를 말한 것이다.

제21절은 택선(擇善)의 공효(功效)와 고집(固執)의 효험을 말한 것이다.

이 제20장이 4대지(大支)로 나누는 설에는 제2대지(제12장~제20장)에 속하고, 6대절(大節)로 나누는 설에는 제4대절(제20장~제26장)에 속한다. 따라서 이 장의 요지를 어떻게 파악할 것인가 하는 문제가 『중용』 해석의 관건으로 등장하며, 이 장을 어느 쪽으로 소속시켜 요지를 파악할 것인가 하는 문제가 중요한 사안으로 대두된다.

제21장

성(誠)으로 말미암아 선이 밝혀지는 것을 성(性)이라 하며, 선을 밝힌 것으로 말미암아 자신을 성(誠)하게 하는 것을 교(敎)라 하니 자신이 성(誠)하면 저절로 선이 밝혀지고, 선을 밝히면 자신을 성(誠)하게 할 수 있다.

自誠明을 謂之性이요 自明誠을 謂之敎니 誠則明矣요 明則 誠矣니라

자(自)는 '말미암다'라는 뜻이다. 덕이 몸에 가득 차지 않음이 없어 밝은 것이 비추지 않음이 없는 것은 성인의 덕이 본성대로 간직한 것이니 천도(天道)이다. 먼저 선을 밝히고 나서 능히 그 선을 자신에게 가득 채우는 것은 현인의 학문이 성인의 가르침으로 말미암아 들어가는 것이니 인도(人道)이다. 성(誠)하면 선이 밝혀지지 않음이 없고, 선을 밝히면 성(誠)의 경지에 이를 수 있다.

○이는 제21장이다. 자사가 위의 장에서 공자가 천도·인도를 말씀하신 의미를 이어서 말한 것이다. 이 장부터 아래 12장은 모두 자사의 말씀이니 이 장의 의미를 반복해서 미루어 밝힌 것이다.

自는 由也라 德無不實하여 而明無不照者는 聖人之德이 所性而 有者也니 天道也라 先明乎善하고 而後에 能實其善者는 賢人之學이 由敎而入者也니 人道也라 誠則無不明矣요 明則可以至於誠矣라

○右는 第二十一章이라 子思가 承上章夫子天道人道之意하여 而立言也라 自此以下十二章은 皆子思之言이니 以反覆推明此章之意라

해설

이 제21장부터 마지막 장까지는 모두 자사가 명선(明善)·성신(誠身), 천도(天道)·인도(人道), 대덕(大德)·소덕(小德), 지성(至聖)·지성(至誠) 등에 대해 말한 것으로 중간에 가끔 공자의 말씀을 부분적으로 인용해놓은 것이 있다.

이 제21장부터 제32장까지 12장은 천도·인도를 번갈아 말하고 있는데, 이 장은 천도·인도를 겸하여 말한 것이다. 이 장은 앞장의 명선·성신을 이어 말한 것으로 자성명위지성(自誠明謂之性)은 천도의 측면에서, 자명성위지교(自明誠謂之敎)는 인도의 측면에서 말한 것이다. 전자는 천(天)에서 인(人)으로 내려오는 하향적 관점에서 말한 것이고, 후자는 인(人)에서 천(天)으로 올라가는 상향적 관점에서 말한 것이다. 전자는 성인의 입장에서 말한 것이고, 후자는 학자의 입장에서 말한 것이다.

자성명(自誠明)은 자성이명(自誠而明)과 같은 문장인데 성신으로 말미암아 명선이 되는 것을 말한 것이며, 자명성(自明誠)은 자명이성(自明而誠)과 같은 문장인데 명선으로 말미암아 성신에 이르는 것을 말한 것이다. 천도와 인도의 측면에 따라 해석도 미묘하게 달라지는데, 인도의 입장에서 말하면 그렇게 될 수 있다는 의미이지만 천도의 입장에서 말하면 저절로 그렇게 된다는 의미이다. 주자의 주석에 주목할 필요가 있다.

제22장

　오직 이 세상의 지극히 성(誠)한 분이어야 능히 자기의 본성을 극진히 하는 일을 할 수 있다. 그러니 자기의 본성을 극진히 하면 능히 남의 본성을 극진히 할 수 있으며, 능히 사람의 본성을 극진히 하면 능히 다른 생명체의 본성을 극진히 할 수 있으며, 능히 다른 생명체의 본성을 극진히 하면 하늘과 땅의 화육(化育)을 도울 수 있으며, 하늘과 땅의 화육을 도울 수 있으면 천지와 더불어 참여할 수 있다.

　唯天下至誠이라야 爲能盡其性이니 能盡其性이면 則能盡人之性이요 能盡人之性이면 則能盡物之性이요 能盡物之性이면 則可以贊天地之化育이요 可以贊天地之化育이면 則可以與天地參(참)矣니라

　천하지성(天下至誠)은 진실로 가득 찬 성인의 덕은 이 세상에 더할 것이 없음을 말한 것이다. 진기성(盡其性)은 덕이 가득 차지 않음이 없는 것이다. 그러므로 인욕의 사사로움이 없어서 나에게 있는 천명을 살피고 말미암아 큰일이나 미세한 일이나 정밀한 일이나 거친 일이나 털끝만큼도 극진하지 않음이 없는 것이다. 다른 사람과 다른 생명체의 본성도 나의 본성과 같은데, 단지 부여받은 형기(形氣)가 같지 않아 다른 점이 있을 뿐이다. 능히 그 본성을 극진히 한다는 것은 아는 것이 분명하지 않음이 없고, 조처하는 것이 타당하지 않음이 없는 것을 말한다. 찬(贊)은

'돕다'는 뜻과 같다. 여천지참(與天地參)은 "천지와 더불어 나란히 서서 셋이 된다"는 말이다. 이는 "성(誠)으로 말미암아 선이 밝혀지는"(自誠而明) 바의 일이다.

○이는 제22장이다. 천도를 말한 것이다.

天下至誠은 謂聖人之德之實은 天下莫能加也라 盡其性者는 德無不實이라 故로 無人欲之私하여 而天命之在我者를 察之由之하여 巨細精粗가 無毫髮之不盡也라 人物之性이 亦我之性이로되 但以所賦形氣가 不同而有異耳라 能盡之者는 謂知之無不明하고 而處之無不當也라 贊은 猶助也라 與天地參은 謂與天地로 並立而爲三也라 此는 自誠而明者之事也라

○右는 第二十二章이니 言天道也라

해설

이 제22장은 자사의 말로 천도를 말한 것인데, 주제어는 지성(至誠)이다. 이 장은 주자의 주석에 보이듯이 제21장에서 말한 자성이명(自誠而明)한 성인의 일을 천도의 입장에서 말한 것이다.

이 장에는 사람이 이 세상에 태어나 얼마나 큰 일을 할 수 있는가를 보여주고 있다. 능진기성(能盡其性)의 기성(其性)은 자기의 본성을 말한다. 능진기성 즉능진인지성(能盡其性 則能盡人之性)의 인지성(人之性)은 기성과 상대적으로 일컬은 것으로 내가 아닌 다른 사람의 본성을 의미한다. 그러나 그 뒤의 인지성(人之性)은 물지성(物之性)과 상대적으로 말한 것이기 때문에 남이 아니라 인류(人類) 전체를 가리킨다. 물(物)은 이 인류와 상대적인 의미로 사람이 아닌 다른 생명체를 모두 지칭한다. 번역서에 '물건'으로 번역한 것이 종종 보이는데, 이는 말이 되지 않는다.

『맹자』「양혜왕 상」(梁惠王上)에 인용된 아래와 같은 『시경』「영대」(靈臺)가 바로 자기의 본성을 능히 극진히 하여 남의 본성을 능히 극진히 하고, 다른 생명체의 본성까지도 능히 극진히 해서 천지의 화육을 돕는 경지를 노래한 것이다.

문왕께서 영대를 경영하시어	經始靈臺
기획하고 설계를 하였는데	經之營之
백성이 <u>스스로</u> 그 일을 도와	庶民攻之
오래지 않아 영대가 완성되었네	不日成之
경영하길 서두르지 말라 했으나	經始勿亟
백성이 자식처럼 와서 일했네	庶民子來
왕께서 영유(靈囿)에 계실 때에	王在靈囿
사슴들이 편안히 엎드려 있었네	麀鹿攸伏
사슴들은 살이 쪄 반질반질하고	麀鹿濯濯
백조들도 편안하여 희고 희구나	白鳥鶴鶴
왕께서 영소(靈沼)에 계실 때에	王在靈沼
아! 가득히 뛰노는 물고기들이여	於牣魚躍

맹자는 이러한 성인의 덕화를 "군자는 친한 이를 친애하고서 남들을 인애(仁愛)하며, 사람들을 인애하고서 다른 생명체를 사랑한다"(親親而仁民 仁民而愛物)[195]라고 하였다. 이 말은 덕화가 가까운 주변 사람으로부터 미쳐나가 나중에는 모든 생명체에게까지 미치는 점을 말한 것이다. 이것이 바로 『중용』에서 "자기의 본성을 극진히 하면 남의 본성을 능히

---

195) 이 구절은 『맹자』「진심 상」(盡心上)에 보인다.

극진히 해주고, 사람들의 본성을 능히 극진히 하면 다른 생명체의 본성
까지도 극진히 해준다"라는 것을 맹자가 계승해 말한 것이다.

제23장

    그[196] 다음은 한 부분을 극진히 하는[197] 것이다. 한 부분을 극진히 하면[198] 능히 성(誠)이 있게 된다. 그러니 마음이 진실무망하여 성(誠)하면 그것이 겉으로 나타나고,[199] 겉으로 자기 몸에 나타나면 다른 사람에게 영향을 미칠 정도로 더욱 드러나게 되고,[200] 더욱 드러나면 그 덕이 다른 사람의 마음을 밝게 하는 데까지 이르고,[201] 다른 사람의 마음을 밝게 하면 그 사람의 마음을 움직이게 하고,[202] 그 사람의 마음을 움직이게 하면 그 사람이 그로 인해 변하게 되고,[203] 그 사람의

---

196) 그: 앞장의 지성(至誠)을 가리킨다.
197) 한……하는: 원문의 '치'(致)는 '극진히 하다'라는 뜻이고, '곡'(曲)은 물의 굽이로 전체 중에서 어느 한 부분이나 영역을 가리킨다.
198) 한……하면: 원문에는 '곡'(曲)으로만 되어 있는데, 이는 치곡(致曲)의 의미이기 때문에 이와 같이 번역한 것이다.
199) 마음이……나타나고: 이는 『대학장구』 전(傳) 제6장에 "마음속에 가득하면 밖으로 나타난다"(誠於中 形於外)라고 한 것과 같은 의미이다.
200) 더욱……되고: 원문의 '저'(著)를 주자는 "또 드러남을 더하는 것이다"(又加顯)라고 해석하였다. 앞 구절의 형(形)은 마음이 자기 몸에 나타나는 것을 가리키고, 이 저(著)는 그것이 더욱 성대하게 드러나는 것을 가리킨다.
201) 그……이르고: 원문의 '명'(明)을 주자는 "또 그 빛이 발하여 퍼지는 성대함이 있는 것이다"(又有光輝發越之盛)라고 하였다. 이는 겉으로 드러난 덕화가 다른 사람에게까지 퍼져나가는 것을 말한다.
202) 그……하고: 원문의 '동'(動)은 그 사람의 마음을 움직인다는 뜻이다.
203) 그……되고: 원문의 '변'(變)은 겉으로 변하는 것이다.

마음이 변하게 되면 그 마음이 완전히 동화(同化)될[204] 것이다. 그러니 오직 이 세상의 지극히 성(誠)한 분이어야 능히 다른 사람의 마음을 동화하게 하는 일을 할 수 있다.

其次는 致曲이니 〈致〉曲(이면)能有誠이니 誠則形하고 形則著하고 著則明하고 明則動하고 動則變하고 變則化니 唯天下至誠이라야 爲能化니라

기차(其次)는 대현(大賢) 이하로 성(誠)에 지극하지 않음이 있는 모든 사람을 통틀어서 말한 것이다. 치(致)는 '미루어 극진히 한다'라는 뜻이다. 곡(曲)은 한쪽으로 치우친 것을 말한다. 형(形)은 안에 쌓여서 겉으로 드러난 것이다. 저(著)는 '또 드러남을 더한다'라는 뜻이다. 명(明)은 또 그 빛이 발하여 퍼져나가는 성대함이 있는 것을 말한다. 동(動)은 성(誠)이 능히 다른 사람의 마음을 움직이는 것이다. 변(變)은 다른 사람이 그로 인하여 겉으로 변하는 것이다. 화(化)는 그 사람이 그렇게 변화하는 까닭조차도 알지 못함이 있는 것이다.

대개 사람의 본성은 다름이 없지만 기질은 다른 점이 있다. 그러므로 오직 성인이라야 능히 자기 본성의 전체(全體)[205]를 들어 극진히 할 수 있다. 그다음 등급의 사람은 반드시 선의 단서가 발현하는 어느 한 부분으로 말미암아 모두 미루어 극진히 해서 각기 그 지극한 경지에 나아갈 수 있다. 어느 한 부분을 극진히 하지 않음이 없으면 덕이 몸에 가득 차지 않음이 없어서 겉으로 나타나고, 남들에게까지 드러내고, 남의 마음을 움직이고, 남의 마음을 변하게 하는 공력을 스스로 그만둘 수 없다.

---

204) 그……동화(同化)될: 원문의 '화'(化)는 마음까지 완전히 변하여 동화되는 것을 말한다.
205) 전체(全體): 온전한 본체를 말한다.

그것이 축적되어 능히 남의 마음을 동화하는 데까지 이르면 그의 지성(至誠)의 묘함은 또한 성인과 다르지 않을 것이다.

○이는 제23장이다. 인도(人道)를 말한 것이다.

其次는 通大賢以下凡誠有未至者而言也라 致는 推致也라 曲은 一偏也라 形者는 積中而發外라 著는 則又加顯矣요 明은 則又有光輝發越之盛也라 動者는 誠能動物이요 變者는 物從而變이요 化는 則有不知其所以然者라 蓋人之性은 無不同이나 而氣則有異라 故로 惟聖人이라야 能擧其性之全體而盡之요 其次는 則必自其善端發見之偏으로 而悉推致之하여 以各造其極也라 曲無不致면 則德無不實하여 而形著動變之功을 自不能已니 積而至於能化면 則其至誠之妙는 亦不異於聖人矣리라

○右는 第二十三章이니 言人道也라

해설

이 제23장은 인도(人道)의 입장에서 말한 것으로 주제어는 치곡(致曲)이다. 이 장은 제21장의 자명이성(自明而誠)하는 자의 일을 말한 것이다.

치곡(致曲)은 전체를 다 극진히 할 수 없을 경우 어느 한 부분을 극진히 하면 그 분야에 진실무망한 성(誠)이 있게 되고, 그것을 계속 확충해 나가면 성인처럼 전체를 온전히 할 수 있다는 점을 말한 것이다. 즉 한 부분씩 점진적으로 성(誠)을 추구해 나가는 학자의 일이 된다.

이 장은 해석이 매우 어렵다. 우선 치곡(致曲)이라는 말부터 그렇다. 치(致)는 미루어 끝까지 나가는 것으로 극진히 한다는 뜻이고, 곡(曲)은 '굽이'라는 뜻이다. 구곡(九曲)은 물길의 아홉 굽이를 말한다. 곡(曲)은 작고 부분적이고 세세한 것을 가리킨다. 그러니 마음을 다스리는 데 있

어서 전체를 한꺼번에 다 온전히 할 수 없을 경우 어느 한 부분부터 진실되게 해나가야 한다. 곡(曲)은 전체(全體)와 상대적으로 말한 것으로 전체가 다 선(善)한 것이 아니라 어느 한 부분만 선한 것을 말한다. 이 한 부분의 선을 능히 하나하나 미루어 나가 극진히 하여 그 궁극의 경지에 이르면 능히 전체를 관통할 수 있다는 논리이다. 이는 공자의 제자 중에서 안회(顔回)·증삼(曾參) 같은 사람이 걸어간 길이라고 한다. 여기서는 바로 이런 점을 말한 것이다.

형(形)·저(著)·명(明)·동(動)·변(變)·화(化)는 나의 마음속에 축적된 덕이 겉으로 드러나 다른 사람에게 영향을 미쳐 그 사람의 마음을 온전히 동화시키는 데 이르는 과정을 세세하게 말한 것이다.

제1절의 곡능유성(曲能有誠)은 해석이 매우 어렵다. "곡(曲)에 능히 성(誠)이 있다"라고 하면 말이 성립되지 않는다. 어느 한 부분에 성(誠)이 있는 것이 아니다. 어느 한 부분을 극진히 할 때 거기에 능히 성(誠)이 있는 것이다. 대전본 소주 주자의 설에도 "곡능유성 한 구절은 위의 치곡(致曲)을 이어서 말한 것이다"라고 하였다. 곡(曲)은 전체와 상대적인 말로 어느 한 부분의 선을 의미한다. 주자는 대전본 소주에서 사람의 기질이 온후하면 그 발현하는 것이 인(仁)이 많으며, 사람의 기질이 강직하고 꿋꿋하면 그 발현하는 것이 의(義)가 많다고 하였다. 이런 것을 어느 한 부분의 선단(善端)으로 보아 그런 것을 하나하나 미루어 극진히 해서 전체에 미칠 수 있음을 말한 것이다.

제24장

　지성(至誠)의 도를 가진 분은 어떤 일이 닥치기 전에 미리 그 일을 알 수 있다. 국가가 흥성하려 할 때에 반드시 상서로운 조짐이 있으며, 국가가 쇠망하려 할 때에 반드시 요사스런 조짐이 있어서 시초(蓍草)의 산가지[206]와 거북의 껍질[207]에 나타나고 사체(四體)[208]에 움직이므로 〈지성의 도를 가진 분은〉 화복(禍福)이 이르려 할 때에 좋은 징조를 반드시 먼저 알며, 좋지 않은 징조를 반드시 먼저 안다. 그러므로 지성은 귀신과 같다.[209]

　至誠之道는 可以前知니 國家將興에 必有禎祥하며 國家將亡에 必有妖孽하여 見乎蓍龜하며 動乎四體라 禍福將至에 善

---

206) 시초(蓍草)의 산가지: 시(蓍)는 고대 점을 칠 때에 사용한 시초라는 풀의 줄기이다. 시초점은 이 시초로 산가지를 만들어 점을 치는 것이다. 시초점을 서(筮)라고 한다.

207) 거북의 껍질: 거북점은 거북의 등껍질을 태워 갈라지는 형상을 보고 점을 치는 것이다. 거북점을 복(卜)이라 한다.

208) 사체(四體): 사지(四肢)를 뜻하는 말로 주자의 주에는 움직이거나 몸가짐을 의미하는 것으로 보았다.

209) 지성은……같다: 귀신은 성(誠)이 발현된 것이다. 제16장에 "은미한 것은 드러나게 마련이니 성(誠)이 발현하는 것을 덮어버릴 수 없다"라고 하였는데, 이 구절도 그와 무관하지 않다. 지성이 귀신과 같다는 것은 지성을 가진 분은 귀신의 공능(功能)처럼 신묘불측(神妙不測)하여 어떤 일의 조짐을 미리 알 수 있다는 뜻이다.

을 必先知之하며 不善을 必先知之니 故로 至誠은 如神이니라

정상(禎祥)은 복(福)의 조짐이고, 요얼(妖孼)은 화(禍)의 싹이다. 시(蓍)는 시초점(筮)을 치는 것이고, 구(龜)는 거북점(卜)을 치는 것이다. 사체(四體)는 동작(動作)과 위의(威儀) 사이를 말한다. 예컨대 〈임금이〉 옥을 잡는 것이 높고 낮은 것과 그들이 얼굴을 숙이고 쳐드는 것[210]과 같은 유형이다. 무릇 이는 모두 이치가 먼저 나타난 것이다. 그러나 오직 성(誠)이 지극하여 터럭 하나라도 사욕(私欲)과 거짓이 마음과 눈 사이에 머묾이 없는 사람[211]이라야 능히 그 기미를 살핌이 있을 수 있다. 신(神)은 귀신을 말한다.

○이는 제24장이다. 천도(天道)를 말한 것이다.

禎祥者는 福之兆요 妖孼者는 禍之萌이라 蓍는 所以筮요 龜는 所以卜이라 四體는 謂動作威儀之間이니 如執玉高卑와 其容俯仰之類라 凡此는 皆理之先見者也라 然이나 唯誠之至極하여 而無一毫私僞가 留於心目之間者라야 乃能有以察其幾焉이라 神은 謂鬼神이라

○右는 第二十四章이니 言天道也라

---

210) 옥을……것: 이는 『춘추좌씨전』 정공(定公) 15년조에 보이는 내용으로 주 은공(邾隱公)이 노(魯)나라로 조회를 왔는데, 예물로 옥을 잡아 올릴 때에 너무 높게 하고 얼굴을 너무 쳐들었으며, 노 정공(魯定公)은 옥을 받을 때에 너무 낮게 잡고 얼굴을 너무 숙였다. 공자의 제자 자공(子貢)이 이를 보고 말하기를 "예로써 살펴보건대 두 임금은 모두 사망할 것이다"라고 하였다. 그런데 그해 노 정공이 죽었다.

211) 터럭……사람: 원문의 '심목'(心目)은 마음과 감각기관을 말한다. 눈은 감각기관을 대표한다. 즉 마음이 움직이지 않았을 때나 움직여 감각기관을 통해 외물을 만날 때 털끝만한 사욕이나 거짓이 없는 100퍼센트 진실무망한 마음을 가진 사람만이 그런 조짐을 알 수 있다는 것이다.

해설

이 제24장은 천도를 말한 것이다. 주제어는 지성전지(至誠前知)이다. 이 장은 지성(至誠)의 도를 가진 성인의 입장에서 말한 것이므로 천도를 말한 것으로 본 것이다.

지성(至誠)한 분은 천도에 합한 분이다. 귀신은 하늘이 명한 것이고, 또 성(誠)이 발현한 것이다. 제16장에 보이듯이 귀신의 공용(功用)과 양능(良能)은 만물을 생육하는 신묘함이 있다. 지성의 도를 가진 성인은 천지와 더불어 공능(功能)을 같이하기 때문에 귀신의 공능처럼 신묘불측하여 어떤 일의 조짐을 미리 알 수 있다는 것이다. 그러나 이는 이치로써 말한 것이지, 술수나 점복으로 앞일을 예견하는 것을 말한 것은 아니다.

제25장

25-01

성(誠)은 생명체가 자연히 성취된 도리이고,[212] 그리고 도(道)는 사람이 스스로 걸어가야 할 길이다.[213]

誠者는 自成也요 而道는 自道也니라

말하자면 성(誠)은 생명체가 자연히 성취된 도리이고, 그리고 도(道)는 사람이 마땅히 스스로 걸어가야 할 바라는 것이다. 성(誠)은 마음으로 말한 것이니 본(本)이고, 도(道)는 이치로 말한 것이니 용(用)이다.[214]

---

212) 성(誠)은……도리이고: 이 구절은 해석이 매우 난해하다. 주자는 사람이 인위적으로 조작하거나 안배할 수 있는 것이 아니고, 자연히 성취된 도리라고 하였다. 원문의 '자성'(自成)은 '자연히 성취되다'라는 뜻이다. 성(誠)은 진실무망한 성인의 경지이기 때문에 자연히 성취되니 제21장의 자성이명(自誠而明)의 일이다. 자연히 성취되는 것은 천도를 말하는 것으로 사람이 이룩해야 할 목표를 말한 것이다.

213) 도(道)는……길이다: 주자는 이 도(道)를 '무정(無情)의 도리'로 보아 사람이 스스로 가서 행할 때 비로소 얻어지는 것이라 하였다.

214) 성(誠)은……용(用)이다: 이는 이 문장에서 성(誠)이 본이고, 도(道)가 용임을 말한 것이다. 성(誠)은 천도이니 사람이 추구해야 할 목표로서 성인의 경지이고, 도(道)는 사람이 그 경지로 오르기 위해 가야 할 길임을 말한 것이다.

186

言誠者는 物之所以自成이요 而道者는 人之所當自行也라 誠은
以心으로 言이니 本也요 道는 以理로 言이니 用也라

25-02

성(誠)은 생명체의 태어나는 처음부터 죽는 마지막까지 전 생애를
관통하는 것이니 성(誠)이 아니면 그 생명체는 없는 것이나 마찬가지
이다. 그러므로 군자는 성(誠)을[215] 제일 귀한 것으로 삼는다.

誠者는 物之終始니 不誠이면 無物이라 是故로 君子는 誠之
爲貴니라

이 세상의 생명체는 모두 실리(實理)가 작용한 것이다. 그러므로 반드
시 이 이(理)를 얻은 뒤에 그 생명체가 있게 된다. 얻은 바의 이(理)가 이
미 다하면[216] 그 생명체도 다하여 사라지게 된다. 그러므로 사람의 마음
에 조금이라도[217] 진실하지 않음이 있으면 비록 행동하는 바가 있더라
도 그 사람은 없는 것이나 마찬가지이다. 그러니 군자는 반드시 성(誠)
으로써 귀함을 삼는다. 대개 사람의 마음에 능히 진실하지 않음이 없어
야 이에 자연히 성취함이 있게 되고, 나에게 있는 도(道)도 행해지지 않
음이 없을 것이다.

天下之物은 皆實理之所爲라 故로 必得是理然後에 有是物이라
所得之理가 旣盡이면 則是物은 亦盡而無有矣라 故로 人之心에 一

---

215) 성(誠)을: 원문 '성지'(誠之)의 지(之)를 목적격으로 해석한 것이다.
216) 다하면: 원문의 '진'(盡)은 '극진하다'는 뜻이 아니고 '다하다'는 뜻이다.
217) 조금이라도: 원문의 '일'(一)을 번역한 것이다.

有不實이면 則雖有所爲나 亦如無有니 而君子는 必以誠으로 爲貴也라 蓋人之心에 能無不實이라야 乃爲有以自成이요 而道之在我者도 亦無不行矣리라

25-03

성(誠)은 스스로 자기를 완성하는 것일 뿐만 아니라 남을 완성시켜주는 것이기도 하다. 그러니 자기를 완성하는 것은 인(仁)이고, 남을 완성시켜주는 것은 지(智)이니 〈이 인·지는〉 본성(性)의 덕이므로 내외를 합하는 도[218]이다. 그러므로 그때그때 조치하는 것이 적의(適宜)[219]한 것이다.

誠者는 非自成己而已也라 所以成物也니 成己는 仁也요 成物은 知(智)也니 性之德也라 合內外之道也니 故로 時措之宜也니라

성(誠)은 비록 자기를 완성하는 것이지만 이미 성(誠)하여 스스로 완성함이 있으면 자연히 남에게도 영향을 미쳐 도가 그에게도 행해진다. 인(仁)은 본체가 보존하고 있는 것이고, 지(智)는 작용이 발하는 것이다. 이 모두 우리 사람의 본성이 본디 가지고 있는 것으로 내외의 다름이 없는 것이다. 자기 몸에 그것을 얻으면 일에 나타나는 것이 그때그때 그것을 조치하여 모두 그 적의함을 얻게 될 것이다.

---

218) 내외를……도: 성(誠)은 나를 완성하는 것이지만 자연히 남에게도 영향을 미쳐 다른 사람도 완성시켜주기 때문에 인(仁)·지(智)를 내외를 합하는 도로 말한 것이다.

219) 적의(適宜): 적합하고 마땅하다는 의미로 합리적이라는 뜻이다.

○이는 제25장이다. 인도를 말하였다.

誠은 雖所以成己나 然이나 旣有以自成이면 則自然及物하여 而道
가 亦行於彼矣라 仁者는 體之存이요 知者는 用之發이니 是皆吾性
之固有而無內外之殊라 旣得於己면 則見於事者가 以時措之하여
而皆得其宜也라

○右는 第二十五章이니 言人道也라

해설

이 제25장은 인도를 말한 것이다.

제1절에서 성자자성(誠者自成)이라고 한 것은 천도의 입장에서 말한
것으로 이치가 그러하다는 것인데, 사람의 입장에서 보면 추구해야 할
목표가 된다. 반면 그다음의 도자자도(道者自道)는 그 목표를 향해 사람
이 걸어가야 할 길이다. 이 점이 바로 인도의 입장에서 말한 것이다. 따
라서 제1절은 뒤의 도(道)에 주안점이 있다.

운봉 호씨(雲峰胡氏)는 이 절의 성(誠)을 제1장의 천명지위성(天命之
謂性)으로 보아 모든 생명체가 저절로 이루어지는 소이(所以)로, 도(道)
를 제1장의 솔성지위도(率性之謂道)로 보아 사람이 스스로 걸어가야 할
길로 보았다. 그렇다면 전반부는 사람을 포함한 모든 생명체를 말한 것
이고, 후반부는 사람에 국한해 말한 것이다. 이 역시 이 절의 요지를 인
도(人道)로 파악하는 시각과 일치한다.

성(誠)은 천(天)의 입장에서 말하면 실리(實理)이고, 인(人)의 입장에
서 말하면 실심(實心), 즉 진실무망(眞實無妄)한 마음이다. 이 장에서 말
하고 있는 성(誠)은 때로 실리를 말하기도 하고, 때로는 실심을 말하기
도 한다. 제1절의 성(誠)은 실심을 의미하며, 제2절의 성자(誠者)의 성
(誠)은 실리를 의미하고, 불성(不誠)과 성지(誠之)의 성(誠)은 실심을 의

미하며, 제3절의 성(誠)은 실심을 의미한다.

제2절의 성자물지종시(誠者物之終始)는 주자의 주석에 보이듯이 모든 생명체가 태어나면서부터 죽을 때까지 관통하고 있는 실제의 이치이다. 그러므로 사람의 마음에 조금이라도 진실이 부족하면 그 사람은 존재의 의미가 없다는 것이다. 매우 두려운 말이다. 1퍼센트라도 진실하지 못한 마음을 갖게 되면 그런 사람은 사람으로서의 존재 가치가 없다는 말이다.

제3절은 스스로 자신의 마음을 진실무망하게 하여 조금이라도 거짓된 마음이 없게 되면 자신을 완성시킬 뿐만 아니라 남에게까지 영향을 미쳐 주위 사람들을 모두 완성시켜주는 성인의 공능이 있다는 말이다.

지(智)는 지(知)를 주로 하고, 인(仁)은 행(行)을 주로 한다. 학(學)·교(敎)는 모두 지(智)로써 말하기 때문에 지(智)를 먼저 말하고 인(仁)을 뒤에 말하여 지(智)가 체(體)가 되고 인(仁)이 용(用)이 된다. 그런데 이 절에서 말하고 있는 성기(成己)·성물(成物)은 모두 행(行)으로 말한 것이다. 그러므로 인(仁)을 먼저 말하고 지(智)를 뒤에 말하여 인(仁)이 체가 되고 지(智)가 용이 되었다. 인(仁)·지(智)는 이처럼 서로 체·용이 될 수 있으니 본성 속에 갖추어진 것으로 내·외에 다름이 없음을 알 수 있다.

이 절의 시조지의(時措之宜)의 시(時)는 제2장의 군자시중(君子時中)의 시(時)와 같은 의미이다. 시조지의는 본성의 덕이 발하여 중도에 합한 것을 말한다.

제26장

26-01

그러므로 지극한 성(誠)은 〈한순간도〉 그침이 없다.[220)]

故로 至誠은 無息이니

이미 진실하지 않은 허위와 거짓이 없으므로 저절로 틈이 생기거나 끊어짐이 없는 것이다.

旣無虛假라 自無間斷이라

26-02

〈지극히 성(誠)한 마음이〉 그치지 않으면 오래 지속되고, 〈그런 마음이〉 오래 지속되면 밖에서 그것을 징험하게 된다.

不息則久하고 久則徵하고

구(久)는 마음속에 항상 있는 것이고, 징(徵)은 밖에서 징험되는 것이다.

---

220) 그침이 없다: 원문의 '식'(息)은 '쉬다'라는 뜻인데, 무식(無息)을 '쉼이 없다'라고 해석하면 '쉬는 시간이 없다'라고 오해할 소지가 있다. 주자는 식(息)을 간단(間斷)으로 보아 '틈이 생기거나 끊어지는 것이 없다'라고 해석하였다.

久는 常於中也요 徵은 驗於外也라

26-03

〈지극히 성(誠)한 마음이 오래 지속되어〉 밖에서 징험하게 되면 그 밖에서 징험된 것이 넉넉하게[221] 끝없이 이어지며, 〈그런 마음이〉 넉넉하게 끝없이 이어지면 〈그 마음이〉 넓고 두텁게 되며, 〈그 마음이〉 넓고 두텁게 되면 〈그것이 발하는 것이〉 높고 밝게 된다.

徵則悠遠하고 悠遠則博厚하고 博厚則高明이니라

이 절은 모두 그 지극히 성(誠)한 마음이 밖에서 징험되는 것으로 말한 것이니 정씨(鄭氏)[222]가 이른바 "지극히 성(誠)한 덕이 사방에 드러난 것이다"[223]라고 한 것이 그것이다. 마음속에 보존된 것이 오래 지속되면 밖에서 징험되는 것이 더욱 넉넉하고 길이 이어져 끝없게 된다. 넉넉하고 끝없이 지속되기 때문에 그 축적된 것이 넓어지고 두터워진다. 넓어지고 두터워지기 때문에 그것이 발하는 것이 높고 커서 빛나게 된다.

此는 皆以其驗於外者로 言之니 鄭氏所謂至誠之德이 著於四方者가 是也라 存諸中者가 旣久면 則驗於外者가 益悠遠而無窮矣라 悠遠이라 故로 其積也가 廣博而深厚라 博厚라 故로 其發也가 高大而光明이라

---

221) 넉넉하게: 대전본 소주에 보이는 교봉 방씨(蛟峯方氏)의 설에 의하면 유(悠)는 촉박하지 않고 관대한 것이라 하였다.

222) 정씨(鄭氏): 후한 말의 경학자 정현(鄭玄)을 말한다.

223) 이 문장은 십삼경주소본『예기주소』(禮記注疏) 권53의 주에 보이는데, 저(著) 앞에 기(旣)가 더 있다.

26-04

〈성인의 덕이〉 넓고 두터운 것은 만물을 실어주는 것이요, 높고 밝은 것은 만물을 덮어주는 것이니[224] 〈넓고 두터운 것과 높고 밝은 것이〉 넉넉하고 오래 지속되는 것이 만물을 완성시켜주는 것이다.

博厚는 所以載物也요 高明은 所以覆物也요(니) 悠久는 所以成物也니라

유구(悠久)는 곧 유원(悠遠)을 의미하니 내·외를 겸하여 말한 것이다. 본래 유원하기 때문에 박후하고 고명하게 되는 것이지만 고명하게 되면 또 유구하게 된다. 이 절은 성인이 천지와 더불어 공용(功用)을 함께함을 말한 것이다.

悠久는 卽悠遠이니 兼內外而言之也라 本以悠遠으로 致高厚로되而高厚하면 又悠久也라 此는 言聖人이 與天地로 同用이라

26-05

〈성인의 덕이〉 넓고 두터운 것은 땅의 덕에 배합하고, 높고 밝은 것은 하늘의 덕에 배합하니 〈넓고 두터운 것과 높고 밝은 것이〉 오래 지속되는 것은[225] 〈천지가〉 끝없는 것과 같다.[226]

---

224) 것이니: 언해본 현토는 '요'로 되어 있는데, 제5절의 유구(悠久)를 넓고 두터운 것과 높고 밝은 것이 유구한 것으로 보는 신안 진씨의 설을 따르면 이 절도 유구(悠久) 앞에 '요'라는 토보다는 '니'라는 토가 더 적절하다.

225) 넓고 두터운 것과……것은: 대전본 소주 신안 진씨(新安陳氏)의 설에 "유구(悠久)는 넓고 두터운 것과 높고 밝은 것이 유구한 것이다"라고 한 것에 의거해 번역

博厚는 配地하고 高明은 配天하고(하니) 悠久는 無疆이니라

이 절은 성인이 천지와 더불어 본체를 함께함을 말한 것이다.

此는 言聖人이 與天地로 同體라

26-06

이와 같은 덕을 가지신 성인은 〈땅의 덕이 만물을 생육할 의도를 갖지 않아도 만물이 저절로 자라나는 것처럼〉 드러내 보이지 않더라도 공용(功用)이 저절로 드러나며, 〈하늘의 덕이 형적(形迹)도 없이 만물을 변화시키는 것처럼〉 움직이지 않더라도 만물이 저절로 변화하니[227] 인위적으로 하는 바가 없더라도 만물이 저절로 완성된다.

如此者는 不見(현)而章하며 不動而變하며(하니) 無爲而成이니라

현(見)은 보여주다〔示〕라는 의미와 같다. 불현이장(不見而章)은 땅에 배합한 덕으로써 말한 것이다. 부동이변(不動而變)은 하늘에 배합한 덕으로써 말한 것이다. 무위이성(無爲而成)은 위의 무강(無疆)으로써 말한 것이다.

見은 猶示也라 不見而章은 以配地而言也요 不動而變은 以配天而言也요 無爲而成은 以無疆而言也라

하였다. 그렇다면 배천(配天) 다음의 토는 '하고'가 아니라 '하니'로 해야 한다.

226) 천지가……같다: 이 역시 대전본 소주 신안 진씨의 설에 의거해 번역한 것이다. 신안 진씨는 무강(無疆)을 '천지의 무강'으로 해석하였다.

227) 변화하니: 앞의 제4절과 제5절도 신안 진씨의 설에 따라 앞의 두 구절을 합하여 결론짓는 의미로 보았듯이 이 제6절도 마찬가지 구조로 보아 '변화하니'로 번역한 것이다.

26-07

하늘과 땅의 도는 한 마디로 다할 수 있다. 그 도는[228] 둘이 아니니 [229] 그 도가 만물을 생육하는 것은 헤아릴 수 없다.

天地之道는 可一言而盡也니 其爲物이 不貳라(니) 則其生物이 不測이니라

이 절 아래는 다시 하늘과 땅의 덕으로 지성무식(至誠無息)의 공용(功用)을 밝힌 것이다. "하늘과 땅의 도는 한 마디 말로 다할 수 있다"라는 말은 "성(誠)이다"라고 말하는 것에 불과할 따름이다. 불이(不貳)는 성(誠)하기 때문이다. 성(誠)하기 때문에 그치지 않고 만물을 생육하는 것이 많지만 그것이 그러한 점을 알지 못하는 점이 있다.

此以下는 復以天地로 明至誠無息之功用이라 天地之道는 可一言而盡은 不過曰誠而已니 不貳는 所以誠也라 誠이라 故로 不息而生物之多로되 有莫知其所以然者라

26-08

하늘과 땅의 도는 넓고 두터우며 높고 밝으며 유원(悠遠)하고 장구(長久)하다.

---

228) 그 도는: 원문의 '기위물'(其爲物)은 '그것이 물이 됨은'이라는 뜻인데, 그렇게 번역하면 오히려 더 난해하기 때문에 위와 같이 번역한 것이다.

229) 둘이 아니니: 둘이 아니라는 말은 하나(一)라는 뜻이다. 이 구절의 토가 '라'로 되어 있는데, 즉(則) 앞에서는 '라'라는 토가 적절하지 않다. 그리하여 '니'의 토로 번역한 것이다.

天地之道는 博也厚也高也明也悠也久也니라

말하자면 하늘과 땅의 도는 진실무망하고 전일하여 둘이 아니기 때문에 능히 각각 그 성대함을 극진히 하여 아래 문장에서 말하는 만물을 생육하는 공능(功能)이 있다는 것이다.

言天地之道는 誠一不貳라 故로 能各極其盛하여 而有下文生物之功이라

26-09

지금 저 하늘은 이 반짝거리는 밝은 별들이 많이 모여 있는 것이지만 그것이 무궁한 데에 이르러 보면 해·달·별 등이 거기에 매달려 있으며, 만물이 거기에 덮여 있다. 지금 저 땅은 한 움큼의 흙이 많이 모여 있는 것이지만 그것이 넓고 두터운 데에 이르러 보면 화산(華山) 같은 큰 산을 싣고 있으면서도 무거워하지 않고, 하수(河水)·바다 같은 큰물을 거두어 담고 있으면서도 물이 새게 하지 않으며, 만물이 거기에 실려 있다. 지금 저 산은 한 주먹만한 돌들이 많이 모여 있는 것이지만 그것이 넓고 큰 데에 이르러 보면 초목(草木)이 거기에서 생겨나고, 금수(禽獸)가 거기에서 살며, 보물이 거기에서 나온다. 지금 저 물은 한 잔의 물이 많이 모여 있는 것이지만 그것이 헤아릴 수 없는 데에 이르러 보면 큰자라·악어·교룡·용·물고기·자라 등이 거기에서 생육하고 수산물이 거기에서 번식한다.

今夫天이(은) 斯昭昭之多로되 及其無窮也하얀 日月星辰이 繫焉하며 萬物이 覆焉이니라 今夫地(는) 一撮土之多로되 及其廣厚하얀 載華嶽而不重하며 振河海而不洩하며 萬物이 載焉이

니라 今夫山이(은) 一卷石之多로되 及其廣大하얀 草木이 生之하며 禽獸가 居之하며 寶藏이 興焉이니라 今夫水(는) 一勺〈水〉之多로되 及其不測하얀 黿鼉蛟龍魚鱉이 生焉하며 貨財(가) 殖焉이니라

소소(昭昭)는 '반짝거린다'〔耿耿〕는 뜻과 같으니 작게 밝은 것이다. 이는 그 한 곳을 가리켜서 말한 것이다. 급기무궁(及其無窮)은 제12장에 "그 도의 지극한 경지에 이르러서는"(及其至也)이라고 말한 의미와 같으니 이는 대체로 전체(全體)를 거론하여 말한 것이다. 진(振)은 '거두다'〔收〕는 뜻이다. 권(卷)은 '작다'〔區〕는 뜻이다. 이 네 가지 조목은 모두 불이(不貳), 불식(不息)으로 말미암아 성대함을 이루어 능히 만물을 생육한다는 의미를 발명한 것이다. 그러나 천(天)·지(地)·산(山)·천(川)은 실제로 누적됨으로 말미암은 뒤에 성대해지는 것은 아니니 독자들은 문사(文辭)로써 본의(本意)를 해치지 않는 것이 옳다.

昭昭는 猶耿耿이니 小明也라 此는 指其一處而言之라 及其無窮은 猶十二章 '及其至也'之意니 蓋擧全體而言也라 振은 收也라 卷은 區也라 此四條는 皆以發明由其不貳不息하여 以致盛大而能生物之意라 然이나 天地山川은 實非由積累而後大라 讀者는 不以辭害意가 可也라

26-10

『시경』의 시에 말하기를 "하늘의 명(命)은 아! 심원하여 그치지 않네"라고 하였으니 이는 대개 하늘이 하늘 된 이유를 말한 것이요, 『시경』의 시에 "아! 드러나지 않는가, 문왕의 덕의 순일(純一)함이여"라고 하

였으니 이는 대개 문왕이 문(文)이라는 시호를 받게 된 이유가 천도에 순일하고 또 그치지 않았음을 말한 것이다.

詩云 "維天之命이 於(오)穆不已라" 하니 蓋曰天之所以爲天也요 〈詩云〉 "於(오)乎不顯이 文王之德之純이여" 하니 蓋曰文王之所以爲文也(이) 純亦不已니라

인용한 시는 『시경』 주송(周頌) 「유천지명」(維天之命)이다. 오(於)는 탄식하는 말이다. 목(穆)은 '심원(深遠)하다'는 뜻이다. 불현(不顯)은 '어찌 드러나지 않는가?'라고 말하는 것과 같다. 순(純)은 순일(純一)하여 박잡(駁雜)하지 않은 것이다. 이 시를 인용하여 지성무식(至誠無息)의 의미를 밝힌 것이다. 정자(程子)는 말씀하시기를 "천도는 그치지 않는데, 문왕이 천도에 순일하고 또 그치지 않았으니 순일하면 두 마음이나 박잡한 마음이 없게 되고, 그치지 않으면 끊어지거나 선후가 없게 된다"[230]라고 하였다.

○이는 제26장이다. 천도를 말한 것이다.

詩는 周頌 維天之命篇이라 於(오)는 歎辭라 穆은 深遠也라 不顯은 猶言豈不顯也라 純은 純一不雜也라 引此하여 以明至誠無息之意라 程子曰 天道不已어늘 文王이 純於天道하고 亦不已하니 純則無二無雜이요 不已則無間斷先後라 하니라

○右는 第二十六章이니 言天道也라

---

230) 이 문장은 『이정유서』(二程遺書) 권5에 보이는데, 천도불이(天道不已)가 천명불이(天命不已)로 되어 있다.

이 제26장은 천도를 말한 것인데, 모두 10절로 되어 있다. 조선시대 후기 기호학자 김근행(金謹行, 1712~82)은 이 제26장의 요지를 도표로 그렸는데, 제1절의 지성무식(至誠無息)을 상단 중앙에 두고, 그 밑에 제2절~제6절을 성인(聖人)의 일로, 제7절~제9절을 천지(天地)의 일로 보아 두 축으로 배열하고, 하단에 제10절을 중앙에 배치하고 위의 두 축이 귀결되게 하였다. 아래에 제시한 김근행의 도표를 참고하면 이 제26장의 요지를 파악하는 데 도움이 된다.

제1절은 이 제26장의 주제어인 지성무식(至誠無息)을 말한 것인데, 제25장을 이어서 말한 것이다. 제2절부터 제7절까지는 성인이 진실무망의 성(誠)을 오래 지속하여 그 덕이 밖으로 드러나 징험되는 것을 박후(博厚)와 고명(高明)으로 말해 그것이 천지의 덕에 배합되어 만물을 이루어주는 공능(功能)이 있음을 말하였다. 박후는 땅의 덕에 배합하고, 고명은 하늘의 덕에 배합하는데, 이 두 가지가 오래 지속되면 천지가 무궁한 것처럼 이어진다는 것이다.

제4절과 제5절의 유구(悠久)는 신안 진씨(新安陳氏)의 설처럼 박후와 고명이 유구한 것으로 보는 것이 타당할 듯하다. 따라서 언해본의 '요'라는 토보다는 '니'라는 토를 달아 해석하는 것이 더 적절하다고 여겨진다. 제4절은 "성인의 덕이 박후한 것은 땅의 덕처럼 만물을 실어주고, 고명한 것은 하늘의 덕처럼 만물을 덮어주니 그 박후하고 고명한 덕이 오래 지속되는 것이 만물을 완성시켜주는 것이다"라는 뜻으로 해석하는 것이 타당할 듯하다. 그렇게 보지 않으면 성인의 덕이 천지의 덕과 같다는 점을 말하면서 천지의 덕과 무관한 유구(悠久)가 등장하는 것은 어색하다. 또한 유구는 중용(中庸)의 용(庸)과 무관하지 않으니 박후와 고명이 지속되는 것으로 보는 것이 더 의미가 심장하다.

第一節
至誠無息

第九節	第八節	第七節	第六節	第五節	第四節	第三節	第二節
天地 山川	博厚 高明	不貳 不測	成章變	天地 無疆	覆載遠 成之徵	悠遠 厚明	久徵

天地之事　　　　　　　　　　　　　　　　聖人之事

第十節
於穆天地　純亦聖人

제6절은 해석이 매우 어렵다. 불현이장(不見而章)은 성인의 덕이 땅의 덕과 같은 점을 말한 것이며, 부동이변(不動而變)은 성인의 덕이 하늘의 덕과 같은 점을 말한 것이다. 그래서 주어는 성인이 된다. 성인은 인위적으로 무엇을 드러내 보여주지 않더라도 그 공능(功能)이 저절로 드러나며, 성인은 움직이지 않더라도 만물이 저절로 변화한다는 뜻이다. 마지막 무위이성(無爲而成)은 이 두 구절을 결론짓는 말로 성인은 인위적으로 어떤 일을 함이 없어도 만물이 저절로 완성된다는 뜻이다. 이는 앞의 제4절과 제5절의 문장구조와 같이 앞의 두 구절을 결론짓는 문투이다.

따라서 이 구절 앞의 토를 '하며'가 아니라 '하니'로 하는 것이 더 낫다.

제7절의 일언(一言)은 성(誠)을 가리키고, 불이(不貳)도 일(一)이라는 의미로 성(誠)을 가리킨다. 제9절은 지성무식(至誠無息)한 성인의 덕이 성대함을 극진히 하여 만물을 생육한다는 의미를 천지(天地)와 산천(山川)의 공능에 비유하여 말한 것이다.

제10절은 문왕의 지성무식을 예로 들어 결론지은 것이다. 이 절의 오목불이(於穆不已)는 하늘의 덕을 말한 것이고, 순역불이(純亦不已)는 문왕의 덕을 말한 것이다. 순역불이는 지성무식과 같은 의미이다.

제27장

27-01

위대하구나, 성인의 도여.

大哉라 聖人之道여

아래 두 절을 포함하여 말한 것이다.

包下文兩節而言이라

27-02

충만하게[231] 만물을 발육케 하여 그 높이가 하늘까지 닿았도다.

洋洋乎發育萬物하여 峻極于天이로다

준(峻)은 '높고 크다'는 뜻이다. 이 절은 도가 지극히 큰 데까지 이르러 무궁함을 말한 것이다.

峻은 高大也라 此는 言道之極於至大而無外也라

---

231) 충만하게: 공영달(孔穎達)의 주석에 '도덕이 충만하다는 뜻이다'라고 하였다.

27-03

넉넉하고 위대하구나, 〈군자의 도여.〉 예의(禮儀)가 삼백 조목이고, 위의(威儀)가 삼천 가지로다.[232]

優優大哉라 禮儀三百이요 威儀三千이니라

우우(優優)는 '충족하여 남음이 있다'는 뜻이다. 예의(禮儀)는 경례(經禮)[233]를 말하고, 위의(威儀)는 곡례(曲禮)[234]를 말한다. 이는 성인의 도가 지극히 작은 데까지 들어가서 틈이 없음을 말한 것이다.

優優는 充足有餘之意라 禮儀는 經禮也요 威儀는 曲禮也라 此는 言道之入於至小而無間也라

27-04

〈성인의 도는〉 그것을 행할 만한 사람을 기다린 뒤에 행해진다.

待其人而後行이니라

위의 두 절을 총체적으로 결론지은 것이다.

總結上兩節이라

---

232) 예의(禮儀)가……가지로다: 이는 성인이 만든 예악문물의 제도가 구비되었음을 말한 것이다.

233) 경례(經禮): 근본이 되는 예를 말한다. 이는 세세한 예를 의미하는 곡례(曲禮)와 상대적으로 말한 것이다.

234) 곡례(曲禮): 세부적인 사항에 대해 언급한 세세한 예를 말한다.

27-05

그러므로 〈나는〉 "진실로 지극한 덕을 가진 사람이 아니면 지극한
도는 완성되지 않는다"라고 말하는 것이다.

故로 曰 "苟不至德이면 至道不凝焉이라" 하니라

지덕(至德)은 위의 그것을 행할 만한 사람[其人]을 말한다. 지도(至
道)는 위의 두 절을 가리켜서 말한 것이다. 응(凝)은 모이는 것이고 이루
어지는 것이다.

至德은 謂其人이요 至道는 指上兩節而言이라 凝은 聚也요 成也라

27-06

그러므로 군자는 덕성(德性)을 드높이면서 문학(問學)을 말미암는
다. 그러니 덕성은 광대하게 하기를 극진히 하고서 지식은 정미하게
하기를 극진히 하며, 덕성은 고명하게 하기를 지극히 하고서 지식은
중용(中庸)을 말미암으며,[235] 이미 알고 있는 것을 익숙히 하고서 새
로운 지식을 알아 나가며, 이미 능히 할 수 있는 것을 돈독히 하고서
[236] 아직까지 제대로 삼가지 못하는 예를 숭상해 나간다.

故로 君子는 尊德性而道問學이니 致廣大而盡精微하며 極

---

235) 중용(中庸)을 말미암으며: 중용은 지(知)와 행(行) 모두 해당하는데 여기서는
　　치지(致知)의 측면으로만 말한 것이다.
236) 하고서: 원문의 '이'(以)를 살려서 번역한 것이다. 이 문구의 이(以)는 이(而)와
　　통용되는데, 대전본 소주에 실린 운봉 호씨(雲峰胡氏)의 설에 의하면 이(而)는
　　후자에 중점이 있고, 이(以)는 전자에 중점이 있다고 하여 구별하였다.

高明而道中庸하며 溫故而知新하며 敦厚以崇禮니라

　존(尊)은 '공경히 받들어 지닌다'는 뜻이다. 덕성(德性)은 내가 하늘에서 받은 바의 바른 이치이다. 도(道)는 '말미암는다'는 뜻이다. 온(溫)은 심온(燖溫)[237]의 온(溫)과 같은 뜻이니 예전에 그것을 배우고 다시 수시로 익히는 것을 말한다. 돈(敦)은 '두터움을 더하다'는 뜻이다. 존덕성(尊德性)은 마음을 보존하여〔存心〕도체(道體)의 큰 것을 지극히 하는 것이고, 도문학(道問學)은 앎을 극진히 하여〔致知〕도체의 미세한 것을 극진히 하는 것이다. 이 두 가지는 덕을 닦고 도를 완성하는 큰 단서이다. 털끝만큼의 사사로운 생각도 자신을 가리지 않고〔致廣大〕, 털끝만큼의 사욕도 자신을 얽매지 않고〔極高明〕, 자기가 이미 알고 있는 것에 침잠하여 깊이 이해하고〔溫故〕, 자기가 이미 능한 것을 돈독히 하는 것〔敦厚〕, 이런 것들은 모두 존심(存心)의 등속이다. 이치를 분석할 때에는 털끝만큼의 차이도 있지 않게 하고〔盡精微〕, 일을 조처할 때에는 과(過)·불급(不及)의 오류가 있지 않게 하고〔道中庸〕, 이치와 정의(正義)는 날마다 자기가 아직 모르는 것을 알아가고〔知新〕, 각각의 경우에 맞게 드러낸 예절은 날마다 자기가 아직 삼가지 못하는 것을 삼가는 것〔崇禮〕, 이런 것들은 모두 치지(致知)의 등속이다. 대개 존심이 아니면 치지를 할 방법이 없고, 존심하는 자도 치지하지 않아서는 불가하다. 그러므로 이 다섯 구절은 대소(大小)가 서로 자뢰(資賴)하고, 수미(首尾)가 서로 조응해 성현이 덕으로 들어가는 방도를 보이신 것으로는 이보다 더 상세한 것이 없다. 학자들은 이 점에 마음을 극진히 해야 할 것이다.

　尊者는 恭敬奉持之意요 德性者는 吾所受於天之正理라 道는 由

---

237) 심온(燖溫): '삶고 데우다'라는 뜻으로 경서를 취해 익숙하게 읽는 것을 말한다.

也라 溫은 猶燖溫之溫이니 謂故學之矣요 復時習之也라 敦은 加厚
也라 尊德性은 所以存心而極乎道體之大也요 道問學은 所以致知
而盡乎道體之細也라 二者는 修德凝道之大端也라 不以一毫私意
自蔽하고 不以一毫私欲自累하고 涵泳乎其所已知하고 敦篤乎其所
已能은 此皆存心之屬也라 析理則不使有毫釐之差하고 處事則不
使有過不及之謬하고 理義則日知其所未知하고 節文則日謹其所
未謹은 此皆致知之屬也라 蓋非存心이면 無以致知요 而存心者도
又不可以不致知라 故로 此五句는 大小相資하고 首尾相應하여 聖
賢所示入德之方이 莫詳於此라 學者는 宜盡心焉이라

27-07

그러므로 〈지극한 덕을 가진 사람은〉 윗자리에 있으면서 아랫사람
에게 교만하지 않고, 아랫자리에 있으면서 윗사람을 배반하지 않는다.
나라에 도가 있을 때에는 그의 말이 족히 자신을 일으킬 수 있고, 나라
에 도가 없을 때에는 그의 침묵이 족히 자신을 용납할 수 있다. 『시경』
의 시에 "이미 밝고 또 지혜로워서 자기 몸을 보전하네"라고 하였으니
이 시구는 바로 이런 점[238]을 말한 것이로구나.

是故로 居上不驕하며 爲下不倍(背)라 國有道에 其言이 足
以興이요 國無道에 其黙이 足以容이니 詩曰 "旣明且哲하여 以
保其身이라" 하니 其此之謂與인저

---

238) 이런 점: 원문의 '차'(此)를 번역한 것으로 이 문장 앞에서 말한 내용 전체를 가리
킨다.

흥(興)은 일어나서 〈출사하여〉 벼슬자리에 있는 것을 말한다. 인용한 시는 『시경』 대아(大雅) 「증민」(烝民)이다.

○이는 제27장이다. 인도를 말한 것이다.

興은 謂興起在位也라 詩는 大雅 烝民之篇이라

○右는 第二十七章이니 言人道也라

해설

이 제27장은 인도를 말한 것이다. 이 장에는 공부의 두 축으로 존덕성(尊德性)과 도문학(道問學)을 제시하고 있어 존덕성도문학장(尊德性道問學章)이라고도 한다. 주자의 주에 언급했듯이 존덕성은 존심(存心)에 해당하고, 도문학은 치지(致知)에 해당한다. 즉 전자는 마음을 보존해 덕성을 드높이는 것이고, 후자는 묻고 배우는 것을 말미암아 진리를 탐구하여 이치를 정밀히 아는 것이다. 조선시대 성리학적 사유로 보면 전자는 마음을 늘 경(敬)에 두는 거경(居敬)이고, 후자는 의리를 궁구하는 궁리(窮理)이다. 성호(星湖) 이익(李瀷)은 존덕성과 도문학을 주자와는 다르게 해석하였다.

이 장은 지극한 도를 얻기 위해 지극한 덕을 갖추는 공부가 필요하다는 점을 말한 것이다. 그 지덕을 갖추는 공부가 바로 존덕성과 도문학의 조목으로 제시한 네 가지이다.

제28장

28-01

공자께서 말씀하셨다. "어리석으면서도 〈남의 의견을 듣지 않고〉 자신이 옳다고 여기는 것만 스스로 행하기를 좋아하며, 신분이 미천한데도 자기의 주장만 오로지 하기를 좋아하면서 오늘날의 세상에 태어나 옛날의 도를 회복하려 하면 이와 같은 자는 재앙이 그의 몸에 미칠 것이다."

子曰 "愚而好自用하며 賤而好自專이요 生乎今之世하여 反古之道면 如此者는 災及其身者也니라" 하시니라

이상은 공자의 말씀이니 자사(子思)가 인용한 것이다. 반(反)은 '회복하다'라는 뜻이다.

以上은 孔子之言이니 子思가 引之라 反은 復也라

28-02

천자가 아니면 예를 의논하지 않으며, 제도를 제정하지 않으며, 문자를 고정(考訂)[239]하지 않는다.

非天子면 不議禮하며 不制度하며 不考文이니라

[|]이 아래는 자사의 말씀이다. 예(禮)는 친한 사람과 소원한 사람, 귀한 사람과 미천한 사람이 서로 접하는 신체²⁴⁰⁾이다. 도(度)는 각각의 경우에 맞게 등급을 나누어 원칙을 제정하는 것이다〔品制〕. 문(文)은 글자의 명칭²⁴¹⁾이다.

此以下는 子思之言이라 禮는 親疏貴賤相接之體也라 度는 品制요 文은 書名이라

28-03

지금 온 세상에는 수레는 궤도(軌度)를 동일하게 하고, 글을 쓸 때에는 문자를 동일하게 하고, 행동은 윤리를 동일하게 한다.

今天下(는) 車同軌하며 書同文하며 行同倫이니라

금(今)은 자사가 자기 시대를 스스로 말한 것이다. 궤(軌)는 수레바퀴 자국의 폭〔度數〕이다. 윤(倫)은 차례가 있는 몸가짐이다. 이 세 가지가 모두 동일한 것은 천하가 하나로 통일되었음을 말하는 것이다.

---

239) 고정(考訂): 고찰하여 정정(訂正)한다는 뜻이다.

240) 신체: 원문의 '체'(體)에 대해 대전본 소주에 "『예기』에는 '예(禮)란 사람의 신체와 같다'라고 하였다"라는 말을 인용해놓았다. 사람의 신체와 같이 근본이 되는 것과 세세한 부분이 각기 다르다는 뜻이다.

241) 글자의 명칭: 주자는 대자(大字)·상자(上字)·하자(下字)와 같이 부르는 글자의 명칭이라고 한다. 또한 고문(考文)을 사람들이 글자를 제대로 알지 못해 잘못 쓰는 경우가 있으므로 매년 한 차례씩 태행인(大行人)의 관속들로 하여금 천하를 순행하면서 글자가 바른지를 고찰하게 하는 것이라 하였다. 이는 곧 문자를 상고하여 통일시킨다는 의미이다. 한편 정현(鄭玄)은 『주례』춘관(春官)「외사」(外史)에 보이는 서명(書名)에 대해 명(名)을 자(字)의 뜻으로 보아 '쓰는 문자'로 해석하였다.

今은 子思自謂當時也라 軌는 轍迹之度라 倫은 次序之體라 三者
가 皆同은 言天下一統也라

28-04

비록 그 지위가 있으나 그에 합당한 덕이 없으면 감히 예악(禮樂)을
제정하지 않으며, 비록 그 덕이 있으나 그에 합당한 지위가 없으면 또
한 감히 예악을 제정하지 않는다.

雖有其位나 苟無其德이면 不敢作禮樂焉이며 雖有其德이나
苟無其位면 亦不敢作禮樂焉이니라

정씨(鄭氏)[242]는 "예악을 제정하는 사람은 반드시 성인으로서 천자의
지위에 있는 사람이어야 함을 말한 것이다"라고 하였다.
鄭氏曰 言作禮樂者는 必聖人在天子之位라 하니라

28-05

공자께서 말씀하셨다. "나는 하(夏)나라의 예를 말할 수 있으나 기
(杞)나라[243]에서 그것을 징험하기에 부족했고, 나는 은(殷)나라의 예
를 배웠는데 송(宋)나라[244]가 그 예를 보존하고 있음이 있거니와, 나

---

242) 정씨(鄭氏): 후한 말의 경학자 정현(鄭玄)을 말한다.
243) 기(杞)나라: 주나라 주왕이 하나라의 후손을 제후로 봉한 나라. 현 산동성 안구
    (安丘) 동북쪽에 자리하고 있었다고 한다.
244) 송(宋)나라: 주나라 무왕이 은나라의 후손을 제후로 봉한 나라. 현 하남성 상구
    (商丘)에 있었다고 한다.

는 주(周)나라의 예를 배웠으니 지금 그 예를 사용하고 있으므로 나는 주나라의 예를 따를 것이다."

子曰 "吾說夏禮나 杞不足徵也요 吾學殷禮하니 有宋이 存焉이어니와 吾學周禮호니 今用之라 吾從周호리라" 하시니라

이 절은 또 자사가 공자의 말씀을 인용한 것이다. 기(杞)는 하(夏)나라의 후예를 봉한 나라이다. 징(徵)은 '증명하다'는 뜻이다. 송(宋)은 은(殷)나라의 후예를 봉한 나라이다. 삼대의 예는 공자가 모두 일찍이 그것을 배워서 능히 그 의미를 말할 수 있지만 하나라의 예는 고증할 수가 없고, 은나라의 예는 보존되어 있으나 또한 당세의 법이 아니며, 오직 주나라의 예만 당시 천자가 만든 제도로 그 당시에 사용하고 있는 것이다. 공자가 천자의 지위를 얻지 못했으니 〈당시〉 주나라의 예를 따를 따름이다.

○이는 제28장이다. 위의 장 위하불배(爲下不倍)를 이어서 말한 것으로 또한 인도를 말한 것이다.

此는 又引孔子之言이라 杞는 夏之後라 徵은 證也라 宋은 殷之後라 三代之禮는 孔子가 皆嘗學之하여 而能言其意라 但夏禮는 既不可考證이요 殷禮는 雖存이나 又非當世之法이요 惟周禮는 乃時王之制로 今日所用이라 孔子가 既不得位니 則從周而已라

○右는 第二十八章이라 承上章爲下不倍而言이니 亦人道也라

해설

이 제28장은 인도(人道)를 말한 것이다.

제1절은 공자의 말씀으로 덕이 없고 지위가 없는 사람은 당대의 법을 준수해야지, 감히 예악문물제도를 새로 만들려 하면 재앙이 미친다는 내용이다. 자사가 이와 같은 공자의 말씀을 인용한 것은 제27장 말미의

"나라에 도가 없을 때에는 명철보신(明哲保身)해야 한다"는 의미를 이어서 공자와 같이 덕은 있지만 지위가 없는 사람의 처신을 말한 것이다. 주자의 주에는 제27장의 위하불배(爲下不倍)의 의미를 말한 것으로 보았다.

이 장은 위하불배의 의미를 말한 것이기 때문에 공자처럼 그 덕이 있더라도 천자의 지위에 오르지 못했기 때문에 예악을 제정할 수 없다는 점을 말한 것이다. 그래서 제1절에 그와 연관된 공자의 말씀을 인용한 뒤 성인으로서 천자가 아니면 예악을 제정할 수 없다는 점을 강조해 말하고, 다시 마지막에 공자의 말씀을 인용해 그것을 다시 증명하였다.

제29장

29-01

천하에 왕도정치를 하는 데에는 이 세 가지 중요한 것이 있으니 그
것을 행하는 시대의 사람들은[245] 허물을 적게 할 것이다.

王天下(에) 有三重焉하니 其寡過矣乎인저

여씨(呂氏)[246]는 말하기를 "삼중(三重)은 예를 의논하는 것(議禮), 법
도를 제정하는 것(制度), 문자를 고정(考訂)하는 것(考文)을 말한다. 오
직 천자라야 이런 일들을 행할 수 있으니 나라마다 정사를 달리하지 않
고, 가정마다 풍속을 달리하지 않아서 사람들이 허물을 적게 할 수 있을
것이다.

呂氏曰 三重은 謂議禮와 制度와 考文이라 惟天子라야 得以行之
니 則國不異政하고 家不殊俗하여 而人得寡過矣라 하니라

---

245) 그것을······사람들은: 원문의 '기'(其)는 바로 앞에 나오는 내용을 가리키는데,
　　주자는 삼중(三重)을 시행하는 시대의 사람들을 가리키는 것으로 해석했다.
246) 여씨(呂氏): 북송 때 정자의 문인 여대림(呂大臨)을 말한다.

29-02

이보다[247] 위의 시대의 것[248]은 비록 좋더라도 징험할 수 없으니 징험할 수 없으므로 사람들이 믿지 않고, 믿지 않으므로 백성이 따르지 않는다. 이보다 아래 지위에 있는 것[249]은 비록 좋지만 존귀하지 않으니 존귀하지 않으므로 사람들이 믿지 않고, 믿지 않으므로 백성이 따르지 않는다.

上焉者는 雖善이나 無徵이니 無徵이라 不信이요 不信이라 民弗從이니라 下焉者는 雖善이나 不尊이니 不尊이라 不信이요 不信이라 民弗從이니라

상언자(上焉者)는 당시 주나라 천자 이전을 말한다. 예컨대 하(夏)나라와 상(商)나라의 예는 비록 좋지만 모두 상고할 수가 없다. 하언자(下焉者)는 성인 공자가 아랫자리에 계신 것을 말한다. 예컨대 공자께서 비록 예를 잘 아셨으나 존귀한 지위에 있지 않으셨다.

上焉者는 謂時王以前이라 如夏商之禮가 雖善이나 而皆不可考요 下焉者는 謂聖人在下라 如孔子가 雖善於禮나 而不在尊位也라

---

247) 이보다: 원문의 '언'(焉)은 어차(於此)의 의미로 '이것보다'라는 뜻이다. 여기서 차(此)는 주나라 예약을 의미하며, 그것은 주나라 초 주공(周公)이 제정한 것이다. 즉 주공이 제정한 주나라의 예약을 말한다.

248) 이보다……것: 주나라 이전의 하(夏)나라·은(殷)나라의 예약을 가리킨다.

249) 이보다……것: 주공이 만든 주나라의 예약보다 아래에 있는 것은 공자의 예약을 말한다.

29-03

그러므로 군자의 도는 자신에게 근본하여 서민들에게서 징험하며, 삼왕(三王)²⁵⁰⁾의 도에 상고해보아도 어긋나지 않으며, 천지에 세워도 어그러지지 않으며, 귀신에게 질정(質正)해도 귀신이 의심함이 없을 것이며, 백세 뒤에 성인을 기다려도 그 성인이 의혹하지 않을 것이다.

故로 君子之道는 本諸身하여 徵諸庶民하며 考諸三王而不謬하며 建諸天地而不悖하며 質諸鬼神而無疑하며 百世以俟聖人而不惑이니라

이 절의 군자(君子)는 천하에 왕도정치를 행하는 천자를 가리켜 말한 것이다. 그런 군자의 도는 곧 예를 의논하고, 법도를 제정하고, 문자를 고정하는 등의 일이다. 본저신(本諸身)은 그 덕을 소유한 것을 말한다. 징저서민(徵諸庶民)은 그 서민들이 믿고 따르는 것을 징험한다는 뜻이다. 건(建)은 '세우다'는 뜻이니 여기에 세웠는데 저기에 참여한다는 말이다.²⁵¹⁾ 이 천지(天地)는 도를 말한다. 귀신(鬼神)은 조화의 자취이다. 백세이사성인이불혹(百世以俟聖人而不惑)은 이른바 "성인이 다시 태어나더라도 나의 말을 바꾸지 않을 것이다"²⁵²⁾라고 하는 것과 같은 뜻이다.

此君子는 指王天下者而言이라 其道는 卽議禮制度考文之事也라 本諸身은 有其德也요 徵諸庶民은 驗其所信從也라 建은 立也니

---

250) 삼왕(三王): 하나라·은나라·주나라 초의 성대했던 성왕들을 가리킨다.

251) 여기에……말이다: 이는 이 세상에 그 도를 세워놓았는데 천지의 도와 더불어 서로 어긋나지 않는다는 뜻이다. 여기〔此〕는 인간 세상을 가리키고, 저기〔彼〕는 천지의 도를 가리킨다.

252) 이 문장은 『맹자』「등문공 하」(滕文公下)에 보인다.

立於此而參於彼也라 天地者는 道也요 鬼神者는 造化之迹也라 百
世以俟聖人而不惑은 所謂聖人復起라도 不易吾言者也라

29-04

귀신에게 질정해도 귀신이 의심함이 없을 것이라는 것은 하늘의 이
치를 안 것이고, 백세 뒤에 성인을 기다려도 그 성인이 의혹하지 않을
것이라는 것은 사람의 이치를 안 것이다.

質諸鬼神而無疑는 知天也요 百世以俟聖人而不惑은 知
人也니라

지천(知天)과 지인(知人)은 그 이치를 안 것이다.
知天과 知人은 知其理也라

29-05

그러므로 군자는 움직이면253) 그것이 대대로 천하의 도가 된다. 그
러니 행동을 하면 그것이 대대로 천하의 법이 되고, 말을 하면 그 말씀
이 대대로 천하의 법칙이 된다. 군자가 백성에게서 멀리 있으면 백성
은 군자를 우러러봄이 있고, 군자가 백성에게 가까이 있으면 백성은
싫증내지 않는다.

是故로 君子는 動而世爲天下道니 行而世爲天下法하며 言

---

253) 움직이면: 원문의 '이'(而)는 즉(則)과 같은 뜻으로 '~하면'이라는 가정문을 만
드는 조사이다.

而世爲天下則이라 遠之則有望하고 近之則不厭이니라

　동(動)은 언(言)·행(行)을 겸하여 말한 것이고, 도(道)는 법도(法度)·
준칙(準則)을 겸하여 말한 것이다. 법(法)은 법도이며, 칙(則)은 준칙(準
則)이다.

　動은 兼言行而言이요 道는 兼法則而言이라 法은 法度也요 則은
準則也라

29-06

　『시경』의 시에 말하기를 "제후들[254]이 자기 나라에 있을 때에도 싫
어하는 사람이 없었으며, 이곳[255]에 있을 때에도 싫어하는 사람이 없
으니 거의 이른 아침부터 늦은 밤까지 부지런히 노력해 길이 아름다운
명예를 끝마치리라"라고 하였으니 군자 중에는 이처럼 노력하지 않고
서 일찍이 천하에 명예를 얻은 자는 있지 않았다.

　詩曰 "在彼無惡(오)하며 在此無射(역)이라 庶幾夙夜하여 以永
終譽라" 하니 君子〈는〉 未有不如此而蚤有譽於天下者也니라

　인용한 시는 『시경』 주송(周頌) 「진로」(振鷺)이다. 역(射)은 '싫어하
다'는 뜻이다. 이른바 차(此)[256]라고 한 것은 앞절의 본저신(本諸身) 이
하의 여섯 가지 일로써 말한 것이다.

---

254) 제후들: 하(夏)나라와 은(殷)나라의 후예로서 주나라 때 제후에 봉해진 사람을
　　가리킨다.
255) 이곳: 천자의 나라인 주(周)나라의 종묘를 말한다.
256) 차(此): 원문 '불여차'(不如此)의 차(此)를 가리킨다.

○이는 제29장이다. 이는 위의 장 거상불교(居上不驕)를 이어서 말한 것으로 또한 인도를 말한 것이다.

詩는 周頌 振鷺之篇이라 射은 厭也라 所謂此者는 指本諸身以下 六事而言이라

○右는 第二十九章이라 承上章居上不驕而言이니 亦人道也라

해설

이 제29장은 인도를 말한 것이다. 제21장에 천도·인도를 겸하여 말하고서, 제22장·제24장·제26장은 천도를, 제23장·제25장·제27장은 인도를 말해 번갈아가며 세 차례씩 천도와 인도를 말하였다. 그러고서 제28장·제29장은 제27장 말미의 거상불교(居上不驕)와 위하불배(爲下不倍)를 이어 모두 인도를 말하였다. 그리고 이후 제30장·제31장·제32장 3장은 모두 천도를 말하였다.

이 제29장은 덕을 갖고 지위도 있는 성인이 천하에 왕도를 펴는 점을 말한 것이다. 그런 군자의 도는 수신을 통해 이룩한 중용의 도로 나에게 근본하는 것이며, 남들에게 인정을 받아 통용되는 것이다. 또한 그 도는 과거의 훌륭했던 성왕들의 법도와 어긋나지 않고, 천지의 덕과도 어긋나지 않으며, 귀신에게 질정해도 의심이 없고, 백세 뒤의 성인도 의혹하지 않을 공명정대한 것이다.

제4절에는 지천(知天)과 지인(知人)이 나오는데, 이는 하늘의 이치를 알고 사람의 이치를 안 것을 말한다. 제20장에서 말한 지인(知人)·지천(知天)은 사람의 이치를 알고 하늘의 이치를 아는 공부(工夫)에 해당하는 말이며, 여기서 말하는 지천·지인은 공효(功效)를 말한다.

제30장

30-01

중니(仲尼)는 멀리 요임금·순임금의 도를 조술(祖述)[257]하시고, 가까이 문왕(文王)·무왕(武王)의 도를 본받아 드러내시며,[258] 위로는 천시(天時)[259]를 본받으시고,[260] 아래로는 수토(水土)의 이치[261]를 따르셨다.[262]

仲尼는 祖述堯舜하시고 憲章文武하시며 上律天時하시고 下襲水土하시니라

조술(祖述)은 멀리 그 도를 근본한 것이고, 헌장(憲章)은 가까이 그 법을 지킨 것이다. 율천시(律天時)는 하늘이 자연스럽게 운행하는 이치를 본받았다는 말이고, 습수토(襲水土)는 수토의 일정한 이치를 따랐다는

---

257) 조술(祖述): '조종(祖宗)으로 삼아 진술(陳述)하다'라는 뜻으로 '그것을 근본으로 삼아 펼치다'라는 의미이다.
258) 본받아 드러내시며: 원문의 '헌장'(憲章)을 앞의 조술(祖述)처럼 '헌(憲)하여 장(章)하다'로 번역하였다.
259) 천시(天時): 천도가 운행하는 법칙을 말한다.
260) 본받으시고: 원문의 '율'(律)을 서술어로 번역한 것이다.
261) 수토(水土)의 이치: 수토(水土)는 산천(山川)을 의미한다. 여기서는 산천형세의 이치를 말한다.
262) 따르셨다: 원문의 '습'(襲)은 인(因)의 뜻이다.

말이다. 모두 내외를 겸하고 본말을 갖추어 말한 것이다.

祖述者는 遠宗其道요 憲章者는 近守其法이라 律天時者는 法其
自然之運이요 襲水土者는 因其一定之理라 皆兼內外該本末而言
也라

30-02

〈공자의 덕은〉 비유하자면 하늘과 땅이 만물을 실어주지 않음이 없
고 덮어주지 않음이 없는 것과 같으며, 비유하자면 사계절이 번갈아
운행하는 것과 같으며, 〈비유하자면〉 해와 달이 교대로 세상을 밝히
는 것과 같다.

辟(譬)如天地之無不持載하며 無不覆幬하며 辟(譬)如四
時之錯行하며 如日月之代明이니라

착(錯)은 갈마들다(迭)는 말과 같다. 이는 성인의 덕을 말한 것이다.
錯은 猶迭也라 此는 言聖人之德이라

30-03

〈천지의 도는〉 만물이 다 함께 길러지는데도 서로 해치지 않으며,
도가 함께 행해지는데도 서로 어그러지지 않으므로 덕을 작게 미칠 경
우에는 냇물이 갈라져 흐르며 대지를 적셔주는 것과 같고, 덕을 크게
미칠 경우에는 그 교화를 두텁게 하여 무궁하게 미친다. 그러니 이것
이 바로 하늘과 땅이 위대하게 되는 이유인 것이다.

萬物竝育而不相害하며 道竝行而不相悖라 小德은 川流요
大德은 敦化하나니 此가 天地之所以爲大也니라

패(悖)는 '등지다'(背)라는 말과 같다. 하늘은 덮어 주고 땅은 실어주
어 만물이 그 사이에서 다 함께 길러지는데도 서로 해치지 않고, 사계절
과 해와 달이 번갈아 운행하며 교대로 세상을 밝혀주는 데도 서로 어그
러지지 않는다. 서로 해치지 않고 서로 어그러지지 않는 것은 냇물이 갈
라져 흐르며 대지를 적셔주는 것처럼 덕을 작게 한 것이고, 만물이 다 함
께 길러지고 도가 함께 행하는 것은 교화를 두텁게 하여 덕을 크게 한 것
이다. 소덕(小德)은 전체(全體)가 나누어진 것이고, 대덕(大德)은 만수
(萬殊)[263]의 근본이다. 천류(川流)는 냇물이 흐르는 것처럼 맥락이 분명
하여 쉬지 않고 흘러가는 것이다. 돈화(敦化)는 그 교화를 돈후하게 하
여 근본이 성대해서 무궁하게 나오는 것이다. 이 절은 천지의 도를 말하
여 위의 문장에서 비유를 취한 의미를 드러낸 것이다.

○이는 제30장이다. 천도를 말한 것이다.

悖는 猶背也라 天覆地載하여 萬物並育於其間而不相害하고 四
時日月錯行代明而不相悖라 所以不害不悖者는 小德之川流요 所
以並育並行者는 大德之敦化라 小德者는 全體之分이요 大德者는
萬殊之本이라 川流者는 如川之流하여 脈絡分明하여 而往不息也라
敦化者는 敦厚其化하여 根本盛大하여 而出無窮也라 此는 言天地
之道하여 以見上文取譬之意也라

○右는 第三十章이니 言天道也라

---

263) 만수(萬殊): 만 가지로 다르다는 뜻. 즉 개체로 나누어진 생명체는 각기 서로 다
르다는 점을 말한 것이다.

해설

이 제30장은 천도를 말한 것이다. 이 장은 공자가 이룩한 도가 천지의 도와 하나라는 점을 찬미한 것이다. 제29장은 아래로부터 수신을 하여 천도의 경지에 합한 것을 말했기 때문에 인도를 말한 것이지만 이 제30 장은 천도의 경지에 오른 공자의 도가 천지의 도와 합하는 점을 말하고 있기 때문에 천도를 말한 것으로 보는 것이다.

제2절은 공자의 덕을 비유적으로 말한 것이며, 제3절은 천지의 도에 배합한 공자의 덕이 그와 같다는 점을 말한 것인데, 천지의 도를 중심으로 언급한 것이다.

제3절의 만물이 다 함께 길러지는데도 서로 해치지 않는 것은 비(費)를 말한 것이고, 도가 함께 행해지는데도 서로 어그러지지 않는 것은 은(隱)을 말한 것이다. 소덕천류(小德川流)는 각각의 개체로 나누어지는 측면에서 말한 것으로 만수(萬殊)를 의미하고, 대덕돈화(大德敦化)는 전체의 근본에 나아가 말한 것으로 전체(全體)를 의미한다. 천지의 관점에서 말하면 높고 낮고 흩어지고 각각 다른 것은 소덕천류에 해당하고, 심원하여 잠시도 그침이 없다고 한 것은 대덕돈화에 해당한다. 성인의 관점에서 말하면 조물주가 만물에 각각 부여해준 것은 소덕천류에 해당하고, 덕이 순일하고 또 그치지 않는다고 한 것은 대덕돈화에 해당한다.

성리학에서는 이를 이일(理一)·분수(分殊)라고 한다. 분수는 만수와 같은 뜻으로, 만 가지로 각기 다르게 나누어진 개체는 서로 다르다는 의미이다. 이일(理一)은 이치가 하나라는 뜻으로 개체가 아닌 전체를 의미한다. 분수는 발용(發用)의 측면에서 말한 것이고, 이일(理一)은 혼륜(渾淪)의 측면에서 말한 것이다.

공자가 이룩한 도는 덕을 작게 미칠 경우에는 냇물이 갈라져 흐르며 대지를 적셔주는 것처럼 그렇게 각각의 개체에 영향을 미치지만, 덕을

222

크게 미칠 경우에는 교화를 돈독히 하여 만물이 함께 길러지는 것처럼
전체에 영향을 미친다는 말이다.

제31장

31-01

오직 이 세상의 지극히 성스러운 분이어야 능히 총명하고 지혜로워 족히 아랫사람들에게 임함이 있을 수 있다. 그러니 그분의 관대하고〔寬〕 여유 있고〔裕〕 온화하고〔溫〕 부드러움〔柔〕은 족히 아랫사람들을 포용함이 있을 수 있으며, 그분의 발분하고〔發〕 의지를 강하게 하고〔强〕 강직하고〔剛〕 꿋꿋함〔毅〕은 족히 어떤 일을 집행함이 있을 수 있으며, 그분의 재계하고〔齊〕 장중하고〔莊〕 중도에 맞고〔中〕 정직함〔正〕은 족히 자기를 공경하게 함이 있을 수 있으며, 그분의 문채 나고〔文〕 조리 있고〔理〕 주밀하고〔密〕 밝게 살피심〔察〕은 족히 시비를 분별함이 있을 수 있다.

唯天下至聖(이라야) 爲能聰明睿知(智)(하여) 足以有臨也니 寬裕溫柔(는) 足以有容也며 發强剛毅(는) 足以有執也며 齊(齋)莊中正(은) 足以有敬也며 文理密察(은) 足以有別也니라

총명예지(聰明睿知)는 생이지지(生而知之)의 자질을 말한다. 임(臨)은 윗자리에 거처하면서 아랫자리에 임하는 것을 말한다. 그 아래 네 가지는 곧 인(仁)·의(義)·예(禮)·지(智)의 덕이다. 문(文)은 문장을 말하고, 이(理)는 조리를 말하고, 밀(密)은 상세함을 말하고, 찰(察)은 분명히

분변함을 말한다.

聰明睿知는 生知之質이라 臨은 謂居上而臨下也라 其下四者는
乃仁義禮智之德이라 文은 文章也요 理는 條理也요 密은 詳細也요
察은 明辨也라

31-02

〈그분의 도는〉 보편적이고 광활하고 깊고 근본이 있어서 수시로 그
것을 드러낸다.

溥博淵泉하여 而時出之니라

부박(溥博)은 두루 넓고 광활하다는 뜻이고, 연천(淵泉)은 고요히 깊
고 근본이 있다는 뜻이다. 출(出)은 '발현하다'는 뜻이다. 이 절은 다섯
가지의 덕[264]이 마음속에 충만하게 쌓여서 그때그때 밖으로 발현됨을
말한 것이다.

溥博은 周徧而廣濶也요 淵泉은 靜深而有本也라 出은 發見也라
言五者之德이 充積於中하여 而以時發見於外也라

31-03

〈그분의 도의〉 부박(溥博)함은 하늘과 같고, 연천(淵泉)함은 연못과
같다. 그러니 그분이 나타나면[265] 백성은 그분을 공경하지 않음이 없

---

264) 다섯 가지의 덕: 제1절에 말한 다섯 가지를 가리킨다.
265) 나타나면: 원문의 '이'(而)는 즉(則)과 마찬가지로 쓰였다.

으며, 그분이 말씀을 하면 백성은 그 말을 믿지 않음이 없으며, 그분이 행동을 하면 백성은 기뻐하지 않음이 없다.

溥博은 如天하고 淵泉은 如淵하니 見(현)而民莫不敬하며 言而民莫不信하며 行而民莫不說(열)이니라

이 절은 그 덕이 내면에 충만히 쌓인 것이 그 성대함을 지극히 하여 발현됨이 옳은 데에 합당함을 말한 것이다.

言其充積이 極其盛하여 而發見이 當其可也라

31-04

그러므로 그 성인의 명성이 나라 안[266]에 성대히 흘러 넘쳐서 뻗어나가 오랑캐 지역에까지 미쳐 배와 수레가 미칠 수 있는 곳과, 사람의 힘으로 통할 수 있는 곳과, 하늘이 덮어주는 모든 곳과, 땅이 실어주는 모든 곳과, 해·달이 비치는 모든 곳과, 서리·이슬이 떨어지는 모든 곳에 모든 혈기를 가진 생명체들은 그분을 존경하고 친애하지 않음이 없다. 그러므로 "〈그분의 덕이〉 하늘에 합했다"라고 말하는 것이다.

是以로 聲名이 洋溢乎中國하여 施(이)及蠻貊하여 舟車所至와 人力所通과 天之所覆와 地之所載와 日月所照와 霜露所隊(墜)에 凡有血氣者(는) 莫不尊親하나니 故로 曰配天이니라

주거소지(舟車所至) 이하는 대체로 그 점을 지극히 말한 것이다. 배천(配天)은 그 덕이 미치는 범위가 하늘처럼 크고 넓다는 점을 말한 것이다.

---

266) 나라 안: 원문의 '중국'(中國)은 국중(國中)의 뜻이다.

○이는 제31장이다. 위의 장을 이어서 소덕천류(小德川流)를 말한 것으로 또한 천도를 말한 것이다.

舟車所至以下는 蓋極言之라 配天은 言其德之所及이 廣大如天也라

○右는 第三十一章이라 承上章而言小德之川流니 亦天道也라

해설

이 제31장은 지성(至聖)의 덕을 발용(發用)하는 측면에서 천도를 말한 것이다.

제1절의 관유온유(寬裕溫柔)는 인(仁)의 덕을 네 가지로 말한 것이고, 발강강의(發强剛毅)는 의(義)의 덕을 네 가지로 말한 것이며, 재장중정(齊莊中正)은 예(禮)의 덕을 네 가지로 말한 것이고, 문리밀찰(文理密察)은 지(智)의 덕을 네 가지로 말한 것이다.

제2절은 그 덕이 보편적이고 광활하고 깊고 근본이 있어서 수시로 발현됨을 말한 것이고, 제3절은 그 덕이 발현되어 백성에게 영향을 미침을 말한 것이고, 제4절은 그 덕이 미치는 바가 매우 넓고 크다는 점을 극도로 찬양한 것이다.

제4절 마지막에 배천(配天)이라고 한 것은 지극히 성스러운 덕을 가진 분이 천도에 배합함을 말한 것이다. 배천은 개체가 근본과 하나가 되는 것이다. 나라는 존재는 만 가지로 다르게 나누어진 개체 중 하나에 불과하지만 나의 존재 근본인 하늘의 도에 배합하게 되면 그때는 개체로서의 내가 아니라 전체로서의 내가 되는 것이다. 그래서 다른 생명체도 나와 하나라는 점을 인식하고 그 덕을 베풀게 된다. 이것이 중용의 도를 통해 천도에 합하는 삶이다. 개체로서의 나라는 틀에 갇히지 않고, 본원을 지향하여 나의 본원이 하늘과 하나가 되는 것, 그것은 너와 내가 하나

라는 공동체를 깨닫게 해준다. 이런 점에서 『중용』의 논리는 소아(小我)에 집착하지 않고 대아(大我)를 지향하며, 나라를 실존의 개체에 머물지 않고 전체와 하나가 되는 삶을 지향한다.

제32장

32-01

오직 이 세상의 지극히 성(誠)한 분이어야 능히 천하의 대경(大經)²⁶⁷⁾을 경륜(經綸)²⁶⁸⁾하며, 천하의 대본(大本)²⁶⁹⁾을 수립하며, 천지의 화육(化育)을 아는 것을 할 수 있으니 그런 분이 어찌 다른 것에 의지하는 바가 있겠는가.

唯天下至誠이야(이라야) 爲能經綸天下之大經하며 立天下之大本하며 知天地之化育이니 夫焉有所倚리오

경(經)·윤(綸) 모두 실〔絲〕을 다스리는 일이다. 경(經)은 그 실마리를 다스려서 나누는 것이고, 윤(綸)은 그 종류를 가지런히 하여 합하는 것이다. 경(經)²⁷⁰⁾은 '떳떳하다'는 뜻이다. 대경(大經)은 다섯 가지의 인륜이고, 대본(大本)은 부여받은 본성의 온전한 전체이다. 오직 성인의 덕만이 지극히 성(誠)하여 망령됨이 없기 때문에 인륜에 있어서 그 당연한 것의 실제를 각각 극진히 하여 모두 천하와 후세의 법이 될 수 있으니

---

267) 대경(大經): 다섯 가지의 떳떳한 인륜의 도리, 즉 오상(五常)을 말한다.
268) 경륜(經綸): 실을 정리하는 것처럼 세상의 일을 다스린다는 뜻이다.
269) 대본(大本): 큰 근본이라는 뜻으로 본성의 온전한 본체를 말한다.
270) 경(經): 원문의 '대경'(大經)의 경(經)을 가리킨다.

그것이 이른바 "천하의 대경을 경륜한다"라는 말이다. 그분은 부여받은 본성의 온전한 본체에 대해 털끝만큼도 인욕의 허위가 뒤섞임이 없어서 천하의 도가 천변만화하는 것이 모두 이를 말미암아 나오니 그것이 이른바 "천하의 대본을 수립한다"라는 말이다. 그분이 천지의 화육에 대해서는 또한 그 지극히 성(誠)하여 망령됨이 없는 것이 묵묵히 합치됨이 있으니 그것을 보고 들어서 알 뿐만 아니다. 이는 모두 지극히 성(誠)하여 망령됨이 없어서 저절로 그러하게 되는 분의 공용(功用)이니 어찌 다른 물체에 의지해 붙은 뒤 능한 것이 있겠는가.

經綸은 皆治絲之事니 經者는 理其緒而分之요 綸者는 比其類而合之也라 經은 常也라 大經者는 五品之人倫이요 大本者는 所性之全體也라 惟聖人之德이 極誠無妄이라 故로 於人倫에 各盡其當然之實하여 而皆可以爲天下後世法이니 所謂經綸之也라 其於所性之全體에 無一毫人欲之僞以雜之하여 而天下之道의 千變萬化가 皆由此出하니 所謂立之也라 其於天地之化育에는 則亦其極誠無妄者가 有默契焉하니 非但聞見之知而已라 此는 皆至誠無妄自然之功用이니 夫豈有所倚著於物而後能哉리오

32-02

간절하고 지극하구나, 그분[271]의 인(仁)이여. 고요하고 깊구나, 그분의 연못처럼 깊은 본성의 온전한 본체여. 넓고도 크구나, 그분의 하늘처럼 천지화육(天地化育)을 아심이여.

肫肫其仁이며 淵淵其淵이며 浩浩其天이니라(이여)

---

271) 그분: 원문의 '기'(其)는 지성지인(至誠之人)을 말한다.

준준(肫肫)은 간절하고 지극한 모양이니 이는 경륜(經綸)으로 말한 것이다. 연연(淵淵)은 고요하고 깊은 모양이니 천하의 대본(大本)을 수립하는 것으로 말한 것이다. 호호(浩浩)는 넓고 큰 모양이니 천지의 화육(化育)을 아는 것으로 말한 것이다. 기연(其淵)·기천(其天)은 단지 그와 같을 뿐만 아니라는 말이다.

肫肫은 懇至貌니 以經綸而言也요 淵淵은 靜深貌니 以立本而言也요 浩浩는 廣大貌니 以知化而言也라 其淵其天은 則非特如之而已라

32-03

진실로 총명하고 지혜로워 천덕(天德)에 통달한 사람이 아니라면 그 누가 능히 그것을 알겠는가.

苟不固聰明聖知(智)達天德者면 其孰能知之리오

고(固)는 '진실로'〔實〕라는 말과 같다. 정씨(鄭氏)[272]는 말하기를 "오직 성인이라야 능히 성인을 알 수 있다는 말이다"[273]라고 하였다.

○이는 제32장이다. 위의 장을 이어서 대덕돈화(大德敦化)를 말한 것이니 또한 천도를 말한 것이다. 앞의 제31장은 지성(至聖)의 덕을 말하였고, 이 제32장은 지성(至誠)의 도를 말하였다. 그러나 지성(至誠)의 도는 지극히 성스러운〔至聖〕 분이 아니면 알 수 없고, 지성(至聖)의 덕은 지극히 성(誠)한 분이 아니면 행할 수 없으니 이는 또한 두 물사(物事)가

---

272) 정씨(鄭氏): 후한 말의 경학자 정현(鄭玄)을 말한다.
273) 이 문장은 십삼경주소본『예기주소』(禮記注疏) 권53「중용」(中庸)의 주에 보인다.

아니다. 이 『중용』에 성인이 천도(天道)에 합한 극치를 말한 것은 이 장에 이르러 더할 것이 없게 되었다.

固는 猶實也라 鄭氏曰 唯聖人이라야 能知聖人也라 하니라

○右는 第三十二章이니 承上章而言大德之敦化니 亦天道也라 前章은 言至聖之德하고 此章은 言至誠之道라 然이나 至誠之道는 非至聖이면 不能知요 至聖之德은 非至誠이면 不能爲니 則亦非二物矣라 此篇에 言聖人天道之極致가 至此하여 而無以加矣라

해설

이 제32장은 지성(至誠)의 측면에서 대덕(大德)의 돈화(敦化)를 말한 것으로 천도(天道)에 해당한다. 앞의 제31장이 지성(至聖)의 덕을 발용(發用)하는 점을 말한 것이라면 이 장은 지성(至誠)의 도가 혼륜(渾淪)한 점을 말한 것이다.

제1절의 천하의 대경(大經)은 오상(五常)의 도(道)를 의미하고, 천하의 대본(大本)은 성(性)을 의미하며, 천지의 화육은 천명(天命)을 의미한다. 즉 천명을 알아서 하늘이 부여한 본성을 해치지 않고 그대로 순응해 살며, 이 세상에 인륜의 떳떳한 도리인 오상을 세운다는 것이다.

제2절은 그러한 지성(至誠)의 도를 찬양한 것이다. 세 구절 모두 도치된 문장으로 시적 효과를 극대화하여 표현한 말이다. 위의 번역문에서는 이를 의역하여 이해하기 쉽게 표현하였다. 언해본에는 앞의 두 글자가 뒤의 기(其)를 수식하는 관형격으로 보았는데, 그보다는 각 구절 모두 도치된 문장으로 보는 것이 이해하기 쉽다.

제27장에 인도를 말한 뒤 제28장과 제29장에 연이어 인도를 말하였다. 그러니까 세 장이 연이어 인도를 말한 것이다. 그리고 다시 제30장에 천도를 말하면서 소덕천류(小德川流)와 대덕돈화(大德敦化)를 겸하여

말한 뒤 제31장과 제32장에 이를 나누어 말하였는데, 제32장에 이르러 대덕돈화를 말하여 천도의 극치를 말하였다.

제33장

33-01

『시경』의 시에 말하기를 "비단옷을 입고서 그 위에 겉옷을 걸쳐 입었네"라고 하였으니 이는 그 문채가 드러나는 것을 싫어한 것이다. 그러므로 군자의 도는 〈처음에는〉 닫힌 문 안처럼 드러나 보이지 않지만 날마다 나타나고, 소인의 도는 〈처음에는〉 과녁처럼 분명하지만 날마다 없어진다. 군자의 도는 담박하되 싫증나지 않고, 간결하되 문채가 나고, 온화하되 조리가 있다. 그러니 〈학자들은〉 저 멀리 보이는 것이 이 가까운 곳으로부터 말미암는 줄 알며, 바람처럼 겉으로 드러나 보이는 것이 안의 근본으로부터 비롯됨을 알며, 내면의 은미한 것이 밖으로 드러남이 있는 줄 알면 〈군자와〉 더불어 덕의 경지에 들어갈 수 있을 것이다.

詩曰 "衣錦尙絅이라" 하니 惡(오)其文之著也라 故로 君子之道는 闇然而日章하고 小人之道는 的然而日亡하나니 君子之道는 淡而不厭하며 簡而文하며 溫而理니 知遠之近하며 知風之自하며 知微之顯이면 可與入德矣리라

앞의 장은 성인의 덕이 그 성대함을 지극히 함을 말하였다. 이 장은 다시 아래의 쉬운 것부터 배우고 심지를 세우는 처음부터 공부를 말하였

는데, 아래의 문장에 다시 그 점을 미루어서 그 지극한 경지에까지 이르렀다.

인용한 시구는 『시경』 국풍(國風) 위풍(衛風) 「석인」(碩人)과 정풍(鄭風) 「봉」(丰)인데, 모두 의금경의(衣錦褧衣)로 되어 있다. 경(褧)은 경(絅)과 같은 뜻이니 홑옷을 말한다. 상(尙)은 '걸치다'는 뜻이다. 옛날의 학자들은 자기를 위한 실질적인 공부〔爲己之學〕를 하였다. 그러므로 그들은 마음을 세움이 이와 같았던 것이다. 겉옷을 걸쳤기 때문에 처음에는 닫힌 문 안처럼 드러나 보이지 않는다. 그러나 안에 비단옷을 입었기 때문에 날마다 나타나는 실상이 있는 것이다. 담박하고〔淡〕 간결하고〔簡〕 온화한〔溫〕 것은 홑옷을 겉에 입었기 때문이다. 싫증나지 않고〔不厭〕 문채 나고〔文〕 조리가 있는〔理〕 것은 비단옷의 아름다움이 안에 있기 때문이다. 소인은 이와 반대가 되니 겉으로는 드러나지만 실질로써 그것을 이어가지 못한다. 그러므로 처음에는 과녁처럼 분명하지만 날마다 없어지는 것이다. 원지근(遠之近)은 저 멀리 나타난 것이 이 가까운 데로 말미암는다는 말이다. 풍지자(風之自)는 밖으로 드러남이 안에 근본한다는 말이다. 미지현(微之顯)은 내면에 있는 것이 겉으로 드러난다는 말이다. 자기를 위한 실질적인 공부를 하겠다는 마음을 가지고서 또 이 세 가지 이치를 알면 삼갈 바를 알아서 덕에 들어갈 수 있을 것이다. 그러므로 아래의 문장에 『시경』의 시를 인용하여 근독(謹獨)[274]의 일을 말한 것이다.

前章은 言聖人之德이 極其盛矣라 此는 復自下學立心之始로 言之한데 而下文에 又推之하여 以至其極也라 詩는 國風의 衛碩人과

---

274) 근독(謹獨): 제1장에 보이는 신독(愼獨)을 말한다. 송나라 효종(孝宗)의 이름이 신(昚)이기 때문에 주자가 이를 휘(諱)하여 근독(謹獨)으로 쓴 것이다.

鄭之丰인데 皆作衣錦褧衣라 褧은 絅으로 同이니 禪衣也라 尙은 加也
라 古之學者는 爲己라 故로 其立心이 如此라 尙絅이라 故로 闇然하
고 衣錦이라 故로 有日章之實이라 淡簡溫은 絅之襲於外也라 不厭
而文且理焉은 錦之美在中也라 小人은 反是하니 則暴於外而無實
以繼之라 是以로 的然而日亡也라 遠之近은 見於彼者가 由於此也
요 風之自는 著乎外者가 本乎內也요 微之顯은 有諸內者가 形諸外
也라 有爲己之心하고 而又知此三者면 則知所謹하여 而可入德矣라
故로 下文에 引詩하여 言謹獨之事라

33-02

『시경』의 시에 말하기를 "물속에 잠겨 있는 것이 납작 엎드려 있지만
또한 매우 밝게 드러나 보이네"라고 하였다. 그러므로 군자는 자기 마
음속을 살펴보아도 아무런 흠이 없어서 자신의 심지(心志)에 부끄러
움이 없다. 그러니 그러한 군자의 경지에 다른 사람들이 미칠 수 없는
바, 그것은 오직 남들이 보지 못하는 바에 있도다!

詩云 "潛雖伏矣나 亦孔之昭라" 하니 故로 君子는 內省不疚
하여 無惡(오)於志하나니 君子之所不可及者는 其唯人之所不
見乎인저

인용한 시구는 『시경』 소아(小雅) 「정월」(正月)이다. 위의 문장을
이어서 제1장의 막현호은 막현호미(莫見乎隱 莫顯乎微)를 말한 것이
다.[275] 구(疚)는 병폐이다. 무오어지(無惡於志)는 "마음에 부끄러움이

---

275) 제1장의……것이다: 제1장 제3절의 막현호은 막현호미(莫見乎隱 莫顯乎微)는

없다"라고 말하는 것과 같다. 이 절은 군자의 근독(謹獨)의 일이다.

詩는 小雅 正月之篇이라 承上文하여 言莫見乎隱 莫顯乎微也라 疚는 病也라 無惡於志는 猶言無愧於心이라 此는 君子謹獨之事也라

33-03

『시경』의 시에 말하기를 "〈네가〉 너의 방 안에 홀로 있을 때를 살펴보니 오히려 남들이 볼 수 없는 옥루(屋漏)[276]에서도 부끄러운 짓을 하지 않네"라고 하였다. 그러므로 군자는 사물이 눈앞에 움직이지 않더라도 스스로 마음을 공경히 하며, 누군가 말을 하지 않더라도 마음을 신실(信實)하게 한다.

詩云 "相在爾室혼대 尙不愧于屋漏라"하니 故로 君子는 不動而敬하며 不言而信이니라

인용한 시는 『시경』 대아(大雅) 「억」(抑)이다. 상(相)은 '보다'는 뜻이다. 옥루(屋漏)는 방안의 서북쪽 모서리이다. 이 절은 위의 문장을 이어 또 군자의 계신(戒愼)·공구(恐懼)는 어느 때인들 그렇지 않음이 없어서 말하거나 행동하기를 기다린 뒤 마음을 공경히 하고 마음을 신실하게 하는 것이 아님을 말한 것이다. 그러니 그 자기를 위한 실질적인 공부가 더욱 주밀해진 것이다. 그러므로 아래의 문장에 『시경』의 시구를 인용하

마음이 발하여 아직 겉으로 드러나지 않은 상태를 말하는 것으로, 이때 필요한 것이 신독(愼獨)의 성찰(省察)이다. 여기서는 바로 성찰공부를 말한 것이라는 의미이다.

276) 옥루(屋漏): 집 안의 서북쪽 모퉁이로 장막을 설치하고 신주를 모셔두는 곳이다. 남들이 볼 수 없는 집 안에서 가장 은밀한 것을 지칭한다.

여 그 공효(功效)를 아울러 말하였다.

詩는 大雅 抑之篇이라 相은 視也라 屋漏는 室西北隅也라 承上文
하여 又言君子之戒謹恐懼는 無時不然하여 不待言動而後敬信이니
則其爲己之功이 益加密矣라 故로 下文에 引詩하여 幷言其效라

33-04

『시경』의 시에 말하기를 "신주 앞에 나아가 신을 강림하게 할 때에
는 말을 함이 없더라도 이에 다투는 사람이 있지 않네"라고 하였다. 그
러므로 군자는 백성에게 상을 주지 않더라도 백성이 스스로 부지런히
노력하며, 백성에게 노여워하지 않더라도 백성이 작도와 도끼[277]보다
더 두려워한다.

詩曰 "奏假(格)無言하여 時靡有爭이라" 하니 是故로 君子는
不賞而民勸하며 不怒而民威於鈇鉞이니라

인용한 시구는 『시경』 상송(商頌) 「열조」(烈祖)이다. 주(奏)는 '신주 앞
에 나아가다'는 뜻이다. 이 절은 위의 문장을 이어서 드디어 그 공효에 미
친 것이다. 말하자면 신주 앞에 나아가 신명(神明)을 감응하여 강림하게
할 때에는 그들의 정성과 공경을 지극히 하여 아무도 말을 함이 없더라
도 사람들이 저절로 교화되어 다투는 자가 없다는 것이다. 위(威)는 '두
려워하다'는 뜻이다. 부(鈇)는 여물을 써는 작도이고, 월(鉞)은 도끼이다.

詩는 商頌 烈祖之篇이라 奏는 進也라 承上文하여 而遂及其效라
言進而感格於神明之際에 極其誠敬하여 無有言說이라도 而人自化

---

277) 작도와 도끼: 원문의 '부월'(鈇鉞)은 허리를 자르고 머리를 베는 형구를 말한다.

之也라 威는 畏也라 鈇는 莝斫刀也요 鉞은 斧也라

33-05

『시경』의 시에 말하기를 "드러나지 않는 천자의 덕을 여러 제후들이 그것을 본받네"라고 하였다. 그러므로 군자는 공경(恭敬)을 돈독히 함에 천하가 태평하게 다스려진다.

詩曰 "不顯惟德을 百辟其刑之라"하니 是故로 君子는 篤恭而天下平이니라

인용한 시구는 『시경』 주송(周頌) 「열문」(烈文)이다. 불현(不顯)은 그 설이 제26장에 보인다.[278] 이는 『시경』의 시구를 인용하여 '그윽하고 깊고 어둑하고 까마득하다'라는 의미를 삼은 것이다. 이 절은 위의 문장을 이어서 천자에게 드러나지 않는 덕이 있어 제후들이 그것을 본받으면 그 덕이 더욱 심원해져서 효과가 더욱 원대해진다는 점을 말한 것이다. 독(篤)은 '두텁다'는 뜻이다. 독공(篤恭)은 그 공경을 드러내지 않음을 말한 것이다. 독공이천하평(篤恭而天下平)은 곧 성인의 지덕(至德)이 깊고 은미하게 저절로 감응한 것이니 중용의 지극한 공효(功效)이다.

詩는 周頌 烈文之篇이라 不顯은 說見二十六章이라 此는 借引하여 以爲幽深玄遠之意라 承上文하여 言天子有不顯之德하여 而諸侯法之면 則其德이 愈深하여 而效가 愈遠矣라 篤은 厚也라 篤恭은 言不顯其敬也라 篤恭而天下平은 乃聖人至德淵微自然之應이니 中

---

278) 그……보인다: 『중용장구』 제26장 주자의 주에 "불현(不顯)은 '어찌 드러나지 않는가?'(豈不顯)라고 말하는 것과 같다"라고 하였다.

庸之極功也라

33-06

『시경』의 시에 말하기를 "나는[279] 〈너의〉 명덕(明德)[280]의 목소리
와 안색을 크게 하지 않은 점을 생각한다"라고 하였는데, 공자께서 말
씀하셨다. "목소리와 안색이 백성을 교화하는 데에는 말단적인 것이
다"[281]라고 하였다. 또 『시경』의 시에 "덕은 가볍기가 새털과 같다"[282]
라고 하였으나 새털은 오히려 무게 등급이 있으니, 『시경』의 시에 "상
천(上天)의 일은 소리도 없고 냄새도 없다"[283]라고 한 데에 이르러야 지극
한 것이다.

　　詩云 "予懷明德의 不大聲以色이라" 하여늘 子曰 "聲色之於
以化民에 末也라" 하시니라 詩云 "德輶如毛라" 하나 毛猶有倫하
니 〈至於詩云〉 "上天之載(는) 無聲無臭라"아〈라야〉 至矣니라

　　인용한 시구는 『시경』 대아(大雅) 「황의」(皇矣)이다. 이 시구를 인용
하여 위의 문장에서 이른바 '드러나지 않은 덕'이라고 말한 것이 바로
문왕이 목소리와 안색을 크게 하지 않은 것임을 밝힌 것이다. 또 공자의
말씀을 인용하여 "목소리와 안색은 백성을 교화하는 데에 말단적인 일
인데, 지금 단지 목소리와 안색을 크게 하지 않음을 말할 뿐이라면 오히

---

279) 나는: 상제(上帝)를 말한다.
280) 명덕(明德): 문왕의 명덕(明德)을 말한다.
281) 이 문장은 송나라 때 왕탁(汪晫)이 편찬한 『자사자전서』(子思子全書) 내편 「천
　　명제일」(天命第一)에 보인다.
282) 이 시구는 『시경』 대아(大雅) 「증민」(烝民)에 보인다.
283) 이 시구는 『시경』 대아(大雅) 「문왕」(文王)에 보인다.

려 안색과 목소리가 존재함이 있게 된다. 이는 드러나지 않는 덕의 미묘함을 형용하기에 부족하니 『시경』 대아 「증민」(烝民)에 '덕은 가볍기가 새털과 같다'라고 말한 것이 거의 그 드러나지 않는 덕을 형용할 수 있는 것만 못하다'라고 생각한 것이다. 그리고 또 스스로 생각하기를 "새털을 말하면 오히려 비교할 만한 대상이 있게 된다. 이 또한 그 미묘함을 극진히 하지 못한 것이니 『시경』 대아 「문왕」(文王)에 '상천의 일은 소리도 없고 냄새도 없다'라고 말한 뒤에야 그 드러나지 않는 덕의 지극함이 될 수 있는 것만 못하다"라고 한 것이다. 대개 소리와 냄새는 기운은 있지만 형체가 없어서 생명체에 있어서 가장 미묘한 것이 된다. 그런데 오히려 "소리도 없고 냄새도 없다"라고 말하였다. 그러므로 오직 이것만이 드러나지 않는 공경을 돈독히 하는 미묘한 덕을 형용할 수 있으니 이 덕 밖에 또 별도로 이런 3등급이 있어서 그런 뒤에 지극하게 되는 것은 아니다.

○이는 제33장이다. 자사가 앞의 장의 성인이 천도에 합한 극치의 말을 인하여 돌이켜 그 근본을 찾아서 다시 아래서부터 배우는 학자가 자기를 위한 실질적인 학문을 하고〔爲己〕 혼자만 아는 마음을 삼가는〔謹獨〕 일로부터 미루어 말해서 공경함을 돈독히 함에 천하가 태평하게 다스려지는〔篤恭而天下平〕 성대한 데까지 차례로 나아갔다. 그리고 또 그 미묘함을 찬미하여 소리도 없고 냄새도 없는 경지〔無聲無臭〕까지 이른 뒤에 그쳤다. 이는 대체로 이 『중용』 전편의 요지를 거론하여 요약해 말한 것이다. 사람들에게 반복하며 정녕하게 보여준 그 의도가 지극히 깊고도 간절하다. 그러니 학자들은 마음을 다하지 않을 수 있겠는가.

詩는 大雅 皇矣之篇이라 引之하여 以明上文所謂不顯之德者가 正以其不大聲與色也라 又引孔子之言하여 以爲聲色은 乃化民之末務어늘 今但言不大之而已면 則猶有聲色者存이라 是未足以形容不顯之妙니 不若烝民之詩所言德輶如毛 則庶乎可以形容矣라

하고 而又自以爲謂之毛면 則猶有可比者라 是亦未盡其妙니 不若
文王之詩所言上天之事 無聲無臭 然後에야 乃爲不顯之至耳라 하
니라 蓋聲臭는 有氣無形하여 在物에 最爲微妙로되 而猶曰無之라 故
로 惟此可以形容不顯篤恭之妙니 非此德之外에 又別有是三等하
여 然後에 爲至也라

○右는 第三十三章이라 子思가 因前章極致之言하여 反求其本하
여 復自下學爲己謹獨之事로 推而言之하여 以馴致乎篤恭而天下
平之盛하고 又贊其妙하여 至於無聲無臭而後에 已焉이라 蓋擧一篇
之要하여 而約言之라 其反復丁寧示人之意가 至深切矣니 學者는
其可不盡心乎아

해설

이 제33장은 제1장과 수미관계를 이루며, 전편의 의미를 끝맺은 것이
다. 제1장은 천(天)으로부터 성(性) · 도(道) · 교(敎)를 하향으로 말했는
데, 이 제33장은 반대로 아래에서 위로 올라가며 상향으로 말하였다. 그
래서 하학상달(下學上達)을 말한 것으로 보는 설이 있다. 이 제33장은
모두 6절로 되어 있으며, 8편의 『시경』의 시구를 인용하여 말하고 있다.

제1절은 군자의 위기지학(爲己之學)을 말한 것이다. 이 절에 군자(君
子)와 소인(小人)을 상대적으로 일컫고 있는데, 이는 위기지학과 위인지
학(爲人之學)이 다르다는 점을 은연중 드러내 보인 것이다. 이 절의 지
원지근(知遠之近)과 지풍지자(知風之自)는 겉으로 드러난 것을 통해 안
을 아는 것이고, 지미지현(知微之顯)은 안으로부터 밖으로 도달하는 것
을 말한다.

이 삼지(三知)는 비유적으로 말한 것이다. 주자의 해석에 따르면 지원
지근(知遠之近)은 저기에 있는 시비(是非)가 나에게 있는 득실(得失)을

말미암은 것임을 아는 것이고, 지풍지자(知風之自)는 자기 몸에 있는 득실이 자기 마음의 사정(邪正)을 말미암은 것임을 아는 것이며, 지미지현(知微之顯)은 마음의 내면에 나아가 말한 것이라고 하였다. 제1절은 학자들이 공부할 때에 제일 먼저 해야 할 치지(致知)를 말한 것으로 본문의 지(知)에 주목해야 한다.

제2절은 마음이 발한 뒤 군자의 신독(愼獨)의 일을 말한 것이다. 마음이 발하고 나면 제1장 제3절의 막현호은 막현호미(莫見乎隱 莫顯乎微)와 같기 때문에 신독의 공부가 중요한 것을 말한 것이다. 군자는 남들이 보지 않는 곳에서도 신독을 하여 양심에 부끄러운 짓을 하지 않는다는 말이다. 이 절의 마지막 구절은 해석이 대단히 어렵다. 군자지소불가급자(君子之所不可及者)는 '군자의 미칠 수 없는 점'이라는 말이지만 그렇게 번역하면 이해하기 어렵다. 이는 '군자의 경지에 일반인들이 미칠 수 없는 점'이라는 뜻으로 풀이해야 한다. 그 뒤의 기유인지소불견호(其唯人之所不見乎)는 '그것은 오직 남들이 보지 못하는 바에 있도다'라는 뜻이다. '남들이 보지 못하는 바'는 신독(愼獨)의 독(獨)을 말한다. 이 말은 곧 남들이 보지 않는 데에서 혼자만 알고 있는 움직인 마음을 성찰하여 악의 기미를 없앤다는 뜻이다.

제3절은 마음이 발하지 않았을 때의 공부인 계신(戒愼)·공구(恐懼)를 말한 것이다. 이는 제1장 제2절의 의미와 같다. 움직이면 눈으로 볼 수 있으니 눈으로 볼 수 없는 상태에서 경계하고 삼가는 것이며, 말을 하면 귀로 들을 수 있으니 귀로 들을 수 없는 상태에서 두려워하고 두려워하는 것이다. 이 절의 부동이경(不動而敬)은 눈으로 보지 못하는 상태에서의 계신·공구를 말하며, 불언이신(不言而信)은 귀로 들을 수 없는 상태에서의 계신·공구를 말한다. 이 절의 부동(不動)·불언(不言)은 제1장 제2절의 부도(不睹)·불문(不聞)과 상호 조응한다. 이 제3절까지는 오로

지 나 자신을 위한 위기지학을 말하였다.

　제4절은 앞에서 말한 신독과 계신·공구의 공부, 즉 존양·성찰의 공부를 통해 나타나는 공효(功效)에 대해 말한 것으로 군자의 위기지학의 공효를 사람들이 두려워하여 저절로 교화된다는 말이다. 이 제4절에 이르러 비로소 위기지학의 효과가 남에게 미치는 점을 말하였다. 이 절의 요지는 주자의 주에 보이는 인능화지(人能化之)이다.

　제5절은 제26장에 보이는 문왕의 불현유덕(不顯惟德)과 같은 성인의 지덕(至德)이 자연스럽게 온 세상에 감응하여 덕화가 이루어진 중용(中庸)의 지극한 공효를 말하였다. 그래서 학자들 가운데는 독공(篤恭)을 이 절의 요지로 파악하기도 한다. 이 절은 사람들이 능히 교화되어 온 세상에 두루 미친 중용의 지극한 효과를 말한 것이다.

　제6절은 성인의 불현지덕(不顯之德)은 소리도 없고 냄새도 없는 하늘의 일과 같다는 점을 찬미한 것이다. 이는 사람으로서 천도에 합하여 하나가 된 경지를 말한 것이다. 그리하여 주자의 주에는 불현지묘(不顯之妙)라고 하였다. 후세 학자들은 이 절의 요지를 독공지묘(篤恭之妙)로 파악한다.

중용혹문
中庸或問

"화를 말하면
중이 그 속에 있게 되며
중을 말하면
희로애락이 그 속에 있는 것을 포함한다."

言和則中在其中
言中則含喜怒哀樂 在其中

편제 篇題

어떤 사람이 물었다. "이 책의 이름을 중용(中庸)이라고 한 뜻에 대해 정자(程子)는 오로지 '치우치지 않는 것'(不偏)으로써 말씀하였고, 여씨(呂氏)[1]는 오로지 '지나치거나 미치지 못함이 없는 것'(無過不及)으로써 설을 폈습니다. 이 두 가지 설이 참으로 다릅니다. 그런데 그대는 이를 합하여 말했으니 어째서입니까?" 나는[2] 아래와 같이 답하였다.

"중(中)은 명칭이 하나이지만 두 가지 뜻이 있습니다. 정자께서는 본디 그 점을 다 말씀하였습니다. 지금 정자의 설로 미루어보건대 내가 '치우치지 않고 의지하지 않는다'(不偏不倚)라고 한 것은 정자께서 이른바 '중(中)에 있다는 뜻은 마음이 발하기 전에 치우치거나 의지하는 바가 없는 명칭이다'라고 한 것이며, 내가 '지나치거나 미치지 못함이 없다'(無過不及)라고 한 것은 정자께서 이른바 '중(中)의 도는 행사에 나타나 각각 그 중도를 얻은 명칭이다'라고 한 것입니다.

대체로 불편불의(不偏不倚)는 서 있을 때 사방에 가까이하지 않은 것

---

1) 여씨(呂氏): 정자(程子)의 문인 여대림(呂大臨, 1040~92)을 말한다.
2) 나는: 주자를 말한다. 『중용혹문』은 주자가 『중용장구』를 지은 뒤 해석상의 문제점에 대해 어떤 사람과 문답하는 형식을 빌려 밝힌 것이다.

과 같으니 마음의 본체이며 처지(處地)의 중앙입니다. 무과불급(無過不及)은 행하는 데 앞서지도 않고 뒤처지지도 않는 것과 같으니 이치의 당연함이며 일의 중도입니다. 그러므로 아직 발하지 않은 대본(大本)에는 불편불의의 명칭을 취하였고, 이미 발하여 그때그때 중도에 맞게 하는 것에는 무과불급의 뜻을 취한 것이니 말에 참으로 각각 합당한 점이 있습니다. 그러나 마음이 아직 발하지 않았을 때를 당해서는 무과불급을 이름 할 만한 점이 있지 않지만 무과불급의 본체가 되는 것은 실로 거기에 있습니다.

마음이 발하여 중도를 얻는 데에 미치면 그 주로 하는 바가 한 가지 일에 치우치지 않을 수 없지만 그 지나치거나 미치지 못함이 없게 되는 까닭은 곧 치우치거나 의지하는 바가 작용하는 것이 없기 때문이니 한 가지 일 속에도 일찍이 치우치거나 의지하는 바가 있지 않습니다. 그러므로 정자께서 또 말씀하시기를 '화(和)를 말하면 중(中)이 그 속에 있게 되며, 중(中)을 말하면 희로애락이 그 속에 있는 것을 포함한다'라고 하였으며, 여씨도 말하기를 '마음이 발하지 않았을 때를 당해서는 이 마음이 지극히 허령(虛靈)하여 치우치거나 의지하는 바가 없다. 그러므로 중(中)이라고 한다. 이런 마음으로 만사의 변화에 응하면 어디 간들 중도에 맞지 않음이 없을 것이다'라고 하였습니다. 이는 두 가지 뜻이 다르지만 실제로는 서로 체·용이 되는 것입니다. 이것이 내가 중용이라고 책의 이름을 정한 뜻에 대해 이 뜻을 취하면서 저 의미를 버릴 수 없었던 까닭입니다."

○或問 名篇之義 程子 專以不偏爲言 呂氏 專以無過不及爲說 二者 固不同矣 子乃合而言之 何也

曰 中 一名而有二義 程子固言之矣 今以其說推之 不偏不倚云者 程子所謂在中之義 未發之前 無所偏倚之名也 無過不及

者 程子所謂中之道也 見諸行事 各得其中之名也 蓋不偏不倚
猶立而不近四旁 心之體 地之中也 無過不及 猶行而不先不後
理之當 事之中也 故於未發之大本 則取不偏不倚之名 於已發
而時中 則取無過不及之義 語固各有當也 然方其未發 雖未有
無過不及之可名 而所以爲無過不及之本體 實在於是 及其發而
得中也 雖其所主 不能不偏於一事 然其所以無過不及者 是乃
無偏倚者之所爲 而於一事之中 亦未嘗有所偏倚也 故程子又曰
言和則中在其中 言中則含喜怒哀樂 在其中 而呂氏亦云 當其
未發 此心至虛 無所偏倚 故謂之中 以此心而應萬事之變 無往
而非中矣 是則二義雖殊 而實相爲體用 此愚於名篇之義 所以
不得取此而遺彼也

○어떤 사람이 물었다. "정자(程子)는 용(庸)의 뜻에 대해 불역(不易)
으로 말씀했는데, 그대가 평상(平常)이라고 한 것은 어째서입니까?" 나
는 아래와 같이 답하였다.

"오직 중(中)이 평소 늘 그러하기 때문에 늘 그럴 수 있어서 바뀔 수
없는 것입니다. 세상 사람들을 놀라게 하는 일과 같은 것은 잠시 그럴 수
는 있지만 평상이 될 수는 없습니다. 두 가지 설이 다르지만 그 이르는
지점은 하나입니다. 단지 불역(不易)이라고만 말하면 반드시 오랜 뒤에
야 나타나게 되니 그것은 평상이라고 말하면 지금의 궤이(詭異)한 바가
없는 데에서 곧장 징험되어 그것이 늘 오래 지속되어 바뀔 수 없는 점을
겸하여 거론할 수 있는 것만 못합니다. 더구나 이 책에서 중용(中庸)을
말한 것이 위로는 고명(高明)[3]과 상대되고, 아래로는 무기탄(無忌憚)[4]
과 상반되며, '떳떳한 덕을 행하며, 떳떳한 말을 삼간다'(庸德之行 庸言
之謹)[5]라고 말한 것은 또한 미세하지만 감히 소홀히 할 수 없는 점을 나

타낸 것이니 중용으로 이 책의 이름을 정한 뜻에 대해 불역으로 말하는 것은 평상으로 말하는 것이 절실하게 되는 것과 어찌 같겠습니까?"

어떤 사람이 또 물었다. "그렇다면 이른바 평상(平常)이라는 것은 장차 천근(淺近)하고 구차함을 말하는 것이 되지 않겠습니까?" 나는 아래와 같이 답하였다.

"그렇지 않습니다. 이른바 평상이란 또한 사리(事理)가 당연하여 궤이(詭異)한 바가 없는 것을 말하는 것입니다. 이는 참으로 매우 고원하거나 행하기 어려운 일이 있는 것이 아닙니다. 그러니 또한 어찌 유행을 함께하여 더러운 풍속에 합하는 것이라고 말하겠습니까? 이미 '사리의 당연함'이라고 말하였으니 임금과 신하, 아비와 자식 사이의 일상적인 떳떳한 인륜으로부터 미루어 요임금·순임금이 선양을 하고 탕임금·무왕이 폭군을 내치고 정벌한 일에 이르기까지 그 변화가 무궁하니 또한 어디를 간들 늘 그렇지 않음이 없는 것입니다."

○〈或問〉曰 庸字之義 程子以不易言之 而子以爲平常 何也

曰 唯其平常 故可常而不可易 若驚世駭俗之事 則可暫而不得爲常矣 二說雖殊 其致一也 但謂之不易 則必要於久而後見 不若謂之平常 則直驗於今之無所詭異 而其常久而不可易者 可兼擧也 況中庸之云 上與高明爲對 而下與無忌憚者相反 其曰 庸德之行 庸言之謹 又以見夫雖細微而不敢忽 則其名篇之義 以不易而爲言者 又孰若平常之爲切乎

曰 然則所謂平常 將不爲淺近苟且之云乎

---

3) 고명(高明):『중용장구』제27장에 "極高明而道中庸"이라고 말한 것을 가리킨다.

4) 무기탄(無忌憚):『중용장구』제2장에 보인다.

5) 떳떳한……삼간다: 이 문구는『중용장구』제13장에 보인다.

曰 不然也 所謂平常 亦曰事理之當然 而無所詭異云爾 是固
非有甚高難行之事 而亦豈同流合汙之謂哉 既曰當然 則自君臣
父子日用之常推 而至於堯舜之禪授 湯武之放伐 其變無窮 亦
無適而非平常矣

○어떤 사람이 물었다. "이 책의 제1장에는 먼저 중화(中和)의 뜻을 밝
히고, 그다음 장에 중용(中庸)의 설을 언급하였습니다. 이 책을 이름 붙
일 때에 중화라고 하지 않고 중용이라고 한 것은 어째서입니까?" 나는
아래와 같이 답하였다.

"중화(中和)의 중(中)은 그 뜻이 정밀하지만 중용(中庸)의 중(中)이
실로 체·용을 겸합니다. 또한 이른바 용(庸)이란 평상(平常)의 의미가
있으니 중화에 비하면 중용이 포함하는 의미가 더욱 넓습니다. 그리하여
이 한 책의 대지(大指)와 정조(精粗)·본말(本末)이 어느 것인들 극진하
지 않음이 없습니다. 이 점이 바로 책의 이름을 중화라고 하지 않고 중용
이라고 한 이유입니다."

○〈或問〉曰 此篇首章 先明中和之義 次章乃及中庸之說 至其
名篇 乃不曰中和 而曰中庸者 何哉

曰 中和之中 其義雖精 而中庸之中 實兼體用 且其所謂庸者
又有平常之意焉 則比之中和 其所該者 尤廣 而於一篇大指 精
粗本末 無所不盡 此其所以不曰中和 而曰中庸也

○어떤 사람이 물었다. "장자(張子)의 말씀[6]은 어떻습니까?" 나는 아

---

6) 장자(張子)의 말씀: 장자(張子)는 북송 때 학자 장재(張載, 1020~77)를 말한다.
대전본 『중용혹문』 소주에 실린 장자의 설에 "學者 如中庸文字輩 直須句句理會
過 使其言 互相發明"이라 하였다.

래와 같이 답하였다.

"장자께서 '모름지기 구절마다 이해하여 그 말로 하여금 상호 발명하게 해야 한다'라고 한 말은 참으로 독서의 요법(要法)이니 이 책에서만 시행할 수 있을 뿐이 아닙니다."

○〈或問〉曰 張子之言 如何

曰 其曰 須句句理會 使其言 互相發明者 眞讀書之要法 不但可施於此篇也

어떤 사람이 물었다. "여씨(呂氏)의 위기(爲己)·위인(爲人)의 설[7]은 어떻습니까?" 나는 아래와 같이 답하였다.

"위인(爲人)은 정자께서 '남들에게 알려지기를 바라는 것이다'라고 한 것이 그것입니다. 여씨(呂氏)는 공명(功名)에 뜻을 둔 것으로 그 점을 말하면서 '오늘날의 학자들이 이에 미치지 못하는 것은 위인(爲人)으로써 남에게 미치는 일로 삼았기 때문이다. 섭렵하거나 요행을 바라는 것으로써 사욕을 이루려는 자는 또한 이보다 한 등급 아래이다'라고 하였습니다. 이는 공자께서 이른바 위인(爲人)이라고 한 것[8]이 바로 이 하등(下等)의 사람을 가리키는 것을 전혀 모른 것입니다.

만약 '위인(爲人)이 자기를 능히 완성하지도 못하면서 갑자기 남을 완

---

7) 여씨(呂氏)의……설: 대전본 『중용혹문』 소주에 실린 남전 여씨(藍田呂氏)의 설에 "爲己者 心存乎德行 而無意乎功名 爲人者 心存乎功名 而未及乎德行 若後世有未及乎爲人而濟其私欲者 今學聖人之道 而先以私欲害之 則語之而不入 導之而不行 敎之者 亦何望哉 聖人之學 不使人過 不使人不及 立喜怒哀樂之中 以爲之本 使學者擇善而固執之 其學固有序矣 學者 盍亦用心於此乎 用心於此 則義理必明 德行必修 與夫自輕其身 涉獵無本 徼倖一旦之利者 果何如哉"라고 하였다.

8) 공자께서……것: 이는 『논어』「헌문」(憲問)에 공자가 "古之學者 爲己 今之學者 爲人"이라고 한 말을 가리킨다.

성시켜주려는 것이다'라고 말한다면 이는 단지 먼저 할 바와 뒤에 할 바를 능히 알지 못하는 죄에 연좌될 수 있을 뿐입니다. 그러나 그의 마음가짐을 근원해보면 오히려 남을 친애하여 공적으로 본 것입니다. 저 사람은 남들이 알아주기를 바라서 자기 한 사람의 사욕을 이루려 하니 후학들은 이런 사람과 동일한 차원에서 말할 수 없습니다.

여씨가 이른바 '희로애락이 발하지 않은 중(中)을 세워 그 근본을 삼아야 한다. 학자들로 하여금 선을 택하여 그것을 굳게 잡게 해야 한다'[9] 라고 한 것도 학자들로 하여금 힘써 존양(存養)을 먼저 하여 궁리(窮理)의 지경으로 삼게 하고자 한 것을 말한 것입니다. 그러나 말이 분명하지 않아서 '성인이 억지로 이 중(中)을 세워 대본(大本)으로 삼아 사람들로 하여금 이를 표준으로 삼아 중을 취하게 한 것이다'라고 말하는 것과 같이 느껴지니 중(中)이 어찌 성인이 억지로 세운 것이며, 마음이 아직 발하지 않았을 때에 학자들이 그 사이에서 택하여 취하는 바가 있는 것과 어찌 같겠습니까? 단지 그 전체 문장의 대지(大指)는 절실히 합하는 점이 있으니 그것은 오늘날 학자들의 병폐입니다. 보는 사람들이 참으로 세 번 반복해서 생각을 극진히 하면 또한 감발하여 깨달아 흥기할 수 있을 것입니다."

○〈或問〉曰 呂氏爲己爲人之說 如何

曰 爲人者 程子以爲欲見知於人者 是也 呂氏 以志於功名言之 而謂今之學者 未及乎此 則是以爲人爲及物之事 而涉獵徼倖 以求濟其私者 又下此一等也 殊不知夫子所謂爲人者 正指此下等人爾 若曰 未能成己 而遽欲成物 此特可坐以不能知所先後之罪 原其設心 猶愛而公視 彼欲求人知 以濟一己之私 而

---

9) 희로애락이……한다: 이 문장은 앞의 주 남전 여씨의 설에 보인다.

後學者 不可同日語矣 至其所謂立喜怒哀樂未發之中 以爲之本
使學者 擇善而固執之者 亦曰 欲使學者 務先存養 以爲窮理之
地耳 而語之未瑩 乃似聖人強立此中 以爲大本 使人以是爲準
而取中焉 則中者 豈聖人之所強立 而未發之際 亦豈若學者有
所擇取於其間哉 但其全章大指 則有以切中 今時學者之病 覽
者 誠能三復而致思焉 亦可以感悟而興起矣

제1장

○어떤 사람이 물었다. "제1장의 천명지위성 솔성지위도 수도지위교 (天命之謂性 率性之謂道 修道之謂敎)는 무슨 뜻입니까?" 나는 아래와 같 이 답하였다.

"이는 먼저 성(性)·도(道)·교(敎)가 명칭이 된 이유를 밝혀 그 근본 을 드러낸 것인데, 모두 하늘에서 나온 것이지만 실제로는 나에게서 벗 어나지 않음을 말한 것입니다. 천명지위성(天命之謂性)은 하늘이 사람 에게 명한 것을 말한 것이니 이는 곧 사람이 본성으로 삼는 것입니다. 대개 하늘이 만물에 부여하여 스스로 그칠 수 없는 것이 명(命)입니다. 우리가 이 명(命)을 얻어 태어나는데 본체를 온전히 하지 않음이 없는 것이 성(性)입니다. 그러므로 명(命)으로써 말하면 원(元)·형(亨)·이 (利)·정(貞)이라 하니 사시(四時)[10]·오행(五行)[11]과 모든 생명체의 온 갖 변화가 이로 말미암아 나오지 않음이 없습니다. 성(性)으로써 말하면 인(仁)·의(義)·예(禮)·지(智)라 하니 사단(四端)[12]·오전(五典)[13]과 만물·만사의 이치가 그 사이에 통솔되지 않음이 없습니다.

대개 하늘에 있을 때와 사람에 있을 때에 따라 성(性)·명(命)의 구분

---

10) 사시(四時): 봄·여름·가을·겨울의 사계절을 말한다.
11) 오행(五行): 금·목·수·화·토를 말한다.
12) 사단(四端): 측은지심·수오지심·사양지심·시비지심을 말한다.
13) 오전(五典): 부자유친·군신유의·부부유별·장유유서·붕우유신을 말한다.

이 있지만 그 이치는 사람에 있어서나 다른 생명체에 있어서나 한결같지 않은 적이 없습니다. 타고난 기품(氣稟)의 다름이 있지만 그 이치는 같지 않은 적이 없습니다. 이것이 우리 본성이 순수하고 지극히 선한 것으로, 순자(荀子)14)·양웅(揚雄)15)·한자(韓子)16)가 말한 것과 같지 않은 것입니다.

솔성지위도(率性之謂道)는 그 하늘에서 얻어 태어난 바를 그대로 따르는 점을 말한 것이니 모든 일이나 생명체에는 저절로 각각 마땅히 가야 할 길이 있지 않음이 없는 것, 그것이 이른바 도(道)라는 것입니다. 대개 하늘이 명한 본성은 인·의·예·지일 뿐입니다. 그 인(仁)의 본성을 따르면 아비와 자식 사이의 친애함으로부터 남들을 인애하고 모든 생명체를 사랑하는17) 데에 이르기까지가 모두 도입니다. 그 의(義)의 본성을 따르면 임금과 신하 사이의 분별로부터 어른을 공경하고 어진 이를 존경하는 데에 이르기까지가 또한 도입니다. 그 예(禮)의 본성을 따르면 공경하고 사양하는 예절이 모두 도입니다. 그 지(智)의 본성을 따르면 시비(是非)·사정(邪正)의 분별이 또한 도입니다.

대개 이른바 성(性)이란 하나의 이치도 갖추어지지 않음이 없습니다.

---

14) 순자(荀子): 중국 주나라 전국시대의 유학자 순경(荀卿)을 말한다. 맹자의 성선설을 비판하면서 성악설(性惡說)을 주장하였으며, 예치(禮治)를 강조하였다.

15) 양웅(揚雄): 전한 때의 유학자로 『주역』을 본떠 『태현경』(太玄經)을 지었고, 『논어』를 본떠 『법언』(法言)을 지었다. 양웅은 인성에는 선악이 혼재하고 있다는 성선악혼효설(性善惡混淆說)을 주장하였다.

16) 한자(韓子): 당나라 때 학자 한유(韓愈, 768~824)를 말한다. 한유는 선한 본성을 가진 자, 악한 본성을 가진 자, 선이나 악으로 흘러갈 수 있는 중간자, 이렇게 인성에는 삼품이 있다는 성삼품설(性三品說)을 주장했다.

17) 남들을……사랑하는: 원문의 '인민애물'(仁民愛物)은 『맹자』 「진심 상」 제45장에 보이는 문구로 '사람들을 모두 인애하고서 다른 생명체까지 사랑한다'라는 뜻이다.

그러므로 이른바 도란 밖으로부터 구하는 것을 기다리지 않아도 어느 것인들 구비되지 않음이 없습니다. 이른바 성(性)이란 하나의 사물도 얻지 않음이 없습니다. 그러므로 이른바 도란 인위적인 것을 빌리지 않아도 어느 것인들 두루 유행하지 않음이 없습니다. 조수(鳥獸)·초목(草木) 등의 생명체는 겨우 형기(形氣)의 치우친 바를 얻어서 전체(全體)를 관통함이 있을 수 없습니다. 그러나 지각(知覺)하고 운동하는 것은 성하기도 하고 쇠하기도 하며 피기도 하고 지기도 하니 이 또한 모두 그 본성을 따라 각각 자연의 이치가 있는 것입니다. 호랑이와 이리의 부자 관계,[18] 벌과 개미의 군신 관계,[19] 승냥이와 수달이 근본에 보답하는 것,[20] 저구새〔雎鳩〕에 분별이 있는 것[21]에 이르면 그 형기의 치우친 바에도 도리어 그 의리가 얻은 바를 보존함이 있으니 천명의 본연은 애초 간격이 없어서 이른바 도라는 것도 이들에게 있지 않은 적이 없다는 것을 더욱 알 수 있습니다. 이 어찌 인위적인 것을 기다림이 있는 것이겠으며, 어찌 사람이 인위적으로 할 수 있는 것이겠습니까?

수도지위교(修道之謂敎)는 성인이 이 도로 인하여 각각의 경우에 맞게 절제하여 천하에 법을 세우고 교훈을 남긴 것이니 이것이 이른바 교(敎)라는 것입니다. 대개 천명지성(天命之性)과 솔성지도(率性之道)는

---

18) 호랑이와⋯⋯관계: 이는 인(仁)을 말한다. 이들은 부모와 자식 사이에 친애함이 있다고 한다.

19) 벌과⋯⋯관계: 이는 의(義)를 말한다. 벌과 개미 사회에는 임금과 신하 사이의 관계와 같은 점이 있다.

20) 승냥이와⋯⋯것: 이는 예(禮)를 말한다. 『예기』 「월령」(月令)에 계추(季秋)에는 승냥이가 짐승에게 제사지내고, 맹춘(孟春)에는 수달이 물고기에게 제사지낸다고 하였다.

21) 저구새〔雎鳩〕에⋯⋯것: 이는 지(智)를 말한다. 저구새는 황하 물가에 사는 새의 이름으로 암수가 다정하게 지내지만 음란한 짓을 하지 않는 정결한 새이다. 『시경』 주남(周南) 「관저」(關雎)에 보인다.

모두 이(理)가 저절로 그러한 것으로 사람과 생명체가 다 같이 얻은 것입니다. 사람이 형기의 바른 것을 얻었지만 그 청탁후박(淸濁厚薄)의 타고난 자질에는 또한 같을 수 없는 점이 있습니다. 그러므로 현명하고 지혜로운 자는 지나친[過] 데에서 잘못을 하고, 어리석고 불초한 자는 혹 미칠 수 없어서[不及] 여기[22] 에서 잘한 것도 때로는 저기[23] 에서 잘못이 없을 수 없습니다.

그러므로 사의(私意)·인욕(人欲)이 그 사이에서 생기기도 하여 이른바 성(性)이라는 것이 혼매하게 천리(天理)를 가리고 인욕(人欲)이 뒤섞이는 바가 있음을 면치 못해 그 부여받은 바른 것을 온전히 할 방법이 없게 됩니다. 성(性)에 온전하지 않음이 있으면 이른바 도라는 것이 그로 인해 어긋나고 전도되는 바가 있어서 행하는 바의 마땅함을 적합하게 할 방법이 없게 됩니다. 오직 성인의 마음은 청명하고 순수하여 천리가 완전해서 부족한 바가 없습니다. 그러므로 능히 도가 있는 것으로 인해 각각의 경우에 맞게 절제하고 방비하는 일을 하여 천하에 가르침을 세워서 과·불급한 사람들로 하여금 중도를 취함이 있게 합니다.

대개 그 친하고 소원한 등급을 분변함이 있어서 그들로 하여금 각각 그들의 인정을 극진히 하게 하면 인(仁)의 가르침 됨이 세워지며, 귀천의 등급을 분별함이 있어서 그들로 하여금 각각 그들의 분수를 극진히 하게 하면 의(義)의 가르침 됨이 행해지며, 그들을 위해 제도화하고 문장화하여 그들로 하여금 그것을 지켜 싫지 않음이 있게 하면 예(禮)의 가르침 됨이 얻어지며, 그들을 위해 개도(開導)하고 금지(禁止)하여 그들로 하여금 분별하여 어긋나지 않게 함이 있으면 지(智)의 가르침 됨이

---

22) 여기: 하늘을 말한다.
23) 저기: 형기를 부여받은 각각의 생명체를 말한다.

밝아집니다.

그것이 이와 같습니다. 그러므로 사람은 지혜로운 자나 어리석은 자를 막론하고 일은 크고 작음을 가릴 것 없이 모두 지키며 따르고 근거하여 지킬 바가 있게 되어 그 인욕의 사사로움을 제거하고 천리의 바른 데로 회복할 수 있습니다. 그것을 미루어 천하의 만물에 이르면 또한 그들이 원하는 바에 순응하며 그들이 싫어하는 바를 멀리할 것입니다. 그 재질(材質)의 마땅함으로 인하여 그들이 쓸 수 있는 것을 극진히 하며, 취하여 쓰는 절도를 제정하여 그들의 삶을 이룩해주어 모두 정사를 시행함이 있게 될 것입니다. 이것이 바로 성인이 천지의 도를 재단해 완성하여 조화하고 돕는 공력을 극진히 하는 것입니다. 그러나 또한 애초 사람이 하늘에서 받은 것에서 벗어나 억지로 그것을 하는 것이 아닙니다.

자사(子思)가 이 세 마디 말[24]로써 이 책의 첫머리에 드러냈는데, 내가 짐짓 이 세 가지 명칭의 뜻을 해석한다고 말하지만 학자들이 능히 가리키는 바를 인하여 자신에게 돌이켜 그 점을 징험하면 아는 바가 어찌 유독 명칭의 뜻을 풀이하는 사이에 있을 뿐이겠습니까?

대개 천명(天命)의 설에서 터득함이 있으면 하늘이 우리에게 부여한 것은 어느 하나의 이치도 갖추지 않음이 없음을 알게 될 것이니 불교에서 이른바 공(空)이라는 것은 성(性)이 아닙니다. 솔성(率性)의 설에서 터득함이 있으면 우리가 하늘에서 얻은 것은 어느 하나의 사물도 포함하지 않음이 없음을 알게 될 것이니 노장(老莊)에서 이른바 무(無)라는 것은 도가 아닙니다. 수도(修道)의 설에서 터득함이 있으면 성인이 우리를 가르친 것은 본디 내가 소유한 것으로 인하여 본디 없는 것을 제거하며, 지극히 어려운 것을 버리고 매우 쉬운 것을 따르는 것 아님이 없음

---

24) 세 마디 말: 성(性)·도(道)·교(敎)를 말한다.

을 알게 될 것이니 세상 속유(俗儒)들의 훈고(訓詁)²⁵⁾·사장(詞章)²⁶⁾, 관중(管仲)²⁷⁾·상앙(商鞅)²⁸⁾ 같은 사람들의 권모술수와 공리주의(功利主義), 노장(老莊)·불교의 청정(淸淨)과 적멸(寂滅)의 사상, 제자백가와 여러 기예가(技藝家)의 지리하고 치우치고 세세한 것들은 모두 가르침이 되는 바가 아닐 것입니다.

이를 말미암아 가서 본디 소유한 것이 혼매할 수 없다는 것을 인하여 더욱 그 학문사변(學問思辨)²⁹⁾의 공력을 극진히 하며, 매우 쉬운 것이 그만둘 수 없음을 인하여 더욱 유지하고 지키며 미루어 행하는 노력을 극진히 하면 저 천명의 성(性)과 솔성의 도(道)가 어찌 일상생활 속에서 환해지지 않겠으며, 도를 닦은 분의 가르침도 장차 나로 말미암은 뒤에 성립될 것입니다.'

○或問 天命之謂性 率性之謂道 修道之謂敎 何也

曰 此 先明性道敎之所以名 以見其本 皆出乎天 而實不外於我也 天命之謂性 言天之所以命乎人者 是則人之所以爲性也 蓋天之所以賦與萬物而不能自已者 命也 吾之得乎是命以生 而莫非全體者 性也 故以命言之 則曰元亨利貞 而四時五行 庶類萬化 莫不由是而出 以性言之 則曰仁義禮智 而四端五典 萬物

---

25) 훈고(訓詁): 경전의 자구(字句)에 대해서만 해석하는 것으로 한(漢)나라 때 유학자들의 학문방법을 말한다.

26) 사장(詞章): 시문 등 문장을 짓는 것을 말한다.

27) 관중(管仲): 중국 주나라 춘추시대에 제(齊)나라 재상을 지낸 인물로 법질서를 바탕으로 한 부국강병을 주장하여 법가사상의 선구자로 알려져 있다.

28) 상앙(商鞅): 중국 주나라 전국시대 위(衛)나라 출신으로 진 효공(秦孝公) 때 등용되어 변법(變法)을 시행하였다. 법가사상을 대표하는 인물로 알려져 있다.

29) 학문사변(學問思辨): 『중용장구』 제20장에 나오는 "博學之 審問之 愼思之 明辨之"를 말한다. 이는 지(知)를 추구하는 네 단계의 과정이다.

萬事之理 無不統於其間 蓋在天在人 雖有性命之分 而其理則
未嘗不一在人在物 雖有氣稟之異 而其理則未嘗不同 此吾之性
所以純粹至善 而非若荀楊韓子之所云也

　率性之謂道 言循其所得乎天以生者 則事事物物 莫不自然各
有當行之路 是則所謂道也 蓋天命之性 仁義禮智而已 循其仁
之性 則自父子之親 以至於仁民愛物 皆道也 循其義之性 則自
君臣之分 以至於敬長尊賢 亦道也 循其禮之性 則恭敬辭讓之
節文 皆道也 循其智之性 則是非邪正之分別 亦道也 蓋所謂性
者 無一理之不具 故所謂道者 不待外求 而無所不備 所謂性者
無一物之不得 故所謂道者 不假人爲 而無所不周 雖鳥獸草木
之生 僅得形氣之偏 而不能有以通貫乎全體 然其知覺運動 榮
悴開落 亦皆循其性 而各有自然之理焉 至於虎狼之父子 蜂蟻
之君臣 豺獺之報本 雎鳩之有別 則其形氣之所偏 又反有以存
其義理之所得 尤可以見天命之本然 初無間隔 而所謂道者 亦
未嘗不在是也 是豈有待於人爲 而亦豈人之所得爲哉

　修道之謂敎 言聖人因是道而品節之 以立法垂訓於天下 是則
所謂敎也 蓋天命之性 率性之道 皆理之自然 而人物之所同得
者也 人雖得其形氣之正 然其淸濁厚薄之稟 亦有不能不異者
是以 賢知者 或失之過 愚不肖者 或不能及 而得於此者 亦或不
能無失於彼 是以 私意人欲 或生其間 而於所謂性者 不免有所
昏蔽錯雜 而無以全其所受之正 性有不全 則於所謂道者 因亦
有所乖戾舛逆 而無以適乎所行之宜 惟聖人之心 淸明純粹 天
理渾然 無所虧闕 故能因其道之所在 而爲之品節防範 以立敎
於天下 使夫過不及者 有以取中焉 蓋有以辨其親疏之殺 而使
之各盡其情 則仁之爲敎 立矣 有以別其貴賤之等 而使之各盡

其分 則義之爲敎 行矣 爲之制度文爲 使之有以守而不失 則禮
之爲敎 得矣 爲之開導禁止 使之有以別而不差 則知之爲敎 明
矣 夫如是 是以 人無知愚 事無大小 皆得有所持循據守 以去
其人欲之私 而復乎天理之正 推而至於天下之物 則亦順其所欲
違其所惡 因其材質之宜 以致其用 制其取用之節 以遂其生 皆
有政事之施焉 此則聖人所以財成天地之道 而致其彌縫輔贊之
功 然亦未始外乎人之所受乎天者而强爲之也

子思 以是三言 著於篇首 雖曰姑以釋夫三者之名義 然學者
能因其所指 而反身以驗之 則其所知 豈獨名義之間而已哉 蓋
有得乎天命之說 則知天之所以與我者 無一理之不備 而釋氏之
所謂空者 非性矣 有以得乎率性之說 則知我之所得乎天者 無
一物之不該 而老氏之所謂無者 非道矣 有以得乎修道之說 則
知聖人之所以敎我者 莫非因其所固有而去其所本無 背其所至
難而從其所甚易 而凡世儒之訓詁詞章 管商之權謀功利 老佛之
淸淨寂滅 與夫百家衆技之支離偏曲 皆非所以爲敎矣 由是以往
因其所固有之不可昧者 而益致其學問思辨之功 因其所甚易之
不能已者 而益致其持守推行之力 則夫天命之性率性之道 豈不
昭然日用之間 而修道之敎 又將由我而後立矣

○어떤 사람이 물었다. "솔성(率性)과 수도(修道)의 설이 같지 않으니
어느 것이 옳은 것입니까?" 나는 아래와 같이 답하였다.
"정자(程子)께서 솔성을 논한 것[30]은 정히 사의(私意)·인욕(人欲)이

---

30) 정자(程子)께서……것: 대전본(大全本) 『중용혹문』의 소주에 실린 정자의 설에
"程子曰 生之謂性 人生而靜以上 不容說 纔說性時 便已不是性也 此理 天命也 順
而循之 則道也 又曰 天降是於下 萬物流形各正性命者 是所謂性也 循其性 是所謂

아직 싹트지 않은 지점에 나아가 자연히 발현하는 것에 각각 조리(條理)가 있음을 가리켜 말해 도(道)가 그 이름을 얻은 것을 나타낸 것이니 자신을 닦는 것을 가리켜 말한 것이 아닙니다.

여씨(呂氏, 呂大臨)의 설[31] 가운데 양심지발(良心之發)부터 안능치시호(安能致是乎)까지 1절은 또한 매우 정밀합니다. 다만 그는 '사람이 천지의 중도를 받아 태어났지만 형체에 구애되고, 또 사의(私意)·소지(小智)에 흔들린다. 그러므로 천지의 도와 더불어 같지 않아 발한 것이 절도에 맞지 않는다. 반드시 그 하늘에서 얻은 것을 잃지 않음이 있은 뒤에야 도가 된다'라고 하였으니 〈그러면〉 이른바 도라는 것이 또한 자신을 닦은 뒤에 있어서 도리어 교(敎)를 말미암아 그 도를 얻게 됩니다. 이는 자사(子思)와 정자께서 인욕이 아직 싹트지 않았을 때에 자연히 발현하는 것을 가리킨 의미가 아닙니다.

유씨(游氏, 游酢)가 이른바 '도는 사욕을 용납함이 없는 것이다'라고 한 설[32]은 도가 나에게 있는 것이고, 양씨(楊氏, 楊時)가 이른바 '도란

道也 此亦通人物而言 循性者 馬則爲馬之性 又不做牛底性 牛則爲牛底性 又不做馬底性 此所謂率性也"라고 하였다.

31) 여씨(呂氏)의 설: 대전본『중용혹문』소주에 실린 남전 여씨의 설에 "性與天道本無有異 但人雖受天地之中以生 而梏於蕞爾之形體 常有私意小智 撓乎其間 故與天地不相似 所發邃至乎出入不齊而不中節 如使所得於天者 不喪 則何患乎不中節乎 故良心所發 莫非道也 在我者 惻隱羞惡辭遜是非 皆道也 在彼者 君臣父子夫婦昆弟朋友之交 亦道也 在物之分 則有彼我之殊 在性之分 則合乎內外 一體而已 是皆人心所同然 乃吾性之所固有 隨喜怒哀樂之所發 則愛必有差等 敬必有節文 所感重者 其應也亦重 所感輕者 其應也亦輕 自斬至緦 喪服異等 而九族之精 無所憾 自王公至早隷 儀章異制 而上下之分 莫敢爭 非出於性之所有 安能致是乎"라고 하였다.

32) 유씨(游氏)가……설: 유씨는 북송 때 정자의 문인 유작(游酢, 1053~1123)을 말한다. 대전본『중용혹문』소주에 실린 광평 유씨(廣平游氏)의 설에 "天之命萬物者 道也 而性者 具道以生也 因其性之固然 而無容私焉 則道在我矣 若出於人爲

그것을 따르는 것일 따름이다'라고 한 설[33]은 여씨(呂氏)의 설과 같은 병폐가 있는 듯합니다.

수도(修道)에 대해 정자께서 '복(福)으로써 그것을 기른다'라고 하고, 또 '도를 닦아 그것을 회복하길 구한다'라고 한 설[34]은 도리어 자사가 지은 본문의 의미에 합치되지 않는 듯합니다. 다만 그 한 조목에 이른바 '이를 따라 도를 닦아서 각각 그 분수를 얻는다'라고 하면서 순임금의 일을 인용하여 통합적으로 결론지은 말은 그 본지를 얻은 것이 됩니다. 그러므로 정자의 문인들이 대부분 그 설을 조술(祖述)한 것입니다. 다만 순임금의 일을 인용한 것[35]은 혹 『논어』 본문[36]의 의미가 아닙니다.

여씨(呂氏)가 이른바 '선왕이 예를 제정하여 천하에 통용되어 후세에 전한 것이다'라고 한 설[37]은 옳습니다. 다만 본래 솔성지위도를 말한 곳

則非道矣"라고 하였다.

33) 양씨(楊氏)가……설: 양씨는 북송 때 정자의 문인 양시(楊時, 1053~1135)를 말한다. 대전본 『중용혹문』 소주에 실린 구산 양씨(龜山楊氏)의 설에 "性 天命 也 命 天理也 道則性命之理而已 謂性有不善者 誣天也 性無不善 則不可加損也 無 俟乎修焉 率之而已"라고 하였다.

34) 정자께서……설: 대전본 『중용혹문』 소주에 실린 정자의 설에 "程子曰 民受天 地之中 以生天命之謂性也 人之生也直 意亦如此 若以生爲生養之生 却是修道之 謂敎也 至下文 始自云能者 養之以福 不能敗以取禍 又曰 修道之謂敎 此則專在人 事 以失其本性 故修而求復之 則入於學 若元不失 則何修之爲"라고 하였다.

35) 순임금의……것: 대전본 『중용혹문』 소주에 실린 정자의 설에 "循此而修之 各 得其分 則敎也 自天命 以至於敎 我無加損焉 此舜有天下而不與焉者也"라고 하였다.

36) 『논어』 본문: 『논어』 「태백」(泰伯) 제18장의 "巍巍乎 舜禹之有天下也而不與焉" 이라고 한 것을 가리킨다.

37) 여씨(呂氏)가……설: 대전본 『중용혹문』 소주에 실린 남전 여씨의 설에 "閔子 除喪而見孔子 予之琴而彈之 切切而言曰 先王制禮 不敢過也 子夏除喪而見孔子 予之琴而彈之 侃侃而言曰 先王制禮 不敢不及也 心誠求之 雖不中 不遠矣 然將達 之天下 傳之後世 慮其所終 稽其所敝 則其小過不及者 不可以不修 此先王所以制 禮"라고 하였다.

에서 이미 그 본지를 잃었으며, 이곳에서 또 그것을 미루어 근본하여 솔성으로 삼았으니 행실은 이미 절도에 맞지만 품부받은 바에는 과·불급이 없을 수 없습니다. 그의 설에 '마음이 성심으로 그것을 구하면 자연히 꼭 들어맞지는 않을지라도 목표에서 멀리 벗어나지는 않을 것이다. 다만 천하에 두루 통용되고 후세에 전하고자 하니 그러므로 또한 도를 닦고 가르침을 수립해야 한다'라고 한 것과 같은 설은 너무 번잡하게 중복하는 말이 되어 본문의 의미를 잃었습니다. 개본(改本)에는 또 시대와 지위가 같지 않다는 것으로 말을 하였으니[38] 또한 친절하지 않은 듯합니다."

ㅇ〈或問〉曰 率性修道之說 不同 孰爲是耶

曰 程子之論率性 正就私意人欲未萌之處 指其自然發見 各有條理者而言 以見道之所以得名 非指修爲而言也

呂氏 良心之發以下 至安能致是一節 亦甚精密 但謂人雖受天地之中以生 而梏於形體 又爲私意小知所撓 故與天地不相似而發不中節 必有以不失其所受乎天者 然後爲道 則所謂道者 又在修爲之後 而反由敎以得之 非復子思程子所指人欲未萌 自然發見之意矣 游氏所謂無容私焉 則道在我 楊氏所謂率之而已者 似亦皆有呂氏之病也

至於修道 則程子養之以福 修而求復之云 却似未合子思本文之意 獨其一條所謂循此修之 各得其分 而引舜事 以通結之者 爲得其旨 故其門人 亦多祖之 但所引舜事 或非論語本文之意耳

---

38) 개본(改本)에는……하였으니: 대전본『중용혹문』소주에 실린 남전 여씨의 설에 "改本云 道之在人 有時與位之不同 必欲爲法於後世 不可不修"라고 하였다.

呂氏所謂先王制禮 達之天下 傳之後世者 得之 但其本說率
性之道處 已失其指 而於此又推本之 以爲率性 而行雖已中節
而所稟不能無過不及 若能心誠求之 自然不中不遠 但欲達之天
下傳之後世 所以又當修道而立敎焉 則爲太繁複 而失本文之意
耳 改本 又以時位不同爲言 似亦不親切也

○어떤 사람이 물었다. "양씨(楊氏)가 왕씨(王氏)³⁹⁾의 잘못을 논한
것⁴⁰⁾은 어떻습니까?" 나는 아래와 같이 답하였다.

"왕씨의 말은 참으로 병폐가 많은 설이 됩니다. 그러나 그가 '하늘이
나로 하여금 이것을 소유하게 한 것을 명(命)이라 한다'라고 한 설은 '상
제가 충심(衷心)을 내려주었다'⁴¹⁾라고 말한 것과 같으니 어찌 참으로 그
렇게 시킨 것이 있다고 생각한 것이겠습니까? 그가 '하늘에 있으면 명
(命)이 되고, 사람에게 있으면 성(性)이 된다'라고 한 설은 정자(程子)께
서도 말씀하신 것이며, 양씨(楊氏)도 스스로 그 말을 하였습니다. 대개
이치에 어긋남이 없는 것을 지금 지적하여 왕씨설의 잘못이라 하였으니
이는 함께 목욕하고서 벌거벗은 것을 기롱할 뿐만 아니라 또한 의도가
불평한 마음을 갖고 있는 데에 가까워 도리어 지극히 공정한 것에 누가

---

39) 왕씨(王氏): 북송 때 학자 왕안석(王安石, 1021~86)을 말한다.
40) 양씨(楊氏)가……것: 대전본『중용혹문』소주에 실린 구산 양씨의 설에 "龜山
    楊氏曰 臨川王氏云 天使我有是之謂命 命之在我之謂性 是未知性命之理 其曰使
    我 正所謂使然也 使然者 可以爲命乎 以命在我爲性 則命自一物 若中庸言天命之
    謂性 性卽天命也 又豈二物哉 如云 在天爲命 在人爲性 此語似無病 然亦不須如此
    說 性命初無二理 第所由之者異耳 率性之謂道 如易所謂聖人之作易 將以順性命
    之理 是也"라고 하였다.
41) 이 문장은『서경』「탕고」(湯誥)에 "오직 큰 상제께서 하민들에게 충심을 내려
    주셨다"(惟皇上帝 降衷于下民)라고 한 것을 가리킨다.

266

됩니다. 또한 솔성지위도로써 성명(性命)에 순응하는 이치로 삼은 것은 문장의 의미가 같지 않은 듯합니다. 유씨(游氏)가 '천(天)을 따르되 정(情)을 등지게 되면 성(性)이 아닌 것이 된다'라고 한 설과 같은 것은 또한 양씨(楊氏)가 '인욕은 본성대로 한 것이 아니다'라고 한 설만 못합니다."

〈或問〉曰 楊氏所論王氏之失 如何

曰 王氏之言 固爲多病 然此所云天使我有是者 猶曰上帝降衷云爾 豈眞以爲有或使之者哉 其曰在天爲命 在人爲性 則程子亦云 而楊氏又自言之 蓋無悖於理者 今乃指爲王氏之失 不惟似同浴而譏裸裎 亦近於意有不平 而反爲至公之累矣 且以率性之道 爲順性命之理 文意亦不相似 若游氏以遁天倍情 爲非性 則又不若楊氏人欲非性之云也

○어떤 사람이 물었다. "그렇다면 여씨(呂氏)·유씨(游氏)·양씨(楊氏)·후씨(侯氏, 侯仲良) 네 사람의 설 가운데 어느 설이 더 낫습니까?" 나는 아래와 같이 답하였다.

"이 점은 후학이 감히 말할 바가 아닙니다. 다만 정자의 말씀으로 논해보면 여씨에 대해서는 그의 깊이 침잠하여 주밀한 점을 칭찬하였고, 유씨에 대해서는 그의 영특하게 깨달아 온유돈후함을 칭찬하였고, 양씨가 유씨에 미치지 못한다고 말씀하였지만 매번 그의 영특함을 칭찬하였고, 후생(侯生)의 말은 단지 벽을 사이에 두고 들을 수 있다[42]고 하였습니다. 지금 정자의 그 말씀을 반복해서 잘 음미하고 그 의중을 살펴서 이 말씀으로 증명한다면 그분들의 고하(高下)·심천(深淺)을 알 수 있을 것

---

42) 벽을……있다: 이 말은 큰 소리를 치지만 실상이 없는 것을 가리킨다.

입니다. 이런 말씀을 제외하고는 후학이 감히 말할 바가 아닙니다."

〈或問〉曰 然則呂游楊侯四子之說 孰優

曰 此非後學之所敢言也 但以程子之言 論之 則於呂 稱其深
潛縝密 於游 稱其穎悟溫厚 謂楊不及游 而亦每稱其穎悟 謂侯
生之言 但可隔壁聽 今且熟復其言 究覈其意 而以此語證之 則
其高下淺深 亦可見矣 過此以往 則非後學所敢言也

○어떤 사람이 물었다. "이미 본문에 '도라는 것은 잠시도 벗어나서
는 안 되니 벗어날 수 있다면 그것은 진정한 도가 아니다. 그러므로 군자
는 보이지 않는 바에서 경계하고 삼가며, 들리지 않는 바에서 두려워하
고 두려워한다'(道也者不可須臾離也 可離非道也 是故 君子 戒愼乎其所不
睹 恐懼乎其所不聞矣)라고 하고 또 '도는 은밀한 것보다 더 잘 나타나는
것이 없으며, 미세한 것보다 더 잘 드러나는 것이 없다. 그러므로 군자는
혼자만 알고 있는 바를 삼간다'(莫見乎隱 莫顯乎微 故君子 愼其獨也)라
고 한 것은 어째서입니까?" 나는 아래와 같이 답하였다.

"이는 솔성지도(率性之道)를 논한 것을 인하여 교(敎)로 말미암아 들
어가는 것이 처음에는 이와 같아야 함을 밝힌 것입니다. 대개 이는[43] 두
가지 일입니다. 먼저 '도는 잠시도 벗어나서는 안 되니 〈벗어날 수 있다
면 그것은 진정한 도가 아니다. 그러므로〉 군자는 보이지 않는 바에서
경계하고 삼가며, 들리지 않는 바에서 두려워하고 두려워한다'라고 말
한 것은 도가 어느 곳인들 있지 않음이 없고, 어느 때인들 그렇지 않음이
없음을 말한 것이니 학자들은 잠시 동안 조금의 소홀함도 삼가지 않음
이 없어서 두루 방비하여 그 본연의 본체를 온전히 해야 합니다.

---

43) 이는: 계신(戒愼)·공구(恐懼)와 신독(愼獨)을 말한다.

또 '도는 은밀한 것보다 더 잘 나타는 것이 없으며, 미세한 것보다 더 잘 드러나는 것이 없다. 그러므로 군자는 혼자만 아는 바를 삼간다'라고 말한 것은 은밀하고 미세한 사이는 남들이 보지 않는 바이지만 자기는 홀로 그것을 알고 있으니 그 일의 미세하고 극진한 것이 드러나지 않음이 없어서 또 남들이 아는 것보다 더 심함이 있다는 것을 말한 것입니다. 그러니 학자는 더욱 그 생각이 바야흐로 싹트는 것을 따라 성찰을 극진히 해서 그 선악의 기미를 삼가야 합니다.

대개 이른바 도라는 것은 성(性)을 그대로 따르는 것일 따름입니다. 성(性)은 누구나 소유하고 있기 때문에 도는 누구든 있지 않음이 없습니다. 크게는 부자유친(父子有親)·군신유의(君臣有義)로부터 작게는 움직이고 조용히 있고 밥 먹고 숨 쉬는 데에 이르기까지 인력이 하는 바를 빌리지 않더라도 당연하여 바꿀 수 없는 이치를 각각 소유하지 않음이 없으니 그것이 이른바 도라는 것입니다. 이는 곧 천하의 인류와 생명체가 함께 말미암는 것으로 천지에 가득 차고 고금을 관통해 지극히 가까운 데서 취하면 항상 나의 한 마음에서 벗어나지 않습니다. 그것을 따르면 마음이 다스려지고, 그것을 잃으면 마음이 혼란스러워집니다.

대개 도는 잠시라도 잠깐 벗어날 수 없는 것입니다. 만약 잠시 합했다가 분리되어 일에 손해되거나 유익한 바가 없다면 이는 인력이나 사사로운 지혜로 할 수 있는 것이니 솔성(率性)을 말하는 것이 아닙니다. 성인이 도를 닦아 가르침을 전한 것은 잠시도 벗어날 수 없다는 점을 인하여 각각의 경우에 맞게 절제한 것입니다. 군자가 이 가르침을 말미암아 학문을 하는 것은 그 잠시도 벗어날 수 없다는 것을 인하여 유지해 지키는 것입니다. 그러므로 일상생활 속에서 잠시라도 유지해 지키는 공부가 하나라도 지극하지 않음이 있으면 이른바 '잠시라도 벗어날 수 없는 것'이 나에게 있지 않은 적이 없지만 인욕이 그 사이에 끼어들게 됩니다. 그러면 마음은 확연히 다르게 두 개의 물체가 되어 서로 관리하지 못합니다. 이는 비록 사람의 형체를 가졌다고 말하지만 금수(禽獸)와의 거리가 얼마나 멀겠습니까?

그러므로 군자는 그 눈으로 볼 수 없는 바에서 경계하고 삼가며, 그 귀로 들을 수 없는 바에서 두려워하고 두려워하는 것입니다. 또렷하게 마음과 눈 사이에 잠시도 벗어날 수 없다는 점을 항상 보는 것과 같이해 감히 잠깐 사이에 인욕의 사사로운 데로 흘러가거나 금수의 영역으로 빠지지 않게 해야 합니다. 『서경』에 원망을 방지하는 점을 말하면서 '보이지 않는 데에서 이를 도모해야 하리'⁴⁴⁾라고 한 것이나 『예기』에 어버이 섬기는 것을 말하면서 '소리가 없는 데에서 듣고, 형체가 없는 데에서 본다'⁴⁵⁾라고 한 것과 같은 것들은 대개 안색에 징험되고 목소리에 드러나기를 기다린 뒤 그 노력을 기울임이 있는 것이 아닙니다.

이미 이와 같이 하면 또한 도는 참으로 어느 곳인들 있지 않음이 없다고 말할 수 있습니다. 그래서 그윽하고 은밀한 곳은 남들이 볼 수 없는 곳이지만 자기는 홀로 보는 바이며, 미세한 일은 남들이 듣지 못하는 것이지만 자기는 홀로 듣는 바입니다. 이 모두 일반적인 심정에 소홀히 하는 것으로 하늘을 속이고 남을 속일 수 있다고 여겨 굳이 삼가지 않는 것입니다. 그러나 내 마음의 허령(虛靈)한 것이 일월처럼 밝아 이미 그것을 알고 있는 것을 모르니 그 털끝만한 미세한 사이라도 숨어 피할 곳이 없으며, 또 남들이 아는 것보다 더 심한 점이 있습니다. 또한 이미 이런 마음이 있어서 마음속에 오래 잠복되어 있으면 그것이 목소리와 용모 사이에 나타나고, 행사와 행위의 실제에서 발하여 반드시 갑자기 드러나

---

44) 이 문구는 『서경』「오자지가」(五子之歌)에 보인다.
45) 이 문구는 『예기』「곡례 상」(曲禮上)에 보인다.

숨길 수 없는 점이 있을 것입니다. 그러니 또한 생각의 차이에서 그칠 뿐만이 아닙니다.

그러므로 군자는 이미 눈과 귀로 보고 들을 수 없는 데에서 경계하고 두려워하니 이 마음이 항상 밝아 사물에 가려지지 않는데, 이때에 더욱 감히 그 삼감을 극진히 하지 않을 수 없습니다. 반드시 그 기미가 드러날 때에 털끝만한 인욕도 싹틈이 없게 하여 의리가 드러나는 데 순일(純一)하면 하학(下學)의 공부가 지극히 선하고 온전히 아름다워 잠시의 틈도 없을 것입니다. 이 두 가지[46]는 서로 의존하는데, 이 두 가지 모두 자기 몸에 돌이켜 자신을 위한 실질적인 공부를 하며 인욕을 막고 천리를 보존하는 실제의 일입니다. 대체로 도를 체득하는 공부로 이보다 먼저 할 것이 없으며, 또한 이보다 더 절실한 것이 없습니다. 그러므로 자사께서 이곳에 맨 먼저 이를 말하여 군자의 학문은 반드시 이를 말미암아 들어가야 함을 말씀하신 것입니다."

어떤 사람이 또 물었다. "제가의 설은 모두 보이지 않는 바에서 경계하고 삼가는 것과 들리지 않는 바에서 두려워하고 두려워하는 것은 신독(愼獨)의 뜻이 된다고 생각하는데, 그대는 그것을 나누어 두 가지 일[47]로 삼았으니 이는 지리하게 분석한 것이 아닙니까?" 나는 아래와 같이 답하였다.

"이미 '도란 잠시도 벗어나서는 안 된다'(道不可須臾離)라고 말하였으니 도는 어디 간들 존재하지 않음이 없습니다. 그리고 또 '은밀한 것보다 더 잘 나타나는 것은 없고, 미세한 것보다 더 잘 드러나는 것은 없다'(莫見乎隱 莫顯乎微)라고 하였으니 절실하고 긴요한 곳은 더욱 은밀

---

46) 이 두 가지: 계구(戒懼)와 신독(愼獨)을 말한다.
47) 두 가지 일: 주자는 계신공구(戒愼恐懼)는 미발시(未發時)의 존양(存養)으로, 신독(愼獨)은 이발시(已發時)의 성찰(省察)로 구분해 해석하였다.

하고 미세한 데에 있습니다. 이미 '보이지 않는 바에서 경계하고 삼가며, 들리지 않는 바에서 두려워하고 두려워한다'(戒愼乎其所不睹 恐懼乎其所不聞)라고 하였으니 이는 어느 곳인들 삼가지 않음이 없는 것입니다. 그리고 또 신독(愼獨)을 말하였으니 그 삼가는 바가 더욱 홀로 알고 있는 바에 달려 있습니다. 이는 참으로 다르지 않을 수 없는 것입니다. 만약 그것이 함께 한 가지 일이 된다면 그 말을 하는 것이 어찌 이처럼 중복할 필요가 있겠습니까?

또한 이 책의 마지막 제33장에 '잠겨 있는 것이 납작 엎드려 있지만 매우 잘 드러나 보이네'(潛雖伏矣 亦孔之昭)라고 하였으며, 또 '너의 방 안에 있을 때를 살펴보니 오히려 옥루(屋漏)[48]에서도 부끄러운 짓을 하지 않네'(相在爾室 尙不愧于屋漏)라고 하여 두 가지로 말을 하였으니[49] 정히 이 제1장과 더불어 수미(首尾)의 구조가 됩니다. 다만 제가의 설은 모두 그 점을 살피지 않았는데, 유독 정자(程子)께서 일찍이 '제33장의 상불괴우옥루(尙不愧于屋漏)와 제1장의 신독(愼獨)에는 기상(氣象)을 잡고 기르는 말이 있다'라고 하여[50] 이 둘 사이에 특별히 여(與) 자를 썼습니다. 이는 참으로 정자께서 계신공구와 신독을 나누어 두 가지 일로 삼은 것인데, 당시에 그 말씀을 들은 사람들은 그 점을 살피지 못함이 있었던 것입니다."

어떤 사람이 또 물었다. "그대는 또 '보지 않고 듣지 못하는 것'(不睹不

---

48) 옥루(屋漏): 집 안의 서북쪽 모퉁이에 장막을 설치하고 신주를 모셔두는 곳이다. 남들이 볼 수 없는 집안에서 가장 은밀한 것을 지칭한다.

49) 두……하였으니: 앞에 인용한 제33장 제2절은 신독(愼獨)을 말하고, 뒤에 인용한 제3절은 계신공구(戒愼恐懼)를 말한다.

50) 정자(程子)께서……하여: 대전본 『중용혹문』 소주에 실린 정자의 설에 "要修持他 這天理 則在德 須有不言而信者 言難爲形狀 養之 則須直不愧屋漏與謹獨 這是 箇持養底氣象"이라고 하였다.

聞)이 혼자만 알고 있는 것이 되지 않는 줄을 어찌 압니까?" 나는 아래와
같이 답하였다.

"'그 보이지 않는 바'(其所不睹), '그 들리지 않는 바'(其所不聞)라고
한 것은 자기가 보지 못하고 듣지 못하는 것입니다. 그러므로 위에서 '도
불가수유리'(道不可須臾離)라고 하고 아래에서 '군자는 스스로 그의 평
상시 거처하는 곳에서 어느 경우인들 경계하고 두려워하는 마음을 쓰
지 않음이 없다'라는 점을 말해 극도로 그 점을 말하여 여기[51]에까지 이
른 것입니다. 독(獨)은 남들이 보지 않고 듣지 않는 바입니다. 그러므로
위에서 막현호은 막현호미(莫見乎隱 莫顯乎微)를 말하고, 아래에서 군
자가 삼갈 바가 더욱 그윽하고 은미한 곳[52]에 있음을 말한 것입니다. 이
는 그 어세(語勢)가 저절로 서로 호응하되 각각 혈맥(血脈)이 있어 이치
가 분명합니다. 만약 '이 두 조목이 모두 근독(謹獨)의 의미가 된다'라고
한다면 이는 마음을 유지해 지키는 공력(功力)이 평상시 거처하는 곳에
서 베풀 바가 없게 되어, 오로지 그윽하고 은미한 사이에만 있게 될 것입
니다. 또한 그 설이 분석적이라는 비판을 면할지라도 중복되고 치우쳐서
합당한 점이 없는 것 또한 심합니다."

○或問 旣曰道也者不可須臾離也 可離非道也 是故 君子 戒
愼乎其所不睹 恐懼乎其所不聞矣 而又曰 莫見乎隱 莫顯乎微
故君子 愼其獨也 何也

曰 此因論率性之道 以明由敎而入者 其始當如此 蓋兩事也
其先言道不可離而君子必戒謹恐懼乎其所不睹不聞者 所以言
道之無所不在 無時不然 學者 當無須臾毫忽之不謹而周防之

---

51) 여기: 제1장 제3절의 신기독(愼其獨)을 가리킨다.
52) 군자가……곳: 제1장 제3절의 신기독(愼其獨)을 가리킨다.

以全其本然之體也 又言莫見乎隱 莫顯乎微 而君子必愼其獨者
所以言隱微之間 人所不見 而已獨知之 則其事之纖悉 無不顯
著 又有甚於他人之知者 學者 尤當隨其念之方萌而致察焉 以
謹其善惡之幾也

蓋所謂道者 率性而已 性無不有 故道無不在 大而父子君臣
小而動靜食息 不假人力之爲 而莫不各有當然不易之理 所謂道
也 是乃天下人物之所共由 充塞天地 貫徹古今 而取諸至近 則
常不外乎吾之一心 循之則治 失之則亂 蓋無須臾之頃 可得而
暫離也 若其可以暫合暫離 而於事無所損益 則是人力私智之所
爲者 而非率性之謂矣 聖人之所修以爲敎者 因其不可離者而品
節之也 君子之所由以爲學者 因其不可離者而持守之也 是以
日用之間 須臾之頃 持守工夫 一有不至 則所謂不可離者 雖未
嘗不在我 而人欲間之 則亦判然二物而不相管矣 是則雖曰有人
之形 而其違禽獸也 何遠哉 是以 君子戒愼乎其目之所不及見
恐懼乎其耳之所不及聞 瞭然心目之間 常若見其不可離者 而不
敢有須臾之間 以流於人欲之私 而陷於禽獸之域 若書之言防怨
而曰不見是圖 禮之言事親 而曰聽於無聲 視於無形 蓋不待其
徵於色 發於聲 然後有以用其力也

夫既已如此矣 則又以謂道固無所不在 而幽隱之間 乃他人之
所不見 而已所獨見 道固無時不然 而細微之事 乃他人之所不
聞 而已所獨聞 是皆常情所忽 以爲可以欺天罔人而不必謹者
而不知吾心之靈 皎如日月 既已知之 則其毫髮之間 無所潛遁
又有甚於他人之知矣 又既有是心 藏伏之久 則其見於聲音容貌
之間 發於行事施爲之實 必有暴著而不可揜者 又不止於念慮之
差而已也 是以 君子既戒懼乎耳目之所不及 則此心常明不爲物

蔽 而於此 尤不敢不致其謹焉 必使其幾微之際 無一毫人欲之
萌 而純乎義理之發 則下學之功 盡善全美 而無須臾之間矣 二
者相須 皆反躬爲己遏人欲存天理之實事 蓋體道之功 莫有先於
此者 亦莫有切於此者 故子思於此 首以爲言 以見君子之學 必
由此而入也

〈或問〉曰 諸家之說 皆以戒愼不睹 恐懼不聞 卽爲謹獨之意
子乃分之 以爲兩事 無乃破碎支離之甚耶

曰 旣言道不可離 則是無適而不在矣 而又言莫見乎隱 莫顯
乎微 則是要切之處 尤在於隱微也 旣言戒謹不睹 恐懼不聞 則
是無處而不謹矣 又言謹獨 則是其所謹者 尤在於獨也 是固不
容於不異矣 若其同爲一事 則其爲言 又何必若是之重複耶 且
此書卒章 潛雖伏矣 不愧屋漏 亦兩言之 正與此相首尾 但諸家
皆不之察 獨程子嘗有不愧屋漏與謹獨 是持養氣象之言 其於二
者之間 特加與字 是固已分爲兩事 而當時聽者 有未察耳

〈或問〉曰 子又安知不睹不聞之不爲獨乎

曰 其所不睹不聞者 己之所不睹不聞也 故上言道不可離 而
下言君子自其平常之處 無所不用其戒懼 而極言之 以至於此也
獨者 人之所不睹不聞也 故 上言莫見乎隱 莫顯乎微 而下言君
子之所謹者 尤在於此幽隱之地也 是其語勢 自相唱和 各有血
脈 理甚分明 如曰是兩條者 皆爲謹獨之意 則是持守之功 無所
施於平常之處 而專在幽隱之間也 且雖免於破碎之譏 而其繁複
偏滯而無所當 亦甚矣

○어떤 사람이 물었다. "정자(程子)께서 이른바 '은미한 즈음'(隱微之
際)53)이라고 한 것은 여씨(呂氏)의 개본(改本)54) 및 유씨(游氏)·양씨

(楊氏)의 설⁵⁵⁾과 같지 않은 듯한데, 그대는 그것을 동일하게 보았으니 어째서입니까?" 나는 아래와 같이 답하였다.

"이치로 말하면 세 사람의 설은 정자의 설이 주밀함만 못합니다. 마음으로 말하면 정자의 설은 세 사람의 설이 주밀함만 못합니다. 이는 참으로 같지 않은 점이 있는 듯합니다. 그러나 반드시 이 이치가 있은 뒤에 이 마음이 있게 되며, 이 마음이 있은 뒤에 이 이치가 있게 되니 또한 애초 다른 뜻은 없습니다. 그러니 합하여 말하는 것에 또한 어찌 불가함이 있겠습니까?"

〈或問〉曰 程子所謂隱微之際 若與呂氏改本及游楊氏 不同 而子一之 何耶

曰 以理言之 則三家不若程子之盡 以心言之 則程子不若三家之密 是固若有不同者矣 然必有是理 然後有是心有是心 而後有是理 則亦初無異指也 合而言之 亦何不可之有哉

○어떤 사람이 물었다. "다른 사람의 설은 어떠합니까?" 나는 아래와

---

53) 은미한 즈음(隱微之際): 대전본『중용혹문』의 소주에 실린 정자의 설에 "人只以耳目所見聞者爲 顯見 所不見聞者爲隱微 然不知理却甚顯也 且如昔人彈琴 見螳螂捕蟬 而聞者以爲有殺聲 殺在心 而人聞其琴而知之 其非顯乎 人有不善 而自謂人不知之 然天地之理 甚著 不可欺也"라고 하였다.

54) 여씨(呂氏)의 개본(改本): 대전본『중용혹문』소주에 실린 여씨의 설에 "此章明道之要 不可不誠 道之在我 猶飮食居處之不可去 可去 皆外物也 誠以爲己 故不欺其心 人心至靈 一萌之思 善與不善 莫不知之 他人雖明 有所不與也 故愼其獨者 知爲己而已"라고 하였다.

55) 유씨(游氏)……설: 대전본『중용혹문』소주에 실린 광평 유씨의 설에 "人所不睹 可謂隱矣 而心獨知之 不亦見乎 人所不聞 可謂微矣 而心獨聞之 不亦顯乎"라 하였고, 구산 양씨의 설에 "獨非交物之時 有動于中 其達未遠也 雖非視聽所及 而其幾固已瞭然心目之間矣 其爲顯見 孰加焉 雖欲自蔽 吾誰欺 欺天乎 此君子必愼其獨也"라고 하였다.

같이 답하였다.

"여씨의 구본(舊本)에 도불가수유리(道不可須臾離)를 논한 것[56]은 옳습니다. 다만 오로지 과(過)·불급(不及)으로 도에서 벗어남을 삼았으니 미진한 듯합니다. 그가 천지(天地)의 중(中)과 성(性)·천도(天道)를 논한 한 절은 그의 마음을 기울임이 매우 깊은 대목입니다. 그러나 경문(經文)에서 가리키는 '보이지 않고 들리지 않는 곳'과 '은밀하고 미세한 사이'라는 것은 곧 사람들로 하여금 이런 데에서 경계하고 두려워하여 인욕의 사사로움으로 하여금 그 사이에서 싹트고 움직일 수 있게 하지 말라는 것입니다. 그러니 사람들로 하여금 그 마음을 공허하게 하여 이럴 때 돌이켜보고서 이른바 중(中)이라는 것을 구해 보아 그것을 잡고 일에 응하는 준칙으로 삼게 하고자 한 것은 아닙니다. 여씨의 설은 이미 그 본지를 잃었으니 인용한 것도 말이 될 수 없습니다.

여씨가 인용한 '반드시 거기에 일삼음을 둔다'(必有事焉),[57] '〈서 있으면 충신독경(忠信篤敬)이〉 앞에 나타나 있는 것을 보며, 〈수레를 타고 있으면 충신독경이〉 눈앞 수레의 가로놓인 막대기에 드러나 있음을 본다'(立則見其參於前也 在輿則見其倚於衡也)[58]라는 말[59]은 『논어』와 『맹자』 본문의 의미가 아닙니다.

---

56) 여씨의……것: 대전본 『중용혹문』 소주에 실린 남전 여씨(藍田呂氏)의 설에 "率性之謂道 則四端之在我者 人倫之在彼者 皆吾性命之理 受乎天地之中 所以立人之道 不可須臾離也 絶類離倫 無意乎君臣父子者 過而離乎此者也 賊恩害義 不知有君臣父子者 不及而離乎此者也 雖過不及有差 而皆不可以行於世 故曰可離非道也 非道者 非天地之中而已 非天地之中而自謂有道惑也"라 하였다.

57) 이 문장은 『맹자』「공손추 상」(公孫丑上) 제2장에 보인다.

58) 이 문장은 『논어』「위령공」(衛靈公) 제6장에 보인다.

59) 여씨가……말: 대전본 『중용혹문』 소주에 실린 남전 여씨의 설에 "必有事焉者 莫見乎隱 莫顯乎微 體物而不可遺者也 古之君子 立則見其參於前 在輿則見其倚於衡 是何所見乎"라고 하였다.

또 여씨가 '은밀하고 미세한 사이에서는〈이목으로 그것을 구할 수 없고, 언어로 그것을 말할 수 없습니다. 그러나 이른바〉밝게 드러나 속일 수 없는 것이 있으니 그에 감발하여 능히 응하는 자가〈정히 마음을 비우고 그것을 구하면〉'이라고 말한[60] 데에 이르면 참으로 마음을 말한 것입니다. 그리고 또 그는 말하기를 '정히 마음을 비우고 그것을 구하면 거의 그것을 볼 수 있을 것이다'라고 하였으니[61] 이 또한 별도로 한 마음으로써 이 한 마음을 구하는 것입니다. 이 한 마음을 보는 데에 어찌 오류가 심한 것이 아니겠습니까?

양씨의 '어디를 간들 도가 아닌 것이 없다'라고 말한 것과 같은 내용 [62]은 좋습니다. 그러나 그의 말에는 미진한 바가 있는 듯합니다. 대개 그가 말한 '추우면 옷을 입고, 굶주리면 음식을 먹으며, 해가 뜨면 일어나 일하고, 해가 지면 들어가 쉬며, 눈으로 보고 귀로 들으며 손과 발이 움직이는 것'은 모두 물(物)인데, 그는 이와 같은 바의 의리(義理)의 준칙 (準則)이 곧 도라고 하였습니다.[63]

만약 '이른바 도라는 것은 물(物)을 벗어나지 않으니 사람이 천지 사이에 있으면 물(物)을 벗어나 홀로 설 수가 없다. 그러므로 어디를 간들 의리의 준칙이 있지 않음이 없으니 잠시라도 그것을 떠나 말미암지 않으면 불가하다'라고 한다면 이는 중용의 본지(本旨)가 물(物)을 가리켜 도라고 하는 것과 같아집니다. 또 '사람들은 잠시라도 이를 벗어날 수 없

---

60) 여씨가……말한: 대전본『중용혹문』소주에 실린 남전 여씨의 설에 보인다.

61) 그는……하였으니: 대전본『중용혹문』소주에 실린 남전 여씨의 설에 보인다.

62) 양씨(楊氏)의……내용: 대전본『중용혹문』소주에 실린 구산 양씨의 설에 "夫 盈天地之間 孰非道乎 道而可離 則道有在矣 譬之 四方有定位焉 適東則離乎西 適 南則離乎北 斯則可離也 若夫無適而非道 則烏得而離耶"라고 하였다.

63) 그는……하였습니다: 대전본『중용혹문』소주 구산 양씨의 설에 "故寒而衣 飢 而食 日出而作 晦而息 耳目之視聽 手足之擧履 無非道也"라고 하였다.

는데, 백성은 단지 날마다 쓰면서도 그것을 알지 못할 따름이다'라고 한다면 이는 형이상과 형이하의 분별에 대해 어두울 뿐만 아니라 불교의 작용(作用)을 성(性)으로 보는 잘못으로 빠지게 됩니다. 그러니 또한 학자들로 하여금 엉터리로 '도는 어느 곳인들 있지 않음이 없으니 벗어나고자 하더라도 벗어날 수가 없다. 내가 이미 그것을 알고 있으니 비록 거리낌 없이 마음 내키는 대로 하고 망령된 짓을 하더라도 어디를 간들 도가 되지 않음이 없다'라고 생각하게 한다면 그 해로움이 이루 말할 수 없는 점이 있을 것입니다. 그러니 문장의 뜻을 잃었을 뿐만이 아닙니다."

○〈或問〉曰 他說 如何

曰 呂氏舊本所論道不可離者 得之 但專以過不及爲離道 則似未盡耳 其論天地之中 性與天道一節 最其用意深處 然經文所指不睹不聞隱微之間者 乃欲使人戒懼乎此 而不使人欲之私得以萌動於其間耳 非欲使人虛空其心 反觀於此 以求見夫所謂中者 而逡執之 以爲應事之準則也 呂氏既失其指 而所引用不得於言 必有事焉參前倚衡之語 亦非論孟本文之意 至謂隱微之間 有昭昭而不可欺感之而能應者 則固心之謂矣 而又曰 正惟虛心 以求 則庶乎見之 是又別以一心 而求此一心 見此一心也豈不誤之甚哉 若楊氏無適非道之云 則善矣 然其言 似亦有所未盡 蓋衣食作息 視聽擧動 皆物也 其所以如此之義理準則 乃道也 若曰 所謂道者 不外乎物 而人在天地之間 不能違物而獨立 是以 無適而不有義理之準則 不可頃刻去之 而不由 則是中庸之旨也 若便指物以爲道 而曰 人不能頃刻而離此 百姓特日用而不知耳 則是不惟昧於形而上下之別 而墮於釋氏作用是性之失 且使學者 誤謂道無不在 雖欲離之 而不可得 吾既知之 則雖猖狂妄行 亦無適而不爲道 則其爲害 將有不可勝言者 不但

文義之失而已也

○어떤 사람이 물었다. "여씨(呂氏)의 글은 지금 두 가지 판본이 있습니다. 그대가 이른바 구본(舊本)이라는 것은 의심할 바가 없습니다. 그런데 이른바 개본(改本)이라는 것은 진 충숙공(陳忠肅公)[64]이 이른바 〈이 책은〉 정명도(程明道)[65] 선생의 말씀으로 내가 그를 위해 서문을 짓는다'라고 한 것인데, 그대는 석씨(石氏)[66]의 『중용집해』(中庸集解)에 대해 일찍이 논변한 바 있습니다.[67] 그러나 논자들은 오히려 정부자(程夫子)[68]가 아니면 그런 글을 지을 수 없다고 생각합니다. 어떻게 생각하십니까?" 나는 아래와 같이 답하였다.

"이 점은 내가 일찍이 유선생(劉先生)[69]과 이선생(李先生)[70]에게 들어본 적이 있습니다. 구본은 여씨(呂氏)가 태학(太學)의 강당에서 강의한 초본이며, 개본은 그 뒤에 편찬한 별본(別本)입니다. 진 충숙공이 지었다는 서문은 아마도 전하는 자의 잘못으로 실수를 한 듯합니다. 그의 형의 손자 진기수(陳幾叟)가 들은 바를 갖추어 고한 뒤에야 진 충숙공은

64) 진 충숙공(陳忠肅公): 북송 때 학자 진관(陳瓘, 1057~1124)을 말한다. 충숙은 그의 시호이다.
65) 정명도(程明道): 북송 때 학자 정호(程顥, 1032~85)를 말한다. 명도는 그의 호이다.
66) 석씨(石氏): 주희와 동시대 학자 석돈(石𡍼)을 말한다. 『중용집해』를 지었다.
67) 그대는……있습니다: 주자는 「중용장구서」에서 석씨가 모아 기록한 『중용집해』는 정자의 문인들의 기록에서 나온 것이라고 하여 정자의 저술로 보지 않았다.
68) 정부자(程夫子): 정호(程顥)를 말한다.
69) 유선생(劉先生): 주자가 14세 때부터 배운 백수(白水) 유면지(劉勉之)와 병산(屛山) 유자휘(劉子翬)를 말한다.
70) 이선생(李先生): 주자가 28세 때부터 학문을 질정하기 시작한 이통(李侗, 1093~1163)을 말한다.

그것이 정명도 선생의 글이 아닌 줄 자각하였으니 그 책이 이미 유통되어 개정할 수 없었습니다. 근래 호인중(胡仁仲)[71]이 기록한 후사성(侯師聖)[72]의 말을 보았는데, 또한 이와 합치되었습니다.

　대개 진기수는 양씨(楊氏)를 사사했는데, 양씨는 실로 여씨(呂氏)와 함께 정자(程子)의 문하에서 함께 수학한 인물이며, 후사성은 정자의 처남입니다. 유선생(劉先生)과 이선생(李先生)이 진기수에 대해서와, 호인중이 후사성에 대해서는 모두 직접 뵙고 친히 가르침을 들었으니 어찌 억측과 사견(私見) 및 떠도는 말과 헛된 논변으로 그분들의 설을 무시할 수 있겠습니까?

　다시 그분들의 말씀으로 고찰해보면 『중용집해』의 구본과 개본 두 책은 상세하고 소략함이 다르지만 그 어의(語意)는 실상 서로 표리를 이룹니다. 마치 사람의 형체와 외모가 예전에는 살이 쪘고 요즘에는 수척해졌지만 신체 부위와 정신, 풍채는 애초 다르지 않은 것과 같습니다. 어찌 이런 점을 살피지 않고 갑자기 두 사람이 지은 것이라고 말할 수 있겠습니까? 또 더구나 개본은 구본이 너무 상세한 데에 싫증이 나서 소략하게 하는 데 뜻을 둔 것입니다. 그러므로 그 말이 요약되었지만 도리어 골격이 드러나 가파르고 험하다는 병폐가 있음을 면치 못합니다. 문장과 의리에서 그 본지를 잃은 점에 대해 살펴보면 능히 구본을 개정하지 않은 부분이 여전히 많이 남아 있습니다. 명도 선생(明道先生)의 평소 말씀이 평이하고 조용하지만 자연히 정밀하고 절실했던 것과 비교해보면 옥돌을 아름다운 옥과 비교하는 것 같을 뿐만 아닙니다. 실정이 이러한데도

---

71) 호인중(胡仁仲): 호굉(胡宏, 1106~62)을 말한다. 인중은 그의 자이다. 호안국(胡安國)의 아들로 양시(楊時)와 후중량(侯仲良)에게 수학하였다.

72) 후사성(侯師聖): 후중량(侯仲良)을 말한다. 사성은 그의 자이다. 정이(程頤)의 문인으로 주돈이(周敦頤)와 호안국(胡安國)에게도 배웠다.

오히려 논변하지 않은 것은 그 도의 깊고 얕은 점에 대해 참으로 묻지 않아도 알 수 있기 때문일 것입니다."

○〈或問〉曰 呂氏之書 今有二本 子之所謂舊本 則無疑矣 所謂改本 則陳忠肅公所謂程氏明道夫子之言而爲之序者 子於石氏集解 雖嘗辨之 而論者猶或以爲非程夫子 不能及也 奈何

曰 是則愚嘗聞之劉李二先生矣 舊本者 呂氏大學講堂之初本也 改本者 其後所修之別本也 陳公之序 蓋爲傳者所誤而失之 及其兄孫幾叟 具以所聞告之 然後自覺其非 則其書已行 而不及改矣 近見胡仁仲所記侯師聖語 亦與此合 蓋幾叟之師楊氏實與呂氏同出程門 師聖則程子之內弟 而劉李之於幾叟仁仲之於師聖 又皆親見而親聞之 是豈胸臆私見口舌浮辨 所得而奪哉 若更以其言考之 則二書詳略 雖或不同 然其語意實相表裏 如人之形貌昔腴今瘠 而其部位神采 初不異也 豈可不察而遽謂之兩人哉 又況改本 厭前之詳 而有意於略 故 其詞雖約 而未免反有刻露峭急之病 至於詞義之間 失其本指 則未能改於其舊者 尙多有之 校之明道平日之言 平易從容而自然精切者 又不啻砥砆之與美玉也 於此而猶不辨焉 則其於道之淺深 固不問而可知矣

○어떤 사람이 물었다. "원문에 '희로애락이 발하지 않은 것을 중(中)이라 하고, 희로애락이 발하여 모두 절도에 맞는 것을 화(和)라고 한다. 중(中)이란 천하의 대본이고, 화(和)란 천하에 두루 통용되는 도이다. 중·화를 극진히 하면 천지가 제자리를 잡고 만물이 육성된다'라고 한 것은 무슨 뜻입니까?" 나는 아래와 같이 답하였다.

"이 구절은 천명의 성(性)을 미루어 근본으로 삼아 교(敎)를 말미암아 들어가는 점을 밝힌 것입니다. 그런데 그 처음 단서를 발한 것과 끝의 궁극에 이른 것이 모두 나의 마음에서 벗어나지 않습니다. 대개 천명의 성(性)에는 온갖 이치가 갖추어져 있어서 희로애락이 각각 마땅하게 하는 바가 있습니다. 그 감정이 발하기 전에는 하나로 무르녹아 마음속에 있어서 치우치거나 의지하는 바가 없기 때문에 중(中)이라고 합니다. 그 감정이 발하여 모두 그 마땅함을 얻게 되면 어그러지는 바가 없기 때문에 화(和)라고 합니다. 중(中)이라는 것은 성(性)의 덕과 도의 체(體)를 형상한 것입니다. 그 천지 만물의 이치가 어느 것인들 해당하지 않음이 없기 때문에 천하지대본(天下之大本)이라고 한 것입니다. 화(和)라는 것은 정(情)의 정(正)과 도의 용(用)을 드러낸 것입니다. 그 고금의 인물이 함께 말미암는 바이기 때문에 천하지달도(天下之達道)라고 한 것입니다.

대개 천명의 성(性)은 순수하고 지극히 선하여 인심에 갖추어져 있습니다. 그 체용의 온전한 본체가 모두 이와 같아 통명(通明)하거나 우둔하다고 하여 더하거나 줄어듦이 있지 않습니다. 그러나 고요할 때에 그 마음을 보존할 방법을 알지 못하면 천리가 혼매하여 대본이 세워지지 않는 바가 있으며, 움직일 때에 그것을 절제할 방법을 모르면 인욕이 방자하여 달도가 행해지지 않는 점이 있을 것입니다. 오직 군자가 눈에 보이지 않고 귀에 들리기 전부터 경계하고 삼가며 두려워하고 두려워하는 것이 더욱더 엄격하고 공경하여 치우치거나 의지하는 바가 전혀 없어 항상 지키며 잃지 않는 경지에 이르면 그 중(中)을 극진히 하여 대본이 세워져서 날로 더욱더 견고해짐이 있게 될 것입니다. 그리고 더욱 은밀하고 그윽하게 혼자 있을 때 그 선악의 기미를 삼가는 것이 정밀할수록 더욱 정밀하여 오류가 조금도 없어 실행하는 것을 매번 어기지 않는 경지에 이르면 그 화(和)를 극진히 하여 달도가 행해져서 날로 더욱더 넓어짐이 있게 될 것입니다.

치(致)는 힘을 써서 미루어 극진히 하여 그 지극한 곳까지 이르는 것을 말합니다. 극진히 하여 그 지극한 경지에 이르러서 고요하여 한순간도 중(中)하지 않음이 없는 데 이르렀을 때에는 내 마음이 바루어지고, 천지의 마음도 바루어지게 됩니다. 그러므로 음양의 동정이 각각 제자리에 머물러 천지가 이에 제자리를 잡게 됩니다. 또 동하여 한 가지 일도 화(和)하지 않음이 없는 데 이르렀을 때에는 나의 기(氣)가 순조롭고 천지의 기도 순조롭게 됩니다. 그러므로 그 기가 꽉 차서 빈틈이 없어 기쁘게 소통하여 만물이 이에 육성됩니다.

이것이 만화(萬化)의 본원이고, 일심(一心)의 묘용(妙用)이며, 성신(聖神)한 분만이 능히 할 수 있는 일이고, 학문의 지극한 공효입니다. 참으로 처음 배울 때에는 마땅히 의논할 바가 아닌 점이 있습니다. 그러나 활쏘기의 표적과 여행자의 목적지는 또한 학자들이 의지를 세우는 초기에 마땅히 알아야 할 바입니다. 그러므로 이 장이 비록 이 책을 펴면 첫머리가 되지만 자사(子思)의 말씀이 또한 반드시 여기에 이른 뒤에야 그쳤습니다. 그러니 그 가리키는 점이 심원합니다.”

○或問 喜怒哀樂之未發 謂之中 發而皆中節 謂之和 中也者天下之大本也 和也者 天下之達道也 致中和天地位焉 萬物育焉 何也

曰 此推本天命之性 以明由敎而入者 其始之所發端 終之所至極 皆不外於吾心也 蓋天命之性 萬理具焉 喜怒哀樂 各有攸當 方其未發 渾然在中 無所偏倚 故謂之中 及其發而皆得其當無所乖戾 故謂之和 謂之中者 所以狀性之德 道之體也 以其天地萬物之理 無所不該 故曰天下之大本 謂之和者 所以著情之正 道之用也 以其古今人物之所共由 故曰天下之達道 蓋天命之性 純粹至善 而具於人心者 其體用之全本 皆如此 不以聖愚

而有加損也 然靜而不知所以存之 則天理昧 而大本有所不立
矣 動而不知所以節之 則人欲肆 而達道有所不行矣 惟君子 自
其不睹不聞之前 而所以戒謹恐懼者 愈嚴愈敬 以至於無一毫之
偏倚 而守之常不失焉 則爲有以致其中而大本之立 日以益固矣
尤於隱微幽獨之際 而所以謹其善惡之幾者 愈精愈密 以至於無
一毫之差謬 而行之每不違焉 則爲有以致其和而達道之行 日以
益廣矣 致者 用力推致而極其至之謂 致焉而極其至 至於靜而
無一息之不中 則吾心正 而天地之心亦正故陰陽動靜 各止其所
而天地於此乎位矣 動而無一事之不和 則吾氣順 而天地之氣亦
順 故充塞無間 驩欣交通 而萬物於此乎育矣 此萬化之本原 一
心之妙用 聖神之能事 學問之極功 固有非始學所當議者 然射
者之的 行者之歸 亦學者立志之初 所當知也 故此章 雖爲一篇
開卷之首 然子思之言 亦必至此而後已焉 其指深矣

○어떤 사람이 물었다. "그렇다면 중(中)·화(和)는 두 가지 물사(物
事)입니까?" 나는 아래와 같이 답하였다.

"그 하나의 체(體)와 하나의 용(用)의 명칭을 살펴보면 어찌 둘이 아
닐 수 있겠습니까? 그러나 그 하나의 체(體)와 하나의 용(用)의 실상을
살펴보면 이것은 저것의 체(體)가 되고, 저것은 이것의 용(用)이 됩니다.
마치 귀와 눈이 능히 보고 듣는데, 보고 듣는 것은 귀와 눈을 말미암는
것과 같으니 애초 두 가지 물사가 있는 것이 아닙니다."

○〈或問〉曰 然則中和 果二物乎

曰 觀其一體一用之名 則安得不二 察其一體一用之實 則此
爲彼體 彼爲此用 如耳目之能視聽 視聽之由耳目 初非有二
物也

○어떤 사람이 물었다. "제5절의 '하늘과 땅이 제자리를 잡고 만물이 길러지는 것'(天地位 萬物育)에 대해 제가의 설은 모두 그 이치〔理〕로써 말하였는데, 그대는 유독 그 일〔事〕로써 논하였습니다. 그렇다면 옛날 도가 쇠퇴하여 혼란스럽던 세대로부터 중·화를 제대로 하지 못한 점이 많았을 것입니다. 천지가 제자리를 잡고 만물이 길러지는 것이 어찌 이런 시대상황 속에서도 그 정상적인 도를 잃지 않았겠습니까?" 나는 아래와 같이 답하였다.

"해·별·달이 운행의 질서를 잃을 때에는 산이 무너지고 시내가 마르니 반드시 하늘이 뒤집히고 땅이 전복된 뒤에 제자리를 잡지 못하는 것이 되는 것은 아닙니다. 병란과 흉년에는 낙태를 하고 알이 부화하지 못하기도 하니 반드시 사람과 생물이 다 죽고 난 뒤에 육성되지 않는 것이 되는 것은 아닙니다. 무릇 이와 같은 경우는 어찌 중(中)하지 않고 화(和)하지 않은 소치가 아니겠습니까? 또한 어찌 속일 수 있겠습니까? 지금 내가 일로써 말한 것은 참으로 이런 이치가 있은 뒤에 이런 일이 있는 것이라고 말한 것입니다. 저들이 이치로써 말한 것도 이런 일은 없고 단지 이런 이치만 있다고 말한 것은 아닙니다. 다만 그 말이 갖추어지지 않아 후학의 의심을 열어놓은 점이 있으니 곧장 일로써 말하여 이치가 그 속에 있는 것이 극진하게 되는 것만 못합니다."

어떤 사람이 또 물었다. "그렇다면 하늘과 땅이 제자리를 잡지 못하고 만물이 길러지지 못하는 때를 당해 성현이 세상에 태어나 중·화를 극진히 하는 바가 어찌 없어서 그 한두 가지 재난을 구제함이 능히 있지 않은 것은 어째서입니까?" 나는 아래와 같이 답하였다.

"선악이 감응하여 통하는 이치는 또한 그 힘이 미치는 바에 이르러 그칠 따름입니다. 저 현달하여 윗자리에 있는 사람이 이미 '그것을 병폐로 여김이 있다'라고 말하였으니 재이(災異)의 변을 또한 어찌 곤궁하여 아랫자리에 있는 사람이 능히 구제할 수 있는 것이겠습니까? 다만 일신 (一身)에 능히 중·화를 극진히 하면 천하가 비록 혼란스럽더라도 내 자신의 천지와 만물이 평안하고 태평하게 됨을 방해하지 않을 것입니다. 그 일신에 중·화를 극진히 할 수 없는 사람은 천하가 잘 다스려지더라도 내 몸의 천지와 만물이 어긋나게 됨을 방해하지 않을 것입니다. 그 사이에는 일가(一家)·일국(一國)이 모두 그러하지 않음이 없으니 이 또한 알지 않아서는 안 됩니다."

어떤 사람이 또 물었다. "천지위(天地位)·만물육(萬物育) 두 가지가 실사(實事)가 되는 것은 옳지만 중·화를 나누어 그에 분속시키는 것은 또한 매우 분석적인 것이 되는 것 아닙니까?" 나는 아래와 같이 답하였다.

"세상에는 참으로 중(中)을 능히 극진히 하고서 화(和)에 부족한 경우가 있지 않으며, 또한 화(和)를 극진히 하고서 중(中)에 근본하지 않음도 있지 않습니다. 천지가 제자리를 잡은 뒤 만물이 육성되지 않은 경우도 있지 않으며, 또한 천지가 제자리를 잡지 않았는데 만물이 저절로 육성되는 경우도 있지 않습니다. 단지 그 효과에 근거하여 그것이 그러한 까닭을 미루어 근본하면 각각 그러한 바의 연유가 있으니 문란하게 할 수 없습니다."

○〈或問〉曰 天地位 萬物育 諸家 皆以其理言 子獨以其事論 然則自古衰亂之世 所以病乎中和者 多矣 天地之位 萬物之育 豈以是而失其常邪

曰 三辰失行 山崩川竭 則不必天翻地覆 然後爲不位矣 兵亂 凶荒 胎殰卵殈 則不必人消物盡 然後爲不育矣 凡若此者 豈非 不中不和之所致 而又安可誣哉 今以事言者 固以爲有是理而後 有是事 彼以理言者 亦非以爲無是事而徒有是理也 但其言之不 備 有以啓後學之疑 不若直以事言而理在其中之爲盡耳

〈或問〉曰 然則當其不位不育之時 豈無聖賢生於其世 而其所
以致夫中和者 乃不能有以救其一二 何耶

曰 善惡感通之理 亦及其力之所至而止耳 彼達而在上者 既
曰有以病之 則夫災異之變 又豈窮而在下者 所能救也哉 但能
致中和於一身 則天下雖亂 而吾身之天地萬物 不害爲安泰 其
不能者 天下雖治 而吾身之天地萬物 不害爲乖錯 其間一家一
國 莫不皆然 此又不可不知耳

〈或問〉曰 二者之爲實事 可也 而分中和 以屬焉 將不又爲破
碎之甚耶

曰 世固未有能致中而不足於和者 亦未有能致和而不本於中
者也 未有天地已位而萬物不育者 亦未有天地不位而萬物自育
者也 特據其效 而推本其所以然 則各有所從來 而不可紊耳

○어떤 사람이 물었다. "자사(子思)가 중화를 말한 것이 이와 같은데,
주자(周子, 周敦頤)의 말에 '중(中)은 화(和)이며 중절(中節)이며 천하
의 달도이다'⁷³⁾ 라고 하였으니 중(中)을 거론하고서 화(和)를 거기에 합
한 것입니다. 그렇다면 또한 무엇을 가지고 천하의 대본을 삼겠습니까?"
나는 아래와 같이 답하였다.

"자사께서 이른바 중(中)이라고 한 것은 미발(未發)로써 말한 것입니
다. 주자(周子)께서 이른바 중(中)이라고 한 것은 시중(時中)으로써 말
한 것입니다. 내가 이 책의 첫머리에 이미 논변해놓았습니다. 학자들은
그 속에 푹 잠겨 함양하되 별도로 그 점을 인식하여 도가 함께 행하면서
도 서로 어긋나지 않는 점을 보는 것이 옳을 것입니다."

---

73) 이 문장은 『성리대전서』 권2 「통서1」(通書一)에 보인다.

○〈或問〉曰 子思之言中和 如此 而周子之言 則曰 中者 和也
中節也 天下之達道也 乃擧中而合之於和 然則又將何以爲天下
之大本也耶

曰 子思之所謂中 以未發而言也 周子之所謂中 以時中而言
也 愚於篇首已辨之矣 學者涵泳而別識之 見其並行而不相悖焉
可也

○어떤 사람이 물었다. "정자(程子)와 여씨(呂氏)의 문답[74]은 어떠합
니까?" 나는 아래와 같이 답하였다.

"문집을 살펴보면 이 편지는 대체로 완전하지 않습니다. 그러나 정자
는 처음 '무릇 마음을 말한 것은 모두 이발(已發)을 가리켜 말한 것이다'
라고 했다가 뒤의 편지에 스스로 그 말이 온당하지 않다고 여겼습니다.
전에 여씨가 그것을 질문한 것이 상세하지 않았는데, 불완전한 가운데
또 이 편지의 내용처럼 잘못되었으니 이 말이 온당치 않은 점을 학자들
이 어디에서 알겠습니까? 이 때문에 성현의 말씀에는 참으로 발단만 있
고 끝마치지 않은 점이 있는 것을 알 수 있습니다. 학자들은 더욱 마음을
비우고 생각을 다해 그 귀추점을 살펴야 하니 그 한 마디 말을 가지고 갑
자기 정설로 삼을 수 있는 것이 아닙니다.

그 설의 중(中)은 과·불급을 인하여 명칭을 수립한 것인데, 또 시중
(時中)의 중(中)을 아울러 가리키는 듯합니다. 그래서 중(中)에 있는 의

---

74) 정자(程子)와……문답: 대전본 『중용혹문』 소주에 수록된 정자의 설에 "藍田呂
氏問曰 先生謂凡言心者 皆指已發而言 然則未發之前 謂之無心 可乎 竊謂未發之
前 心體昭昭 具在 已發 乃心之用也 程曰 凡言心者 指已發而言 此固未當心一也
有指體而言者 寂然不動 是也 有指用而言者 感而遂通天下之故 是也 惟觀其所見
何如耳"라고 하였다.

미와는 조금 다릅니다. 대개 미발시에 중(中)에 있는 의미는 치우치거나 의지하는 바가 없다고 말하면 괜찮지만 과·불급이 없다고 말하면 이때를 당해서는 말할 만한 중절(中節)·부중절(不中節)이 있지 않습니다. 그러니 과·불급이 없다는 명칭을 또한 어디에서 수립하겠습니까? 또 그 아래 문장은 모두 치우치지 않고 의지하지 않음으로써 말한 것이니 이 말은 또한 정론(定論)이 될 수 없을 듯합니다.

여씨 또한 윤집궐중(允執厥中)을 인용하여 미발의 뜻을 밝혔으니 정자가 편지에서 말씀한 것은 참으로 윤집궐중이 그것을 행하는 것임을 말한 것입니다. 대개 그 이른바 중(中)이라는 것은 곧 시중(時中)의 중(中)을 가리키지 미발의 중(中)이 아닙니다.

여씨가 또 '희로애락이 발하지 않았을 때에 그것을 구할 따름이다'라고 말한 것에 대해서는 정자가 소계명(蘇季明)[75]의 질문에 답한 편지에 이미 '생각을 하면 곧 이는 이발이다'라고 한 설이 있습니다.[76] 무릇 이러한 말은 모두 결코 정자가 여씨의 설을 옳다고 여긴 것이 아닌데, 유독 이 점에 대해서만은 무슨 연고로 논변한 바가 전혀 없는지 모르겠습니다. 학자들은 그 점을 살펴봐야지 정자가 논변하지 않은 것을 보고 문득 옳다고 여길 수 있는 것이 아닙니다."

어떤 사람이 또 물었다. "그렇다면 정자(程子)가 끝내 적자지심(赤子

---

75) 소계명(蘇季明): 소병(蘇昞)을 말한다. 계명은 그의 자이다. 장재(張載)·정호(程顥)·정이(程頤)에게 수학하였으며, 무공(武功) 출신이라 무공 선생(武功先生)으로 일컬어졌다.

76) 정자가……있습니다: 대전본 『중용혹문』 소주에 실린 설에 "蘇氏問於喜怒哀樂之前 求中 可否 程子曰 不可 旣思於喜怒哀樂未發之前 求之又却是思也 旣思卽已發 思與喜怒哀樂 一般 纔發謂之和 不可謂之中也 問呂氏言當求於喜怒哀樂未發之前 信斯言也 恐無著 莫如之何而可 曰 言存養於喜怒哀樂未發之時 則可 若言求中於喜怒哀樂未發之前 則不可"라고 하였다.

之心)으로 이발(已發)을 삼은 것[77]은 어째서입니까?" 나는 아래와 같이
답하였다.

"일반인들의 마음에는 미발의 때가 있지 않음이 없고, 또 이발의 때가
있지 않음이 없습니다. 그러니 늙고 젊고 어질고 어리석고 하는 것으로
써 분별이 있는 것이 아닙니다. 다만 맹자께서 지적하신 적자지심은 순
일하여 거짓이 없는 것인데 곧 그것이 발한 뒤에야 볼 수 있습니다. 만약
발하기 전에는 순일하여 거짓이 없는 것도 족히 그것을 이름 할 수 없으
며, 또한 적자지심만 그렇게 되는 것은 아닙니다. 그러므로 정자께서 '그
마음은 모두 이발이다'라는 한 마디 말을 바꾸셨지만 적자지심으로 이
발을 삼은 것은 바꿀 수 없었던 것입니다."

어떤 사람이 또 물었다. "정자가 명경지수(明鏡止水)라고 말씀한[78] 것
은 참으로 성인의 마음을 적자지심과 다르게 여긴 것입니까? 그렇다면
명경지수라는 것은 미발(未發)이 됩니까?" 나는 아래와 같이 답하였다.

"성인의 마음은 미발시에는 명경지수의 본체가 되고, 발하고 나면 명경
지수의 작용이 되니 또한 유독 미발시만 가리켜서 말한 것은 아닙니다."

어떤 사람이 또 물었다. "제가의 설은 어떻습니까?" 나는 아래와 같이
답하였다.

"정자의 설이 갖추어졌습니다. 다만 정자께서 소계명(蘇季明)에게 답
한 편지 후장(後章)의 기록은 근본과 진실을 잃은 점이 많으며, 질문에
답한 내용이 서로 맞지 않습니다. 예컨대 '귀는 들음이 없고 눈은 봄이

---

77) 정자(程子)가……것: 대전본『중용혹문』소주에 "蘇氏問赤子之心爲已發 是否
程子曰 已發而去道 未遠也 曰 大人 不失赤子之心 如何 曰 取其純一 近道也"라고
하였다.
78) 정자가……말씀한: 대전본『중용혹문』소주의 설에 "蘇氏問 赤子之心 與聖人之
心 如何 程子曰 聖人之心 如明鏡止水"라고 하였다.

없다'(耳無聞 目無見)라고 답한 이하의 문장79)은 무사시(無事時)의 경우인 듯한데, 그 뒤의 '모름지기 눈은 보아야 하고 모름지기 귀는 들어야 한다'80)는 설을 참고해보면 그 설의 오류가 분명합니다. 대개 미발시에는 희로애락의 치우침이 있지 않게 됩니다. 만약 눈으로 보는 것이 있고, 귀로 듣는 것이 있으면 더욱 정밀하게 명료하게 하여 혼란하지 않게 해야 할 것이니 어찌 마음이 이목에 있지 않아 이목의 작용을 드디어 폐한 것과 같겠습니까? 정시(靜時)를 말할 때에도 이미 지각이 있습니다. 그러니 어찌 정(靜)을 말하면서 이런 말을 인용해 다시 천지지심(天地之心)을 보는 것으로 설을 펼 수 있겠습니까? 이 또한 알 수 없습니다.

대개 지극히 고요한 때를 당해서는 능히 지각함이 있을 뿐 지각하는 대상은 있지 않습니다. 그러므로 '정(靜) 속에 물(物)이 있다'라고 말하는 것은 괜찮지만 생각이 일어나는 순간 이발(已發)이라는 것으로 비유하는 것은 옳지 않습니다. '곤괘(坤卦)는 순음(純陰)이지만 양(陽)이 없는 것이 되지는 않는다'라고 말하는 것은 괜찮지만 복괘(復卦)의 일양(一陽)이 이미 움직였다는 것으로 비유하는 것은 옳지 않습니다.

이른바 '어느 때에도 중도에 맞지 않음이 없다'라고 한 것과 이른바 '잘 보는 자는 도리어 이발(已發)의 즈음에서 그것을 본다'라고 한 설81)은 말이 비록 요긴하고 절실하지만 그 문장의 의미는 끊어지고 연속됨이 없을 수 없습니다.

---

79) 예컨대……문장: 『이정유서』(二程遺書) 권18에 "日 當中之時 耳無聞 目無見否 日 雖耳無聞 目無見 然見聞之理 在始得"이라고 하였다.

80) 이는 『이정유서』 권18에 수록된 정자가 소계명(蘇季明)에게 답한 내용에 "若無事時 目須見 耳須聞"이라고 한 것을 가리킨다.

81) 이른바……설: 대전본 『중용혹문』 소주의 설에 "蘇氏問 中是有時而中否 程子曰 何時而不中 以事言之 則有時而中 以道言之 則何時而不中……曰 善觀者 不如此 却於喜怒哀樂 已發之際 觀之……"라고 하였다.

'움직이는 데에서 고요함을 구한다'[82]라고 말한 데에 이르면 질문하는 자가 또 방향을 바꾸어 다른 데로 간 것입니다. 정자가 어떤 사람의 '희로애락이 발하기 전에 동(動) 자를 놓아야 합니까, 정(靜) 자를 놓아야 합니까?'라는 질문에 답한 설,[83] 어떤 사람의 '경(敬)은 어떻게 공력을 기울여야 합니까?'라는 질문에 답한 설,[84] 어떤 사람의 '사려가 안정되지 않을 때에는 어떻게 해야 합니까?'라는 질문에 답한 설[85]로부터 어떤 사람의 질문에 '무사시와 같은 경우에는 눈은 모름지기 보고 귀는 모름지기 들어야 한다'라고 답한 설[86]에 이르기까지는 모두 정밀하고 타당합니다. 다만 '제사지낼 때에는 보고 듣는 바가 없다'라고 한 설은 옛 사람의 제도에 제복(祭服)에는 면류관 앞에 술[旒]을 달고 귀마개에는 솜[纊]을 답니다. 비록 그것이 두루 보고 두루 들을 수 없도록 하여 정밀하고 전일함을 극진히 하고자 한 것이라고 하지만 이로써 참으로 밝게 듣고 밝게 보는 것을 전적으로 가려 그로 하여금 보고 들음이 아예 없게 하는 것은 아닙니다.

예컨대 '신발에 코를 장식하여 걸어갈 때의 경계를 삼고, 술통에 금

---

82) 움직이는……구한다: 대전본『중용혹문』소주의 설에 "或曰 莫是動上求靜否 曰 固是然 最難"이라고 하였다.

83) 어떤 사람의……설: 대전본『중용혹문』소주의 설에 "或曰 喜怒哀樂 未發之前 下動字 下靜字 程子曰 謂之靜則可 然靜中須有物 始得"이라고 하였다.

84) 어떤 사람의……설: 대전본『중용혹문』소주의 설에 "或曰 敬 何以用功 曰 莫若 主一"이라고 하였다.

85) 어떤 사람의……설: 대전본『중용혹문』소주의 설에 "問 某嘗患思慮未定 或思 一事未了 他事如麻又生 如何 曰 不可 此不誠之本 須是智能專一時 便好 不拘思慮 與應事 皆要求一"이라고 하였다.

86) 어떤 사람의……설: 대전본『중용혹문』소주의 설에 "或曰 當靜坐時 物之過乎 前者 還見不見 曰 看事如何 若是大事 如祭祀 前旒蔽明 黈纊充耳 凡物之過者 不 見不聞也 若無事時 目須見 耳須聞"이라고 하였다.

지하는 말을 두어 술을 마실 때의 경계로 삼는다'라고 하지만 애초 이렇게 함으로써 걸어가지 않고 술을 마시지 않은 적이 없습니다. 가령 제사 지낼 때에 참으로 면류관에 술을 드리워 보는 것을 막고, 귀마개에 솜으로 틀어막아 듣는 것을 막아서 귀머거리와 소경처럼 한다면 이런 사람은 예악의 용모와 절도를 모두 알 수 없을 것이니 어떻게 그의 성의를 극진히 하여 귀신과 교감할 수 있겠습니까? 정자의 말씀은 결코 이와 같이 잘못되지는 않을 것입니다. 정자가 '눈앞을 지나치더라도 마음이 그 물사에 머물지 않습니까?'라는 질문에 답한 설[87]은 또한 서로 합치되지 않는 듯하여 의심할 만한 점이 있습니다.

　대저 이 조목은 오류가 가장 많습니다. 대개 정자가 다른 사람의 질문을 받을 때에 곁에서 기록하는 사람이 답한 사람의 의중을 이해하지 못했을 뿐만 아니라 또한 질문자의 심정도 알지 못한 것입니다. 그러므로 이처럼 도를 어지럽히고 사람들을 그르치게 되었습니다. 그러나 다행스럽게도 그 사이에 잘못이 드러나 오히려 찾아 연역하여 허위를 분별할 수 있게 되었습니다. 다만 없어진 은미한 말씀은 다시 전할 수 없으니 애석할 만한 일이 됩니다.

　이 장에 대한 여씨(呂氏)의 설은 의심할 만한 점이 더욱 많습니다.『논어』의 누공(屢空)과 화식(貨殖)[88]을 인용한 것과『맹자』의 심위심(心爲甚)[89]을 인용한 것[90]은 그것이 피차에 모두 그 뜻을 잃었습니다. 그

---

87) 정자가……설: 대전본『중용혹문』소주의 설에 "或曰 當敬時 雖見聞 莫過焉 而
　　不留否 程子曰 不說道 非禮勿視勿聽"이라고 하였다.
88) 『논어』의……화식(貨殖): 이는『논어』「선진」(先進) 제18장에 "子曰 回也 其庶
　　乎 屢空 賜不受命 而貨殖焉 億則屢中"이라고 한 것을 가리킨다.
89) 『맹자』의……심위심(心爲甚): 이는『맹자』「양혜왕 상」제7장에 "權然後知輕重
　　度然後知長短 物皆然 心爲甚 王請度之"라고 한 것을 가리킨다.
90) 여씨(呂氏)의……것: 대전본『중용혹문』소주 남전 여씨의 설에 "人莫不知義理

294

가 '공(空)을 말미암은 뒤에 그 중(中)을 본다'라고 한 설은 또한 앞장에서 말한 허심(虛心)으로 구해야 한다는 설입니다. 그러니 그의 설에 빠져 불교로 들어가지 않을 자가 거의 드물 것입니다. 대개 그 병의 근원은 정히 미발의 전에 이른바 중(中)이라는 것을 구해보아 잡고자 하는 데에 있습니다. 그러므로 그 점을 누차 언급하였는데, 병폐는 더욱더 심해져서 경문(經文)에 이른바 치중화(致中和)라고 한 것이 또한 그 미발을 당했을 때를 말한 것인 줄 전혀 모른 것입니다. 이 마음이 지극히 허령하여 거울처럼 밝고 명경지수처럼 고요하면 단지 경(敬)으로써 그 마음을 보존하여 조금도 치우치거나 의지함이 있게 하지 않으며, 사물이 다가옴에 이르러 이 마음이 발하여 희로애락을 드러내 각각 타당한 바가 있으면 또한 경(敬)으로써 그 마음을 살펴 조금도 잘못되고 사특함이 있지 않게 할 따름입니다. 그런데 그의 설에는 이와 같은 내용이 있지 않습니다.

또 그가 말하기를 '미발의 전에는 의당 생각을 갖고 미루어 구하기를 기다리지 않더라도 마음과 눈 사이가 명료해진다. 그런데 한 번이라도 그것을 구하는 마음이 들면 이는 바로 이발이 되어 참으로 이미 그것을 볼 수가 없다. 더구나 욕심이 그로 인해 그 생각을 붙잡게 되면 치우치고 의지하게 되는 것도 심해지니 또한 어찌 중(中)을 얻을 수 있겠는가?'라고 하였습니다.

또한 미발·이발은 일상생활 속에 참으로 자연의 기미가 있어서 인력(人力)을 빌리지 않습니다. 미발을 당해서는 본래 저절로 적연(寂然)하

之當 無過無不及之爲中 未及乎所以中也 喜怒哀樂未發之前 反求吾心 果何爲乎 回也其庶乎屢空 惟空然後 可以見乎中 而空非中也 必有事焉 喜怒哀樂之未發 無私意小知 撓乎其間 乃所謂空曰空 然後見乎中 實則不見也 若子貢聚聞見之多 其心已實 如貨殖焉 所蓄有素 所應有限 雖曰 富有亦有時而窮 故億則屢中而未皆中也 權然後 知輕重 度然後 知長短 物皆然 心爲甚 則心之度物 甚於權度之審其應物 當無毫髮之差 然人應物不中節者 常多 其故 何也……"라고 하였다.

여 참으로 집착하는 것을 일삼는 바가 없습니다. 그러나 발하게 되면 사물에 나아가 느끼는 바를 따라 응하니 어찌 흙덩어리처럼 움직이지 않아서 이 미발의 중(中)을 잡을 수 있겠습니까? 이것이 바로 의리가 이에 근본하는 데 차이가 있게 되면 어느 경우인들 차이가 나지 않음이 없게 되는 것입니다. 이 여씨의 설은 조리가 문란하고 인용한 것이 잘못되어 그 의심할 만한 점을 금할 수 없으니 정자께서 그 점을 나무라면서 '대본을 알지 못하니 어찌 믿을 수 있으리'라고 하신 것입니다.

양씨(楊氏)는 이른바 '미발할 때에 마음으로 그것을 증험하면 중(中)의 의미가 절로 보이니 그것을 잡고 잃지 말아야 한다. 인욕(人欲)의 사사로움이 없으면 마음이 발하여 반드시 절도에 맞게 된다'라는 설을 폈고, 또 '모름지기 미발할 때에 능히 이른바 중(中)을 체찰해야 한다'라고 하였습니다.[91] 그가 기통(其慟)·기희(其喜)라고 말한 내용은 절로 의심할 만하니 정자께서 화(和)를 말씀하신 설에 중(中)이 그 속에 들어 있는 것과 서로 흡사합니다. 그러나 상세히 추구해보면 정자의 말씀은 정히 '희로애락이 발한 곳에서 미발의 이치가 이때 발현되어 있는 것을 보아야 한다'는 점을 말한 것입니다. 한 가지 일이나 사물 속에 각기 치우치거나 의지함과 지나치거나 미치지 못하는 차이가 없어야 곧 시중(時中)의 중(中)이니 한 덩어리로 무르녹아 중(中)에 있다고 할 때의 중(中)이 아닙니다.

---

91) 양씨(楊氏)는……하였습니다: 대전본 『중용혹문』 소주에 실린 구산 양씨의 설에 "但於喜怒哀樂未發之際 以心驗之 則中之義 自見 非精一 焉能執之 ○又曰 執而勿失 無人欲之私焉 發必中節矣 發而中節 中固未嘗亡也 孔子之慟 孟子之喜 固可慟可喜而已 於孔孟 何有哉 其慟也 其喜也 中固自若也 鑑之茹物 因物而異形 而鑑之明 未嘗異也 莊生所謂出怒不怒 則怒出於不怒 出爲無爲 則爲出於無爲 亦此意也……○又曰 須是於喜怒哀樂未發之際 能體所謂中 於喜怒哀樂已發之後 能得所謂和 致中和則天地可位 萬物可育矣"라고 하였다.

양씨가 '중(中)은 참으로 태연하다'(中固自若)라고 한 것과 또 장주(莊周)의 '출노불노'(出怒不怒)의 말[92]을 인용하여 증명한 것[93]과 같은 설은 성인이 바야흐로 희로애락을 당했을 때 그 마음이 담담하여 목석(木石)과 같아서 짐짓 이와 같은 형체를 밖으로 드러내 보이는 것이니 무릇 말하고 행동하는 것이 모두 중심의 성(誠)에서 다시는 나오는 것이 아닙니다. 대저 양씨의 말은 대부분 불교와 노장에 뒤섞였기 때문에 그 잘못이 대체로 이와 같습니다. 다만 그가 '그것이 중(中)인지 아닌지를 논해야지 그것이 있는지 없는지를 논해서는 타당치 않다'라고 말한[94] 점은 지론입니다."

〈或問〉曰 程呂問答 如何

曰 考之文集 則是其書 蓋不完矣 然程子初謂凡言心者 皆指已發而言 而後書乃自以爲未當 向非呂氏問之之審 而不完之中 又失此書 則此言之未當 學者 何自而知之乎 以此 又知聖賢之言 固有發端而未竟者 學者 尤當虛心悉意 以審其歸 未可執其一言 而遽以爲定也 其說中字 因過不及而立名 又似幷指時中之中 而與在中之義 少異 蓋未發之時在中之義 謂之無所偏倚 則可 謂之無過不及 則方此之時 未有中節不中節之可言也 無過不及之名 亦何自而立乎 又其下文 皆以不偏不倚爲言 則此

---

92) 장주(莊周)의……말: 『장자』「경상초」(庚桑楚)에 "敬之而不喜 侮之而不怒者 唯同乎天地者爲然 出怒不怒 則怒出於不怒矣 出爲無爲 則爲出於無爲矣"라고 하였다.

93) 양씨가……것: 대전본『중용혹문』소주에 실린 구산 양씨의 설에 "執而勿失 無人欲之私焉 發必中節矣 發而中節 中固未嘗亡也 孔子之慟 孟子之喜 固其可慟可喜而已 於孔孟 何有哉 其慟也其喜也 中固自若也 鑑之茹物 因物而異形 而鑑之明 未嘗異也 莊生所謂出怒不怒 則怒出於不怒 出爲無爲 則爲出於無爲 亦此意也 若聖人而無喜怒哀樂 則天下之達道廢也"라고 하였다.

94) 그가……말한: 대전본『중용혹문』소주에 실린 구산 양씨의 설에 "故於是四者 當論其中節不中節 不當論其有無也"라고 하였다.

語者 亦或未得爲定論也 呂氏又引允執厥中 以明未發之旨 則
程子之說書也 固謂允執厥中 所以行之 蓋其所謂中者 乃指時
中之中 而非未發之中也 呂氏又謂求之喜怒哀樂未發之時 則程
子所以答蘇季明之問 又已有旣思卽是已發之說矣 凡此皆其決
不以呂說爲然者 獨不知其於此 何故略無所辨 學者亦當詳之
未可見其不辨而遽以爲是也

〈或問〉曰 然則程子 卒以赤子之心爲已發 何也

曰 衆人之心 莫不有未發之時 亦莫不有已發之時 不以老稚
賢愚而有別也 但孟子所指赤子之心 純一無僞者 乃因其發而後
可見 若未發 則純一無僞 又不足以名之 而亦非獨赤子之心爲
然矣 是以 程子雖改夫心皆已發之一言 而以赤子之心爲已發
則不可得而改也

〈或問〉曰 程子明鏡止水之云 固以聖人之心爲異乎赤子之心
矣 然則此其爲未發者耶

曰 聖人之心 未發則爲水鏡之體 旣發則爲水鏡之用 亦非獨
指未發而言也

〈或問〉曰 諸說 如何

曰 程子備矣 但其答蘇季明之後章記錄 多失本眞 答問不相
對値 如耳無聞 目無見之答以下文 若無事時 須見須聞之說 參
之 其誤必矣 蓋未發之時 但爲未有喜怒哀樂之偏耳 若其目之
有見 耳之有聞 則當愈益精明而不可亂 豈若心不在焉 而遂廢
耳目之用哉 其言靜時 旣有知覺 豈可言靜而引復以見天地之心
爲說 亦不可曉 蓋當至靜之時 但有能知覺者 而未有所知覺也
故以爲靜中有物 則可 而便以纔思卽是已發爲比 則未可 以爲
坤卦純陰 而不爲無陽 則可 而便以復之一陽已動爲比 則未可

也 所謂無時不中者 所謂善觀者 却於已發之際 觀之者 則語雖
要切 而其文意 亦不能無斷續 至於動上求靜之云 則問者 又轉
而之他矣 其答動字靜字之問 答敬何以用功之問 答思慮不定之
問 以至若無事時 須見須聞之說 則皆精當 但其曰當祭祀時 無
所見聞 則古人之制 祭服而設旒纊 雖曰欲其不得廣視雜聽而致
其精一 然非以是爲眞足以全蔽其聰明 使之一無見聞也 若曰履
之有絇以爲行戒 尊之有禁以爲酒戒 然初未嘗以是而遂不行不
飮也 若使當祭之時 眞爲旒纊所塞 遂如聾瞽 則是禮容樂節 皆
不能知 亦將何以致其誠意 交於鬼神哉 程子之言 決不如是之
過也 至其答過而不留之問 則又有若不相値而可疑者

　大抵此條 最多謬誤 蓋聽他人之問 而從旁竊記非 唯未了答
者之意 而亦未悉問者之情 是以 致此亂道而誤人耳 然而猶幸
其間紕漏顯然 尙可尋繹 以別其僞 獨微言之湮沒者 遂不復傳
爲可惜耳

　呂氏此章之說 尤多可疑 如引屢空貨殖 及心爲甚者 其於彼
此 蓋兩失之 其曰 由空而後見夫中 是又前章虛心以求之說也
其不陷而入浮屠者 幾希矣 蓋其病根 正在欲於未發之前 求見
夫所謂中者而執之 是以 屢言之而病愈甚 殊不知經文所謂致中
和者 亦曰當其未發 此心至虛如鏡之明 如水之止 則但當敬以
存之 而不使其小有偏倚 至於事物之來 此心發見喜怒哀樂 各
有攸當 則又當敬以察之 而不使其小有差忒而已 未有如是之說
也 且曰未發之前 則宜其不待著意推求 而瞭然心目之間矣 一
有求之之心 則是便爲已發 固已不得而見之 況欲從而執之 則
其爲偏倚亦甚矣 又何中之可得乎 且夫未發已發 日用之間 固
有自然之機 不假人力 方其未發 本自寂然 固無所事於執 及其

當發 則又當即事即物 隨感而應 亦安得塊然不動而執此未發之
中耶 此為義理之根本於此 有差 則無所不差矣 此呂氏之說 所
以條理紊亂 援引乖刺 而不勝其可疑也 程子譏之 以為不識大
本 豈不信哉

　楊氏所謂未發之時 以心驗之 則中之義 自見 執而勿失 無人
欲之私焉 則發必中節矣 又曰 須於未發之際 能體所謂中 其曰
驗之體之執之 則亦呂氏之失也 其曰其慟其喜中 固自若疑 與
程子所云言和 則中在其中者 相似 然細推之 則程子之意 正謂
喜怒哀樂已發之處 見得未發之理 發見在此 一事一物之中 各
無偏倚過不及之差 乃時中之中 而非渾然在中之中也 若楊氏之
云中固自若 而又引莊周出怒不怒之言 以明之 則是以為聖人方
當喜怒哀樂之時 其心漠然同於木石 而姑外示如此之形 凡所云
為 皆不復出於中心之誠矣 大抵 楊氏之言 多雜於佛老 故其失
類如此 其曰當論其中否 不當論其有無 則至論也

제2장

○어떤 사람이 물었다. "제2장에서 중니왈(仲尼曰)이라고 칭한 것은 어째서입니까?" 나는 아래와 같이 답하였다.

"제1장은 공자의 생각인데 자사가 말한 것입니다. 그러므로 이 장 아래는 또 공자의 말씀을 인용하여 그것을 증명한 것입니다."

어떤 사람이 또 물었다. "손자가 자기 할아버지를 자(字)로 부를 수 있습니까?" 나는 아래와 같이 답하였다.

"옛날 살아서 벼슬이 없고 죽어서 시호(諡號)가 없을 경우에는 아들과 손자가 할아버지와 아버지에 대해 이름을 부를 따름이었습니다. 주나라 때 사람들은 관례를 하면 자를 불러 그 이름을 높였으며, 죽으면 시호로 칭해 그 이름을 휘(諱)했으니 참으로 이미 문채를 더한 것입니다. 그러나 그들의 자는 휘한 적이 있지 않았습니다. 그러므로 『의례』「사우례」(士虞禮) 궤식(饋食)의 축사(祝詞)에 '너의 황조(皇祖) 백모보(伯某甫)'[95]라고 하였으니 곧장 자(字)로써 마주하고 고한 것입니다. 그런데 하물며 공자께서는 벼슬하셨으나 시호를 받는 데 해당되지 않았으니 자손들이 또한 그 자를 칭하여 이름과 구별할 수 없다면 장차 무엇이라고 칭하겠습니까? 만약 공자(孔子)라고 하면 이는 공자를 외인으로 여기는 말이고, 또 이 말은 공씨(孔氏)의 성을 통칭하는 말입니다. 만약 부자

---

95) 백모보(伯某甫): 『의례』「사우례」에는 '모보'(某甫)로 되어 있다.

(夫子)라고 하면 이는 또한 당시 일반인들이 서로 부르는 공통된 칭호입니다. 만약 중니(仲尼)라고 하지 않으면 무엇으로써 공자를 칭하겠습니까?"

○或問 此其稱仲尼曰 何也

曰 首章 夫子之意 而子思言之 故此以下 又引夫子之言 以證之也

〈或問〉曰 孫可以字其祖乎

曰 古者 生無爵 死無謚 則子孫之於祖考 亦名之而已矣 周人冠則字而尊其名 死則謚而諱其名 則固已彌文矣 然未有諱其字者也 故儀禮饋食之祝詞曰 適爾皇祖伯某父 乃直以字而面命之 況孔子爵不應謚 而子孫又不得稱其字 以別之 則將謂之何哉 若曰孔子 則外之之辭 而又孔姓之通稱 若曰夫子 則又當時衆人相呼之通號也 不曰仲尼 而何以哉

○어떤 사람이 물었다. "군자는 중용을 행하는데, 소인은 중용을 반대로 하는 것은 어째서입니까?" 나는 아래와 같이 답하였다.

"중용은 과·불급이 없이 평소 늘 그러한 이치입니다. 대개 천명은 인심 가운데 바른 것입니다. 오직 군자만이 능히 그 천명이 나에게 있는 것을 알아서 경계하고 삼가며 두려워하고 두려워하여 그 당연한 이치를 잃음이 없는 일을 합니다. 그러므로 능히 때에 따라 중(中)을 얻습니다. 소인은 이런 것이 있는 줄 알지 못해 꺼리는 바가 없습니다. 그러므로 그 마음이 매양 이와 반대로 하여 중(中)하지도 않고, 늘 그러하지도 않습니다."

○〈或問〉曰 君子所以中庸 小人之所以反之者 何也

曰 中庸者 無過不及而平常之理 蓋天命 人心之正也 唯君子

爲能知其在我 而戒謹恐懼 以無失其當然 故能隨時而得中 小
人則不知有此 而無所忌憚 故其心每反乎此 而不中不常也

○어떤 사람이 물었다. "제2절의 소인지중용(小人之中庸)에 왕숙(王
肅)[96]과 정자(程子)는 모두 반(反) 자를 더하였으니 이는 대개 위의 절
의 말을 중첩한 것으로 본 것입니다. 그러나 제가의 설은 모두 '소인은
실제로 중용에 반대로 하면서도 자기가 그릇된 줄 스스로 알지 못하고
이에 감히 스스로 중용이라고 생각해 한(漢)나라 때 호광(胡廣)[97]이나
당(唐)나라 때 여온(呂溫)[98]과 유종원(柳宗元)[99]처럼 태연히 의심하지
않으니 그들이 이른바 중용이라는 것은 곧 기탄없는 짓을 하는 것이다'
라고 말하고 있습니다. 이와 같이 보면 번거롭게 반(反) 자를 더하지 않
더라도 이치가 또한 통합니다." 나는 아래와 같이 답하였다.

"소인의 정상(情狀)에는 참으로 이와 같은 점이 있습니다. 다만 문세
(文勢)로써 살펴보면 그렇지 않을 듯합니다. 대개 『중용』 한 편의 통체
(通體)를 논하면 이 제2장은 공자의 말씀을 인용한 첫 장이니 대략 큰 단
서를 거론하여 군자와 소인의 추향(趨向)을 분별해야 마땅하지, 갑자기
그런 의미의 은미한 말을 언급하는 것은 마땅치 않습니다. 만약 이 한 장

---

96) 왕숙(王肅, 195~256): 중국 삼국시대 위(魏)나라 때 학자로 정현(鄭玄)의 해석
   을 비판하였다. 저술로 『공자가어』(孔子家語) 『성증론』(誠證論) 등이 있다.

97) 호광(胡廣, 91~172): 후한 때의 학자로 자는 백시(伯始)이며, 효렴(孝廉)으로
   천거되어 대사농(大司農)·태부(太傅) 등을 지냈다. 당시 수도 사람들의 속담
   에 "萬事不理問伯始 天下中庸有胡公"이라는 말이 있었다.

98) 여온(呂溫): 중당(中唐) 때의 시인이자 정치가로 자는 화숙(和叔)이며, 왕숙문
   (王叔文)·유종원(柳宗元)·유우석(劉禹錫) 등과 결사를 하여 정치개혁을 추구
   하였다.

99) 유종원(柳宗元, 773~819): 당나라 때 문장가이자 정치가로 왕숙문·유우석 등
   과 결사를 하여 정치개혁을 추구하였다.

의 어맥을 논한다면 위의 절에서 바야흐로 '군자는 중용을 행하는데, 소
인은 그 반대로 한다'라고 하였으니 그 아래의 구절에서는 마땅히 이 두
구절의 의미를 공평하게 해석해 그 의미를 극진히 해야지, 치우치게 위
의 구절만 해석하고 아래의 구절을 해석하지 않은 채 갑자기 별도로 다
른 설을 언급하는 것은 타당치 않습니다. 그러므로 왕숙이 전한 판본이
바름을 얻은 것이 되지 않을까 생각한 것이지, 왕숙이 반(反) 자를 더한
것이라고 기필한 것은 아닙니다. 정자께서 그 설을 따른 것도 근거한 바
가 없이 억측으로 결정한 것은 아닙니다. 제가의 설은 모두 정현(鄭玄)
이 전한 판본[100]을 따른 것인데, 본문의 의미는 아니지만 소인의 정상을
발명한 점은 또한 그 미묘함을 곡진히 해석하여 향원(鄕原)[101]이나 덕
을 어지럽히는 간사한 자들을 충분히 경계할 수 있습니다. 지금 여씨(呂
氏)의 설[102]을 보존해두어 참고하는 데 갖추어둡니다. 다른 설은 모두
기록할 수 없습니다."

　○〈或問〉曰 小人之中庸 王肅程子悉加反字 蓋疊上文之語 然
諸說皆謂小人實反中庸 而不自知其爲非 乃敢自以爲中庸而居

---

100) 정현(鄭玄)이……판본: 정현은 후한 말의 경학가로 금문설과 고문설을 절충
　　하는 입장이었다. 정현이 전한 판본은 반(反) 자가 없는 것을 가리킨다.
101) 향원(鄕原): 사이비를 말한다. 겉으로는 점잖지만 본심은 진실하지 않은 사람
　　을 가리킨다.
102) 여씨(呂氏)의 설: 대전본『중용혹문』소주에 실린 남전 여씨의 설에 "君子蹈乎
　　中庸 小人反乎中庸者也 君子之中庸也 有君子之心 又達乎時中 小人之中庸也 有
　　小人之心 反乎中庸 無所忌憚 而自謂之時中也 時中者 當其可之謂也 時止則止
　　時行則行 當其可也 可以仕則仕 可以止則止 可以速則速 可以久則久 當其可也
　　曾子子思易地 則皆然 禹稷顔回同道 當其可也 舜不告而娶 周公殺管蔡 孔子以微
　　罪行 當其可也 小人見君子之時中 唯變所適 而不知當其可 而欲肆其姦心 濟其私
　　欲 或言不必信行 不必果 則曰唯義所在而已 然實未嘗知義之所在 有臨喪而家 人
　　或非之 則曰是惡知禮意 然實未嘗知乎禮意 猖狂妄行 不謹先王之法 以欺惑流俗
　　此小人之亂德 先王之所以必誅而不以聽者也"라고 하였다.

304

之不疑　如漢之胡廣　唐之呂溫柳宗元者　則其所謂中庸　是乃所
以爲無忌憚也　如此則不煩增字　而理亦通矣

　　曰　小人之情狀　固有若此者矣　但以文勢考之　則恐未然　蓋論
一篇之通體　則此章　乃引夫子所言之首章　且當略擧大端　以分
別君子小人之趨向　未嘗遽及此意之隱微也　若論一章之語脈　則
上文方言君子中庸　而小人反之　其下且當平解兩句之義　以盡其
意　不應偏解上句　而不解下句　又遽別生他說也　故疑王肅所傳
之本　爲得其正　而未必肅之所增　程子從之　亦不爲無所據而臆
決也　諸說　皆從鄭本　雖非本文之意　然所以發明小人之情狀　則
亦曲盡其妙　而足以警乎鄕原亂德之奸矣　今存呂氏　以備觀考
他不能盡錄也

제3장

○어떤 사람이 물었다. "민선능구(民鮮能久)에 대해 어떤 사람은 '백성 중에는 중용의 덕을 능히 오래 지키는 자가 드물다'는 의미로 해석하면서 아래의 장 '한 달 동안도 지키지 못한다'(不能期月守)[103]로 증명하는데, 어찌 생각하십니까?" 나는 아래와 같이 답하였다.

"그렇지 않습니다. 이 장은 바야흐로 위의 장 '소인은 중용을 반대로 한다'(小人反中庸)의 의미를 계승하여 범범하게 논한 것이지, 갑자기 그들이 오래 유지할 수 없음을 언급한 것은 아닙니다. 아래의 장 '중용을 택하여'(擇乎中庸)[104]부터 그 점을 말해야 그들이 중용을 오래 지킬 수 없음을 나무랄 수 있습니다. 두 장이 각기 하나의 의리를 발명하였으니 갑자기 저것을 끌어다가 이것을 증명하는 것은 타당치 않습니다. 또한 『논어』에는 능(能) 자가 없으며,[105] 이른바 의(矣) 자 또한 '이미 그러하다'는 말이기 때문에 정자께서 이 구절을 풀이하면서 '백성 중에 이 중용의 덕을 가진 자가 드물다'라고 하였으니 이 해석이 아래의 장 '한 달 동안도 지키지 못한다'와 같지는 않으나 문장의 의미는 더욱 명백합니다."

---

103) 불능기월수(不能期月守): 『중용장구』 제7장에 보인다.
104) 택호중용(擇乎中庸): 『중용장구』 제7장에 보인다. 원문에는 '능택중용'(能擇中庸)으로 되어 있다.
105) 『논어』에는……없으며: 『논어』 「옹야」 제29장에는 "中庸之爲德也 其至矣乎 民鮮久矣"로 되어 있다.

어떤 사람이 또 물었다. "이 책은 한 시점의 말이 아닌데, 장(章)의 선후에 또한 어찌 차서가 있을 수 있습니까?" 나는 아래와 같이 답하였다.

"각 장에서 한 말은 참으로 차서가 없습니다. 그런데 자사가 그것을 취하여 이 책에 드러내놓았으니 그 차제와 항렬은 분명 의미있을 것입니다. 응당 뒤섞어두어 마구 진열한 것은 아닐 것으로 생각됩니다. 그러므로 무릇 이 책의 체례(體例)는 모두 문장이 끊어지지만 의미는 연속됩니다. 독자들이 먼저 그 문장이 끊어진 바를 따라 그 장의 설을 탐구하고 서서히 그 의미가 연속되는 것을 차례로 하여 각 장의 의미가 서로 이어지는 차서를 고찰한다면 각기 그 한 장의 의미를 극진히 하여 그 전편의 본지를 잃지 않음이 있을 것입니다.

그러나 정자의 설에 구행(久行)의 설[106]이 있는 것은 아마 그의 문인들의 기록에서 나와 오류가 없을 수 없는 듯합니다. 그런데 세교쇠(世敎衰) 이하 한 조목은 곧 『논어』의 해석으로[107] 정자께서 직접 하신 말씀입니다. 제가의 설은 참으로 모두 이 점을 살피지 못하였습니다. 그러나 여씨(呂氏)가 이른바 〈일반인의 정상은〉 정상적인 것을 싫어하고 새로운 것을 기뻐하며, 자질은 천박하고 기상은 허약하다'라고 한 설[108]은 학자들이 견고하게 지키지 못하는 병폐를 절실하게 맞춘 점이 있습니다. 독자들이 기월장(期月章)[109]을 읊조리면서 스스로 그 점을 성찰하면 또

---

106) 구행(久行)의 설: 대전본 『중용혹문』 소주에 실린 정자의 설에 "中庸之爲德 民不可須臾離 民鮮有久行其道者也 ○中庸天下之至理 德合中庸 可謂至矣 自世敎衰 民不興於行 鮮有中庸之德也"라고 하였다.

107) 세교쇠(世敎衰)……해석으로: 이 문구는 『논어』「옹야」 제27장 주자의 주에 인용되어 있는 정자의 설이다.

108) 여씨(呂氏)가……설: 대전본 『중용혹문』 소주에 실린 여씨의 설에 "中庸者 天下之所共知所共行 猶寒而衣 飢而食 渴而飮 不可須臾離也 中人之情 厭常而喜新 質薄而氣弱 雖知不可離 而亦不能久也……"라고 하였다.

한 족히 경책(警責)함이 있을 것입니다.

후씨(侯氏)가 이른바 '일반인들은 중(中)을 알지 못하기 때문에 능히 오래도록 하는 자가 드물다. 만약 중(中)을 안다면 손으로 움직이고 발로 밟아 중하지 않음이 없을 것이다'라고 한 설[110]은 그 소활함이 더욱 심합니다. '만약 중(中)을 알면 손으로 움직이고 발로 밟아 모두 자연의 중(中)이 있어서 벗어나지 않을 것이다'라고 한다면 거의 도에 가까울 것입니다."

○或問 民鮮能久 或以爲民鮮能久於中庸之德 而以下文不能期月守者 證之 何如

曰 不然 此章 方承上章小人反中庸之意 而泛論之 未遽及夫不能久也 下章自能擇中庸者 言之 乃可責其不能久耳 兩章各是發明一義 不當遽以彼而證此也 且論語無能字 而所謂矣者又已然之辭 故程子釋之 以爲民鮮有此中庸之德 則其與不能期月守者 不同 文意益明白矣

〈或問〉曰 此書 非一時之言也 章之先後 又安得有次序乎

曰 言之固無序矣 子思取之而著於此 則其次第行列 決有意味 不應雜置而錯陳之也 故凡此書之例 皆文斷而意屬 讀者 先因其文之所斷 以求本章之說 徐次其意之所屬 以考相承之序 則有以各盡其一章之意 而不失夫全篇之旨矣 然程子 亦有久行之說 則疑出於其門人之所記 蓋不能無差繆 而自世教衰之一條 乃論語解 而程子之手筆也 諸家之說 固皆不察乎此 然呂氏

---

109) 기월장(期月章): 『중용장구』 제7장을 가리킨다. 제7장에 "擇乎中庸而不能期月守也"라는 문구가 보이기 때문에 그렇게 부른 것이다.
110) 후씨(侯氏)가……설: 대전본 『중용혹문』 소주에 실린 후씨의 설에 "民不能識中 故鮮能久 若識得中 則手動足履 無非中者 故能久"라고 하였다.

所謂厭常喜新 質薄氣弱者 則有以切中學者不能固守之病 讀者
諷誦期月之章 而自省焉 則亦足以有警矣 侯氏所謂民不識中
故鮮能久 若識得中 則手動足履 無非中者 則其疎濶 又益甚矣
如曰若識得中 則手動足履 皆有自然之中 而不可離 則庶幾耳

제4장

○어떤 사람이 물었다. "이 장에서 도가 행해지지 않고 밝혀지지 않음을 말한 것은 어째서입니까?" 나는 아래와 같이 답하였다. "이 장은 또한 위의 장에 '백성이 중용에 능한 자가 드문 지 오래되었다'는 의미를 이어서 말한 것입니다."

어떤 사람이 또 물었다. "지혜로운 자와 어리석은 자의 과·불급이 도가 밝혀지지 않는 이유인 듯하고, 어진 자와 불초한 자의 과·불급이 도가 행해지지 않는 이유인 듯한데, 지금 이 장에서 바꾸어 말한 것은 어째서입니까?" 나는 아래와 같이 답하였다.

"깊고 은미한 것을 헤아리고 사변을 헤아려서 군자가 반드시 알지 않아도 될 것을 능히 아는 것은 지혜로운 자가 중도에 지나친 것입니다. 혼매하고 비루하고 천박하여 군자가 마땅히 알아야 할 바를 능히 알지 못하는 것은 어리석은 자가 중도에 미치지 못하는 것입니다. 지혜가 지나친 자는 이미 아는 것만 힘쓸 뿐 도를 행하기 부족하다고 여기며, 어리석은 자는 또한 도를 행할 줄 모릅니다. 이것이 바로 도가 행해지지 않는 까닭입니다. 의지를 각박하게 하고 행실을 고상하게 하며 세속을 놀라게 하여 군자가 반드시 행하지 않아도 되는 것을 능히 행하는 것은 어진 자가 중도에 지나친 것입니다. 낮고 더럽고 구차하고 천박하여 군자가 마땅히 행할 바를 능히 행하지 않는 것은 불초한 자가 중도에 미치지 못하는 것입니다. 현명함이 지나친 자는 오직 행하는 것만 힘쓸 뿐 도를 알기에 부족하다고 여기며, 불초한 자는 도를 알 바를 구하지 않습니다. 그러니 이것이 바로 도가 밝혀지지 않는 이유입니다.

그러나 도의 이른바 중(中)이라는 것은 하늘이 명한 인심 가운데 바른 것입니다. 당연하여 변치 않는 이치는 참으로 인생의 일상생활 속에서 벗어나지 않습니다. 단지 행하면서 마음을 두지 않고 익숙하여 살피지 않기 때문에 그것이 지극한 줄 몰라서 잃어버리는 것입니다. 그러므로 이 장에 '사람들은 물을 마시고 밥을 먹지 않는 자가 없지만 그 맛을 능히 아는 자는 드물다'라고 말한 것입니다. 음식맛의 바른 것을 알면 반드시 그것을 좋아하여 싫어하지 않을 것입니다. 도의 중(中)을 알면 반드시 지켜서 잃지 않을 것입니다."

○或問 此其言道之不行不明 何也

曰 此亦承上章民鮮能久矣之意也

〈或問〉曰 知愚之過不及 宜若道之所以不明也 賢不肖之過不及 宜若道之所以不行也 今其互言之 何也

曰 測度深微 揣摩事變 能知君子之所不必知者 知者之過乎中也 昏昧塞淺 不能知君子之所當知者 愚者之不及乎中也 知之過者 旣惟知是務 而以道爲不足行 愚者 又不知所以行也 此道之所以不行也 刻意尙行 驚世駭俗 能行君子之所不必行者 賢者之過乎中也 卑汚苟賤 不能行君子之所當行者 不肖者之不及乎中也 賢之過者 旣唯行是務 而以道爲不足知 不肖者 又不求所以知也 此道之所以不明也 然道之所謂中者 是乃天命人心之正 當然不易之理 固不外乎人生日用之間 特行而不著 習而不察 是以 不知其至而失之耳 故曰人莫不飮食也 鮮能知味也 知味之正 則必嗜之而不厭矣 知道之中 則必守之而不失矣

제6장

○어떤 사람이 물었다. "이 장에서 순임금의 큰 지혜를 일컬은 것은 어째서입니까?" 나는 아래와 같이 답하였다.

"이 장은 또한 위의 장의 의미를 이어서 말한 것입니다. 순임금처럼 지혜로운 사람으로서 지나치지 않으면 도가 행해지는 까닭입니다. 대개 〈순임금은〉 자신의 총명을 스스로 믿지 않고 남에게서 선을 취하기를 즐겨 하였으니 이와 같은 경우는 지혜로운 자의 지나침이 아닙니다. 또한 순임금은 능히 양쪽의 극단적인 주장을 잡고 그의 중도를 썼으니 어리석은 자의 미치지 못함이 아닙니다. 이것이 바로 순임금의 지혜가 위대하게 되며 타인들이 미칠 수 있는 바가 아닌 까닭입니다.

양쪽의 극단적인 주장(兩端)에 대한 설은 여씨(呂氏)와 양씨(楊氏)의 설[111]이 우수합니다. 정자는 '〈순임금이〉 과·불급의 양쪽의 극단적인 주장을 잡고 백성으로 하여금 행하지 못하게 한 것이다'라고 하였으니[112] 본문의 의미가 아닌 듯합니다. 대개 중론이 같지 않은 때를 당해

---

111) 여씨(呂氏)와……설: 대전본 『중용혹문』 소주에 실린 여씨의 설에 "兩端 過與不及 乃所以用其時中 猶持權衡而稱物輕重 皆得其平 故舜之所以爲舜 取諸人 用諸民 皆以能執兩端 而不失中也"라고 하였고, 양씨의 설에는 "執其兩端 所以權輕重而取中也 由是而用於民 雖愚者 可及矣"라고 하였다.

112) 정자는……하였으니: 대전본 『중용혹문』 소주에 실린 정자의 설에 "執猶今之所謂執持 使不得行也 舜猶持過不及 使民不得行 而用其中 使民行之也"라고 하였다.

서는 누구의 설이 과한 것인지, 누구의 설이 불급한 것인지, 누구의 설이 중도에 맞는 것인지 모릅니다. 그러므로 반드시 여러 설을 모두 모아 서로 같지 않은 극단을 잡고 그 의리가 지당한 것을 구한 뒤에야 과·불급이 없음이 여기에 있어 그 도리가 마땅히 행할 바에 있음을 앎이 있게 됩니다. 만약 그렇지 않으면 또한 어찌 능히 저 양쪽의 극단적인 주장이 과가 되고 불급이 되는지를 먼저 알아서 행하지 않을 수 있겠습니까?"

○或問 此其稱舜之大知 何也

曰 此亦承上章之意言 如舜之知而不過 則道之所以行也 蓋不自恃其聰明 而樂取諸人者 如此 則非知者之過矣 又能執兩端 而用其中 則非愚者之不及矣 此舜之知所以爲大 而非他人之所及也 兩端之說 呂楊爲優 程子以爲執持過不及之兩端 使民不得行 則恐非文意矣 蓋當衆論不同之際 未知其孰爲過 孰爲不及 而孰爲中也 故必兼總衆說 以執其不同之極處 而求其義理之至當 然後有以知夫無過不及之在此 而在所當行 若其未然 則又安能先識彼兩端者之爲過不及而不可行哉

제7장

○어떤 사람이 제7장의 설을 물어 나는 아래와 같이 답하였다. "이 장은 위의 구절로써 아래의 구절을 일으킨 것이니 마치 『시경』의 흥 (興)[113]과 같습니다. 혹 이 장의 두 구절이 각기 한 가지 일이 된다고 말하면 그것은 본의를 잃은 것입니다."

○或問七章之說

曰 此以上句起下句 如詩之興耳 或以二句各爲一事 言之 則失之也

---

113) 흥(興): 일으킨다는 뜻으로 수사법의 하나이다. 먼저 어떤 사물을 말하여 자신이 말하고자 하는 본래의 일을 일으키는 수법이다.

제8장

○어떤 사람이 물었다. "이 장에서 안회(顔回)의 어짊을 일컬은 것은 어째서입니까?" 나는 아래와 같이 답하였다.

"이 장은 위의 장 '한 달 동안도 지키지 못한다'(不能期月守)를 이어서 말한 것입니다. 안회처럼 어질면서 지나치지 않으면 도가 밝혀지는 것입니다. 대개 능히 중용을 택하는 것도 어진 자의 지나침이 없는 것이며, 가슴에 새겨 잃지 않음은 불초한 자의 미치지 못함이 아닙니다. 그렇다면 이런 어짊이 곧 그가 지혜로운 사람이 되는 까닭일 것입니다."

어떤 사람이 또 물었다. "제가의 설은 어떻습니까?" 나는 아래와 같이 답하였다.

"정자(程子)가 누공(屢空)을 인용한 말[114]과 장자(張子)가 미견기지(未見其止)를 인용한 설[115]은 모두 『논어』의 본의가 아닙니다. 오직 여씨(呂氏)의 의논[116]에 '안자에게는 이르는 바를 따라 그 터득함을 극진

---

114) 정자(程子)가……말: 대전본 『중용혹문』 소주에 실린 정자의 설에 "顔子所以大過人者 只是得一善 則奉拳服膺 與能屢空也"라고 하였다. 누공(屢空)은 『논어』 「선진」에 보이는 어휘로 안회의 집에 식량이 자주 떨어졌다는 말이다.

115) 장자(張子)가……설: 대전본 『중용혹문』 소주에 실린 장자의 설에 "顔子未至聖人而已 故仲尼賢其進 未得中而不居 故惜夫未見其止也"라고 하였다. 미견기지(未見其止)는 『논어』 「자한」에 보이는 문구이다.

116) 여씨(呂氏)의 의논: 대전본 『중용혹문』 소주에 실린 남전 여씨의 설에 "如顔子者 可謂能擇而能守也 高明不可窮 博厚不可極 則中道不可識 故仰之彌高 鑽之彌堅 瞻之在前 忽焉在後 察其志也 非見聖人之卓 不足謂之中 隨其所至 盡其所得

히 하여 그에 의거해 지킬 때에는 정성스럽게 받들어 가슴에 새겨 잃지 않으며, 힘써 나아갈 때에는 이미 나의 재주를 다하여 감히 느슨하게 하지 않았다라고 할 수 있는 점이 있습니다. 이것이 앞뒤로 황홀하여 형상할 수 없어서 성인의 경지를 보고자 하여 그만두고자 해도 그만둘 수 없게 된 경지이다'라고 한 이 몇 마디 말은 친절하고 확실한 것이 되어 그의 침잠하고 주밀한 의사를 족히 볼 수 있습니다. 그러니 학자들은 이를 읊조리며 가슴에 새겨 행해야 할 것입니다. 다만 구견성인지지(求見聖人之止) 한 구절은 문장의 뜻이 온당하지 않습니다. 후씨(侯氏)는 말하기를 '중용을 어찌 택하랴. 택하면 둘이다'라고 하였으니[117] 그가 지나치게 고원함을 힘써 행해 경문(經文)의 의리의 실상을 돌아보지 않은 것이 심합니다."

○或問 此其稱回之賢 何也

曰 承上章不能期月守者而言 如回之賢而不過 則道之所以明也 蓋能擇乎中庸 則無賢者之過矣 服膺弗失 則非不肖者之不及矣 然則玆賢也 乃其所以爲知也歟

〈或問〉曰 諸說如何

曰 程子所引屢空 張子所引未見其止 皆非論語之本意 唯呂氏之論 顔子有曰隨其所至 盡其所得 據而守之 則拳拳服膺 而不敢失 勉而進之 則旣竭吾才 而不敢緩 此所以恍惚前後 而不可爲象 求見聖人之止 欲罷而不能也 此數言者 乃爲親切確實

據而守之 則拳拳服膺而不敢失 勉而進之 則旣竭吾才 而不敢緩 此所以恍惚在前後 而不可爲象 求見聖人之止 欲罷而不能也"라고 하였다.

117) 후씨(侯氏)는……하였으니: 대전본『중용혹문』소주에 실린 하동 후씨(河東侯氏)의 설에 "中庸豈可擇 擇則二矣 此云擇者 如博學之審問之明辨之 勉而中 思而得者也 故曰擇乎中庸"이라고 하였다.

而足以見其深潛縝密之意 學者 所宜諷誦而服行也 但求見聖人
之止一句 文義亦未安耳 侯氏曰 中庸 豈可擇 擇則二矣 其務爲
過高 而不顧經文義理之實也 亦甚矣哉

제9장

○어떤 사람이 물었다. "이 장에서 '중용은 불가능하다'라고 한 것은 어째서입니까?" 나는 아래와 같이 답하였다.

"이 장은 위의 장의 의미를 이은 것입니다. 세 가지의 어려움[118]을 가지고서 중용이 더욱 어려움을 밝힌 것입니다. 대개 이 세 가지의 일은 지(智)·인(仁)·용(勇)에 속한 것으로 사람들이 어렵게 여기는 것입니다. 그러나 이 세 가지 모두 반드시 행위에서 취한 것으로 의리에서 택한 것이 없습니다. 또한 혹 기질의 치우친 데나 사세의 급박한 데에서 나와 반드시 조용히 절도에 맞은 것은 아닙니다. 만약 중용을 말하면 비록 알기 어렵고 행하기 어려운 일은 없지만 천리가 완전하여 과·불급이 없을 것입니다. 만약 털끝만큼의 사사로운 의사라도 극진하지 않음이 있으면 택하여 지키고자 하더라도 헤아리고 의논하는 사이에 문득 과·불급의 치우친 데로 이미 떨어졌는데도 스스로 알지 못합니다. 이것이 비록 매우 쉬운 듯하지만 실은 불가능한 것입니다. 그러므로 정자(程子)는 극기가 가장 어렵다는 내용으로 말하였으니[119] 그 뜻이 깊습니다.

유씨(游氏)는 순임금에 대해 빼어난 학문으로 인위적인 것이 없는 분

---

118) 세 가지의 어려움:『중용장구』제9장의 "天下國家 可均也 爵祿 可辭也 白刃 可蹈也"를 가리킨다.

119) 정자(程子)는……말하였으니: 대전본『중용혹문』소주에 실린 정자의 설에 "克己最難 故曰 中庸不可能也"라고 하였다.

이라고 하였으며,[120] 양씨(楊氏)도 '재능이 있어 이에 그런 일을 행함이 있는 자는 도와의 거리가 멀다. 천하의 본디 그러한 이치를 따라 그 일이 없는 것을 행할 뿐이니 무슨 재능이 있겠는가'라고 하였으니[121] 이 두 설은 모두 노장과 불교의 영향을 받은 말입니다. 양씨가 뒷장에서 논한 '성인도 알 수 없고 능히 할 수 없는 점이 있다'[122]라고 한 설과 제13장의 위도이원인(爲道而遠人)을 논한 뜻[123]은 또한 유자(儒者)의 말이 아닙니다. 이 두 분은 정씨(程氏, 程顥)의 문하에서 수학하여 고제(高弟)로 일컬어졌는데, 그들의 말이 이와 같은 점은 전혀 이해할 수 없습니다."

○或問 中庸不可能 何也

曰 此亦承上章之意 以三者之難 明中庸之尤難也 蓋三者之事 亦知仁勇之屬 而人之所難 然皆必取於行 而無擇於義 且或出於氣質之偏 事勢之迫 未必從容而中節也 若曰中庸 則雖無難知難行之事 然天理渾然 無過不及 苟一毫之私意 有所未盡 則雖欲擇而守之 而擬議之間 忽已墮於過與不及之偏 而不自知矣 此其所以雖若甚易 而實不可能也 故程子以克己最難言之 其旨深矣 游氏以舜爲絶學無爲 而楊氏亦謂有能斯有爲之者 其違道遠矣 循天下固然之理 而行其所無事焉 夫何能之有 則皆

---

120) 유씨(游氏)는……하였으며: 대전본『중용혹문』소주에 실린 광평 유씨의 설에 "其斯以爲舜 則絶學無爲矣"라 하였다.

121) 양씨(楊氏)도……하였으니: 이 설은『예기집설』권126 연평 양씨(延平楊氏)의 설에 보인다.

122) 이 문구는 대전본『중용혹문』제12장 끝부분 소주에 실린 구산 양씨의 설에 보이는데, "故及其至也 聖人有不知不能焉"이라고 하였다.

123) 제13장의……뜻: 대전본『중용혹문』제13장 소주에 실린 양씨의 설에 "執柯以伐柯 與柯 二矣 爲道之譬也 睨而視之 猶以爲遠 爲道而遠人之譬也 執柯以伐柯 其取譬可謂近矣 睨而視之 猶且以爲遠 況不能以近取譬乎則 其違道 可知矣"라고 하였다.

老佛之餘緒　而楊氏下章所論不知不能爲道遠人之意　亦非儒者
之言也　二公學於程氏之門　號稱高弟　而其言乃如此　殊不可曉
也已

제10장

○어떤 사람이 물었다. "이 장에 자로(子路)가 강(强)에 대해 물은 것을 기록해놓은 것은 어째서입니까?" 나는 아래와 같이 답하였다.

"이 장도 위의 장을 이어 중용을 택하여 지키는 데 강하지 않으면 지킬 수 없음을 밝힌 것인데, 이른바 강(强)이란 또한 세속에서 말하는 강(强)이 아닙니다. 대개 강(强)은 힘이 남을 이김이 있는 명칭입니다. 무릇 사람이 화합하되 절도가 없으면 반드시 어느 쪽으로 흘러가게 되며, 중도에 서되 의거하는 바가 없으면 반드시 어디에 의지하는 데에 이르게 되며, 나라에 도가 있을 때에 부유하고 귀하면 혹 평소 그의 지조를 바꾸지 않을 수 없고, 나라에 도가 없을 때에 가난하고 천하면 혹 곤궁한 데에 오래 처할 수 없습니다. 자신의 지조를 지키는 힘이 남보다 뛰어남이 있는 사람이 아니라면 그 누가 능히 이렇게 할 수 있겠습니까? 그러므로 이 네 가지는 '너 자로가 마땅히 강하게 해야 할 일'이라는 말입니다. 남쪽 지방 사람들의 강함은 강(强)에 미치지 못한 것이고, 북쪽 지방 사람들의 강함은 강(强)을 지나친 것입니다. 이 네 가지 강함은 강(强)의 중도입니다. 자로는 용기를 좋아하는 사람입니다. 그러므로 공자의 말씀이 그의 잘하는 점을 북돋아주면서 그의 잘못하는 점을 구제한 것이 대략 이와 같은 것입니다."

어떤 사람이 또 물었다. "화(和)는 남과 더불어 함께하는 것이기 때문에 다른 데로 흐를까 염려되니 불류(不流)로 강함을 삼은 것이며, 중립(中

立)은 본래 의거하는 바가 없지만 또한 다른 데 의지할까 의심스럽기 때문에 불의(不倚)로 강함을 삼은 것입니까?" 나는 아래와 같이 답하였다.

"중립은 참으로 의거하는 바가 없습니다. 그러나 모든 사물의 정상은 강한 자만 능히 의거하는 바가 없이 홀로 서는 것을 할 수 있습니다. 의지가 약한데 의거하는 바가 없으면 기울어져서 자빠지지 않을 자가 거의 드물 것입니다. 이것이 바로 중립한 자가 반드시 다른 데 의지할까 의심하여 중립하되 불의(不倚)함이 강함이 되는 이유입니다."

어떤 사람이 또 물었다. "제가의 설은 어떻습니까?" 나는 아래와 같이 답하였다.

"대의는 모두 옳습니다. 오직 교(矯)를 교유(矯揉)의 교(矯)로 본 설 [124]과 남방지강(南方之强)을 교재(矯哉)의 강(强)과 안자(顏子)의 강(强)으로 삼은 것 및 억이강자(抑而强者)로 자로(子路)의 강(强)과 북방의 강(强)을 삼은 설[125]은 그렇지 않은 것이 됩니다."

○或問 此其記子路之問强 何也

曰 亦承上章之意 以明擇中庸而守之 非强不能 而所謂强者 又非世俗之所謂强也 蓋强者 力有以勝人之名也 凡人和而無節 則必至於流 中立而無依 則必至於倚 國有道而富貴 或不能不改其平素 國無道而貧賤 或不能久處乎窮約 非持守之力 有以勝人者 其孰能及之 故此四者 汝子路之所當强也 南方之强 不

---

124) 교(矯)를……설: 대전본『중용혹문』소주에 실린 남전 여씨의 설에 "矯之爲言 猶揉木也 木之性 能曲能直 將使成材而爲器 故曲者直者 皆在所矯之才 有過有不及 將使合乎中庸 則過與不及 皆在所矯"라고 하였다.

125) 남방지강(南方之强)을……설: 대전본『중용혹문』소주에 실린 하동 후씨(河東侯氏)의 설에 "南方之强 顏子之强 似之 故曰君子居之 北方之强 子路之强 似之 故曰而强者居之 君子以自勝爲强 故曰强哉矯"라고 하였다.

及强者也 北方之强 過乎强者也 四者之强 强之中也 子路好勇
故聖人之言所以長其善而救其失者 類如此

〈或問〉曰 和與物同 故疑於流 而以不流爲强 中立 本無所依
又何疑於倚 而以不倚爲强哉

曰 中立 固無所依也 然凡物之情 唯强者 爲能無所依而獨立
弱而無所依 則其不傾側而偃仆者 幾希矣 此中立之所以疑於必
倚 而不倚之所以爲强也

〈或問〉曰 諸說 如何

曰 大意 則皆得之 惟以矯爲矯揉之矯 以南方之强爲矯哉之
强與顏子之强 以抑而强者爲子路之强與北方之强者 爲未然耳

제11장

○어떤 사람이 제11장의 소은(素隱)의 설을 물어 나는 아래와 같이 답하였다.

"여씨(呂氏)의 설[126]은 정현(鄭玄)의 주를 따라 소(素)를 소(傃)로 보았으니 참으로 온당하지 못한 점이 있습니다. 오직 구설에 '덕이 없는데 은거한 경우를 소은(素隱)이라 한다'라고 말한 것이 있는데, 의미상으로는 대략 통합니다. 또한 이 장의 둔세불견지(遯世不見知)라는 어구로 돌이켜보면 의거한 바가 있는 듯합니다. 다만 소(素)의 의미가 뒤의 장 소기위(素其位)의 소(素)와 조응되지 않고 문득 달라지니 또한 의심할 만한 점이 있는 듯합니다. 유독 『한서』(漢書) 「예문지」(藝文志)에서 유흠(劉歆)이 신선가류(神仙家流)를 논하면서 이 구절을 인용하였는데 소(素)를 색(索)으로 썼으며,[127] 안씨(顏氏)도 그 구절을 해석하면서 '은미하고 어두운 일을 구하여 찾는다'라고 하였으니[128] 색은(索隱) 두 글자의 뜻이 이미 분명하며, 아래의 문장 행괴(行怪) 두 글자와 어세(語勢)

---

126) 여씨(呂氏)의 설: 대전본 『중용혹문』 소주에 실린 남전 여씨의 설에 "素讀如傃 鄕之傃 猶素其位之素也"라고 하였다.

127) 『한서』(漢書)……썼으며: 『한서』권30 「예문지」 "神仙者 所以保性命之眞……" 아래에 "孔子曰 索隱行怪 後世有述焉 吾不爲之矣"라고 하였다.

128) 안씨(顏氏)도……하였으니: 안씨는 『한서』의 주를 단 안사고(顏師古)를 말한다. 안사고는 색은행괴(索隱行怪)를 주석하면서 "索隱 求索隱暗之事 而行怪迂之道"라고 하였다.

324

가 또한 서로 같습니다. 그러니 그 설이 옳은 데 가깝습니다. 대개 당시 전한 판본에는 오히려 잘못되지 않았는데, 정씨(鄭氏) 시대에 이르러 잘못된 것입니다. 유씨(游氏)가 이른바 '사람들을 떠나 독립된 지경에 선 것이다'라고 한 설과 '생각이 있음을 면치 못한다'라고 한 설[129]은 모두 유자의 말이 아닙니다."

　o或問十一章素隱之說

　曰 呂氏從鄭註 以素爲傃 固有未安 唯其舊說 有謂無德而隱 爲素隱者 於義 略通 又以遯世不見知之語 反之 似亦有據 但素字之義 與後章素其位之素 不應頓異 則又若有可疑者 獨漢書藝文志 劉歆論神仙家流 引此而以素爲索 顔氏又釋之 以爲求索隱暗之事 則二字之義 旣明 而與下文行怪二字 語勢亦相類 其說近是 蓋當時所傳本 猶未誤 至鄭氏時 乃失之耳 游氏所謂 離人而立於獨 與夫未免有念之云 皆非儒者之語也

---

129) 유씨(游氏)가……설: 대전본 『중용혹문』 소주에 실린 광평 유씨의 설에 "遯世不見知而不悔者 疑慮不萌於心 確乎其不可拔也 非離人而立於獨者 不足以與此 若不遠復者 未免於有念也"라고 하였다.

제12장

○어떤 사람이 제12장의 설을 물어 나는 아래와 같이 답하였다.

"도의 작용은 넓지만 그 본체는 미미하고 은밀하여 볼 수 없으니 이른바 '비(費)하면서도 은(隱)하다'라고 하는 것입니다. 그 가까운 데에 나아가 말하면 남녀가 한 방에 거처할 때에는 인도(人道)의 떳떳한 도리를 어리석고 불초한 사람일지라도 능히 알고 행합니다. 그러나 그 고원함을 극도로 하여 말하면 천하가 크고 사물이 많은 것에 대해 성인도 혹 다 알고 다 능히 행할 수 없는 점이 있습니다. 하늘은 능히 만물을 낳아주고 덮어주지만 만물을 드러내주고 실어줄 수 없으며, 땅은 능히 만물을 드러내주고 실어주지만 능히 만물을 낳아주고 덮어줄 수 없습니다. 기화(氣化)가 유행하는 데 이르면 음양(陰陽)·한서(寒暑)·길흉(吉凶)·재상(災祥)이 그 바른 도를 극진히 할 수 없는 경우가 더욱 많습니다. 이것이 비록 천지의 큼으로써도 사람들은 오히려 유감스럽게 여기는 점이 있는 까닭입니다.

저 필부필부의 어리석고 불초한 사람들이 능히 알고 행하는 것으로부터 성인과 천지도 능히 그 도를 극진히 할 수 없는 데 이르기까지 대개 어느 곳인들 그런 점이 있지 않은 데가 없습니다. 그러므로 군자가 도를 말할 때에, 그 큰 경우는 천지와 성인이 극진히 할 수 없는 데까지 이르러 도가 포함하지 않음이 없으니 천하 사람들의 힘으로 능히 실을 수가 없으며, 그 작은 경우는 우부우부(愚夫愚婦)도 능히 알고 행할 수 있는 데까지 이르러 도가 본체로 하지 않음이 없으니 천하 사람들의 지혜로도 능히 설파할 수가 없습니다. 도가 천하에 있는 것은 그 작용의 넓음이 이와 같으니 비(費)라고 할 수 있습니다. 그리고 그 작용의 본체는 이를 벗어나지 않지만 보고 들음이 미칠 바가 아닌 점이 있으니 이것이 바로 비(費)하면서도 은(隱)한 것이 되는 까닭입니다.

자사의 말씀이 여기에 이르러 극에 달했습니다. 그러나 오히려 그 의미를 극진히 하기에 부족하다고 여겼기 때문에 『시경』의 시를 인용하여 그 점을 밝히면서 '솔개는 날아 하늘에 이르고, 물고기는 연못에서 뛰노네'라고 말한 것이니 도의 체(體)와 용(用)이 상하에 밝게 드러나 어느 곳인들 있지 않음이 없음을 말한 것입니다. 조단호부부(造端乎夫婦)는 가깝고 작은 것을 극도로 하여 말한 것이며, 찰호천지(察乎天地)는 멀고 큰 것을 극도로 하여 말한 것입니다. 대개 부부의 사이와 은미한 사이에서는 더욱 도를 벗어날 수 없는 점을 알 수 있으니 여기에서 단서를 시작할 줄 알면 경계하고 삼가고 두려워하고 두려워하는 실상이 지극하지 않음이 없을 것입니다. 『주역』에는 건괘(乾卦)·곤괘(坤卦)를 첫머리로 하고 함괘(咸卦)·항괘(恒卦)를 거듭 하경(下經)의 첫머리로 삼았으며, 『시경』에서는 「관저」를 첫머리로 하여 음탕하고 안일함을 경계하였으며, 『서경』에서는 첫머리에 이강(釐降)[130]을 기록했고, 『예기』에는 대혼(大昏)을 삼간 것[131]이 모두 이런 의미입니다."

○或問十二章之說

曰 道之用廣 而其體則微密而不可見 所謂費而隱也 即其近

---

130) 이강(釐降): 『서경』 「요전」(堯典)에 "釐降二女于嬀汭 嬪于虞"라고 하였다. 이강(釐降)은 요임금의 두 딸을 순임금에게 시집보냈다는 뜻이다.

131) 대혼(大昏)을……것: 『예기』 「애공문」(哀公問)에 "大昏爲大 大昏至矣"라고 하였다. 대혼(大昏)은 혼인을 말한다.

而言之 男女居室 人道之常 雖愚不肖 亦能知而行之 極其遠而
言之 則天下之大 事物之多 聖人亦容有不盡知盡能者也 然非
獨聖人有所不知不能也 天能生覆 而不能形載 地能形載 而不
能生覆 至於氣化流行 則陰陽寒暑 吉凶災祥 不能盡得其正者
尤多 此所以雖以天地之大 而人猶有憾也 夫自夫婦之愚不肖
所能知行 至於聖人天地之所不能盡道 蓋無所不在也 故君子之
語道也 其大 至於天地聖人所不能盡 而道無不包 則天下莫能
載矣 其小 至於愚夫愚婦之所能知能行 而道無不體 則天下莫
能破矣 道之在天下 其用之廣 如此 可謂費矣 而其所用之體 則
不離乎此 而有非視聽之所及者 此所以爲費而隱也

　子思之言 至此 極矣 然猶以爲不足以盡其意也 故又引詩以
明之 曰鳶飛戾天 魚躍于淵 所以言道之體用上下昭著 而無所
不在也 造端乎夫婦 極其近小而言 察乎天地 極其遠大而言
也 蓋夫婦之際 隱微之間 尤可見道不可離處 知其造端乎此 則
其所以戒謹恐懼之實 無不至矣 易首乾坤而重咸恒 詩首關雎
而戒淫泆 書記釐降 禮謹大昏 皆此意也

○어떤 사람이 물었다. "제가의 설은 어떻습니까?" 나는 아래와 같이
답하였다.

"정자(程子)의 설이 지극합니다. 장자(張子)는 성인(聖人)을 백이(伯
夷)·유하혜(柳下惠)의 무리로 여겼으니 이미 그 뜻을 잃었습니다. 장자
는 또 말하기를 '군자의 도는 하늘에까지 도달한다. 그러므로 성인도 알
지 못하는 바가 있다. 필부필부의 지혜는 만물에 대해 혼탁하다. 그러므

로 성인도 참여하지 못하는 바가 있다'[132]라고 하였으니 또한 알지 못하는 것과 행할 수 없는 것을 나누어 둘로 한 것입니다. 이는 모두 이해할 수 없습니다. 내가 이미 '제가의 설은 모두 필부필부가 능히 알고 능히 행할 수 있는 것으로 도의 비(費)를 삼고, 성인도 알지 못하고 행할 수 없으며 천지가 큰 데도 사람들이 유감으로 여기는 것으로 도의 은(隱)을 삼는다'라고 하였으니 이 설이 문장의 뜻에 합당합니다. 만약 정자의 설을 따른다면 이 장의 의미가 전적으로 비(費)만 말하고 은(隱)에 미치지 못하게 되니 그것은 온당하지 못한 점이 있는 듯합니다. 그래서 저는 '알지 못하고 행할 수 없는 것은 은(隱)이 된다고 말하는 것이 그럴 듯합니다. 그러나 천지가 큰 데도 사람들은 유감으로 여기는 바가 있다는 것과 솔개가 날아 하늘에 이르고 물고기가 연못에서 뛰놀며 하늘과 땅에 그 이치가 드러난 것과 같은 경우에도 그것을 은(隱)이라고 말하려 하는 것은 그렇지 않은 듯합니다. 또한 은(隱)이라는 말은 바로 언어로 지적해 낼 수 있는 것이 아니기 때문입니다. 그러므로 유독 비(費)만 거론한 것이지만 은(隱)이 항상 그 안에 묵묵히 갖추어져 있습니다. 만약 비(費) 밖에 별도로 말할 수 있는 은(隱)이 있다면 그것은 이미 은(隱)이 될 수 없습니다'라고 말하는 것입니다. 정자의 말씀을 또한 어찌 의심하겠습니까?"

○〈或問〉曰 諸說如何

曰 程子至矣 張子以聖人爲夷惠之徒 旣已失之 又曰 君子之道 達諸天 故聖人有所不知 夫婦之智 淯諸物 故聖人有所不與則又析其不知不能而兩之 皆不可曉也 已曰諸家 皆以夫婦之能

---

132) 군자의……있다: 이 문구는 『성리대전서』 권6, 장재(張載)의 『정몽』(正蒙)에 보인다.

知能行者 爲道之費 聖人之所不知不能 而天地有憾者 爲道之
隱 其於文義 協矣 若從程子之說 則使章內專言費而不及隱 恐
其有未安也 曰 謂不知不能爲隱 似矣 若天地有憾 鳶飛魚躍 察
乎天地 而欲亦謂之隱 則恐未然 且隱之爲言 正以其非言語指
陳之可及耳 故獨擧費 而隱常默具乎其中 若於費外 別有隱而
可言 則已不得爲隱矣 程子之云 又何疑耶

○어떤 사람이 물었다. "그렇다면 정자가 이른바 '연비어약(鳶飛魚
躍)은 자사가 긴요하게 사람들을 위해 말한 대목으로『맹자』에 반드시
거기에 일삼음을 두되 마음을 기필하지 말라[133]고 한 뜻과 같으니 활발
발지(活潑潑地)이다'[134]라고 한 것은 어째서입니까?" 나는 아래와 같이
답하였다.

"도가 유행하는 것은 하늘과 땅 사이에 발현되어 어느 곳인들 있지 않
음이 없습니다. 위에서는 솔개가 날아 하늘에 이르는 것이 그것이고, 아
래에서는 물고기가 연못에서 뛰어오르는 것이 그것입니다. 이는 도가 유
행하여 하늘과 땅 사이에 발현된 것이니 드러나다[著]라고 말할 수 있습
니다. 자사께서 이 점을 지적해 말하여 학자들로 하여금 묵묵히 알게 한
것이니 도체의 묘리(妙理)를 꿰뚫어봄이 있어서 의심이 없게 됩니다. 그
리고 정자가 '자사가 긴요하게 사람들을 위한 대목이다'라고 한 것은 정
히 사람들에게 보인 뜻이 이보다 더 절실한 것이 없게 됩니다. 또 정자가
『맹자』에 반드시 거기에 일삼음을 두되 마음을 기필하지 말라고 한 뜻
과 같으니 활발발지이다'라고 한 것은 또한 도의 체용이 유행하여 발현

---

133) 반드시……말라: 이 문구는『맹자』「공손추 상」에 보인다.
134) 연비어약(鳶飛魚躍)은……활발발지(活潑潑地)이다: 이 문장은『주자어류』권
     63에 보인다.

되어 천지에 가득 차서 예로부터 지금까지 털끝만큼의 빈틈이나 한순간의 중단도 있지 않았지만 사람에게 있어서 일상생활 속에 드러나는 것은 애초 이 마음을 벗어나지 않기 때문에 반드시 이 마음을 보존한 뒤에라야 스스로 지각함이 있다는 점을 밝힌 것입니다. '반드시 거기에 일삼음을 두되 마음을 기필하지 말라'는 것과 활발발지라고 한 것은 또한 '이 마음이 보존되어 온전한 본체가 드러나고, 묘용(妙用)이 드러나 행해져서 정체되고 막힘이 없다'는 점을 말한 것입니다.

이는 반드시 위로 솔개가 나는 것을 바라보고 아래로 물고기가 뛰노는 것을 관찰한 뒤에 그것을 얻을 수 있는 것이 아닙니다. 또한 맹자가 '반드시 거기에 일삼음을 두되 마음을 기필하지 말라'라고 하신 말씀은 참으로 정밀한 말이 됩니다. 그러나 이는 단지 학자들이 의(義)를 모으고 호연지기를 기르도록 하기 위해 말씀하신 것일 뿐입니다. 정자에 이르러 이 맹자의 말씀을 빌려 말한 것은 또한 학자들이 도체의 묘리를 꿰뚫어 보아야 한다는 점을 드러내 밝힌 것이니 단지 맹자의 의도와 같을 뿐만 아닙니다.

대개 이 한 마디 말씀은 두 가지 일 같지만 그 실제는 반드시 거기에 일삼음을 두는 것입니다. 반 마디 말 사이에 이미 그 의미를 극진히 하였으니 노력을 잘 기울이는 자가 능히 이 말씀에서 묵묵히 이해하면 도체의 묘리를 이미 뛸 듯이 기쁘게 이해할 것입니다. 어찌 아래의 구절을 기다린 뒤에야 말에서 만족하겠습니까? 성현들은 다만 학자들이 힘을 쓰는 것이 지나쳐 도리어 얽매이는 바가 될까 염려하였습니다. 그러므로 다시 아래의 구절로써 그 점을 해석해 그들이 일삼는 바가 있더라도 얽매이는 바가 되지 않게 하고자 한 것일 따름이지, 반드시 거기에 일삼음을 두는 것 외에 별도로 이런 생각을 하여 정심(正心)의 방어로 삼아야 함을 말씀한 것은 아닙니다."

어떤 사람이 또 물었다. "그렇다면 정자가 이른바 활발발지라고 하는 것은 불교의 영향을 받은 말이 아닙니까?" 나는 아래와 같이 답하였다.

"이는 단지 세속에서 일상적으로 하는 말입니다. 불교에서 일찍이 그런 말을 한 듯한데, 우리 유가에서도 그런 점을 말하니 불교에서만 그런 말을 전적으로 할 수 있는 것은 참으로 아닙니다. 더구나 우리 유가에서 말하는 것이 저들이 하는 말과 같지만 형용하는 바는 실로 저들과 다릅니다. 우리가 이른바 활발발지라고 하는 것은 도의 체·용이 참으로 그러한 데에 있어서 솔개로서 반드시 날아 하늘에 이르고, 물고기로서 반드시 못에서 뛰노는 것입니다. 이는 임금은 임금답고, 신하는 신하답고, 아비는 아비답고, 자식은 자식다워서 각자 제자리에 머물러 질서를 어지럽히지 않는 것입니다. 불교에서 활발발지라고 말하는 경우는 솔개가 못에서 뛰놀 수 있고, 물고기가 날아 하늘에 이를 수 있는 것입니다. 이를 어찌 동일하게 말할 수 있겠습니까? 또한 자사는 필부필부로써 그 점을 말하였으니 인사는 지극히 가깝지만 천리가 그 속에 들어 있음을 밝힌 것입니다. 불교는 이를 거론하면서 인사를 끊어버린 것이니 어찌 같은 차원에서 말할 수 있겠습니까?"

○〈或問〉曰 然則程子所謂鳶飛魚躍 子思喫緊爲人處 與必有事焉而勿正心之意 同 活潑潑地者 何也

曰 道之流行 發見於天地之間 無所不在 在上則鳶之飛而戾於天者 此也 在下則魚之躍而出於淵者 此也 其在人 則日用之間 人倫之際 夫婦之所知所能 而聖人有所不知不能者 亦此也 此其流行發見於上下之間者 可謂著矣 子思於此 指而言之 惟欲學者 於此 默而識之 則爲有以洞見道體之妙而無疑 而程子以爲子思喫緊爲人處者 正以示人之意 爲莫切於此也 其曰與必有事焉而勿正心之意 同 活潑潑地 則又以明道之體用流行 發

見充塞天地 亙古亙今 雖未嘗有一毫之空闕 一息之間斷 然其
在人而見諸日用之間者 則初不外乎此心 故必此心之存而後有
以自覺也 必有事焉而勿正心 活潑潑地 亦曰 此心之存 而全體
呈露 妙用顯行 無所滯礙云爾 非必仰而視乎鳶之飛 俯而觀乎
魚之躍 然後可以得之也 抑孟子此言 固爲精密 然但爲學者 集
義養氣而發耳 至於程子 借以爲言 則又以發明學者洞見道體之
妙 非但如孟子之意而已也 蓋此一言 雖若二事 然其實 則必有
事焉 半詞之間 已盡其意 善用力者 苟能於此 超然默會 則道體
之妙 已躍如矣 何待下句而後足於言耶 聖賢特恐學者用力之過
而反爲所累 故更以下句解之 欲其雖有所事 而不爲所累耳 非
謂必有事焉之外 又當別設此念 以爲正心之防也

〈或問〉曰 然則其所謂活潑潑地者 毋乃釋氏之遺意耶

曰 此但俚俗之常談 釋氏蓋嘗言之 而吾亦言之耳 彼固不得
而專之也 況吾之所言 雖與彼同 而所形容 實與彼異 若出於吾
之所謂 則夫道之體用 固無不在然 鳶而必戾于天 魚而必躍于
淵 是君君臣臣父父子子 各止其所 而不可亂也 若如釋氏之云
則鳶可以躍淵 而魚可以戾天矣 是安可同日而語哉 且子思以夫
婦言之 所以明人事之至近 而天理在焉 釋氏則擧此而絶之矣
又安可同年而語哉

○어떤 사람이 물었다. "여씨(呂氏) 이하 사람들의 설은 어떻습니까?"
나는 아래와 같이 답하였다.

"여씨는 이 장 이상은 중(中)을 논한 것으로, 이 장 이하는 용(庸)을 논
한 것으로 분리하였으며, 또 '비(費)는 상도(常道)이고, 은(隱)은 지도
(至道)이다'라고 말하였으니[135] 이 설은 모두 온당하지 못한 듯합니다.

「사씨(謝氏, 謝良佐)는 '이 장은 그 상하를 극도로 하여 말한 것이 아니다'라고 하였고, 또 '솔개와 물고기를 가리켜서 말한 것이 아니다'라고 하였으니[136] 이는 대체로 '자사가 이 시구를 인용하여 짐짓 솔개와 물고기를 빌려 도체는 어느 곳엔들 있지 않음이 없는 실상을 밝힌 것이지, 이로써 그 상하의 극치를 궁구하는 것으로 삼아 그 이치가 어느 것인들 포함하지 않음이 없는 국량을 형용한 것은 아니며, 또 이 솔개와 물고기로써 오로지 그 이치가 어느 곳엔들 있지 않음이 없는 본체를 형용하여 학자들로 하여금 반드시 이를 관찰하게 하고자 한 것도 아니다'라는 점을 말한 것입니다. 이것이 그가 정자의 의도를 밝힌 것입니다. 대개 한 시대 동문의 학자가 얻어 들을 수 있는 바가 아닌 점이 있으며, 또 특별히 공자께서 증점(曾點)을 허여하신 뜻[137]으로 그 점을 밝혔으니 그가 설을 편 것이 더욱 정밀합니다. 다만 그가 이른바 '천리를 살펴본다'라고 한 것은 본문의 훈해가 아닌 것을 갖추어놓은 것이니 정자의 의도에는 또한 조금 잘못되었음을 면치 못합니다.

유씨(游氏)의 설은 이해할 수 없는 점이 더욱 많습니다. 그의 설처럼 양지(良知)·양능(良能)이 말미암아 나온 것으로 도의 비(費)를 삼았으

135) 여씨는……말하였으니: 대전본『중용혹문』소주에 실린 남전 여씨(藍田呂氏)의 설에 "此以上 論中 此以下 論庸 此章言常道之終始 費則常道 隱則至道 惟能盡常道 乃所以爲至道"라고 하였다.

136) 사씨(謝氏)는……하였으니: 대전본『중용혹문』소주에 실린 상채 사씨(上蔡謝氏)의 설에 "鳶飛戾天 魚躍于淵 非是極其上下而言……又曰 鳶飛戾天 魚躍于淵無些私意 上下察 以明道體無所不在 非指鳶魚而言也"라고 하였다.

137) 공자께서……뜻:『논어』「선진」(先進) 제24장에 보이는 내용으로 증점이 자신의 포부를 "저는 늦은 봄날 봄옷이 완성되면 어른 대여섯 명과 동자 예닐곱 명과 함께 기수(沂水)에 가서 목욕하고 무우(舞雩)에 가서 바람을 쐬이고서 시를 읊조리며 돌아오고자 합니다"라고 하자 공자가 "나는 너의 뜻을 허여한다"라고 하였다.

면[138] 양지·양능은 도가 될 수 없어 도의 바깥에 있게 됩니다. 또 그의 설처럼 성인도 알 수 없고 능히 행할 수 없는 것으로 도의 은(隱)을 삼았으면[139] 이른바 도라는 것이 쓸모없는 허울만 좋은 것이 되어 사람도 도에 의지할 바가 없게 됩니다. 그가 『효경』의 천지명찰(天地明察)을 인용한 것[140]은 『효경』과 『중용』의 내용이 흡사하지만 문장의 의미는 둘 다 모두 본의를 잃었습니다. 그가 이른바 '칠성(七聖)이 모두 혼미한 경지'[141]라고 한 말에 이르면 이는 장생(莊生, 莊周)의 삿되고 회피하는 황당한 말이니 더욱 중용을 논한 것이 아닙니다.

양씨(楊氏)는 덕업을 크게 하여 만물을 화육하는[大而化之][142] 경지가 지혜와 힘으로 미칠 바 아니라는 것으로써 성인도 알지 못하고 능히 행할 수 없는 것을 삼고, 큰추위와 더위와 장마는 비록 천지의 위대함으로도 그 절기의 운행을 바꿀 수 없다는 것으로 도는 능히 할 수 없다는 것을 삼아서 사람이 천지에 유감이 있는 까닭으로 해석하였으니[143] 문

---

138) 그의……삼았으면: 대전본 『중용혹문』 소주에 실린 광평 유씨(廣平游氏)의 설에 "唯費也 則良知良能所自出 故夫婦之愚不肖 可以與知而能行焉"이라고 하였다.

139) 그의……삼았으면: 대전본 『중용혹문』 소주에 실린 광평 유씨의 설에 "唯隱也 則非有思者所可知 非有爲者所可能 故聖人有所不知不能焉"이라고 하였다.

140) 그가……것: 대전본 『중용혹문』 소주에 실린 광평 유씨의 설에 "孝經曰 事父孝 故事天明 事母孝 故事地察 蓋事父母之心 雖夫婦之愚不肖 亦與有焉 及其至也 天地明察 神明彰矣 則雖聖人之德 又何以加此 此中庸所以爲至矣"라 하였다.

141) 칠성(七聖)이……경지: 대전본 『중용혹문』 소주에 실린 광평 유씨의 설에 "蓋聖人者 德之成而業之大也 過此以往 則神矣 無方也 不可知 無體也 不可能 此七聖皆迷之地也"라고 하였다.

142) 덕업을……화육하는[大而化之]: 『맹자』 「진심 하」 제25장에 보이는 말로 성인의 경지를 가리킨다.

143) 양씨(楊氏)는……해석하였으니: 대전본 『중용혹문』 소주에 실린 구산 양씨(龜山楊氏)의 설에 "自可欲之善 至於充實光輝之大 致知力行之積也 大而化之 至於不可知之神 則非智力所及也 德盛仁熟 而自至焉耳 故及其至也 聖人有所不

장의 뜻에 이미 통하지 않는 점이 있습니다. 그런데 또 '사람은 비록 유감으로 여기는 것이 있지만 도는 참으로 변함이 없다'[144]라고 하였으니 그 실수가 더욱 커졌습니다. 그는 또 '생명체에 본체가 되어 빼버릴 수 없는 것이 아니라면 그 누가 능히 그것을 살피겠는가'[145]라고 하였으니 그가 체(體)와 찰(察)을 쓴 것도 모두 경문의 바른 의미가 아닙니다.

대저 이 장은 제가의 설을 따라 성인도 알지 못하고 능히 행할 수 없는 것으로 은(隱)을 삼으면 그 설의 폐단이 반드시 이와 같은 데에 이른 뒤에야 그칩니다. 내가 일찍이 시험 삼아 그 설에 따라 체험해보았는데, 사람으로 하여금 정신과 인식을 드날리게 하여 현란하고 미혹케 해서 그칠 바가 없게 하였습니다. 자사의 의도는 이와 같은 데에서 나오지 않은 것이 분명합니다.

후씨(侯氏)가 성인이 알지 못하는 것은 공자가 노담(老聃)에게 예를 묻고 담자(郯子)에게 관직제도를 물은 유형과 같은 것이고, 성인이 능히 행할 수 없는 것은 공자가 천자의 지위를 얻지 못한 것과 요임금·순임금이 은혜를 널리 베풀어 대중을 능히 구제하지 못한 것[146]을 부족하게 여긴 유형과 같은 것이라고 한 설[147]이 가장 명백한 설이 됩니다. 다만 그가 인용한 성이불가지(聖而不可知)는[148] 맹자가 본래 '사람들이 헤아

知不能焉"이라고 하였다.

144) 사람은……없다: 이 문구도 대전본 『중용혹문』 제12장 소주에 실린 구산 양씨의 설에 보인다.

145) 생명체에……살피겠는가: 이 문구도 대전본 『중용혹문』 제12장 소주에 실린 구산 양씨의 설에 보인다.

146) 요임금……것: 이 내용은 『논어』 「옹야」에 보인다.

147) 후씨(侯氏)가……설: 주자의 『중용장구』 제12장 주에 "侯氏曰 聖人所不知 如孔子問禮問官之類 所不能 如孔子不得位堯舜病博施之類"라고 한 것을 가리킨다.

148) 그가……성이불가지(聖而不可知)는: 성이불가지는 『맹자』 「진심 하」에 보인다. 대전본 『중용혹문』 소주에 실린 신안 진씨(新安陳氏)의 설에 "侯氏說 已見

릴 수 없는 점'을 말한 것이니 이 글의 의미가 아닙니다. 이 외에도 매우 이해할 수 없는 설이 있는데, 또한 깊이 논하기에 부족한 것들입니다."

○〈或問〉曰 呂氏以下 如何

曰 呂氏分此以上 論中 以下論庸 又謂費則常道 隱則至道 恐皆未安 謝氏旣曰 非是極其上下而言矣 又曰 非指鳶魚而言 蓋曰 子思之引此詩 姑借二物 以明道體無所不在之實 非以是爲窮其上下之極 而形其無所不包之量也 又非以是二物 專爲形其無所不在之體 而欲學者之必觀乎此也 此其發明程子之意 蓋有非一時同門之士 所得聞者 而又別以夫子與點之意明之 則其爲說 益以精矣 但所謂察見天理者 俱非本文之訓 而於程子之意亦未免小失之耳 游氏之說 其不可曉者 尤多 如以良知良能之所自出 爲道之費 則良知良能者 不得爲道 而在道之外矣 又以不可知不可能者 爲道之隱 則所謂道者 乃無用之長物 而人亦無所賴於道矣 所引天地明察 似於彼此文意 兩皆失之 至於所謂七聖皆迷之地 則莊生邪遁荒唐之語 尤非所以論中庸也 楊氏以大而化之 非智力所及 爲聖人不知不能 以祁寒暑雨 雖天地不能易其節 爲道之不可能 而人所以有憾於天地 則於文義 旣有所不通 而又曰人雖有憾 而道固自若 則其失愈遠矣 其曰 非體物而不遺者 其孰能察之 其用體字察字 又皆非經文之正意也大抵 此章若從諸家以聖人不知不能爲隱 則其爲說之弊 必至於此而後已 嘗試循其說 而體驗之 若有以使人神識飛揚 眩瞀迷惑 而無所底止 子思之意 其不出此也 必矣 唯侯氏不知不能之

章句 但其問本有又如聖而不可知之神之語 蓋侯氏亦以此爲聖人所不知之事 實則非也 朱子於章句 已刪去此句"라고 하였다.

說 最爲明白 但所引聖而不可知者 孟子本謂人所不能測耳 非
此文之意也 其他 又有大不可曉者 亦不足深論也

제13장

○어떤 사람이 물었다. "제13장의 설에 대해 그대는 이인치인(以人治人)을 '저 사람의 도리로써 도로 그 사람의 선을 다스리는 것이다'라고 하였고, 또 '그들이 능히 알 수 있고 능히 행할 수 있는 것으로써 요구하는 것이다'라고 하면서 장자(張子)의 설[149]을 인용하여 그 점을 실증하였으니 고식적인 논의로 흘러 이른바 '사람의 도'라는 것을 도의 온전한 본체로 삼을 수 없게 한 것이 아닙니까?" 나는 아래와 같이 답하였다.

"제12장이 참으로 그 점을 말한 것입니다. 필부필부가 능히 알 수 있고 행할 수 있는 것이 도입니다. 그리고 성인도 알지 못하고 능히 행할 수 없으며, 천지가 큰 데도 오히려 유감으로 여기는 것이 있는 것도 도입니다. 그러나 사람의 입장에서 말하면 필부필부가 능히 알고 행할 수 있는 것은 사람들이 자신에게 절실하여 잠시도 벗어날 수 없는 것입니다. 천지와 성인으로서도 미칠 수 없는 점에 이르면 사람들이 그것을 구하는 데에 마땅히 점차적으로 해야 할 점이 있으며, 혹 일상에서 급한 것이 아닌 것도 있습니다. 그렇다면 사람들에게 요구하면서 자신에게 절실하여 잠시도 벗어날 수 없는 것을 먼저 하게 하고, 점차적인 면이 있거나 일상에 급하지 않은 것을 뒤에 하게 하는 것, 이것이 바로 먼 곳에 가려

---

149) 장자(張子)의 설: 『중용장구』 제13장 제2절 주에 인용된 "以衆人望人 則易從"이라고 한 말을 가리킨다.

면 가까운 데로부터 시작하고, 높은 곳에 오를 때에는 낮은 데로부터 비롯한다고 하는 차서입니다. 가령 사람들이 이로 말미암아 그만두지 않고 노력한다면 인도의 온전함도 장차 순순하게 이룰 수 있을 것입니다. 오늘날에는 굳이 이를 고식적인 논의로 여겨 갑자기 도를 다하려고 하여 사람들에게 요구하니 나는 사람들이 선후의 차서를 잃고 완급의 마땅함을 어기는 것을 보았습니다. 그런 요구를 받은 사람들은 장차 감당할 수 없는 바가 있는 데 이를 것이며, 도의 무궁한 점도 끝내 한 사람이 하루에 능히 다할 수 있는 바가 아닙니다. 이 또한 둘 다 잘못될 뿐입니다.”

○或問 十三章之說 子以爲以人治人 爲以彼人之道 還治彼人善矣 又謂責其所能知能行 而引張子之說 以實之 則無乃流於姑息之論 而所謂人之道者 不得爲道之全也耶

曰 上章 固言之矣 夫婦之所能知能行者 道也 聖人之所不知不能 而天地猶有憾者 亦道也 然自人而言 則夫婦之所能知能行者 人之所切於身 而不可須臾離者也 至於天地聖人所不能及 則其求之 當有漸次 而或非日用之所急矣 然則責人而先其切於身之不可離者 後其有漸而不急者 是乃行遠自邇 升高自卑之序 使其由是而不已焉 則人道之全 亦將可以馴致 今必以是爲姑息 而遽欲盡道 以責於人 吾見其失先後之序 違緩急之宜 人之受責者 將至於有所不堪 而道之無窮 則終非一人一日之所能盡也 是亦兩失之而已焉爾

○어떤 사람이 물었다. “자(子)·신(臣)·제(弟)·우(友)[150]에서 구두

---

150) 자(子)·신(臣)·제(弟)·우(友):『중용장구』제13장 제4절에 나오는 소구호자(所求乎子)·소구호신(所求乎臣)·소구호제(所求乎弟)·소구호우(所求乎友)를 가리킨다.

를 뗀 것은 어째서입니까?" 나는 아래와 같이 답하였다.

"공자의 의도는 대개 '자식이 나를 섬기기를 내가 요구하는 것이 이와 같은데, 내가 아버지를 섬기는 것을 돌이켜 구해보면 능히 이와 같지 않다. 신하가 임금을 섬기기를 내가 요구하는 것이 이와 같은데, 내가 임금을 섬기는 것을 돌이켜 구해보면 능히 이와 같지 않다. 동생이 나를 섬기기를 내가 요구하는 것이 이와 같은데, 내가 형을 섬기기를 돌이켜 구해보면 능히 이와 같지 않다. 벗이 나에게 베풀기를 내가 요구하는 것이 이와 같은데, 내가 저들에게 먼저 베풀기를 돌이켜 구해보면 능히 이와 같지 않다'라는 점을 말한 것입니다. 이에 저들에게 요구하는 것으로써 일상의 말과 행실 속에서 스스로 그렇게 하기를 구하는 것입니다. 대개 남들에게 무엇을 구하기를 기다리지 않고 내가 해야 할 바를 스스로 닦으면 그것을 갖추게 됩니다. 요즘 사람들이 혹 올바른 구두를 떼지 못하여 부(父)·군(君)·형(兄)·지(之)로 구두를 떼니[151] 그러면 문장의 의미에 있어 통하지 않는 바가 있고, 그 의리도 어찌 합당한 것이겠습니까?"

○〈或問〉曰 子臣弟友之絶句 何也

曰 夫子之意 蓋曰 我之所責乎子之事已者 如此 而反求乎已之所以事父 則未能如此也 所責乎臣之事君者 如此 而反求乎已之所以事君 則未能如此也 所責乎弟之事已者 如此 而反求乎已之所以事兄 則未能如此也 所責乎朋友之施已者 如此 而反求乎已之所以先施於彼者 則未能如此也 於是 以其所以責彼者 自責於庸言庸行之間 蓋不待求之於他 而吾之所以自修之

---

151) 부(父)……떼니: 『중용장구』 제13장 제4절의 소구호자이사부(所求乎子以事父)·소구호신이사군(所求乎臣以事君)·소구호제이사형(所求乎弟以事兄)·소구호붕우선시지(所求乎朋友先施之)로 구두를 떼어 읽는다는 말이다.

則具於此矣 今或不得其讀 而以父君兄之四字 爲絶句 則於文
意 有所不通 而其義 亦何所當哉

○어떤 사람이 물었다. "제가의 설은 어떻습니까?" 나는 아래와 같이
답하였다.

"『논어』를 해설한 여러 학자들이 대부분 이 장을 인용하여 일이관지
(一以貫之)의 뜻[152]을 밝혔습니다. 이 장을 해설하는 사람들도 『논어』의
문구를 인용하여 충서불원(忠恕不遠)의 의미를 해석하였습니다. 하나는
창과 같고 하나는 방패와 같아 끝내 서로 합할 수 없는데, 견강부회하기
를 그만두지 않았으니 대개 학자들이 심히 병폐로 여기는 부분입니다.
정자의 말씀에 이른바 '〈이 대목이 『중용』의 위도불원(違道不遠)과 다
른 점은〉 천도(天道)로써 움직였기 때문이다'라고 한 것이 있는 것을 깊
이 고찰해본 뒤라야 이 두 가지[153]가 충(忠)·서(恕)가 된 것을 알게 됩
니다. 그 자취는 비록 같지만 충·서가 되는 원인은 그 마음이 실제로 다
릅니다. 그러니 덕을 아는 것이 깊고 말을 아는 것이 지극한 사람이 아
니면 그 누가 능히 이와 같은 점을 환히 분별하여 의심하지 않겠습니까?
그러나 진기(盡己)·추기(推己)는 충·서가 이름을 얻게 된 이유이니 정
히 이 장 위도불원의 일을 말한 것입니다. 천도로써 움직여 하나의 본체
로써 모든 작용을 꿰뚫으면 진기를 기다리지 않아도 지성(至誠)이 저절

---

152) 일이관지(一以貫之)의 뜻: 『논어』「이인」(里仁)에 "子曰 參乎 吾道一以貫之 曾
子曰 唯 子出 門人問曰 何謂也 曾子曰 夫子之道 忠恕而已矣"라고 한 것을 가리
킨다. 『중용장구』제13장 제3절에 "忠恕 違道不遠"이라고 하였기 때문에 『논
어』의 충서(忠恕)의 의미를 빌려 해석한 것이다.

153) 두 가지: 『논어』「이인」제15장 충서(忠恕)를 해석한 정자의 설에 충(忠)은 천
도(天道)·무망(無妄)·체(體)·대본(大本)으로 서(恕)는 인도(人道)·소이행
호충(所以行乎忠)·용(用)·달도(達道)로 나누어 분석한 것을 가리킨다.

로 쉼이 없을 것이며, 추기를 기다리지 않아도 만물이 각기 제자리를 얻을 것입니다. 증자(曾子)가 『논어』에서 '선생의 도는 충·서일 따름이다'라고 말한 것은 대개 이름 할 수 없는 묘리(妙理)를 가리키면서 이름 할 수 있는 대략을 빌려 이름 한 것입니다. 학자들이 의미를 말한 표상(表象)을 묵묵히 이해하면 또한 상호 발명하여 그것이 같은 의미가 되는 데에 해롭지 않을 것입니다.

　그 외의 설이 아무리 많더라도 대개 이를 모방한 것입니다. 이 의미를 미루어서 살펴보면 그 설의 잘잘못을 절로 알 수 있을 것입니다. 위도불원(違道不遠)의 위(違)는 '제(齊)나라 군사가 곡(穀) 땅에서 7리쯤 떨어져 있다'(齊師違穀七里)[154]의 위(違)와 같으니 등지고서 그를 떠나간다는 말이 아니라는 점을 내가 이미 『중용장구』의 주석에서 말했습니다. 제가의 설은 이에 대해 합치되지 않는 점이 많으니 문맥의 뜻을 살피지 않고서 억지로 한 해설이 잘못된 것입니다. 제나라 군사가 곡 땅에서 7리쯤 떨어진 곳에 있는데 곡 땅 사람들이 그것을 몰랐다는 것은 제나라 군사가 예전에 곡 땅에 있었는데 지금 비로소 떠나간다는 말이 아닙니다. 이 문구를 대개 '이곳에서 떠나 곡 땅까지는 겨우 7리일 뿐이다'라고 해석합니다. 맹자께서 '야기(夜氣)를 잘 보존하지 못하면 금수와의 거리가 멀지 않다'[155]라고 한 문구는 '옛날에는 본디 금수였는데 지금 비로소 거기에서 떠났다'는 것을 말한 것이 아니며, 또한 '이로부터 떠나 금수의 영역으로 들어간 것이 멀지 않다'라고 말한 것도 아닙니다.

　대개 이른바 도라는 것은 당연의 이치로서 이미 인심에 근본하여 행사에 드러나는 것이어서 인위적으로 힘쓰기를 기다려 능한 것이 아닙니다.

---

154) 이 내용은 『춘추좌씨전』 애공(哀公) 27년조에 보이는데, 『중용장구』 제13장 제3절 주자의 주에 인용되어 있다.
155) 이 문구는 『맹자』 「고자 상」 제8장에 보인다.

그러나 자기의 마음을 극진히 하고서 이로 미루어 남에게 미쳐야 그 당연의 실상을 얻어 베푸는 데 합당하지 않음이 없을 것입니다. 그렇지 않으면 구하는 것이 멀수록 더욱더 가까워지지 않을 것입니다. 이것이 바로 이 충·서로부터 미루어 나가 도에 이르는 것이 유독 멀지 않게 되는 이유입니다. 위(違)라고 말한 것은 등지고 떠나간다는 것을 말한 것이 아닙니다.

　정자는 또 '하늘을 섬기는 도는 충(忠)만한 것이 없고, 아랫사람을 대하는 도는 서(恕)만한 것이 없다'[156]라고 말하였는데, 이 말은 이해할 수 없습니다. 만약 중요한 점으로 말한 것이라면 무리한 말이 되지 않을 듯합니다. 그러나 그 궁극을 탐구해보면 충(忠)은 서(恕)와 애초 서로 분리될 수 없습니다. 정자가 이른바 '이 중에 하나를 제거하려 해도 제거할 수 없다'[157]라고 한 것과 사씨(謝氏)가 '충·서는 형체와 그림자와 같다'[158]라고 한 말에서 이미 그런 점을 알 수 있습니다. 지금 이 두 가지 일을 나누어서 둘로 그것을 쓰면 이는 결과적으로 무서(無恕)의 충(忠)과 무충(無忠)의 서(恕)가 되어 위로 하늘을 섬기고 아래로 사람을 접하는 것이 모두 억지로 하는 데서 나와 중(中)으로 말미암지 않을 것입니다. 그러니 어찌 그것이 충·서를 말하는 것이겠습니까? 이는 정자의 다른 설에 비해 전혀 같은 의미가 아닙니다. 그러니 그 기록이 혹 잘못된 것일 것입니다. 그렇지 않다면 한때 다른 의도로 그 점을 말한 것으로 바로 충·서를 위해 말한 것이 아닐 것입니다.

---

156) 이 내용은 『주자어류』권97 「정자지서 3」(程子之書三)에 보인다.
157) 대전본 『중용혹문』 소주에 실린 정자의 설에 "忠恕兩字 要除一箇 除不得"이라고 하였다.
158) 대전본 『중용혹문』 소주에 실린 상채 사씨(上蔡謝氏)의 설에 "忠恕猶形影也 無忠 做恕 不出來"라고 하였다.

장자(張子)의 설[159]은 모두 깊이 그 점을 터득한 것입니다. 다만 장자가 '허(虛)는 인(仁)의 근원이니 충·서와 인(仁)이 함께 생긴다'라고 한 말은 분명치 못한 듯합니다.

　　여씨(呂氏)의 개본(改本)은 너무 소략하여 경문의 의미를 다 드러내지 못하였고, 구본(舊本)은 장자의 말을 인용하여 상세하고 확실해 맛이 있습니다. 다만 가유재외(柯猶在外) 이하[160]는 진선(盡善)하지 않은 말이 됩니다. 바꾸어 말하면 '이른바 법칙이라는 것이 잡고 있는 도끼자루에 있지, 베려고 하는 도끼자루감에 있지 않기 때문에 도끼자루를 잡은 사람은 반드시 흘겨보는 수고로움이 있지만 오히려 도끼자루감으로 멀다고 여긴다'라고 말하는 것과 같습니다.

　　사람의 도리로써 사람을 다스리는 것과 같은 경우는 이와 다릅니다. 대개 일반인의 도리는 일반인의 몸에 있을 따름입니다. 그들이 알 수 있는 것으로 알기를 요구하고, 그들이 행할 수 있는 것으로 행하기를 요구하여 그들이 능히 잘못을 고치자마자 곧 그만두어 지나치게 바라지 않는다면 굳이 흘겨보는 수고를 하지 않더라도 그들을 다스리는 바의 법칙이 그들에게서 멀지 않아 그것을 얻게 될 것입니다.

　　충(忠)한 사람은 참으로 이런 마음이 있어서 스스로 자신을 속이지 않으며, 서(恕)한 사람은 자기를 대우하는 마음을 미루어 남에게 미칩니다. 그 성심을 미루어 남에게 미치면 그가 남을 사랑하는 바의 도가 나에게서 멀지 않아 그것을 얻게 될 것입니다. 아버지를 섬기고 임금을 섬기

---

159) 장자(張子)의 설: 대전본 『중용혹문』 소주에 실린 장자의 설에 "所求乎君子之道四 是實未能 道何嘗有盡 聖人人也 人則有限 是誠不能盡能也 聖人之心 則直欲盡道 事則安能得盡 如博施濟衆 堯舜實病諸 堯舜之心 其施直欲至于無窮 方爲博施 然安得若是 忠恕與仁俱生 禮義者 仁之用"이라고 하였다.

160) 가유재외(柯猶在外) 이하: 대전본 『중용혹문』 소주에 실린 남전 여씨(藍田呂氏)의 설에 "柯猶在外 睨而視之 始得其則"을 가리킨다.

고 형을 섬기고 벗과 교유하는 데에 이르러서도 모두 남에게 구하는 것으로 자기가 능히 할 수 없는 것을 구하면 그가 자기를 다스리는 바의 도가 마음에서 멀지 않아 그것을 얻을 것입니다.

공자께서 능하지 못하다고 한 네 가지는 참으로 일반인들이 능한 것인데, 성인이 스스로 능하지 못하다고 하신 것은 또한 '능하지 못한 것이 자기가 남에게 요구하는 것과 같다'는 점을 말한 것입니다. 여기서 성인의 마음이 순일(純一)하고 또한 그치지 않아 도의 체용은 그 큰 점이 천하 사람들의 지혜로도 담아낼 수 없고, 그 작은 점이 천하 사람들의 지혜로도 설파할 수 없다는 것을 보게 됩니다. 순임금이 어버이를 섬기는 도리를 극진히 하여 반드시 아버지 고수(瞽瞍)가 기뻐하는 데에 이르게 되는 데까지 도달한 것이 대개 이 때문입니다. 이와 같이 한 뒤에 '용(庸)은 상도(常道)이다'[161]라고 한 문장에 연속시키면 거의 병폐가 없을 것입니다.

또한 여씨(呂氏)가 '남음이 있는데 그것을 다하면 도는 이어가기 어려워 행해지지 않는다'[162]라고 한 것은 또한 유씨(游氏)가 '행실이 자기가 한 말에 미치지 못함을 부끄러워한다'(恥躬之不逮)[163]를 인용한 것[164]이 문맥의 의미를 얻은 것이 되는 것만 못합니다.

사씨(謝氏)와 후씨(侯氏)가 『논어』의 충서(忠恕)를 논한 것[165]은 유독

---

161) 이 문구는 대전본 『중용혹문』 제13장 소주에 실린 남전 여씨의 설에 보인다.
162) 이 문구도 대전본 『중용혹문』 제13장 소주에 실린 남전 여씨의 설에 보인다.
163) 이 문구는 『논어』 「이인」 제21장에 보인다.
164) 유씨(游氏)가……것: 대전본 『중용혹문』 소주에 실린 광평 유씨(廣平游氏)의 설에 "有所不足 不敢不勉 將以踐言也 則其行顧言矣 有餘 不敢盡 恥躬之不逮也 則其言顧行矣"라고 하였다.
165) 사씨(謝氏)와……것: 대전본 『중용혹문』 소주에 실린 상채 사씨(上蔡謝氏)의 설에 "以天地之理觀之 忠譬 則流而不息 恕譬 則萬物散殊 知此 則可以知一貫之

정자의 의도를 얻었습니다. 다만 정자(程子)가 이른바 천지지불서(天地之不恕)라고 한 것[166]은 또한 '천지가 변화하여 만물을 끝없이 낳고 낳는데, 단지 기기(氣機)가 닫혔다 열렸다 하여 통할 때도 있고 막힐 때도 있다. 그러므로 그것이 통할 때를 당해서는 천지가 변화하여 초목이 번성하니 서(恕)와 같은 점이 있으며, 그것이 막힐 때를 당해서는 천지가 폐쇄되어 현인이 은거하니 불서(不恕)와 같은 점이 있다'는 것을 말한 것입니다. 불서라고 한 것은 사람이 사욕에 갇혀서 실제로 남을 시기하고 해치는 마음이 있는 것과는 같지 않습니다.

　사씨가 그 설을 미루어 밝혀 '천지에 불서가 있는 것은 곧 사람으로 인해 그러한 것이다'라고 하였으니[167] 그 설은 궁구하지 않은 점이 있습니다. 이는 대개 '사람이 중(中)을 극진히 하지 않으면 천지가 때로는 제자리를 잡지 못함이 있고, 사람이 화(和)를 극진히 하지 못하면 만물이 때로는 화육되지 못하는 점이 있다'는 것을 말한 것입니다. 이는 '천지의 기운이 사람의 불서로 인해 불서와 같은 점이 있다'라고 말하면 괜찮습니다. 그러나 '천지가 사람의 불서로 인해 실제로 불서한 마음이 있다'라고 말한다면 저 사람이 된 자는 이미 시기심으로 서(恕)를 잃어 저절로 하늘과 단절되고, 저 천지가 된 것은 도리어 그 사람이 하는 것을 본받아 절로 그치게 되니 '하늘의 명(命)은 아! 심원하여 그치지 않네'(維

理矣"라고 하였고, 하동 후씨(河東侯氏)의 설에 "忠恕 一也 性分不同 夫子 聖人也 故不待推"라고 하였다.

166) 정자(程子)가……것: 정자(程子)는 정호(程顥)를 가리킨다. 『상채어록』(上蔡語錄)에 "伯淳曰 天地變化 草木蕃 是天地之恕 天地閉 賢人隱 是天地之不恕"라고 하였다.

167) 사씨가……하였으니: 대전본 『중용혹문』 소주에 실린 상채 사씨의 설에 "或言天地何故亦有不恕 曰 天地 因人者也 若不因人 何故人能與天地爲一 故有意必固我 則與天地不相似"라고 하였다.

天之命 於穆不已)¹⁶⁸⁾라고 한 말은 어찌 잘못이 아니겠습니까?

　유씨(游氏)의 설¹⁶⁹⁾은 그 병폐가 더욱 많습니다. 그는 '도는 대상과 나와의 간격이 없고, 충서는 나를 잊고 대상도 잊는 데 이르려 하는 것이니 자신을 위한 실질적인 공부가 도에서 떨어졌더라도 오히려 그 거리는 멀지 않다'라고 말하는 데 이르렀습니다. 이는 노장의 영향을 받은 것으로 인도에서 멀리 벗어난 것이 심하니 어찌 중용의 본지이겠습니까.

　양씨(楊氏)는 또 말하기를 '사람으로서 도를 행하면 사람은 도와 둘이 되어 도에서 멀어지게 되기 때문에 사람들에게 경계하여 그것은 도가 될 수 없다는 점을 말한 것이다. 이는 도끼자루를 잡고서 도끼자루감을 베면 나와 도끼자루감은 둘이 되기 때문에 비스듬히 그것을 보더라도 오히려 도끼자루감으로 맞지 않는다고 여기는 것과 같다'라고 하였으니 ¹⁷⁰⁾ 그 설이 경문의 뜻에 어긋나고 이치에서 벗어난 것이 더욱 심한 점이 있습니다. 가령 경문에 '사람으로서 도를 행하되 오히려 사람의 도에서 멀어지기 때문에 군자는 그것을 도로 여길 수 없다'라고 하였다면 그 설이 믿을 만합니다. 그러나 지금 경문이 이와 같은데 그의 설은 저와 같으니 이미 문맥의 뜻에 통하지 않는 점이 있습니다. 그의 의도를 미루어 보면 또한 도로 하여금 무용지물이 되게 하여 사람은 도로 들어가는 문이 없게 될 것이고, 성인이 사람을 가르치면서 도라고 여기는 것은 도리

---

168) 이는 『시경』 주송(周頌) 「유천지명」(維天之命)의 문구로 『중용장구』 제26장에 보인다.

169) 유씨(游氏)의 설: 대전본 『중용혹문』 소주에 실린 광평 유씨(廣平游氏)의 설에 "夫道 一以貫之 無物我之間 旣曰忠恕 則已違道矣 然忠以盡己 則將以至忘己也 恕以盡物 則將以至忘物也 則善爲道者 莫近焉 故雖違而不遠矣"라고 하였다.

170) 양씨(楊氏)는……하였으니: 대전본 『중용혹문』 소주에 실린 구산 양씨의 설에 "人而爲道 與之二矣 道之所以遠 執柯以伐柯 與柯二矣 爲道之譬矣 睨而視之 猶以爲遠 爲道而遠人之譬也"라고 하였다.

어 사람들을 그르치는 것이 되어 도에 해가 있을 것이니 어찌 이런 이치가 있겠습니까?

그는 또 '도로부터 말하면 사람은 도를 행할 수 없고, 인(仁)을 구하는 것으로부터 말하면 충서는 그보다 가까운 것이 없다'라고 하였으니[171] 이미 그는 자신의 설에 통하지 않는 점이 있음을 스스로 알아 다시 이런 설을 펴서 그 점을 구제한 것입니다. 그러나 끝내 모순이 되어 합하는 바가 없으니 이는 모두 이단의 설로 흘러가 미세한 차이가 있을 뿐만 아닙니다.

후씨(侯氏)의 설은 참으로 소활한 점이 많습니다. 안자(顔子)의 안빈낙도한 것을 인용한 설[172]은 내가 『논어』 주석에서 이미 분변해놓았습니다.[173] 이 장 제4절의 공자가 네 가지 능하지 못하다고 한 것에 대해 그가 유독 '단지 자기의 마음을 미루어 남에게 미치는 점만 말한 것이라면 성인이 장차 천하 사람들로 하여금 모두 부자와 군신의 관계를 무시하게 한 것이다'라고 하였으니[174] 이는 제가의 설에서 모두 언급하지 않은 것입니다. 대개 근세에 과연 그 구두를 제대로 떼지 못하고 문득 해설하기를 '이 절의 군자(君子)는 나 한 사람이 극복하기 어려운 것으로 천하 사람들이 모두 자기의 마음을 미루어 남을 헤아릴 만한 사람임을 알아야 한다'라고 하는 사람이 있으니 아! 이것이 바로 이른바 '장차 천하

---

171) 그는……하였으니: 대전본 『중용혹문』 소주에 실린 구산 양씨의 설에 "自道言 之 則執柯以伐柯 猶以爲遠也 自求仁言之 則惟忠恕莫近焉"이라고 하였다.

172) 안자(顔子)의……설: 대전본 『중용혹문』 소주에 실린 하동 후씨(河東侯氏)의 설에 "爲道 如言顔子樂道同"이라고 하였다.

173) 내가……분변해놓았습니다: 『논어』 「옹야」 제9장 "回也 不改其樂"에 대해 주해한 것을 가리킨다.

174) 그가……하였으니: 대전본 『중용혹문』 소주에 실린 하동 후씨의 설에 "孔子自 謂皆未能 何也 只謂恕己以及人 則聖人將使天下 皆無夫子君臣乎"라고 하였다.

사람들로 하여금 모두 부자와 군신의 관계를 무시하게 할 자'라고 한 것이 아니겠습니까. 후씨의 말이 여기에서 징험됩니다."

○〈或問〉曰 諸說 如何

曰 諸家說論語者 多引此章 以明一以貫之之義 說此章者 又引論語 以釋違道不遠之意 一矛一盾 終不相謀 而牽合不置 學者 蓋深病之 及深考乎程子之言有所謂動以天者 然後知二者之爲忠恕 其迹雖同 而所以爲忠恕者 其心實異 非其知德之深 知言之至 其孰能判然如此而無疑哉 然盡己推己 乃忠恕之所以名 而正謂此章違道不遠之事 若動以天 而一以貫之 則不待盡己 而至誠者 自無息 不待推己 而萬物已各得其所矣 曾子之言 蓋指其不可名之妙 而借其可名之粗 以名之 學者 默識於言意之表 則亦足以互相發明 而不害其爲同也

餘說 雖多 大槪放此 推此意 以觀之 則其爲得失 自可見矣 違道不遠 如齊師違穀七里之違 非背而去之之謂 愚固已言之矣 諸說 於此 多所未合 則不察文義 而强爲之說之過也 夫齊師違穀七里 而穀人不知 則非昔已在穀 而今始去之也 蓋曰 自此而去 以至於穀 纔七里耳 孟子所云 夜氣不足以存 則其違禽獸 不遠矣 非謂昔本禽獸而今始違之也 亦曰 自此而去 以入於禽獸 不遠耳 蓋所謂道者 當然之理 而已根於人心 而見諸行事 不待勉而能也 然唯盡己之心 而推以及人 可以得其當然之實 而施無不當 不然 則求之愈遠 而愈不近矣 此所以自是忠恕而往 以至於道 獨爲不遠 其曰 違者 非背而去之之謂也

程子又謂事上之道 莫若忠 待下之道 莫若恕 此則不可曉者 若姑以所重言之 則似亦不爲無理 若究其極 則忠之與恕 初不相離 程子所謂要除一箇 除不得 而謝氏以爲猶形影者 已可見

350

矣 今析爲二事 而兩用之 則是果有無恕之忠 無忠之恕 而所以
事上接下者 皆出於强爲 而不由乎中矣 豈忠恕之謂哉 是於程
子他說 殊不相似意 其記錄之或誤 不然則一時有爲言之 而非
正爲忠恕發也

　張子二說 皆深得之 但虛者仁之原 忠恕與仁俱生之語 若未
瑩耳 呂氏改本大略 不盡經意 舊本 乃推張子之言 而詳實有
味 但柯猶在外以下 爲未盡善 若易之曰 所謂則者 猶在所執之
柯 而不在所伐之柯 故執柯者 必有睨視之勞 而猶以爲遠也 若
夫以人治人 則異於是 蓋衆人之道 止在衆人之身 若以其所及
知者 責其知 以其所能行者 責其行 能改 即止 不厚望焉 則不
必睨視之勞 而所以治之之則 不遠於彼而得之矣 忠者 誠有是
心 而不自欺也 恕者 推待己之心 以及人也 推其誠心 以及於人
則其所以愛人之道 不遠於我 而得之矣 至於事父事君事兄交友
皆以所求乎人者 責乎己之所未能 則其所以治己之道 亦不遠於
心 而得之矣 夫四者 固皆衆人之所能 而聖人乃自謂未能者 亦
曰 未能如其所以責人者耳 此見聖人之心 純亦不已 而道之體
用 其大天下莫能載 其小天下莫能破 舜之所以盡事親之道 必
至乎瞽瞍底豫者 蓋爲此也 如此 然後屬乎庸者常道之云 則庶
乎其無病矣 且其曰有餘而盡之 則道難繼而不行 又不若游氏所
引恥躬不逮 爲得其文意也

　謝氏侯氏所論論語之忠恕 獨得程子之意 但程子所謂天地之
不恕 亦曰 天地之化 生生不窮 特以氣機闔闢 有通有塞 故當其
通也 天地變化 草木蕃 則有似於恕 當其塞也 天地閉 而賢人隱
則有似於不恕耳 其曰不恕 非若人之閉於私欲 而實有忮害之心
也 謝氏推明其說 乃謂天地之有不恕 乃因人而然 則其說有未

究者 蓋若以爲人不致中 則天地有時而不位 人不致和 則萬物
有時而不育 是謂天地之氣 因人之不恕 而有似於不恕 則可 若
曰天地因人之不恕 而實有不恕之心 則是彼爲人者 既以忮心失
恕 而自絕於天矣 爲天地者 反效其所爲以自己 其於穆之命也
豈不誤哉 游氏之說 其病尤多 至謂道無物我之間 而忠恕 將以
至於忘己忘物 則爲己違道 而猶未遠也 是則老莊之遺意 而遠
人甚矣 豈中庸之旨哉

　楊氏又謂 以人爲道 則與道二 而遠於道 故戒人 不可以爲道
如執柯以伐柯 則與柯二 故睨而視之 猶以爲遠 則其違經背理
又有甚焉 使經而曰 人而爲道 則遠人 故君子 不可以爲道 則
其說信矣 今經文如此 而其說乃如彼 既於文義 有所不通 而推
其意 又將使道爲無用之物 人無入道之門 而聖人之教人 以爲
道者 反爲誤人 而有害於道 是安有此理哉 既又曰 自道言之 則
不可爲 自求仁言之 則忠恕者 莫近焉 則已自知其有所不通 而
復爲是說 以救之 然終亦矛盾 而無所合 是皆流於異端之說 不
但毫釐之差而已也 侯氏固多疎濶 其引顏子樂道之說 愚於論語
已辨之矣 至於四者未能之說 獨以爲若止謂恕己以及人 則是聖
人將使天下 皆無父子君臣矣 此則諸家 皆所不及 蓋近世 果有
不得其讀 而輒爲之說曰 此君子 以一己之難克 而知天下皆可
恕之人也 嗚呼 此非所謂將使天下 皆無父子君臣者乎 侯氏之
言 於是乎驗矣

제14장

○어떤 사람이 제14장의 설을 물어 나는 아래와 같이 답하였다.

"이 장의 글의 뜻은 의심할 만한 것이 없습니다. 장자(張子)가 이른바 '천하와 국가는 모두 그른 이치가 없다는 것을 알아야 한다'라고 한 말은 더욱 절실한 것이 됩니다.

여씨(呂氏)의 설[175]은 때로 작은 실수가 있음을 면치 못하지만 그 대체는 모두 공평하고 정대하고 정성스럽고 신실하여 남은 맛이 있습니다.

유씨(游氏)의 설[176]은 또한 조목조목 그 의미를 드러냈는데, 존망(存亡)·득상(得喪)·궁통(窮通)·호추(好醜)의 설은 더욱 좋습니다.

다만 양씨(楊氏)가 자신에게 돌이켜 성(誠)한 것으로 불원호외(不願乎

---

175) 여씨(呂氏)의 설: 대전본 『중용혹문』 소주에 실린 남전 여씨의 설에 "達則兼善天下 得志則澤加於民 素富貴 行乎富貴者也 不驕不淫 不足以道之也 窮則獨善其身 不得志則修身見於世 素貧賤 行乎貧賤者也 不諂不懾 不足以道之也 言忠信行篤敬 雖蠻貊之邦 行矣 素夷狄 行乎夷狄者也 文王內文明而外柔順 以蒙大難 箕子內難而能正其志 素患難 行乎患難者也 愛人不親 反其仁 治人不治 反其智 此在上位 所以不陵下也 彼以其富 我以吾仁 彼以其爵 我以吾義 吾何慊乎哉 此在下位 所以不援上也……"라고 하였다.

176) 유씨(游氏)의 설: 대전본 『중용혹문』 소주에 실린 광평 유씨(廣平游氏)의 설에 "蓋道之在天下 不以易世而有存亡 故無古今 則君子之行道 不以易世而有加損 故無得喪 至于在上位 不陵下 知富貴之非泰也 在下位 不援上 知貧賤之非約也 此惟正己而不求於人者 能之 故能上不怨天 下不尤人 蓋君子惟能順理 故居易以俟命 居易未必不得也 故窮通皆好 小人反是 故行險而徼幸 行險未必常得也 故窮通皆醜 學者要當篤信而已"라고 하였다.

外)를 삼은 것[177]은 본문의 뜻이 애초 이런 데까지 미치지 않았고, 그가 말 모는 방도를 속여 금수를 잡는 것에 비유한 것[178]은 험난한 것을 행하여 요행을 바라는 것을 말한 것이 아닙니다.

후씨(侯氏)가 승려 상총(常總)에게 논변한 묵이지지(黙而識之)와 무입이불자득(無入而不自得)의 설[179]은 매우 타당합니다. 근세 불자들이 망령되게 우리 유가의 언어로 자기들의 설을 견강부회하는데, 가리키는 의미가 어긋납니다. 이와 같은 사례가 많으니 매우 가소롭습니다. 다만 후씨가 스스로 그런 설을 주장한 것은 도리어 선하지 않은 점이 있습니다. 만약 '묵지(黙識)는 그 이치가 이와 같음을 아는 것일 뿐이고, 자득(自得)은 내 마음에 부족한 바가 없는 것일 따름이다'라고 하였다면 어찌 명백하고 진실하여 그들의 마음을 복종시키기에 충분하지 않았겠습니까?"

○或問 十四章之說

曰 此章文義 無可疑者 而張子所謂當知無天下國家皆非之理者 尤爲切 至呂氏說 雖不免時有小失 然其大體 則皆平正愨實而有餘味也 游氏說 亦條暢而存亡得喪窮通好醜之說 尤善 但楊氏 以反身而誠 爲不願乎外 則本文之意 初未及此 而詭遇得禽 亦非行險徼倖之謂也 侯氏所辨常總默識自得之說 甚當 近

---

177) 양씨(楊氏)가……것: 대전본『중용혹문』소주에 실린 구산 양씨(龜山楊氏)의 설에 "萬物皆備於我 反身而誠 樂莫大焉 何願乎外之有 故素其位而行 無入而不自得也"라고 하였다.

178) 그가……것: 대전본『중용혹문』소주에 실린 구산 양씨의 설에 "行險而徼幸 不受命者也 詭遇而得禽者 蓋有焉 君子不爲也"라고 하였다.

179) 후씨(侯氏)가……설: 대전본『중용혹문』소주에 실린 하동 후씨(河東侯氏)의 설에 "今人見筆墨 須謂之筆墨 見人 須謂之人 不須問 黙而識之 是黙識也 聖人於道 猶是也 庸言之信 庸行之謹 是自得也 豈可名爲所得所識之事也"라고 하였다.

世佛者 妄以吾言傅著其說 而指意乖刺 如此類者 多矣 甚可笑
也 但侯氏所以自爲說者 却有未善 若曰 識者 知其理之如此而
已 得者 無所不足於吾心而已 則豈不明白眞實而足以服其心乎

제15장

○어떤 사람이 제15장의 설을 물어 나는 아래와 답하였다.

"이 장의 첫 두 구절은 앞장을 이어서 도는 어느 곳인들 있지 않음이 없지만 도로 나아가는 데에는 차례가 있다는 점을 말한 것입니다. 그 아래 『시경』의 시를 인용한 것과 공자의 말씀을 인용한 것은 한 가지 일을 가리켜서 그 점을 밝힌 것이니 첫 두 구절의 의미로 이러한 데에 이르러야 한다는 것을 삼은 것이 아닙니다. 제가의 설 가운데 여씨(呂氏)의 설만 상세하고 진실한 것이 됩니다. 그러나 그의 설에도 이러한 점을 살피지 못하고 도리어 첫 두 구절의 말로 『시경』의 시를 인용한 의미를 발명하였으니[180] 잘못입니다."

○或問 十五章之說

曰 章首二句 承上章而言道雖無所不在 而其進之 則有序也 其下引詩與夫子之言 乃指一事 以明之 非以二句之義 爲止於此也 諸說 惟呂氏爲詳實 然亦不察此 而反以章首二言 發明引詩之意 則失之矣

---

180) 그의……발명하였으니: 대전본 『중용혹문』 소주에 실린 남전 여씨(藍田呂氏)의 설에 "行遠登高者 謂孝子莫大乎順其親者也 自邇自卑者 謂本乎妻子兄弟者也"라고 하였다.

제16장

○어떤 사람이 물었다. "귀신(鬼神)의 설은 그 상세한 점이 어떠한 것입니까?" 나는 아래와 같이 답하였다.

"귀신의 의미에 대해서는 공자께서 재여(宰予)에게 일러주신 것[181]이 『예기』「제의」(祭義)에 보이는데, 그 설이 이미 상세합니다. 정씨(鄭氏)가 그 말씀을 해석한 것[182]도 이미 분명합니다. 정씨는 입과 코로 숨을 들이쉬고 내쉬는 것을 혼(魂)이라 하고, 귀와 눈의 정명(精明)을 백(魄)이라 하였으니 대개 혈기(血氣)의 유형을 가리켜 그 점을 밝힌 것입니다. 정자(程子)와 장자(張子)는 다시 음양의 조화로 설을 폈으니 그 의미가 더욱 넓어져서 천지 만물의 굴신(屈伸)과 왕래(往來)가 모두 그 안에 들어 있습니다. 대개 양(陽)·혼(魂)은 신(神)이 되고, 음(陰)·백(魄)은 귀(鬼)가 됩니다. 그러므로 그것이 사람에게 있어서는 음양이 합하면 혼(魂)이 엉키고 백(魄)이 모여 태어남이 있으며, 음양이 나누어지면 혼은 올라가 신(神)이 되고 백(魄)은 내려가 귀(鬼)가 됩니다. 『역대전』(易大傳)[183]에 이른바 '정기(精氣)가 물(物)이 되고, 유혼(遊魂)이 변(變)

---

181) 공자께서……것: 『예기』「제의」에 "子曰 氣也者 神之盛也 魄也者 鬼之盛也 合鬼與神 敎之至也"라고 하였다.

182) 정씨(鄭氏)가……것: 십삼경주소본 『예기주소』(禮記注疏) 「제의」 정현의 주에 "氣謂噓吸出入者也 耳目之聰明 爲魄 合鬼神而祭之 聖人之敎 致之也"라고 하였다.

183) 「역대전」(易大傳): 공자가 『주역』을 풀이한 십익(十翼)을 말한다. 『주역대전』

이 되니 그러므로 귀신의 정상(情狀)을 안다'[184]라고 한 것이 바로 이를 밝힌 것입니다. 그리고 『서경』에 이른바 '조락'(殂落)[185]이라고 한 것도 혼(魂)이 올라가고 백(魄)이 내려가는 것으로 말한 것입니다. 또한 그것이 왕래하는 것으로 말한다면 오는 것은 바야흐로 펼쳐져서 신(神)이 되고, 가는 것은 이미 굽혀서 귀(鬼)가 됩니다. 대개 음·양 두 기운이 나누어지는 것은 실로 하나의 기운이 운행하는 것입니다. 그러므로 양(陽)은 펴는 것을 주로 하고, 음(陰)은 굽히는 것을 주로 하는데, 이를 종합하여 말하면 또한 각기 그 의미를 갖게 됩니다. 학자들이 이 점을 익숙히 완미하고 정밀히 살펴 사씨(謝氏)가 이른바 '제목을 정해 놓고 사의(思議)를 주입한다'라고 한 것[186]과 같이 하면 거의 귀신에 대해 앎이 있을 것입니다."

어떤 사람이 또 물었다. "제가의 설은 어떻습니까?" 나는 아래와 같이 답하였다.

"여씨(呂氏)의 설은 장자(張子)의 설[187]을 미루어 근본한 것인데, 더욱 상세하게 갖추진 것이 됩니다. 다만 그의 개본(改本)에 '굽히는 것은 없어지지 않는다'라고 한 한 구절이 있으니[188] 이는 곧 장자가 말한 '형체가 흩어져 근원으로 돌아간다'는 의미입니다. 장자의 다른 글에도 이

(周易大傳)이라고도 한다.
184) 이 문구는 『주역』 「계사 상」(繫辭上)에 보인다.
185) 이 문구는 『서경』 「순전」(舜典)에 보인다.
186) 사씨(謝氏)가……것: 대전본 『중용혹문』 소주에 실린 상채 사씨(上蔡謝氏)의 설에 "這箇便是天地間妙用 須是將來做題目入思議 始得 講說不濟事"라고 하였다.
187) 장자(張子)의 설: 대전본 『중용혹문』 소주에 실린 장자(張子)의 설에 "形聚爲物 物潰反原 反原者 其遊魂爲變歟"라고 하였다.
188) 그의……있으니: 대전본 『중용혹문』 소주에 실린 남전 여씨(藍田呂氏)의 설에 "往者 屈也 來者 伸也 所屈者 不亡 所伸者 無息"이라고 하였다.

런 설이 있습니다. 그런데 정자(程子)는 자주 그 설이 그르다고 논변하였습니다.[189] 여씨의 「동견록」(東見錄) 안에 있는 정자의 이른바 '반드시 돌아간 기운이 돌아오는 것으로 바야흐로 펼쳐지는 기운이 되는 것을 삼은 것은 아니다'라고 한 말씀에서 그런 유형을 고찰할 수 있습니다.

사씨(謝氏)의 설은 좋습니다. 다만 그가 '근본으로 돌아간다'고 말한 것[190]은 근원으로 돌아간다는 누(累)가 조금 있는 듯합니다.

유씨(游氏)와 양씨(楊氏)의 설은 모두 이해할 수 없는 점이 있습니다. 오직 양씨가 '귀신이 만물에 묘합(妙合)하여 있지 않음이 없기 때문이다'라고 한 한 마디 말[191]은 바로 옳습니다. 그러나 그 나머지 말로 살펴보면 그것이 이 이치의 실상에 과연 어떠한지 모르겠습니다.

후씨(侯氏)는 말하기를 '귀신은 형이하이니 성(誠)이 아니고, 귀신의 덕이 성(誠)이다'라고 하였습니다.[192] 경문을 살펴보건대 본디 귀신의 덕의 성대함을 찬양한 것은 아래 문장에서 말한 것과 같은데, 그것을 결론지어 '성(誠)이 발현한 것을 숨길 수 없는 것이 이와 같다'라고 말하였으니 이는 귀신의 덕이 성대한 이유가 대개 그 성(誠) 때문이지 성(誠)이 저절로 한 물사(物事)가 되어 별도로 귀신의 덕이 되는 것은 아니라고

---

189) 정자(程子)는……논변하였습니다: 대전본 『중용혹문』 소주에 실린 정자의 설에 "屈伸往來 只是理 不必將旣屈之氣 復爲方伸之氣 生生之理 自然不息 如復言 七日來復 其間元不斷續 陽以復生物 極必返其理 須如此 有生 便有死 有始 便有終"이라고 하였다.

190) 그가……것: 대전본 『중용혹문』 소주에 실린 상채 사씨(上蔡謝氏)의 설에 "往來不息 神也 摧仆歸根 鬼也"라고 하였다.

191) 양씨가……말: 대전본 『중용혹문』 소주에 실린 구산 양씨(龜山楊氏)의 설에 "鬼神體物而不可遺 蓋其妙萬物而無不在故也"라고 하였다.

192) 후씨(侯氏)는……하였습니다: 대전본 『중용혹문』 소주에 실린 하동 후씨(河東侯氏)의 설에 "只是鬼神 非誠也 經不曰鬼神 而曰 鬼神之爲德 其盛矣乎 鬼神之德 誠也"라고 하였다.

한 것입니다. 그런데 후씨는 귀신과 귀신의 덕을 나누어 두 가지 물사로
만들어서 형이상과 형이하로 말하였습니다. 그의 설을 얼핏 보면 기뻐할
만한 듯하지만 경문의 사리(事理)로써 자세히 구해보면 잘못이 큽니다.
정자가 이른바 '단지 벽을 사이에 두고 듣기를 좋아하는 자이다'라고 한
말씀이 바로 이런 유형을 두고 한 말일 것입니다."

어떤 사람이 또 물었다. "그대가 간사(幹事)[193]로써 체물(體物)의 뜻
을 밝힌 것은 어째서입니까?" 나는 아래와 같이 답하였다.

"천하의 만물은 귀신이 하는 바가 아닌 것이 없습니다. 그러므로 귀신
은 만물의 본체가 되어서 어떤 생명체도 이를 기다려 존재하지 않음이
없습니다. 그러나 '만물의 본체가 된다'(爲物之體)라고 하면 생명체가
기(氣)보다 우선하게 되니 반드시 '물에 체가 되어'(體物)라고 말한 뒤
에야 그 기가 생명체보다 우선함을 드러내게 되어 말이 순조롭게 됩니
다. 간(幹)은 나무에 줄기가 있는 것과 같은 뜻이니 반드시 먼저 줄기가
있은 뒤에야 가지와 잎이 붙어서 살 수 있게 됩니다. 『주역』의 '정고(貞
固)함이 족히 일을 주관한다'라고 한 것도 이와 같습니다."

○或問 鬼神之說 其詳 奈何

曰 鬼神之義 孔子所以告宰予者 見於祭義之篇 其說已詳 而
鄭氏釋之 亦已明矣 其以口鼻之噓吸者 爲魂 耳目之精明者 爲
魄 蓋指血氣之類 以明之 程子張子 更以陰陽造化 爲說 則其意
又廣 而天地萬物之屈伸往來 皆在其中矣 蓋陽魂爲神 陰魄爲
鬼 是以 其在人也 陰陽合 則魂凝魄聚而有生 陰陽判 則魂升爲
神 魄降爲鬼 易大傳所謂精氣爲物 遊魂爲變 〈是〉故知鬼神之

---

193) 간사(幹事):『주역』건괘(乾卦)「문언」(文言)에 "貞固 足以幹事"에서 나온 말
로 일을 주관한다는 뜻이다.

情狀者 正以明此 而書所謂徂(殂)落者 亦以其升降爲言耳 若又以其往來者 言之 則來者 方伸而爲神 往者 旣屈而爲鬼 蓋二氣之分 實一氣之運 故陽主伸 陰主屈 而錯綜以言 亦各得其義焉 學者 熟玩而精察之 如謝氏所謂做題目入思議者 則庶乎有以識之矣

〈或問〉曰 諸說 如何

曰 呂氏 推本張子之說 尤爲詳備 但改本有所屈者不亡一句乃形潰反原之意 張子他書 亦有是說 而程子數辨其非 東見錄中所謂不必以旣反之氣復 爲方伸之氣者 其類 可考也 謝氏說則善矣 但歸根之云 似亦微有反原之累耳 游楊之說 皆有不可曉者 唯妙萬物而無不在一語 便是 而以其他語考之 不知其於是理之實 果何如也 侯氏曰 鬼神 形而下者 非誠也 鬼神之德則誠也 按經文 本賛鬼神之德之盛 如下文所云 而結之曰 誠之不可揜 如此 則是以爲鬼神之德 所以盛者 蓋以其誠耳 非以誠自爲一物 而別爲鬼神之德也 今侯氏 乃析鬼神與其德 爲二物而以形而上下 言之 乍讀如可喜者 而細以經文事理求之 則失之遠矣 程子所謂只好隔壁聽者 其謂此類也夫

〈或問〉曰 子之以幹事 明體物 何也

曰 天下之物 莫非鬼神之所爲也 故鬼神爲物之體 而物無不待是而有者 然曰爲物之體 則物先乎氣 必曰體物 然後見其氣先乎物 而言順耳 幹猶木之有幹 必先有此 而後枝葉有所附而生焉 貞之幹事 亦猶是也

제17장

○어떤 사람이 제17장의 설을 물어 나는 아래와 같이 답하였다.

"정자(程子)·장자(張子)·여씨(呂氏)의 설이 구비되어 있습니다. 양씨(楊氏)가 공자가 천명을 받지 못한 것을 논변한[194] 의미는 정자가 이른바 '그 보응을 얻지 못한 것은 상리(常理)가 아니다'라고 한 것[195]을 극진히 한 것입니다. 그리고 후씨(侯氏)가 이를 미루어 '순임금은 그 상리를 얻었고, 공자는 그 상리를 얻지 못하였다'라고 한 설[196]은 더욱 명백합니다. 안연(顔淵)은 단명하고 도척(盜跖)이 장수한 것처럼 고르지 못한 데에 이른 경우는 또한 그 상리를 얻지 못한 것일 따름입니다. 양씨는 자신이 공자가 천명을 받지 못한 것을 논한 의미를 잊고서 다시 노담(老聃)의 말을 인용해 '안자(顔子)가 비록 요절했지만 없어지지 않은 것이 존재한다'라고 하였으니[197] 도리어 쓸데없는 설이 되어 우리 유자들

---

194) 양씨(楊氏)가……논변한: 대전본『중용혹문』소주에 실린 구산 양씨(龜山楊氏)의 설에 "孔子當衰周之時 猶木之生非其地也 雖其雨露之滋 而牛羊斧斤 相尋於其上 則是濯濯然也 豈足怪哉"라고 하였다.

195) 정자가……것: 대전본『중용혹문』소주에 실린 정자의 설에 "得其報者 是常理也 不得其報者 非常理也"라고 하였다.

196) 후씨(侯氏)가……설: 대전본『중용혹문』소주에 실린 하동 후씨(河東侯氏)의 설에 "必得者 理之常也 不得者 非常也 得其常者 舜也 不得其常者 孔子也"라고 하였다.

197) 양씨는……하였으니: 대전본『중용혹문』소주에 실린 구산 양씨의 설에 "顔跖之夭壽不齊 何也 老子曰 死而不亡曰壽 顔雖夭 而不亡者 猶在也"라고 하였다.

이 말할 바가 아닙니다. 또한 그가 이른바 '없어지지 않았다'(不亡)고 하는 것이 과연 무슨 물체란 말입니까? 그것이 '하늘이 명한 본성'이라고 말한 것이라면 이는 고금의 성현이나 어리석은 사람이 함께한 것이니 안자가 오로지 할 수 있는 것이 아닙니다. 그것이 '기운은 흩어졌지만 그 정신과 혼백은 오히려 보존된 것이 있다'라고 말한 것이라면 이는 생명체로서 귀화하지 않은 의미로 오히려 허공 속에 머물러 있는 것이니 더욱 안자를 말할 바가 아닙니다.

후씨가 이른바 '공자는 그 상리를 얻지 못한 분이다'라고 한 말은 좋습니다. 그러나 그는 또 '하늘이 공자에 대해 참으로 이미 배양해주었다'라고 하였으니[198] 상호 모순됨이 있는 것을 면할 수 없습니다. 대개 공자가 덕으로 성인이 되었다는 것은 참으로 공자가 뿌리를 튼튼히 내린 것이 되는 것입니다. 녹봉·지위·장수에 이르러서는 하늘이 마땅히 공자에게 배양해주어야 할 것인데, 마침 기수(氣數)가 쇠한 시대를 만나 그 때문에 배양해주고자 했지만 능히 미치지 못하는 바가 있었던 것입니다. 이 또한 이른바 '그 상리를 얻지 못한 경우이다'라고 하는 것이니 어찌 가설적으로 다시 이설(異說)을 펴서 거기에 골몰하겠습니까?"

○或問十七章之說

曰 程子張子呂氏之說 備矣 楊氏所辨孔子不受命之意 則亦程子所謂非常理者 盡之 而侯氏所推以謂舜得其常 而孔子不得其常者 尤明白也 至於顏跖壽夭之不齊 則亦不得其常而已 楊氏乃忘其所以論孔子之意 而更援老聃之言 以爲顏子雖夭 而不亡者存 則反爲衍說 而非吾儒之所宜言矣 且其所謂不亡者 果

何物哉 若曰天命之性 則是古今聖愚 公共之物 而非顏子所能
專 若曰氣散而其精神魂魄 猶有存者 則是物而不化之意 猶有
滯於冥漠之間 尤非所以語顏子也 侯氏所謂孔子不得其常者 善
矣 然又以爲天於孔子固已培之 則不免有自相矛盾處 蓋德爲聖
人者 固孔子之所以爲栽者也 至於祿也 位也 壽也 則天之所當
以培乎孔子者 而以適丁氣數之衰 是以 雖欲培之 而有所未能
及爾 是亦所謂不得其常者 何假復爲異說 以汩之哉

제18장~제19장

○어떤 사람이 제18장과 제19장의 설을 물어 나는 아래와 같이 답하
였다.

"여씨(呂氏)와 양씨(楊氏)의 설은 예의 절문(節文)과 도수(度數)에 대
해 상세히 말했습니다. 그 사이에 다른 점이 있으니 독자들은 그 점을 살
피는 것이 옳습니다.

유씨(游氏)가 『서경』「태서」(泰誓)와 「무성」(武成)을 인용하여 문왕
이 천자[王]로 칭한 적이 없다는 증거로 삼은 것[199]은 명분과 교화에 매
우 보탬이 있습니다. 그러나 구양씨(歐陽氏, 歐陽脩)·소씨(蘇氏, 蘇軾)
의 글에도 이미 이런 설이 있습니다. 제19장의 교제(郊祭)와 체제(禘祭)
에 대한 설은 여씨와 유씨의 설이 다릅니다. 그러나 합하여 보면 또한 표
리가 되는 설입니다."

○或問十八章十九章之說

曰 呂氏楊氏之說 於禮之節文度數 詳矣 其間有不同者 讀者
詳之 可也 游氏引泰誓武成 以爲文王未嘗稱王之證 深有補於
名教 然歐陽蘇氏之書 亦已有是說矣 郊禘 呂游不同 然合而觀

---

199) 유씨(游氏)가……것: 대전본 『중용혹문』 제18장 광평 유씨의 설에 "武王於泰
誓三篇 稱文王爲文考 至武成而柴望 然後稱文考爲文王 仍稱其祖爲太王王季 然
則周公追王太王王季者 乃文王之德 武王之志也 故曰成文武之德 不言文王者 旣
追王矣 武王旣追王 而不及太王王季 以其未受命 而其序有未暇也"라고 하였다.

之 亦表裏之說也

○어떤 사람이 물었다. "소목(昭穆)의 소(昭)를 세상 사람들은 소(詔)로 읽는데, 지금 본래의 글자를 따른 것은 어째서입니까?" 나는 아래와 같이 답하였다.

"소(昭)라는 글자는 밝다는 뜻입니다. 그 신주가 남쪽을 바라보며 밝은 곳을 향하기 때문입니다. 소(昭)를 소(詔)로 읽는 것에 대해 선유들은 진(晉)나라 때 황제의 휘(諱)를 피해 바꾼 것이라고 하였습니다. 그러나 예서(禮書)에는 또한 소(佋)로 되어 있는 경우도 있으니 가차(假借)하여 통용한 것입니다."

어떤 사람이 또 물었다. "소(昭)가 밝은 곳을 향하게 된다는 것은 어째서입니까?" 나는 아래와 같이 답하였다.

"이는 빈말로 알 수 있는 것이 아닙니다. 지금 제후의 종묘를 가설하여 그 점을 증명해보겠습니다. 대개 『주례』(周禮)에 '건국의 신주는 사직을 오른쪽, 종묘를 왼쪽으로 한다'[200]라고 하였으니 제후의 오묘(五廟)는 모두 궁궐의 동남쪽에 있습니다. 그 제도는 손육(孫毓)이 '종묘의 제도는 궁궐 밖에 도궁(都宮)[201]을 만드는데, 태조의 신주는 북쪽에 있고, 이소(二昭)·이목(二穆)이 차례로 남쪽을 향한다'라고 한 것[202]이 그것입니다. 대개 태조의 사당에는 처음 봉(封)을 받은 임금의 신주가 모셔집니다. 소(昭)의 북묘(北廟)에는 제2세의 신주가 모셔지고, 목(穆)의 북묘

---

200) 이 문구는 『주례』 춘관(春官) 「소종백」(小宗伯)에 보인다.
201) 도궁(都宮): 옛날에는 왕의 사당을 별묘(別廟)로 만들었는데, 이런 여러 사당을 모두 합하여 도궁이라고 한다.
202) 손육(孫毓)이……것: 손육은 진(晉)나라 때 학자이다. 대전본 『중용혹문』 소주에 실린 그의 설에 "宗廟之制 外爲都宮 內各有寢廟 別有門垣 太祖在北 左昭右穆 差次而南"이라고 하였다.

에는 제3세의 신주가 모셔집니다. 소(昭)의 남묘에는 제4세의 신주가 모셔지고, 목(穆)의 남묘에는 제5세의 신주가 모셔집니다. 사당은 모두 남쪽을 향하며 각기 문·마루·침실이 있으며, 담장을 사방에 둘러칩니다. 태조의 사당은 영원히 신주를 옮기지 않습니다. 그 나머지 네 임금의 신주부터는 제6세 뒤로 한 세대가 바뀔 때마다 한 단계씩 옮아갑니다. 신주를 옮길 때에 새 신주는 그 반열의 남쪽 사당에 배향하고, 남쪽 사당의 신주는 그 반열의 북쪽 사당으로 옮아가며, 북쪽 사당의 신주가 친함이 다하면 태묘의 서쪽 협실(夾室)로 그 신주를 옮기고 조(祧)[203]라 합니다. 모든 사당의 신주는 그 사당의 방안에 모셔지는데, 모두 동쪽을 향합니다. 그런데 태묘의 협실로 합사하게 되면 태조의 신주만 동쪽을 향하여 절로 가장 존엄한 지위가 되고, 태묘에 합사한 여러 소반(昭班)의 신주들은 모두 북쪽 창 아래에 배열하여 남쪽을 향하게 하고, 태묘에 합사한 여러 목반(穆班)의 신주들은 모두 남쪽 창 아래에 배열하여 북쪽을 향하게 합니다. 남쪽을 향하는 것은 그 신주가 밝은 곳을 향한다는 의미를 취한 것이기 때문에 소(昭)라고 하며, 북쪽을 향하는 것은 그 신주가 심원하다는 뜻을 취한 것이기 때문에 목(穆)이라고 합니다. 대체로 여러 사당의 반열은 왼쪽이 소(昭)가 되고 오른쪽이 목(穆)이 됩니다. 합사하는 협제(祫祭)의 신주는 북쪽이 소(昭)가 되고 남쪽이 목(穆)이 됩니다."

어떤 사람이 또 물었다. "제6세의 신주는 제2세의 신주가 합사하면 제3세의 신주는 소(昭)가 되고 제4세의 신주는 목(穆)이 되며, 제5세의 신주는 소(昭)가 되고 제6세의 신주는 목(穆)이 됩니까?" 나는 아래와 같이 답하였다.

---

203) 조(祧): 멀어진 조상의 신주를 한곳에 합사(合祀)하는 것을 말한다. 조묘(祧廟)라고도 한다.

"그렇지 않습니다. 소(昭)는 항상 소(昭)가 되고, 목(穆)은 항상 목(穆)이 됩니다. 예학가의 설에 명문이 있습니다. 대개 제2세의 신주가 태묘의 협실에 합사(合祀)되면 제4세의 신주는 소반(昭班)의 북묘로 옮기고, 제6세의 신주가 소반의 남묘에 모셔집니다. 제3세의 신주가 태묘의 협실에 합사되면 제5세의 신주는 목반(穆班)의 북묘로 옮기고, 제7세의 신주가 목반의 남묘에 모셔집니다. 종묘의 소반에 새 신주가 모셔지면 목반의 신주는 옮기지 않고, 목반의 신주가 새로 모셔지면 소반의 신주는 움직이지 않습니다. 이것이 합사(祔)는 반열로써 하고 시동(尸)은 손자로써 하여 자손의 항렬이 차례를 삼는 것입니다. 주나라 무왕(武王)이 문왕(文王)을 일컬어 목고(穆考)라고 한 것[204]과 성왕(成王)이 무왕을 칭하여 소고(昭考)라고 한 것[205]과 같은 경우는 처음 종묘에 합사할 시점에서 말한 것일 따름입니다. 그러나 『춘추좌씨전』에 관숙(管叔)·채숙(蔡叔)·성숙(郕叔)·곽숙(霍叔)으로 문왕의 소(昭)를 삼고, 우후(邘侯)·진후(晉侯)·응후(應侯)·한후(韓侯)로 무왕의 목(穆)을 삼았으니[206] 세대가 멀어졌지만 그 제도를 바꾸지 않은 것입니다. 어찌 소·목의 반열을 뒤섞어 그처럼 어지럽게 하겠습니까."

어떤 사람이 또 물었다. "종묘를 처음 세울 때에는 제2세가 소(昭)가 되고 제3세가 목(穆)이 되며, 제4세가 소(昭)가 되고 제5세는 목(穆)이 되니 참으로 왼쪽을 높은 곳으로 오른쪽은 낮은 곳으로 삼는 것이 마땅합니다. 그런데 지금은 제3세가 목(穆)이 되고 제4세가 소(昭)가 되며, 제5세가 목(穆)이 되고 제6세가 소(昭)가 되니 이는 오른쪽이 도리어 높고 왼쪽이 도리어 낮은 것이 되는데, 어찌 옳겠습니까?" 나는 아래와 같

204) 무왕(武王)이……것: 『서경』 「주고」(酒誥)에 "乃穆考文王"이라고 하였다.
205) 성왕(成王)이……것: 『시경』 주공(周頌) 「재현」(載見)에 "率見昭考"라고 하였다.
206) 『춘추좌씨전』에……삼았으니: 『춘추좌씨전』 희공(僖公) 24년조에 보인다.

이 답하였다.

"그렇지 않습니다. 종묘의 제도는 좌·우로 소·목을 삼는 것이지 소·목으로 존·비를 삼는 것은 아닙니다. 그러므로 오묘(五廟)는 동일하게 도궁(都宮)이 되니 소(昭)는 항상 왼쪽에 있고 목(穆)은 항상 오른쪽에 있어서 외적으로 그 차서를 잃지 않음이 있습니다. 일세(一世)가 저절로 일묘(一廟)가 되니 소(昭)는 목(穆)을 보지 못하고 목(穆)도 소(昭)를 보지 못하여 내적으로 각기 그 존귀함을 온전히 함이 있습니다. 반드시 협제(祫祭)를 크게 하여 한 건물 안에 신주를 모은 뒤에야 그 존비의 차서를 차례대로 배열합니다. 그러니 이미 헐어버리거나 아직 헐어버리지 않은 모든 신주는 또한 진설을 마치더라도 위차를 바꾸는 것이 없습니다. 오직 사계절의 협제(祫祭)에는 헐어버린 신주를 진설하지 않으니 고조의 신주가 때로는 목(穆)의 반열에 있기도 한데, 그 사례를 아직 상고해보지는 못하였습니다. 아마도 이와 같은 경우는 고조의 신주 위에 소(昭)가 없어서 단지 할아버지 신주 서쪽에 신주를 진설한 것이거나 아버지의 신주 아래에 목(穆)이 없어서 단지 증조부의 동쪽에 신주를 진설한 것일 것입니다."

어떤 사람이 또 물었다. "그렇다면 사당을 헐어버린다는 것은 무슨 말입니까?" 나는 아래와 같이 답하였다.

"『춘추곡량전』에 '사당을 헐어버리는 방법은 처마를 바꾸는 것이 옳고, 벽에 흙 바르는 것을 다시 하는 것이 옳다'[207]라고 하였습니다. 이를 해설하는 사람들은 신주를 모실 때에 새롭게 수리하는 것이 있음을 보인 것일 뿐이지 사당을 모두 헐어서 다 뜯어내는 것은 아니라고 말합니다."

---

207) 이 문구는 『춘추곡량전』 문공(文公) 2년조에 보인다.

어떤 사람이 또 물었다. "그렇다면 천자의 종묘는 그 제도가 어떠합니까?" 나는 아래와 같이 답하였다.

"요임금의 당(唐)나라 때 문조(文祖),[208] 순임금의 우(虞)나라 때 신종(神宗),[209] 상(商)나라 때 칠세(七世)[210]와 삼종(三宗)[211]에 대해서는 지금 상고할 수가 없습니다. 다만 주나라의 제도는 오히려 말할 만한 점이 있습니다. 그러나 한유(漢儒)의 기록에는 이미 다른 점이 있습니다. 후직(后稷)이 처음 제후로 봉을 받았고, 문왕·무왕이 천명을 받아 천자가 되었기 때문에 이 세 분의 3묘(廟)는 헐지 않고 친진(親盡)[212]하지 않은 4묘와 합해 모두 7묘가 된다는 설은 여러 유학자들이 주장하는 바입니다. 또 삼소(三昭)·삼목(三穆)과 태조의 사당을 합해 모두 7묘인데, 문왕·무왕은 종(宗)이 되어 이 7묘 속에 들지 않는다는 설은 유흠(劉歆)[213]이 주장하는 바입니다. 그 모시는 신주의 수는 다르지만 신주의 위치와 옮아가는 차례는 의당 제후의 종묘와 매우 다름이 없을 것입니다.

다만 여러 유학자들의 설과 같다면 무왕이 처음 천하를 소유했을 때 후직이 태조가 되고, 조감(組紺)[214]의 신주는 소반(昭班)의 북묘에 있고, 태왕(太王)[215]의 신주는 목반(穆班)의 북묘에 있으며, 왕계(王季)[215]의 신주는 소반의 남묘에 있고, 문왕의 신주는 목반의 남묘에 있어서 오

---

208) 문조(文祖): 『서경』 「순전」에 "受終于文祖"라고 하였다.
209) 신종(神宗): 『서경』 「대우모」(大禹謨)에 "受命于神宗"이라고 하였다.
210) 칠세(七世): 『서경』 「함유일덕」(咸有一德)에 "七世之廟"라고 하였다.
211) 삼종(三宗): 태갑(太甲)의 묘호(廟號) 태종(太宗), 태무(太戊)의 묘호 중종(中宗), 무정(武丁)의 묘호 고종(高宗)을 말한다.
212) 친진(親盡): 조상을 받드는 대수(代數)가 다 되었다는 말이다.
213) 유흠(劉歆): 전한 말기의 유학자로 유향(劉向)의 아들이다.
214) 조감(組紺): 주나라 문왕의 증조부이다.
215) 태왕(太王): 주나라 문왕의 조부인 고공단보(古公亶父)를 말한다. 뒤에 추존되어 태왕이라 한 것이다.

히려 5묘가 될 따름입니다.

성왕(成王) 때 이르러서는 조감의 신주는 태묘에 합사되고, 왕계의 신주는 북묘로 옮아가고, 무왕의 신주가 종묘에 모셔지게 됩니다. 그 다음 강왕(康王) 때 이르러서는 태왕의 신주는 태묘에 합사되고, 문왕의 신주는 북묘로 옮아가며, 성왕의 신주가 종묘에 모셔지게 됩니다. 그다음 소왕(昭王) 때 이르러서는 왕계의 신주가 태묘에 합사되고, 무왕의 신주가 북묘로 옮아가며, 강왕의 신주가 종묘에 모셔지게 됩니다. 이 이상은 모두 5묘가 되는데, 합사〔祧〕는 태조의 사당에 신주를 모시는 것입니다.

소왕의 아들 목왕(穆王) 때 이르러서는 문왕이 친진(親盡)이 되니 합사에 해당하지만 공이 있어 종(宗)에 해당하기 때문에 서북쪽에 별도로 사당을 세워 문세실(文世室)이라고 하였습니다. 이에 성왕의 신주는 북묘로 옮아가고, 소왕(昭王)의 신주가 종묘에 모셔져서 6묘가 되었습니다.

목왕의 아들 공왕(共王) 때에 이르러서는 무왕이 친진(親盡)이 되니 합사에 해당하지만 공이 있어 종(宗)에 해당하기 때문에 별도로 동북쪽에 사당을 세워 무세실(武世室)이라고 하였습니다. 이에 강왕의 신주는 북묘로 옮아가고, 목왕의 신주가 종묘에 모셔져서 7묘가 되었습니다. 이 뒤로는 목반에서 나와 합사하는 신주는 문세실에 모시고, 소반에서 나와 합사하는 신주는 무세실에 모시어 다시는 태묘에 신주를 모시지 않았습니다.

유흠의 설과 같다면 주나라는 무왕이 상나라를 이긴 뒤부터 곧바로 이소(二昭)·이목(二穆) 위에 2묘를 더 늘려서 고어(高圉)·아어(亞圉)[217]

---

216) 왕계(王季): 주나라 문왕의 부친 계력(季歷)을 말한다. 뒤에 추존되어 왕계라고 한 것이다.

217) 고어(高圉)·아어(亞圉): 고어는 태왕의 증조부이고, 아어는 태왕의 조부이다. 무왕의 6세조와 5세조이다.

에게 제사를 지낸 것이 되며, 앞서와 마찬가지로 차례차례 신주가 옮아가 공왕(共王)의 아들 의왕(懿王) 때 이르러서 비로소 삼목(三穆) 위에 문세실(文世室)을 세우고, 그 아들 효왕(孝王) 때 이르러서 비로소 삼소(三昭)의 위에 무세실(武世室)을 세운 것입니다. 이 점이 여러 유학자들의 설과 조금 다른 것이 됩니다."

어떤 사람이 또 물었다. "그렇다면 여러 유학자들의 설과 유흠의 설 중 누구의 설이 옳습니까?" 나는 아래와 같이 답하였다.

"전대의 해석가들은 대부분 유흠의 설을 옳다고 여겼습니다. 나도 그의 설이 혹 그런 듯하다고 생각합니다."

어떤 사람이 또 물었다. "조(祖)는 공을 세운 분이고, 종(宗)은 덕을 수립한 분이라는 설을 사람들이 숭상하는데, 정자(程子)는 유독 '이와 같이 하면 자손이 된 자는 그 선조를 가려서 제사지내게 된다'라고 하였습니다. 그대는 이 점을 상고한 적이 있습니까?" 나는 아래와 같이 답하였다.

"상(商)나라의 삼종(三宗)과 주나라의 세실(世室)[218]은 경전에 보이니 모두 명문이 있습니다. 그리고 공과 덕이 있고 없는 실상은 천하 후세에 절로 공론이 있게 됩니다. 굳이 이를 혐의스럽게 여긴다면 포악한 진(秦)나라 정사에서 아들이 아비를 의논하고 신하가 임금을 의논하여 시법(諡法)을 없앤 것은 허물이 되지 않을 것입니다. 또한 정자가 만년에 본조의 묘제(廟制)를 논의하면서 '태조와 태종은 영원히 신주를 옮기지 않는 사당으로 해야 한다'라고 말씀하였습니다. 이로써 미루어보면 앞서 정자가 주장한 설을 알 수 있습니다. 정자가 먼저 주장한 설은 기록한 자가 잘못 기록한 것이 아니면 혹 한때의 다른 말에서 나온 것이니 그 설이 종신토록 지킨 정론(定論)은 반드시 아닐 것입니다."

---

218) 세실(世室): 『예기』 「명당」(明堂)에 보인다.

어떤 사람이 또 물었다. "그렇다면 대부(大夫)와 사(士)의 묘제는 어떠합니까?" 나는 아래와 같이 답하였다.

"대부는 3묘를 두니 제후에 비해 2묘를 줄인 것입니다. 그러나 태조(太祖)와 소목(昭穆)의 위차(位次)는 제후와 같습니다. 적사(適士)[219]는 2묘를 두니 대부에 비해 1묘를 줄인 것입니다. 관사(官師)[220]는 1묘이니 대부에 비해 2묘를 줄인 것입니다. 그러나 그들도 사당의 문·마루·침실을 갖추는 것은 대부와 같습니다."

어떤 사람이 또 물었다. "사당의 수는 신분에 따라 둘씩 강등하는데, 사당의 제도는 강등하지 않는 것은 어째서입니까?" 나는 아래와 같이 답하였다.

"사당의 제도도 신분에 따라 강등합니다. 천자의 사당은 기둥머리에 산을 그리고 동자기둥에 마름풀을 그리며, 사당을 지을 때에 상하 복층으로 하고, 벽재를 이중으로 합니다. 그런데 제후의 사당은 참으로 그렇게 할 수 없는 점이 있습니다. 제후의 사당은 흰색과 검은색으로 색칠을 하고 깎거나 갈아낼 수 있지만 대부의 사당은 그렇게 할 수 없는 점이 있습니다. 대부의 사당은 기둥을 푸르게 칠하고 서까래를 깎아낼 수 있지만 사(士)는 그렇게 할 수 없습니다. 그러니 어찌하여 강등하는 것이 아니겠습니까? 다만 문·마루·침실이 갖추어진 뒤에야 묘궁(廟宮)이라고 이름 할 수 있으니 그 제도는 강등할 수 없는 점이 있습니다. 대개 명사(命士)[221] 이상은 아비와 자식이 모두 궁(宮)을 달리합니다. 살아서 궁을 달리하니 죽어서 묘(廟)를 달리하지 않으면 생존했을 때 섬기는 마음처럼 극진히 섬길 수 없는 점이 있습니다. 그러므로 강등할 수 없는 것입

---

219) 적사(適士): 대부보다 한 단계 낮은 등급으로 상사(上士)를 가리킨다.
220) 관사(官師): 중사(中士)·하사(下士)·서사(庶士)를 통칭한다.
221) 명사(命士): 작명(爵命)을 받은 사람을 말한다.

니다."

어떤 사람이 또 물었다. "그렇다면 후세 공묘(公廟)·사묘(私廟)에 모두 마루는 함께하면서 방은 달리하되 서쪽을 상위로 여기는 것은 어째서입니까?" 나는 아래와 같이 답하였다.

"이 제도는 한 명제(漢明帝) 때부터 비롯되었습니다. 한나라 때 예를 행한 것은 소략했습니다. 그러나 처음에는 여러 황제의 사당을 모두 스스로 경영하여 각기 한 곳을 만들었습니다. 그것이 도궁(都宮)의 제도를 부연한 것이지만 소목(昭穆)의 위차(位次)는 다시 옛날과 같지 않았습니다. 그러나 오히려 일묘(一廟)를 유독 오로지 하는 존숭함만은 잃지 않았습니다. 한 명제 때 이르러서는 예의의 바름을 알지 못하여 예제를 줄이는 사사로운 생각만을 힘써 행하여 황제가 조서를 내려 광렬황후(光烈皇后)[222]가 옷을 갈아입던 별실에 신주를 보관하게 하였는데, 신하된 자들이 감히 의견을 내는 자가 없었습니다. 위(魏)나라와 진(晉)나라는 그 제도를 따라 능히 개혁하지 못하여 선왕의 종묘의 예가 다 없어지게 되었습니다.

근세로 내려와서 제후는 나라가 없고 대부는 식읍이 없게 되었으니 마루를 함께하고 방을 달리하는 묘제라 할지라도 구비할 수 없게 되었습니다. 유독 천자의 존귀함으로는 무엇이든 극진히 할 수 있었지만 한 명제 때 쓴 예가 아닌 예에 얽매여 각종 기물(器物)을 갖추는 효성을 극진히 할 수 없었습니다. 대개 별도로 일실(一室)을 만든 경우는 깊이와 넓이의 제도가 혹 정조(鼎俎)[223]를 진설하기에 부족하였고, 합하여 일묘(一廟)를 만든 경우는 태조를 존숭하는 것이 이미 설만(褻慢)하여 존엄

---

222) 광렬황후(光烈皇后): 후한 광무제의 부인 음씨(陰氏)를 가리킨다.
223) 정조(鼎俎): 제사나 연향에 음식물을 담아 올리는 솥과 나무접시를 가리킨다.

하지 않으며, 친묘(親廟)를 섬기는 것도 친압(親狎)하여 존엄하지 않았습니다. 이 모두 생존해 계실 때 섬기는 마음처럼 극진히 섬길 방법이 없어서 당세 종묘의 예가 허탄한 문자가 된 것입니다.

　종묘의 예는 이미 허탄한 문자가 되었지만 생존한 부모를 섬기는 것처럼 섬기는 마음은 끝내 스스로 그만둘 수 없는 점이 있습니다. 이에 종묘의 제도를 근원한 의례가 성대해지지 않을 수 없었습니다. 그러나 우리 조정에 들어온 뒤에야 도궁(都宮)과 별전(別殿), 전문(前門)과 후침(後寢)이 비로소 대략 옛날의 제도와 같게 되었습니다. 종묘의 제도는 그 연변된 내력을 궁벽한 시골의 미천한 사인(士人)이 들을 수 없는 점이 있을 뿐만 아니라, 수도를 남쪽으로 옮긴 뒤 옛 수도가 함락되어 임시방편으로 제도를 새로 만들어 옛날의 제도를 회복하지 못했으니 조정에 있는 예관(禮官)·박사와 노사(老師)·숙유(宿儒)라 할지라도 그 근원을 능히 아는 사람이 없었습니다. 다행히 혹 경전을 알고 옛 제도를 배운 이가 한두 사람 있어서 사적으로 이를 의논하면서 몰래 탄식하였습니다.

　그러나 앞 시대에는 단지 전한(前漢) 효혜제(孝惠帝)가 거짓을 수식한 것을 기롱하고 숙손통(叔孫通)이 무례한 점을 나무랄 줄 알 뿐 후한(後漢) 효명제(孝明帝)가 명을 어지럽히고 신하들이 구차하게 그 명을 따른 것에 대해서는 그 죄를 바로잡는 이가 없었습니다. 오늘날에는 그들이 이단에 미혹되어 유행하는 습속을 따른 것이 비루하게 되었음을 논할 줄 알 뿐 생존하였을 때 섬기는 마음에 근본하여 종묘에 그 효성을 펼 수 없는 점이 있다는 것을 모릅니다. 그러므로 이에 대해 스스로 극진히 하지 않을 수 없습니다.

　또한 일찍이 육전(陸佃)[224]이 기롱한 것을 보고서 신조(神祖, 宋 神宗)가 일찍이 이 일에 의지를 가졌음을 알았습니다. 그러나 사적을 고찰해보니 그런 기록이 있는 것을 발견하지 못했습니다. '만약 영표(營表)[225]에 미치지 못하였기 때문에 기록할 수 없었던 것이라고 말한다면 훗날 역사를 기록하는 사람들은 전날 조서를 받들고 토론한 신하들을 찾아가서 의당 그 유지(遺旨)를 깊이 탐구해 특별히 총서(總序)에 기록하여 후세 사람들에게 분명히 보여주었어야 했습니다. 그런데 이를 소략히 하여 한 마디 말도 그에 미친 것이 없으니 어찌 하늘이 이 사람들로 하여금 이제삼왕(二帝三王)[226]의 성대한 제도를 다시 보게 하고 싶지 않아 고의로 그 일을 덮어 그것이 전하는 것을 막은 것이 아니겠습니까. 아! 애석합니다. 그러나 육씨(陸氏)가 소목의 차례를 정한 것도 앞 시대의 설과 다릅니다. 장호(張琥)[227]의 의논이 거의 그에 가깝습니다. 독자들이 다시 그 점을 상세히 고찰하면 선택할 바를 마땅히 알 것입니다."

○〈或問〉曰 昭穆之昭 世讀爲韶 今從本字 何也

曰 昭之爲言 明也 以其南面而向明也 其讀爲韶 先儒以爲晉避諱而改之 然禮書 亦有作佋字者 則假借而通用耳

〈或問〉曰 其爲向明 何也

曰 此不可以空言曉也 今且假設諸侯之廟 以明之 蓋周禮建國之神位 左宗廟 則五廟 皆在公宮之東南矣 其制 則孫毓以爲外爲都宮 太祖在北 二昭二穆 以次而南 是也 蓋太祖之廟 始封之君 居之 昭之北廟 二世之君 居之 穆之北廟 三世之君 居之

---

224) 육전(陸佃): 1042~1102. 북송 때 학자로 1070년 진사가 되어 이부 상서 등을 지냈다. 고례를 연구하였는데, 왕숙(王肅)의 설을 위주로 하면서 정현(鄭玄)의 설을 배척하였다.

225) 영표(營表): 궁실을 지을 때 토지를 측량하고 표목을 세워서 위치를 정하는 일.

226) 이제삼왕(二帝三王): 이제는 요임금·순임금이고, 삼왕은 하(夏)나라 우(禹)임금, 상(商)나라 탕(湯)임금, 주(周)나라 문왕(文王)·무왕(武王)을 가리킨다.

227) 장호(張琥): 북송 때 사람.

昭之南廟 四世之君 居之 穆之南廟 五世之君 居之 廟皆南向
各有門堂寢室 而牆宇四周焉 太祖之廟 百世不遷 自餘四廟 則
六世之後 每一易世而一遷 其遷之也 新主 祔于其班之南廟 南
廟之主 遷於北廟 北廟親盡 則遷其主於太廟之西夾室 而謂之
祧 凡廟主在本廟之室中 皆東向 及其祫于太廟之室中 則惟太
祖東向 自如而爲最尊之位 羣昭之入乎此者 皆列於北牖下而南
向 群穆之入乎此者 皆列於南牖下而北向 南向者 取其向明 故
謂之昭 北向者 取其深遠 故謂之穆 蓋羣廟之列 則左爲昭 而右
爲穆 祫祭之位 則北爲昭 而南爲穆也

〈或問〉曰 六世之後 二世之主 旣祧 則三世爲昭而四世爲穆
五世爲昭而六世爲穆乎

曰 不然也 昭常爲昭 穆常爲穆 禮家之說 有明文矣 蓋二世祧
則四世遷昭之北廟 六世祔昭之南廟矣 三世祧 則五世遷穆之北
廟 七世祔穆之南廟矣 昭者祔 則穆者不遷 穆者祔 則昭者不動
此所以祔必以班 尸必以孫 而子孫之列 亦以爲序 若武王謂文
王爲穆考 成王稱武王爲昭考 則自其始祔而已 然而春秋傳 以
管蔡郕霍 爲文之昭邘晉應韓爲武之穆 則雖其旣遠 而猶不易也
豈其交錯彼此 若是之紛紛哉

〈或問〉曰 廟之始立也 二世昭而三世穆 四世昭而五世穆 則固
當以左爲尊 而右爲卑矣 今乃三世穆而四世昭 五世穆而六世昭
是則右反爲尊 而左反爲卑矣 而可乎

曰 不然也 宗廟之制 但以左右爲昭穆 而不以昭穆爲尊卑 故
五廟同爲都宮 則昭常在左 穆常在右 而外有以不失其序 一世
自爲一廟 則昭不見穆 穆不見昭 而內有以各全其尊 必大祫而
會於一室 然後序其尊卑之次 則凡已毀未毀之主 又畢陳而無所

易 唯四時之祫 不陳毀廟之主 則高祖有時而在穆 其禮未有考
焉 意或如此 則高之上無昭 而特設位於祖之西 禰之下 無穆 而
特設位於曾之東也與

〈或問〉曰 然則毀廟云者 何也

曰 春秋傳曰 壞廟之道 易檐 可也 改塗 可也 說者以爲將納
新主示有所加耳 非盡徹而悉去之也

〈或問〉曰 然則天子之廟 其制 若何

曰 唐之文祖 虞之神宗 商之七世三宗 其詳 今不可考 獨周制
猶有可言 然而漢儒之記 又已有不同矣 謂后稷始封 文武受命
而王 故三廟不毀 與親廟四而七者 諸儒之說也 謂三昭三穆 與
太祖之廟而七 文武爲宗 不在數中者 劉歆之說也 雖其數之不
同 然其位置遷次 宜亦與諸侯之廟 無甚異者 但如諸儒之說 則
武王 初有天下之時 后稷爲太祖 而組紺居昭之北廟 太王居穆
之北廟 王季居昭之南廟 文王居穆之南廟 猶爲五廟而已 至成
王時 則組紺祧 王季遷 而武王祔 至康王時 則太王祧 文王遷
而成王祔 至昭王時 則王季祧 武王遷 而康王祔 自此以上 亦皆
且爲五廟 而祧者 藏于太祖之廟 至穆王時 則文王親盡 當祧 而
以有功當宗 故別立一廟於西北 而謂之文世室 於是 成王遷昭
王祔 而爲六廟矣 至共王時 則武王親盡 當祧 而亦以有功當宗
故別立一廟於東北 謂之武世室 於是 康王遷 穆王祔 而爲七廟
矣 自是之後 則穆之祧者 藏於文世室 昭之祧者 藏於武世室 而
不復藏於太廟矣 如劉歆之說 則周自武王克商 即增立二廟于二
昭二穆之上 以祀高圉亞圉 如前遞遷 至于懿王 而始立文世室
於三穆之上 至孝王時 始立武世室於三昭之上 此爲少不同耳

〈或問〉曰 然則諸儒與劉歆之說 孰爲是

曰 前代說者 多是劉歆 愚亦意其或然也

〈或問〉曰 祖功宗德之說 尙矣 而程子獨以爲如此 則是爲子孫者 得擇其先祖 而祭之也 子亦嘗考之乎

曰 商之三宗 周之世室 見於經典 皆有明文 而功德有無之實 天下後世 自有公論 若必以此爲嫌 則秦政之惡 夫子議父 臣議君 而除謚法者 不爲過矣 且程子晩年 嘗論本朝廟制 亦謂太祖太宗 皆當爲百世不遷之廟 以此而推 則知前說 若非記者之誤 則或出於一時之言 而未必其終身之定論也

〈或問〉曰 然則大夫士之制 奈何

曰 大夫三廟 則視諸侯而殺其二 然其太祖昭穆之位 猶諸侯也 適士二廟 則視大夫而殺其一 官師一廟 則視大夫而殺其二 然其門堂寢室之備 猶大夫也

〈或問〉曰 廟之爲數 降殺以兩 而其制不降 何也

曰 降也 天子之山節藻梲 複廟重檐 諸侯 固有所不得爲者也 諸侯之黝堊斲礱 大夫有不得爲者矣 大夫之倉楹斲桷 士又不得爲矣 曷爲而不降哉 獨門堂寢室之合 然後可名於宮 則其制有不得而殺耳 蓋由命士以上 父子皆異宮 生也異宮 而死不得異廟 則有不得盡其事生事存之心者 是以 不得而降也

〈或問〉曰 然則後世公私之廟 皆爲同堂異室 而以西爲上者 何也

曰 由漢明帝始也 夫漢之爲禮 略矣 然其始也 諸帝之廟 皆自營之 各爲一處 雖衍其都宮之制 昭穆之位 不復如古 然猶不失其獨專一廟之尊也 至於明帝 不知禮義之正 而務爲抑損之私 遺詔 藏主於光烈皇后更衣別室 而其臣子 不敢有加焉 魏晉循之 遂不能革 而先王宗廟之禮 始盡廢矣 降及近世 諸侯無國 大

夫無邑 則雖同堂異室之制 猶不能備 獨天子之尊 可以無所不
致 顧乃梏於漢明非禮之禮 而不得以致其備物之孝 蓋其別爲一
室 則深廣之度 或不足以陳鼎俎 而其合爲一廟 則所以尊其太
祖者 既褻而不嚴 所以事其親廟者 又厭而不尊 是皆無以盡其
事生事存之心 而當世宗廟之禮 亦爲虛文矣 宗廟之禮 既爲虛
文 而事生事存之心 有終不能以自已者 於是 原廟之儀 不得不
盛 然亦至於我朝而後都宮別殿 前門後寢 始略如古者 宗廟之
制 是其沿襲之變 不惟窮鄉賤士 有不得聞 而自南渡之後 故都
淪沒 權宜草創 無復舊章 則雖朝廷之上 禮官博士 老師宿儒 亦
莫有能知其原者 幸而或有一二知經學古之人 乃能私議而竊歎
之 然於前世 則徒知譏孝惠之飾非 責叔孫通之無禮 而於孝明
之亂命 與其臣子之苟從 則未有正其罪者 於今之世 則又徒知
論其惑異端徇流俗之爲陋 而不知本其事生事存之心 有不得伸
於宗廟者 是以 不能不自致於此也 抑嘗觀於陸佃之譏 而知神
祖之嘗有意於此 然而考於史籍 則未見其有紀焉 若曰未及營表
故不得書 則後日之秉史筆者 即前日承詔討論之臣也 所宜深探
遺旨 特書總序 以昭示來世 而略無一詞 以及之 豈天未欲使斯
人者 復見二帝三王之盛 故尼其事而嗇其傳耶 嗚呼 惜哉 然陸
氏所定昭穆之次 又與前說不同 而張琥之議 庶幾近之 讀者 更
詳考之 則當知所擇矣

제20장

○어떤 사람이 물었다. "제20장의 포로(蒲盧)에 대한 해설은 무엇 때문에 구설을 폐기하고 심씨(沈氏)의 설을 따른[228] 것입니까?" 나는 아래와 같이 답하였다.

"'포로는 과라(果蓏)가 된다'라는 설[229]은 달리 상고할 바가 없습니다. 또한 상하 문맥의 뜻에도 매우 통하지 않습니다. 오직 심씨의 설만이 그 앞에 '땅의 도는 나무에 민감하다'라고 말한 것과 상응합니다. 그러므로 그의 설을 따르지 않을 수 없습니다."

어떤 사람이 또 물었다. "심씨의 설이 참으로 좋습니다. 그러나 『대대례기』(大戴禮記) 「하소정」(夏小正)에 '10월에 현치(玄雉)가 회수(淮水)로 들어가 신(蜃)이 된다'라고 하였는데, 그 전(傳)에 '신(蜃)은 포로(蒲盧)이다'라고 하였으니 '포로'를 변화의 의미로 여긴 듯하여 구설이 근거가 없는 것이 되지는 않습니다." 나는 아래와 같이 답하였다.

"이 설은 또한 그 「하소정」의 전문(傳文)일 따름입니다. 그 나머지 설은 대개 천착한 것이 많아 이를 근거로 믿기는 부족합니다. 이 글은 아

---

228) 심씨(沈氏)의⋯⋯따른: 심씨는 북송 때 학자 심괄(沈括, 1031~95)을 말한다. 『중용장구』 제20장 제3절 주자의 주에 "蒲盧 沈括以爲蒲葦 是也"라고 하였다.

229) 포로는⋯⋯설: 정현의 주에 "蒲盧 蜾蠃 謂土蜂也 詩曰 螟蛉有子 蜾蠃負之 螟蛉 桑蟲也 蒲盧取桑蟲之子 去而變化之 以成爲己子 政之於百姓 若蒲盧之於桑蟲也"라고 하였다.

마 후세 우활한 유자의 글에서 나온 듯한데, 도리어 이를 취하여 견강부회하였으니 공자께서 직접 보신 하(夏)나라 때의 본문이 결코 아닙니다. 또한 신(蜃)을 포로라고 하였으니 응당 두 종류의 생물인데 이름을 하나로 하지는 않았을 것입니다. 만약 포로를 변화의 의미로 본다면 또한 과라(果蠃)[230]라고 해석할 필요가 없습니다. 더구나 이런 종류의 소소한 설은 이미 대의에 관계된 바가 아니며, 또한 증명할 만한 분명한 문장도 없으니 우선 제쳐두는 것이 옳을 것입니다. 어찌 상세히 고찰하여 깊이 분변할 필요가 있겠습니까?”

○或問 二十章蒲盧之說 何以廢舊說 而從沈氏也

曰 蒲盧之爲果蠃 他無所考 且於上下文義 亦不甚通 惟沈氏之說 乃與地道敏樹之云者 相應 故不得而不從耳

〈或問〉曰 沈說固爲善矣 然夏小正 十月 玄雉 入於淮 爲蜃 而其傳曰 蜃者 蒲盧也 則似亦以蒲盧爲變化之意 而舊說 未爲無所據也

曰 此亦彼書之傳文耳 其他 蓋多穿鑿 不足據信 疑亦出於後世迂儒之筆 或反取諸此而附合之 決非孔子所見夏時之本文也 且又以蜃爲蒲盧 則不應二物而一名 若以蒲盧爲變化 則又不必解爲果蠃矣 況此等瑣碎 旣非大義所繫 又無明文可證 則姑闕之 其亦可也 何必詳考而深辨之耶

○어떤 사람이 물었다. “달도(達道)[231] · 달덕(達德)[232]에 삼지(三

---

230) 과라(果蠃): 과라(蜾蠃)라고도 하는데, 허리가 잘록한 나나니를 가리킨다.

231) 달도(達道): 누구에게나 두루 통하는 도라는 뜻으로 인(仁) · 의(義) · 예(禮) · 지(智) · 신(信)을 가리킨다.

232) 달덕(達德): 누구에게나 두루 통하는 덕이라는 뜻으로 달도를 얻기 위한 지

知)[233] · 삼행(三行)[234]의 다름이 있는데, 그 도달하는 경지가 하나인 것은 어째서입니까?" 나는 아래와 같이 답하였다.

"이는 기질(氣質)이 다르지만 성(性)이 같은 점을 말한 것입니다. 생이지지(生而知之)의 사람은 태어나면서 신령스러워 가르침을 기다리지 않아도 이에 대해 모르는 것이 없습니다. 안이행지(安而行之)의 사람은 의리에 편안하여 익히기를 기다리지 않아도 이에 대해 거역하는 바가 없습니다. 이런 사람은 타고난 기운이 맑고 밝으며 타고난 형질이 순수하여 천리(天理)가 온전해서 손상된 바가 없는 사람입니다.

학이지지(學而知之)의 사람은 모르는 바가 있으면 배워서 그것을 아니 태어나면서부터 이치를 알지 않지만 곤궁해지기를 기다려 배우지는 않습니다. 이이행지(利而行之)의 사람은 그것이 이로운 줄을 진실로 알아서 반드시 그것을 행하니 아직 도를 편안히 여기지 못하는 점이 있지만 억지로 힘쓰기를 기다리지는 않습니다. 이런 사람은 맑은 기운을 얻은 것이 많지만 가려진 바가 없을 수 없으며, 순수한 형질을 얻은 것이 많지만 박잡함이 없을 수 없어 천리를 조금 잃었지만 얼른 돌이킬 수 있습니다.

곤이지지(困而知之)의 사람은 태어나면서 사리에 밝지 못하고 배워도 이치에 도달하지 못하여 마음을 곤궁히 하고 사려를 이리저리 한 뒤에야 이치를 압니다. 면강이행지(勉强而行之)의 사람은 편안하게 여기는 바를 얻지 못하고 그것이 이롭다는 것도 알지 못하여 힘써 노력해 억지

(智) · 인(仁) · 용(勇)을 가리킨다.

233) 삼지(三知):『중용장구』제20장에 보이는 생이지지(生而知之) · 학이지지(學而知之) · 곤이지지(困而知之)를 가리킨다.

234) 삼행(三行):『중용장구』제20장에 보이는 안이행지(安而行之) · 이이행지(利而行之) · 면강이행지(勉强而行之)를 가리킨다.

로 바로잡아 행합니다. 이런 사람은 자질이 혼매하고 가려지고 뒤섞이고 혼잡하여 천리가 거의 없어진 경우이니 오래도록 노력한 뒤에야 본원으로 돌이킬 수 있습니다.

이 세 등급의 사람은 타고난 기운과 형질도 같지 않습니다. 그러나 그 성품의 근본은 선할 따름입니다. 그러므로 그들이 그것을 알고 공을 이루는 데 이르면 그들이 아는 바와 도달한 경지는 조금도 차이가 없으니 또한 그 처음을 회복할 따름입니다."

어떤 사람이 또 물었다. "장자(張子)·여씨(呂氏)·양씨(楊氏)·후씨(侯氏)는 모두 생이지지(生而知之)와 안이행지(安而行之)를 인(仁)으로 삼고, 학이지지(學而知之)와 이이행지(利而行之)를 지(智)로 삼고, 곤이지지(困而知之)와 면강이행지(勉强而行之)를 용(勇)으로 삼았는데, 그 설이 좋습니다. 그런데 그대가 그 설을 따르지 않는 것은 어째서입니까?" 나는 아래와 같이 답하였다.

"안이행지는 인(仁)이 될 수 있습니다. 그러나 생이지지는 앎이 큰 것이니 인(仁)의 등속이 아닙니다. 이이행지는 지(智)가 될 수 있습니다. 그러나 학이지지는 앎의 다음이니 앎이 큰 것이 아닙니다. 또한 위의 문장 세 가지 조목[235]은 참으로 차서가 있는데, 『중용장구』앞의 여러 장에서 순임금으로써 지(智)를 밝히고, 안회(顔回)로써 인(仁)을 밝히고, 자로(子路)로써 용(勇)을 밝혔으니 이는 앎[知]이 낮지 않다는 것을 말한 것입니다. 그러니 어찌 오로지 학이지지와 이이행지로 족히 지(智)에 해당하는 것으로 삼을 수 있겠습니까? 그러므로 나는 지금 그것이 나누어진 점으로써 말하면 삼지(三知)는 지(智)가 되고, 삼행(三行)은 인(仁)이 되며, 힘써 쉬지 않고 노력하여 앎이 공을 이루어 하나가 되는 데에 이

---

235) 세 가지 조목: 생이지지·학이지지·곤이지지를 가리킨다.

르는 것은 용(勇)이 된다고 하는 것입니다. 그리고 그 등급으로써 말하면 생이지지·안이행지는 지(知)를 주로 하여 지(智)가 되고, 학이지지·이이행지는 행(行)을 주로 하여 인(仁)이 되고, 곤이지지·면강이행지는 강(强)을 주로 하여 용(勇)이 된다고 하는 것입니다. 또 아래의 삼근(三近)[236]과 통합해서 말하면 또한 삼지는 지(智)가 되고, 삼행은 인(仁)이 되고, 삼근은 용(勇)의 다음이 되니 거의 그 설이 상세하고 극진할 것입니다.”

○〈或問〉曰 達道達德 有三知三行之不同 而其致則一 何也

曰 此氣質之異 而性則同也 生而知者 生而神靈 不待教而於此無不知也 安而行之 安於義理 不待習而於此無所咈也 此人之稟氣淸明 賦質純粹 天理渾然 無所虧喪者也 學而知者 有所不知 則學以知之 雖非生知 而不待困也 利而行者 眞知其利 而必行之 雖有未安 而不待勉也 此得淸之多 而未能無蔽 得粹之多 而未能無雜 天理小失 而能亟反之者也 困而知者 生而不明 學而未達 困心衡慮 而後知之者也 勉强而行者 不獲所安 未知其利 勉力强矯而行之者也 此則昏蔽駁雜 天理幾亡 久而後能反之者也 此三等者 其氣質之稟 亦不同矣 然其性之本 則善而已 故及其知之 而成功也 則其所知所至 無少異焉 亦復其初而已矣

〈或問〉曰 張子呂楊侯氏 皆以生知安行 爲仁 學知利行 爲知 困知勉行 爲勇 其說善矣 子之不從 何也

曰 安行 可以爲仁矣 然生而知之 則知之大 而非仁之屬也 利行 可以爲知矣 然學而知之 則知之次 而非知之大也 且上文三

---

236) 삼근(三近): 호학(好學)·역행(力行)·지치(知恥)를 말한다.

者之目 固有次序 而篇首諸章 以舜明知 以回明仁 以子路明勇
其語知也不卑矣夫 豈專以學知利行者 爲足以當之乎 故今以其
分而言 則三知爲智 三行爲仁 所以勉而不息 以至於知之成功
之一 爲勇 以其等而言 則以生知安行者 主於知而爲智 學知利
行者 主於行而爲仁 困知勉行者 主於强而爲勇 又通三近而言
則又以三知爲智 三行爲仁 而三近爲勇之次 則亦庶乎其曲盡也
歟

○어떤 사람이 물었다. "구경(九經)의 설은 어떠합니까?" 나는 아래와
같이 답하였다.

"그 안을 하나로 하지 않으면 그 밖을 통제할 방법이 없으며, 그 밖을
가지런히 하지 못하면 그 안을 기를 방법이 없습니다. 마음이 움직이지
않고 고요할 때에 존양(存養)하지 않으면 그 근본을 세울 길이 없으며,
마음이 움직일 때에 성찰(省察)하지 않으면 그 사욕을 이길 방법이 없습
니다. 그러므로 재계하고 마음을 밝게 하며 복장을 성대하게 갖추어 입
고 예가 아니면 움직이지 않는 것이니 내외를 번갈아 길러 움직일 때나
고요할 때나 어기지 않는 것이 수신(修身)을 하는 요점입니다.

참소와 사악한 말을 믿으면 현인에게 일을 맡기는 것이 전일하지 않게
되고, 재화와 여색을 따르면 현인을 좋아하는 것이 돈독하지 않게 되니
가연지(賈捐之)[237]가 이른바 '후궁이 여색을 성대히 꾸미면 현자는 거
처를 숨기고, 말 잘하는 사람이 정사를 휘두르면 간쟁(諫諍)하는 신하가
입을 다문다'[238]라고 한 말이 그것입니다. 형평을 유지하는 형세는 이쪽

---

237) 가연지(賈捐之): 전한 때 사람으로 가의(賈誼)의 증손이다.
238) 이 내용은 『전한서』(前漢書) 「가연지열전」(賈捐之列傳)에 보인다.

이 무거우면 저쪽이 가벼워지니 이치가 참으로 그렇습니다. 그러므로 참소하는 자를 제거하고 여색을 멀리하며 재화를 천히 여기고 덕을 귀히 여기기를 한결같이 하는 것이 현인을 권면하는 방도가 되는 것입니다.

그를 친애할 경우에는 그가 귀하게 되기를 바라고, 그를 사랑할 경우에는 그가 부유해지길 바랍니다. 형제 및 혼인을 한 인척은 그들이 왕과 서로 멀어지지 않기를 바랍니다. 그러므로 그들의 지위를 높여주고 그들의 녹봉을 무겁게 해주며 그들이 좋아하고 싫어하는 것을 함께하는 것이 친친(親親)을 권면하는 방도가 되는 것입니다.

대신(大臣)이 세세한 일을 친히 행하지 않으면 도로써 임금을 섬기는 것을 스스로 극진히 할 수 있을 것입니다. 그러므로 관속(官屬)을 많이 두고 관직을 성대하게 개설하여 그들을 부리는 권한을 대신에게 맡기는 것이 대신을 권면하는 방도가 되는 것입니다.

그들의 정성을 다하게 하고 그들의 사사로운 사정을 구휼해주면 사(士)들이 위로는 부모를 모시고 아래로는 처자식을 기르는 데 허물이 없어서 기꺼이 자기가 맡은 일을 할 것입니다. 그러므로 충신(忠信)으로 대하고 녹봉을 무겁게 주는 것이 사(士)를 권면하는 방도가 되는 것입니다.

사람의 심정은 안일하기를 바라지 않음이 없고, 부유하기를 원하지 않음이 없습니다. 그러므로 제때에 사역을 시키고 세금을 가볍게 해주는 것이 백성을 권면하는 방도가 되는 것입니다.

날마다 살피고 달마다 시험하여 그들의 능력에 맞게 할당하여 보수를 한 일에 알맞게 주어 그들의 노고를 보상해주면 법도를 믿지 않고 지나친 솜씨를 부리는 자가 용납될 곳이 없어 게으른 자는 부지런히 노력하고 능력이 있는 자는 권면할 것입니다.

그들을 위해 부절(符節)을 주어 그들이 출국하는 것을 전송하고, 식량·꼴 등을 비축해놓고 기다리다가 그들이 입국하는 것을 환영하며, 재능에 따라 임무를 주어서 잘하는 자를 가상히 여기고, 그들이 원하지 않는 것을 강요하지 않아 불능한 점을 긍휼히 여기면 천하의 여행객들이 모두 기뻐하여 그 나라의 길로 나오기를 바랄 것입니다.

후사가 없는 자는 후사를 이어주고, 멸망한 나라를 다시 봉해주며, 그 나라의 혼란을 다스려 상하로 하여금 서로 평안하게 해주고, 그 나라의 위태로움을 지켜 대소로 하여금 서로 구휼하게 해주며, 조회하고 빙문하는 데 절도가 있어서 그들의 힘을 수고롭게 하지 않고, 공납(貢納)하고 하사(下賜)하는 데 법도가 있어서 그들의 재물을 궁핍하게 하지 않으면 천하의 제후들이 모두 그들의 충성과 힘을 다하여 왕실을 울타리처럼 호위하여 배반하는 마음이 없을 것입니다.

무릇 이 구경은 그 일이 같지 않지만 그 실상을 총괄하면 수신(修身)·존현(尊賢)·친친(親親) 세 조목에서 벗어나지 않습니다. 경대신(敬大臣)·체군신(體群臣)은 존현의 등급을 말미암아 미루어 말한 것이며, 자서민(子庶民)·내백공(來百工)·유원인(柔遠人)·회제후(懷諸侯)는 친친의 등급을 말미암아 미루어 말한 것입니다. 그러니 존현하고 친친하는 바에 이르면 또한 어찌 무엇을 말미암아 미루어 말한 것이 없겠습니까? 또한 '수신이 지극하다'라고 말한 뒤에야 각각 그 이치에 합당하여 어긋나는 바가 없을 것입니다."

어떤 사람이 또 물었다. "친한 이를 친히 하면서 어떤 일로써 그들에게 맡기는 것을 말하지 않은 것은 어째서입니까?" 나는 아래와 같이 답하였다.

"이 친친·존현은 함께 행하면서 서로 어긋나지 않는 도리입니다. 만약 친한 이를 친히 한다는 이유로 그들의 현부(賢否)를 따지지 않고 가벼이 임무를 맡기면 불행히 그 일을 감당할 수 없을 것입니다. 그럴 경우 그들을 다스리면 은혜를 상하게 되고, 그들을 다스리지 않으면 법을 폐하게 될 것입니다. 그러므로 그들을 부유하게 해주고 귀하게 해주고 친애하고 후하게 대하지만 '정사를 그들에게 맡기지 않는다'라고 말한 것입니다. 이것이 곧 그들을 친애하여 보전하는 방법입니다. 만약 어떤 사람이 친하면서 어질다면 마땅히 대신의 지위에 두어 그를 존숭하고 공경해야 할 것이니 어찌 그를 부유하고 귀하게 해주는 데서 그칠 뿐이겠습니까. 관숙(管叔)·채숙(蔡叔)이 상(商)나라를 감독한 것을 보면 주공(周公)도 허물이 있음을 면치 못합니다. 주공이 형벌을 시행한 뒤에는 오직 강숙(康叔)·담계(聃季)[239]만 서로 더불어 왕실을 도왔으며, 오숙(五叔)[240]은 봉토만 있고 관직이 없었으니 성인의 의도를 알 수 있습니다."

어떤 사람이 또 물었다. "그대는 '대신을 신임하여 하급 신하들이 그를 이간질할 수 없기 때문에 일에 임하여 현혹되지 않는다'[241]라고 하였습니다. 그런데 가령 대신으로서 어진 사람이면 괜찮지만 불행히도 조고(趙高)[242]·주이(朱异)[243]·우세기(虞世基)[244]·이림보(李林甫)[245]의

---

239) 강숙(康叔)·담계(聃季): 문왕의 아들로 주공의 아우들이다. 강숙은 사구(司寇)를 지냈고, 담계는 사공(司空)을 지냈다.
240) 오숙(五叔): 문왕의 아들이며 주공의 형제인 관숙 선(管叔鮮), 채숙 도(蔡叔度), 성숙 무(成叔武), 곽숙 처(霍叔處), 모숙 담(毛叔聃)을 가리킨다.
241) 이 내용은 주자의 『중용장구』 제20장 제13절 주석에 보인다.
242) 조고(趙高): 진시황 때 인물로 관직이 승상에 이르렀다. 지록위마(指鹿爲馬)로 유명하다.
243) 주이(朱异): 남조 양 무제(梁武帝) 때 사람으로 관직이 중령군(中領軍)에 이르렀다.
244) 우세기(虞世基): 수(隋)나라 때 인물로 관직이 금자광록대부(金紫光祿大夫)에 이르렀다.
245) 이림보(李林甫): 당 현종(唐玄宗) 때 인물로 관직이 중서령(中書令)에 이르렀다.

무리가 있다면 추양(鄒陽)[246]이 이른바 '듣는 것을 치우치게 하면 간사한 마음을 일으키고, 맡기는 것을 한 사람에게만 하면 혼란을 조성한다'라고 하거나 범휴(范雎)[247]가 이른바 '어진 이를 질투하고 재능 있는 이를 질투하여 아랫사람을 부리고 윗사람을 가려서 자기 사욕을 이루는데도 군주는 그것을 깨닫지 못한다'라고 한 것처럼 될 것이니 어찌 우려하지 않을 수 있겠습니까?" 나는 아래와 같이 답하였다.

"그렇지 않습니다. 저들이 이와 같은 데에 이른 것은 바로 이 구경의 의리를 알지 못해서 그렇게 된 것입니다. 가령 군주가 이 의리에 밝아 능히 수신으로 근본을 삼으면 참으로 보는 것이 밝고 듣는 것이 총명하여 현부(賢否)로써 속일 수 없을 것입니다. 군주가 존현(尊賢)으로 먼저 할 일을 삼으면 관직을 설치하여 대신으로 삼는 자 중에 반드시 이와 같은 사람이 섞여 있지 않을 것입니다. 불행히도 혹 실수를 하면 얼른 적임자를 구해 그 사람을 교체할 따름입니다. 그러니 그가 반드시 간사한 짓을 하여 나라를 패망하게 하리라는 것을 알고서 단지 대신의 자리에 두어 그로 하여금 문서를 받들어 행하는 것으로 직분을 삼게 하고, 또 소신이 살피는 것을 믿고서 그를 방비하는 일이 어찌 있겠습니까? 군주는 현인을 구하는 데에 애를 쓰고 인재를 얻은 데에서 마음을 편안히 하여 임무를 맡기면 의심하지 않고, 의심을 하면 임무를 맡기지 않아야 합니다. 이것이 바로 옛날 성군(聖君)과 현상(賢相)이 성의가 서로 미더워 그 도리를 둘 다 극진히 하여 광명정대한 왕업을 함께 이룩함이 있었던 까닭입니다.

만약 그렇지 못하면 윗사람이 시기하고 방어하고 두려워하고 대비하

---

246) 추양(鄒陽): 전한 때 제(齊)나라 사람으로 사마천의 『사기』 열전에 보인다.
247) 범휴(范雎): 전국시대 말 위(魏)나라 사람으로 사마천의 『사기』 열전에 보인다.

는 것이 주밀할수록 현혹되는 것이 더욱 심해져서 아랫사람이 윗사람을 기망하고 우매하게 하고 가리는 것이 더욱 교묘해져 해로운 짓을 하는 것이 더욱 깊어질 것입니다. 불행히도 신하의 간사한 술수가 이루어지면 그 화는 참으로 이루 말할 수 없는 점이 있습니다. 다행히 군주의 위엄이 우세하면 이른바 '듣는 것을 치우치게 하고 맡기는 것을 한 사람에게만 하며, 아랫사람을 부리고 윗사람을 가리는 간사한 짓이 대신에게 있지 않고 좌우의 측근에게로 옮아갈 것이니 국가의 화가 되는 것이 더욱 이루 말할 수 없는 점이 있을 것이다'라고 한 경우일 것입니다. 아! 위태로운 일입니다."

어떤 사람이 또 물었다. "그대는 무엇을 가지고 유원인(柔遠人)이 빈객을 망각함이 없는 것이라고 하는 것입니까?" 나는 아래와 같이 답하였다.

"유원인이 회제후(懷諸侯) 앞에 있기 때문입니다. 구설에는 원인(遠人)을 번국(蕃國)의 제후로 보았으니 멀리 있는 제후를 가까이 있는 제후보다 먼저 보살펴 그 차례대로 하지 않은 것입니다. 『서경』에 '멀리 있는 사람들을 너그러이 어루만지고 가까이 있는 사람들을 능하게 한다'[248]라고 하였고, 또 '변방의 오랑캐도 서로 거느리고 와서 복종하였다'[249]라고 하였으니 이른바 유원(柔遠)이라는 말은 단지 사방의 오랑캐를 복속시키는 것을 말하는 것일 뿐만 아닙니다. 하물며 내가 이른바 '출국하는 자는 부절을 주어 전송하고, 입국하는 자는 물자를 비축해두고서 맞이한다'[250]라고 주석한 것은 비장(比長)[251] · 유인(遺人)[251] · 회

---

248) 이 문구는 『서경』 「순전」에 보인다.
249) 이 문구도 『서경』 「순전」에 보인다.
250) 이 내용은 『중용장구』 제20장 제14절 주자의 주에 보인다.
251) 비장(比長): 비(比)의 장(長)을 가리키는 말로 『주례』 지관(地官)에 소속된 관직명이다.

방씨(懷方氏)[252] 등의 관원이 관장하는 일이니 경전[253]에 분명한 문장이 있는 데 있어서이겠습니까?"

○〈或問〉曰 九經之說 柰何

曰 不一其內 則無以制其外 不齊其外 則無以養其內 靜而不存 則無以立其本 動而不察 則無以勝其私 故齊明盛服 非禮不動 則內外交養 而動靜不違 所以爲修身之要也 信讒邪 則任賢不專 徇貨色 則好賢不篤 賈捐之所謂後宮盛色 則賢者隱處 佞人用事 則諍臣杜口 蓋持衡之勢 此重則彼輕 理固然矣 故去讒遠色 賤貨而一於貴德 所以爲勸賢之道也 親之 欲其貴 愛之 欲其富 兄弟婚姻 欲其無相遠 故尊位重祿 同其好惡 所以爲勸親親之道也 大臣不親細事 則以道事君者 得以自盡 故官屬衆盛足任使令 所以爲勸大臣之道也 盡其誠而恤其私 則士無仰事俯育之累 而樂趨事功 故忠信重祿 所以爲勸士之道也 人情 莫不欲逸 亦莫不欲富 故時使薄斂 所以爲勸百姓之道也 日省月試以程其能 旣稟稱事 以償其勞 則不信度 作淫巧者 無所容 惰者勉 而能者勸矣 爲之授節 以送其往 待以委積 以迎其來 因能授任 以嘉其善 不强其所不欲 以矜其不能 則天下之旅 皆悅 而願出於其塗矣 無後者 續之 已滅者 封之 治其亂 使上下 相安 持其危 使大小 相恤 朝聘有節 而不勞其力 貢賜有度 而不匱其財則天下諸侯 皆竭其忠力 以藩衛王室 而無倍畔之心矣 凡此九

---

252) 유인(遺人):『주례』지관(地官)에 소속된 관직명이다.
253) 회방씨(懷方氏):『주례』하관(夏官)에 소속된 관직명이다.
254) 경전:『주례』를 가리킨다.

經 其事不同 然總其實 不出乎修身尊賢親親三者而已 敬大臣
體羣臣 則自尊賢之等而推之也 子庶民來百工柔遠人懷諸侯 則
自親親之殺而推之也 至於所以尊賢而親親 則又豈無所自而推
之哉 亦曰修身之至 然後有以各當其理而無所悖耳

〈或問〉曰 親親而不言 任之以事者 何也

曰 此親親尊賢 並行不悖之道也 苟以親親之 故不問賢否 而
輕屬任之 不幸而或不勝焉 治之則傷恩 不治則廢法 是以 富之
貴之親之厚之 而不曰任之以事 是乃所以親愛而保全之也 若親
而賢 則自當置之大臣之位 而尊之敬之矣 豈但富貴之而已哉
觀於管蔡監商 而周公不免於有過 及其致辟之後 則惟康叔聃季
相與夾輔王室 而五叔者 有土而無官焉 則聖人之意 亦可見矣

〈或問〉曰 子謂信任大臣 而無以間之 故臨事而不眩 使大臣而
賢也 則可 其或不幸而有趙高朱异虞世基李林甫之徒焉 則鄒陽
所謂偏聽生姦 獨任成亂 范睢所謂妬賢嫉能 御下蔽上 以成其
私 而主不覺悟者 亦安得而不慮耶

曰 不然也 彼其所以至此 正坐不知此經之義而然耳 使其明
於此義 而能以修身爲本 則固視明聽聰 而不可欺以賢否矣 能
以尊賢爲先 則其所置以爲大臣者 必不雜以如是之人矣 不幸而
或失之 則亦亟求其人 以易之而已 豈有知其必能爲姦以敗國
顧猶置之大臣之位 使之 姑以奉行文書爲職業 而又恃小臣之察
以防之哉 夫勞於求賢 而逸於得人 任則不疑 而疑則不任 此古
之聖君賢相 所以誠意交孚 兩盡其道 而有以共成正大光明之業
也 如其不然 吾恐上之所以猜防畏備者 愈密 而其爲眩 愈甚 下
之所以欺罔蒙蔽者 愈巧 而其爲害 愈深 不幸而臣之姦遂 則其
禍 固有不可勝言者 幸而主之威勝 則夫所謂偏聽獨任 御下蔽

上之姦 將不在於大臣 而移於左右 其爲國家之禍 尤有不可勝
言者矣 嗚呼 危哉

〈或問〉曰 子 何以言柔遠人之爲無忘賓旅也

曰 以其列於懷諸侯之上也 舊說以爲蕃國之諸侯 則以遠先近
而非其序 書言柔遠能邇 而又言蠻夷率服 則所謂柔遠亦不止謂
服四夷也 況愚所謂授節委積者 比長遺人懷方氏之官 掌之 於
經 有明文耶

○어떤 사람이 물었다. "양씨(楊氏)의 설에는 허기(虛器)를 말한 것이
두 군데 있습니다.[255] 그런데 그 가리키는 의미가 나온 바는 같지 않은
점이 있는 듯하니 어째서입니까?" 나는 아래와 같이 답하였다.

"참으로 그렇습니다. 그 앞 단락은 성의(誠意)를 주로 하여 말했기 때
문에, 그는 '법도가 있고 성의가 없으면 법도는 허기가 된다'라고 말한
것이니 말을 바르게 하여 그 점을 드러낸 것입니다. 그 뒤의 단락은 격물
(格物)을 주로 하여 말했기 때문에 그는 '만약 단지 성의만 알고 천하와
국가를 다스리는 도를 알지 못하면 이는 단지 선왕의 전장(典章)과 문물
(文物)을 허기로 여겨 강구하지 않는 것이다'라고 한 것이니 말을 반대
로 하여 그 점을 힐난한 것입니다. 이처럼 그의 설이 다른 것은 분명합니
다. 다만 그 아래 문장에 명도 선생(明道先生, 程顥)의 말씀을 인용한 것
은 또한 성의를 주로 하여 앞 단락의 뜻과 상응하는 듯하고, 본 단락 위

---

255) 양씨(楊氏)의……있습니다: 대전본 『중용혹문』 소주에 실린 구산 양씨(龜山楊
氏)의 설에 "天下國家之大 不誠 未有能動者也 雖法度彰明 無誠心以行之 皆虛
器也 ○九經行之者一 一者 何 誠而已 然而非格物致知 烏足以知其道哉 若謂意
誠 便足以平天下 則先生之典章文物 皆虛器也 故明道先生嘗謂有關雎麟趾之意
然後可以行周官之法度 正謂此耳"라고 하였다.

의 문장의 의미에 있어서는 이리저리 소상히 말하여 설이 합치되는 듯
합니다. 그러나 끝내 우활하게 빙 둘러 말하여 뜻이 통하기 어려움을 면
치 못합니다. 그러니 어찌 기록한 자의 잘못이 아니겠습니까? 그러나 양
씨의 다른 글에도 수미가 맞지 않아 또한 이와 같은 점이 있는 경우가 많
으니 전혀 이해할 수 없습니다."

○〈或問〉曰 楊氏之說 有虛器之云者二 而其指意所出 若有不
同者焉 何也

曰 固也 是其前段 主於誠意 故以爲有法度 而無誠意 則法度
爲虛器 正言以發之也 其後段 主於格物 故以爲若但知誠意 而
不知治天下國家之道 則是直以先王之典章文物爲虛器而不之
講 反語以詰之也 此其不同審矣 但其下文所引明道先生之言
則又若主於誠意 而與前段相應 其於本段上文之意 則雖亦可以
宛轉而說合之 然終不免於迂回而難通也 豈記者之誤耶 然楊氏
他書 首尾衡決 亦多有類此者 殊不可曉也

○어떤 사람이 물었다. "이른바 전정(前定)[256]이라는 것은 무슨 뜻입
니까?" 나는 아래와 같이 답하였다.

"그것은 먼저 성(誠)을 확립하라는 말입니다. 먼저 성(誠)을 확립하면
말은 어떤 대상이 있어서 꼬이지 않으며, 일은 실상이 있어서 곤경에 처
하지 않으며, 행실은 떳떳함이 있어서 흠이 없으며, 도는 근본이 있어서
곤궁하지 않습니다. 제가의 설 가운데 오직 유씨(游氏)가 '성(誠)을 정
립한 효과가 이와 같다'라고 말한 것[257]이 그 요점을 얻었습니다. 장자

---

256) 전정(前定):『중용장구』제20장 제16절에 보인다.
257) 유씨(游氏)가……것: 대전본『중용혹문』소주에 실린 광평 유씨(廣平游氏)의
　　설에 "惟至誠 爲能定 惟前定 爲能變 故以言則必行 以事則必成 以行則無悔 以道

(張子)는 정의입신(精義入神)으로 말하였으니[258] 이는 이른바 명선(明善)이라는 것입니다."

○〈或問〉曰 所謂前定 何也

曰 先立乎誠也 先立乎誠 則言有物而不躓矣 事有實而不困矣 行有常而不疚矣 道有本而不窮矣 諸說 惟游氏誠定之云 得其要 張子以精義入神爲言 是則所謂明善者也

○어떤 사람이 물었다. "아랫자리에 있으면서 윗사람에게 신임을 얻는 것과 명선(明善)·성신(誠身)의 설은 어떠한 것입니까?" 나는 아래와 같이 답하였다.

"아랫자리에 있으면서 윗사람에게 신임을 얻지 못하면 그 지위에 편안하여 그의 의지를 행할 길이 없습니다. 그러므로 백성을 다스릴 수 없는 것입니다. 그러나 윗사람에게 신임을 얻고자 하면 또한 아첨하고 기쁘게 하여 얼굴빛을 잘 꾸미는 것으로는 안 됩니다. 그 방도는 벗에게 신임을 얻는 데 달려 있을 따름입니다. 대개 벗에게 신임을 얻지 못하면 의지와 행실이 남들에게 미덥게 여겨지지 않아 명망과 칭찬이 들리지 않게 됩니다. 그러므로 윗사람에게 알려지지 않는 것입니다.

그러나 벗에게 신임을 받고자 하면 또한 말을 잘 꾸며 구차하게 그의 의사에 합하게 해서는 불가합니다. 그 방도는 자기 어버이를 기쁘게 해드리는 데 달려 있을 따름입니다. 대개 어버이를 기쁘게 해드리지 못하면 후하게 대할 상대에게 박하게 해서 어느 경우인들 박하게 대하지 않

則無方 誠定之效 如此"라고 하였다.

258) 장자(張子)는……말하였으니: 대전본 『중용혹문』 소주에 실린 장자의 설에 "事豫則立 必有敎以先之 盡敎之善 必精義以硏之 精義入神 然後立斯立 動斯和矣"라고 하였다.

음이 없습니다. 그러므로 벗에게도 신임을 받지 못합니다.

어버이에게 순종하고자 하면 또한 어버이의 비위를 맞추며 뜻을 굽혀 순종해서는 불가합니다. 그 방도는 자신을 성(誠)하게 하는 데 달려 있을 따름입니다. 대개 자신에게 돌이켜 성하지 않으면 밖으로는 어버이를 섬기는 예가 있지만 안으로는 친애하고 공경하는 실상이 없습니다. 그러므로 어버이가 기뻐하지 않게 됩니다.

그러나 자신을 성(誠)하게 하고자 하면 또한 옛 것을 따르고 취하여 억지로 해서는 불가합니다. 그 방도는 선을 밝히는 데 달려 있을 따름입니다. 대개 격물치지를 하여 지선(至善)이 있는 곳을 진실로 알 수 없으면 선을 좋아하기를 반드시 예쁜 여색을 좋아하는 것처럼 할 수 없고, 악을 미워하기를 반드시 악취를 싫어하는 것처럼 할 수 없을 것입니다. 그러니 비록 그 일을 힘써 자신을 성(誠)하게 하려 할지라도 자신을 성(誠)하게 할 수 없습니다. 이는 필연의 이치입니다. 그러므로 공자께서 이 점을 말씀하시고, 아래 문장에서 곧장 천도(天道)·인도(人道)와 택선고집(擇善固執)으로써 이어 말씀하신 것입니다.

대개 택선은 선을 밝히는 것이고, 고집은 자신을 성(誠)하게 하는 것입니다. 선을 택하는 밝음은 『대학』에 이른바 '사물의 이치가 이르러 앎이 지극해진다'(物格而知至)라고 한 것이며, 그것을 잡는 견고함은 『대학』에 이른바 '마음속에 싹튼 생각이 선으로 가득 차서 마음이 바르게 되고 몸이 닦인다'(意誠而心正身修)라고 한 것입니다. 앎이 지극하면〔知至〕 자신에게 돌이키는 것이 털끝만큼의 성실하지 않음도 없을 것이며, 마음속에 싹튼 생각이 선으로 가득 차고 마음이 바르게 되어 몸이 닦이면 어버이에게 순종하고 벗에게 신임을 받고 윗사람에게 신임을 받아 백성을 다스릴 수 있어서 그 덕을 베푸는 곳마다 이롭지 않음이 없어 달도(達道)·달덕(達德)·구경(九經) 및 모든 일이 하나로써 그 일들을 꿰뚫어서 빠뜨림이 없을 것입니다."

어떤 사람이 또 물었다. "제가의 설은 어떻습니까?" 나는 아래와 같이 답하였다.

"이 장에 대한 제가의 설이 아무리 많더라도 득실에는 큰 관계가 없습니다. 오직 양씨(楊氏)의 자신에게 돌이킨다는 설[259]이 온당하지 않게 될 따름입니다. 대체로 자신에게 돌이켜보아 성(誠)한 것은 사물의 이치가 이르러 앎이 지극해져서 자신에게 그것을 돌이켜보면 밝힌 선이 앞에서 이른바 '악을 미워하기를 악취를 싫어하듯이 하고, 선을 좋아하기를 예쁜 여색을 좋아하듯이 하는 것'과 같은 점이 실제로 있지 않음이 없을 것이며, 그가 행하는 바는 절로 내외(內外)·은현(隱顯)에 차이가 없을 것입니다. 만약 앎에 지극하지 않음이 있으면 그것을 자신에게 돌이켜보더라도 성(誠)하지 않은 점이 많을 것입니다. 그러니 '단지 능히 자신에게 돌이켜 구하면 밖에서 구하기를 기다리지 않더라도 만물의 이치가 모두 나에게 갖추어져 성(誠)하지 않음이 없을 것이다'라고 곧장 말한 것을 어찌 얻을 수 있겠습니까? 더구나 격물(格物)의 공부는 바로 일에 나아가고 물체에 나아가서 각기 그 이치를 구하는 것에 달려 있는 데 있어서이겠습니까? 지금 도리어 사물을 떠나 오로지 자신에게서 그것을 구하고자 하는 것은 『대학』의 본의가 더욱 아닙니다."

어떤 사람이 또 물었다. "성(誠)의 뜻에 대해 그 상세한 의미를 들을 수 있겠습니까?" 나는 아래와 같이 답하였다.

"그것은 말하기 어렵습니다. 우선 그 명의(名義)로써 말하자면 참된 것이 가득 차서 망령된 마음이 없어진 것[眞實無妄]을 말합니다. 사리

---

259) 양씨(楊氏)의……설: 대전본 『중용혹문』 소주에 실린 구산 양씨(龜山楊氏)의 설에 "反身者 反求諸身也 盖萬物皆備於我 非外得反諸身而已 反身而至於誠 則 利仁者 不足道也"라고 하였다.

(事理)가 이 명칭을 얻으면 또한 그것이 가리키는 바의 대소에 따라 모두 진실무망의 의미를 취함이 있습니다. 대개 자연의 이치로 그 점을 말하면 천지간에는 오직 천리(天理)만 지극히 가득 차서 망령됨이 없는 것이 됩니다. 그러므로 천리는 성(誠)의 명칭을 얻으니 『중용』에 이른바 천지도(天之道)·귀신지덕(鬼神之德)이라는 것들이 그것입니다. 덕으로써 그 점을 말하면 생명체 중에는 오직 성인의 마음만 지극히 가득 차서 망령됨이 없는 것이 됩니다. 그러므로 성인이 성(誠)의 명칭을 얻으니 『중용』에 이른바 '인위적으로 힘쓰지 않아도 중도에 맞고, 인위적으로 생각하지 않아도 터득한다'(不勉而中 不思而得)[260]라고 한 것이 그것입니다. 일에 따라 말을 하는 데 미치면 한 생각의 성실함이 또한 성(誠)이며, 한 마디 말의 성실함이 또한 성(誠)이며, 한 가지 행실의 성실함이 또한 성(誠)입니다. 이는 그 대소에 다른 점이 있지만 그 의미가 귀결되는 점은 애초 실(實)에 있지 않음이 없습니다."

어떤 사람이 또 물었다. "그렇다면 천리(天理)와 성인(聖人)이 그 실(實)을 이와 같이 하는 것은 어째서입니까?" 나는 아래와 같이 답하였다.

"하나가 되면 순수하고, 둘이 되면 뒤섞이며, 순수하면 성(誠)하고, 뒤섞이면 망동(妄動)합니다. 이것이 일반 사물의 큰 정상(情狀)입니다. 하늘이 하늘이 된 까닭은 텅 비고 고요하여 아무 조짐도 없지만 온갖 이치가 다 갖추어져서 어느 것인들 구비하지 않음이 없기 때문입니다. 그러나 그 본체가 되는 것은 하나일 뿐입니다. 애초 사물이 있어서 거기에 뒤섞이지 않았습니다. 그러므로 소리도 없고 냄새도 없으며 사유도 없고 행위도 없지만 일원(一元)의 기(氣)가 봄·여름·가을·겨울 및 밤·낮과 어둡고 밝을 때에 백만 년 천만 년 동안 한순간도 어긋난 적이 없어서 천

---

260) 이 문구는 『중용장구』 제20장 제18절에 보인다.

하의 크고 작고 거대하고 미세하며 허공을 날고 물속에 잠긴 모든 동물과 식물들이 각기 그들 성명(性命)의 바른 것을 얻어 태어나지 않음이 없는데, 일찍이 털끝만큼의 잘못도 있지 않았습니다. 이것이 바로 천리가 실(實)이 되어 망령되지 않은 까닭입니다.

사람과 생물이 태어날 때에 성명의 바른 것은 참으로 천리의 실(實) 아닌 것이 없습니다. 다만 기질이 치우치고 입·코·귀·눈·사지가 좋아하는 것으로 그 천리의 실(實)을 가리면 사욕이 생겨납니다. 그러므로 측은지심이 발할 때를 당해서도 시기하고 음해하는 마음이 섞이면 인(仁)을 하는 것이 실(實)하지 않음이 있으며, 수오지심이 발할 때를 당해서도 탐욕과 혼매한 마음이 섞이면 의(義)를 하는 것이 실(實)하지 않음이 있습니다. 이것이 바로 일반인의 마음이 선을 하는 데에 힘쓰고자 하지만 내외·은현에 항상 두 가지로 나타남을 면치 못하는 까닭입니다. 심한 경우는 남을 속이고 기망하는 데 이르러 끝내 소인의 경지로 떨어지게 되니 이 두 마음이 섞여 있기 때문입니다.

오직 성인만이 기질이 맑고 순수하여 천리를 온전히 하여 애초 인욕의 사사로움으로써 천리를 상하게 함이 없습니다. 그러므로 인(仁)하면 표리가 모두 인(仁)하여 터럭 하나의 미세한 불인(不仁)도 없으며, 의(義)하면 표리가 모두 의로워서 터럭 하나의 불의(不義)도 없습니다. 그 덕이 되는 것이 참으로 천하의 선을 다 들어 하나의 일도 빠뜨림이 없으며, 그 선을 하는 것은 천하의 실(實)을 지극히 하여 터럭 하나의 불만도 없습니다. 이것이 바로 인위적으로 힘쓰지 않아도 중도에 맞고, 생각하지 않아도 절로 터득하여 조용히 중도에 맞아서 움직이고 주선하는 것이 절도에 맞지 않음이 없는 것입니다."

어떤 사람이 또 물었다. "그렇다면 일반인들이 사욕을 면치 못하여 그 덕을 가득 채울 길이 없는 것은 어째서입니까?" 나는 아래와 같이 답하였다.

"성인에 대해서는 참으로 이미 말씀드렸으니 또한 선을 택하여 그것을 굳게 잡을 뿐이라고 하겠습니다. 천하의 일에 대해 모두 이와 같은 것이 선이 되는 줄 알아서 그것을 하지 않음이 없으며, 이와 같은 것이 악이 되는 줄을 알아서 그것을 제거하지 않음이 없게 되면 선을 하고 악을 제거하는 마음이 참으로 독실해질 것입니다. 이러한 데다 다시 굳게 지키는 공부를 더하면 눈으로 보지 못하고 귀로 듣지 못하는 사이일지라도 반드시 경계하고 삼가며 두려워하고 두려워하여 감히 해이하지 않을 것이니 이른바 사욕이라는 것이 나오더라도 밖에 시행될 곳이 없고, 들어가더라도 안에 들어 있을 곳이 없게 되어 저절로 소멸되어 나의 병폐가 될 수 없을 터인데, 나의 덕이 실(實)하지 않을까를 어찌 걱정하겠습니까? 이것이 이른바 자신을 성하게 하는 것〔誠之〕이라는 것입니다."

어떤 사람이 또 물었다. "그렇다면 『대학』에서 소인이 몰래 악한 마음을 품고서도 겉으로는 선한 척하는 것을 논하면서 성어중(誠於中)으로 지목한 것[261]은 어째서입니까?" 나는 아래와 같이 답하였다.

"이와 같은 경우는 천리의 대체(大體)로 보면 그 선을 하는 것이 참으로 공허하며, 인욕의 사사로운 분수로 보면 그 악을 하는 것이 어찌 가득 찬 것이겠습니까? 이와 같은데 어찌 성(誠)이라고 말하지 않을 수 있겠습니까? 다만 천리의 진실무망한 본연이 아니면 그 성(誠)은 단지 그 본연의 선을 공허하게 하여 도리어 불성(不誠)이 될 뿐입니다."

어떤 사람이 또 물었다. "제가의 설은 어떻습니까?" 나는 아래와 같이 답하였다.

---

261) 『대학』에서……것: 『대학장구』 전 제6장(성의장)에 "小人閒居 爲不善 無所不至 見君子而后 厭然揜其不善 而著其善 人之視己 如見其肺肝 然則何益矣 此謂 誠於中 形於外 故 君子 愼其獨也"라고 한 것을 가리킨다.

"주자(周子)의 설[262]이 지극합니다. 나는 이 위의 장이 천도(天道)로써 말하고 아래의 장이 인도(人道)로써 말한 것이라는 점을 『통서』(通書)[263]의 설에도 이미 대략 말했습니다. 정자(程子)께서 무망(無妄)이라고 하신 설[264]도 지극합니다. 그 외의 설도 각기 발명한 바가 있습니다. 독자들이 깊이 완미하여 묵묵히 기억하면 제가의 설의 시비와 득실이 이런 데에서 벗어나지 않을 것입니다."

어떤 사람이 또 물었다. "박학지(博學之)·심문지(審問之)·신사지(愼思之)·명변지(明辨之)에도 차서가 있습니까?" 나는 아래와 같이 답하였다.

"배움이 넓은 뒤에야 사물의 이치를 구비함이 있습니다. 그러므로 배운 것을 이리저리 참조해 의심스러운 것을 얻어 질문이 있을 수 있습니다. 질문이 자세한 뒤에야 사우(師友) 사이의 정의(情誼)를 극진히 함이 있습니다. 그러므로 반복해서 그 단서를 드러내 사유할 수 있습니다. 사유가 신중하면 정밀하여 뒤섞이지 않습니다. 그러므로 능히 자득하는 바가 있어 그 분변을 할 수가 있습니다. 분변이 명확하면 결단하여 차이가 나지 않습니다. 그러므로 능히 의혹하는 바가 없어 행하는 데에 드러날 수 있습니다. 행함이 독실하면 널리 배우고 자세히 묻고 신중히 생각하고 명확히 분변하여 터득한 앎은 모두 그 실질을 반드시 실천하여 빈말이 되지 않을 것입니다. 이것이 다섯 가지의 차서입니다."

어떤 사람이 또 물었다. "여씨(呂氏)의 설이 상세하니 또한 좋지 않습니까?" 나는 아래와 같이 답하였다.

---

262) 주자(周子)의 설: 주돈이의 『통서』 첫머리에 보이는 「성상」(誠上) 「성하」(誠下)를 가리킨다.
263) 『통서』(通書): 주돈이(周敦頤)의 저술. 주자는 이 책에 주해를 달았다.
264) 정자(程子)께서……설: 대전본 『중용혹문』 소주 정자의 설에 "無妄之謂誠 不欺 其次矣"라고 하였다.

"이 장에 대한 여씨의 해설은 가장 상세하고 충실합니다. 그러나 깊이 그 내용을 살펴보면 병폐가 있음을 면치 못합니다. 대체로 군자는 천하의 이치에 대해 한 가지 이치도 통하지 않음이 없고자 하며, 한 가지 일도 능하지 않음이 없고자 합니다. 그러므로 배우지 않아서는 안 되는데, 그 배움은 넓게 하지 않아서는 안 됩니다. 배움이 축적되어 관통함에 이른 뒤에야 요약하는 데로 깊이 나아가 하나로써 그것을 관통함이 있게 됩니다. 널리 배우는 초기에 요약하는 데로 나아가는 마음이 이미 있어서 짐짓 박학에 종사하면서 요약하는 지경으로 삼는 것은 아닙니다.[265] 배움에 이르러서는 능히 의문이 없을 수 없으니 묻지 않을 수 없습니다. 그런데 그 질문이 거칠고 소략하여 상세하지 않으면 그 의문은 온전히 해결할 수 없어서 질문하지 않은 것과 다름없게 됩니다. 그러므로 그 질문은 자세히 하지 않을 수 없는 것입니다. 만약 여씨의 설처럼 성취된 마음이 없는 뒤에야 도에 나아갈 수 있다고 한다면 이 의문에 대한 설은 의심스러우면 묻고 물으면 상세히 한다는 설이 아닙니다.[266] 널리 배우고 자세히 묻는 것은 밖에서 얻는 것이니 또한 오로지 이것만 믿고서 마음에 돌이켜 그 실질을 징험하지 않으면 살피는 것이 정밀하지 못하고 믿는 것이 독실하지 못하여 지키는 것이 견고하지 않게 됩니다. 그러므로 반드시 사색하여 앎을 정밀히 한 뒤에야 마음과 이치가 익숙해져서 피차 하나가 됩니다. 그러나 그 사색이 혹 너무 번다하여 전일하지 않으면 또한 범람하여 유익함이 없으며, 사색이 너무 깊어서 그치지 않으면 또한 너무 괴로워 상함이 있게 되니 이는 모두 사색하는 좋은 방법이 아닙

---

265) 대체로……아닙니다: 이 단락은 여씨가 요약하는 데에 나아가는 것을 중시하여 말한 것에 대한 주자의 반박이다.

266) 배움에……아닙니다: 이 단락은 여씨가 "학자가 도에 나아가려 하면 성심(成心)을 가져서는 안 된다"라고 한 것에 대한 주자의 반박이다.

니다. 그러므로 그 사색은 반드시 능히 신중히 함을 귀히 여기니, 자신에게 그 앎을 돌이키게 될 뿐만 아니라 그것이 어떤 일이 되며 어떤 사물이 되는지를 알 따름입니다.[267] 그 나머지 여씨의 설은 모두 타당한데, 기질을 변화시켜야 한다고 한 설[268]은 더욱 공이 있습니다."

○〈或問〉曰 在下獲上 明善誠身之說 奈何

曰 夫在下位而不獲乎上 則無以安其位而行其志 故民不可治 然欲獲乎上 又不以諛悅取容也 其道在信乎友而已 蓋不信乎友 則志行不孚 而名譽不聞 故上不見知 然欲信乎友 又不可以便佞苟合也 其道 在悅乎親而已 蓋不悅乎親 則所厚者薄 而無所不薄 故友不見信 然欲順乎親 又不可以阿意曲從也 其道 在誠乎身而已 蓋反身不誠 則外有事親之禮 而內無愛敬之實 故親不見悅 然欲誠乎身 又不可以襲取強爲也 其道 在明乎善而已 蓋不能格物致知 以眞知至善之所在 則好善 必不能如好好色 惡惡 必不能如惡惡臭 雖欲勉焉 以誠其身 而身不可得而誠矣 此 必然之理也 故夫子言此 而其下文 即以天道人道擇善固執者 繼之 蓋擇善 所以明善 固執 所以誠身 擇之之明 則大學所謂物格而知至也 執之之固 則大學所謂意誠而心正身修也 知至 則反諸身者 將無一毫之不實 意誠心正而身修 則順親信友獲上治民 將無所施而不利 而達道達德九經凡事 亦一以貫之而無遺矣

〈或問〉曰 諸說 如何

---

267) 널리……따름입니다: 이 단락은 여씨가 "나의 사유를 극진히 하여 자신에게 돌이키지 않으면 학문과 문견이 나의 일이 아니다"라고 한 것에 대한 주자의 반박이다.

268) 기질을……설: 『중용장구』 제20장 제21절에 인용되어 있다.

曰 此章之說 雖多 然亦無大得失 惟楊氏反身之說 爲未安耳
蓋反身而誠者 物格知至 而反之於身 則所明之善 無不實有如
前所謂如惡惡臭如好好色者 而其所行 自無內外隱顯之殊耳 若
知有未至 則反之而不誠者 多矣 安得直謂但能反求諸身 則不
待求之於外 而萬物之理 皆備於我 而無不誠哉 況格物之功 正
在即事即物 而各求其理 今乃反欲離去事物 而專務求之於身
尤非大學之本意矣

〈或問〉曰 誠之爲義 其詳 可得而聞乎

曰 難言也 姑以其名義言之 則眞實無妄之云也 若事理之得
此名 則亦隨其所指之大小 而皆有取乎眞實無妄之意耳 蓋以自
然之理言之 則天地之間 惟天理爲至實而無妄 故天理 得誠之
名 若所謂天之道 鬼神之德 是也 以德言之 則有生之類 惟聖人
之心爲至實而無妄 故聖人 得誠之名 若所謂不勉而中 不思而
得者 是也 至於隨事而言 則一念之實 亦誠也 一言之實 亦誠也
一行之實 亦誠也 是其大小 雖有不同 然其義之所歸 則未始不
在於實也

〈或問〉曰 然則天理聖人之所以若是其實者 何也

曰 一則純 二則雜 純則誠 雜則妄 此常物之大情也 夫天之所
以爲天也 冲漠無朕 而萬理兼該 無所不具 然其爲體 則一而已
矣 未始有物 以雜之也 是以 無聲無臭 無思無爲 而一元之氣
春秋冬夏 晝夜昏明 百千萬年 未嘗有一息之繆 天下之物 洪纖
巨細 飛潛動植 亦莫不各得其性命之正以生 而未嘗有一毫之差
此天理之所以爲實而不妄者也 若夫人物之生 性命之正 固亦莫
非天理之實 但以氣質之偏 口鼻耳目四肢之好 得以蔽之 而私
欲生焉 是以 當其惻隱之發 而忮害雜之 則所以爲仁者 有不實

矣 當其羞惡之發 而貪昧雜之 則所以爲義者 有不實矣 此常人
之心所以雖欲勉於爲善 而內外隱顯 常不免於二致 其甚至於詐
僞欺罔 而卒墮於小人之歸 則以其二者雜之故也 惟聖人氣質淸
純 渾然天理 初無人欲之私以病之 是以 仁則表裏皆仁 而無一
毫之不仁 義則表裏皆義 而無一毫之不義 其爲德也 固擧天下
之善 而無一事之或遺 而其爲善也 又極天下之實 而無一毫之
不滿 此其所以不勉不思從容中道 而動容周旋 莫不中節也

〈或問〉曰 然則常人未免於私欲 而無以實其德者 奈何

曰 聖人 固己言之 亦曰擇善而固執之耳 夫於天下之事 皆有
以知其如是爲善 而不能不爲 知其如是爲惡 而不能不去 則其
爲善去惡之心 固已篤矣 於是而又加以固執之功 雖其不睹不聞
之間 亦必戒謹恐懼 而不敢懈 則凡所謂私欲者 出而無所施於
外 入而無所藏於中 自將消磨泯滅 不得以爲吾之病 而吾之德
又何患於不實哉 是則所謂誠之者也

〈或問〉曰 然則大學論小人之陰惡陽善 而以誠於中者目之 何也

曰 若是者 自其天理之大體 觀之 則其爲善也 誠虛矣 自其人
欲之私分 觀之 則其爲惡也 何實 如之而安得不謂之誠哉 但非
天理眞實無妄之本然 則其誠也 適所以虛其本然之善 而反爲不
誠耳

〈或問〉曰 諸說 如何

曰 周子 至矣 其上章 以天道言 其下章 以人道言 愚於通書
之說 亦旣略言之矣 程子無妄之云 至矣 其他說 亦各有所發明
讀者 深玩而默識焉 則諸家之是非得失 不能出乎此矣

〈或問〉曰 學問思辨 亦有序乎

曰 學之博 然後有以備事物之理 故能參伍之 以得所疑而有

問 問之審 然後有以盡師友之情 故能反復之 以發其端而可思
思之愼 則精而不雜 故能有所自得 而可以施其辨 辨之明 則斷
而不差 故能無所疑惑 而可以見於行 行之篤 則凡所學問思辨
而得之者 又皆必踐其實 而不爲空言矣 此五者之序也

〈或問〉曰 呂氏之說之詳 不亦善乎

曰 呂氏此章最爲詳實 然深考之 則亦未免乎有病 蓋君子之
於天下 必欲無一理之不通 無一事之不能 故不可以不學 而其
學 不可以不博 及其積累而貫通焉 然後有以深造乎約而一以貫
之 非其博學之初 已有造約之心 而姑從事於博以爲之地也 至
於學 而不能無疑 則不可以不問 而其問也 或粗略而不審 則其
疑不能盡決 而與不問 無以異矣 故其問之不可以不審 若曰成
心亡而後可進 則是疑之說也 非疑而問問而審之說也 學也問也
得於外者 也若專恃此 而不反之心 以驗其實 則察之不精 信之
不篤 而守之不固矣 故必思索以精之 然後心與理熟 而彼此爲
一 然使其思也 或太多而不專 則亦泛濫而無益 或太深而不止
則又過苦而有傷 皆非思之善也 故其思也 又必貴於能愼 非獨
爲反之於身 知其爲何事何物而已也 其餘 則皆得之 而所論變
化氣質者 尤有功也

○어떤 사람이 물었다. "무엇 때문에 성(誠)을 이 책의 추뉴(樞紐)[269]
로 삼는 것입니까?" 나는 아래와 같이 답하였다.

"성(誠)은 실(實)일 따름입니다. 천명(天命)이라고 한 것은 실리(實

---

269) 추뉴(樞紐): 문의 지도리와 종을 매다는 끈으로 핵심이 되는 점을 뜻하는 말
이다.

理)의 근원이며, 성(性)은 그 실리가 생명체에게 있는 실체(實體)이며, 도(道)는 그 당연한 실용(實用)이며, 교(敎)는 그 체용의 실(實)로 인하여 각각의 경우에 맞게 절제한 것입니다. '잠시도 이탈할 수 없는 것'(不可離)은 이 이치가 꽉 찬 것입니다. '은(隱)이 나타나고 미(微)가 드러나는 것'(隱之見微之顯)은 실(實)이 존망하여 무시할 수 없는 것입니다. '경계하고 삼가고 두려워하고 두려워하며 혼자만 알고 있는 속마음을 삼가는 것'(戒愼恐懼 愼其獨)은 이 이치를 가득 채우는 실(實)입니다. 중화(中和)라고 한 것은 이 실리의 체용을 형상한 것입니다. '천지가 제자리를 잡고 만물이 길러진다'(天地位 萬物育)고 한 것은 이 실리의 공효(功效)를 극진히 한 것입니다. 중용(中庸)이라고 한 것은 실리가 적의하여 평소 지속되는 것입니다. 과(過)와 불급(不及)은 실리를 보지 못해 함부로 행하는 것입니다. 비이은(費而隱)은 실리의 용(用)이 넓고 체(體)가 은미함을 말한 것입니다. 연비어약(鳶飛魚躍)은 천리가 유행하여 세상에 충만한 것이니 어찌 실(實)이 없으면서 이런 일이 있겠습니까? 도불원인(道不遠人) 이하로 대순(大舜)·문왕(文王)·무왕(武王)·주공(周公)의 일과 공자의 말씀에 이르기까지는 모두 실리가 작용에 응한 당연함으로 귀신을 무시할 수 없는 것이니 또한 그 발현이 그러한 까닭입니다.

성인 공자께서 이에 대해 그것이 털끝만큼도 실(實)이 아님이 없는 것을 인하여 이와 같이 성대한 말씀을 하시는 데 이르렀으니 사람들에게 보이신 뜻이 또한 그들이 반드시 그 실(實)로써 털끝만큼의 거짓도 없게 하고자 하신 것입니다.

대개 저절로 그러하여 실(實)한 것은 천(天)이고, 반드시 실(實)하기를 기약하는 것은 사람으로서 천(天)이 되려 하는 것입니다. 제21장 성명(誠明) 이하 여러 장의 의미는 모두 이를 반복한 것인데, 대경(大經)을 바르게 하고 대본(大本)을 세우며 천지의 도에 참여하여 화육(化育)을 돕는 데에 이른 것을 말한 것은 또한 진실무망의 지극한 공효입니다. 마지막 제33장에 의금상경(衣錦尙絅)을 말한 것은 또한 그 무실(務實)의 초심에 근본하여 말한 것입니다. 또 내성(內省)은 신독(愼獨)과 극기(克己)의 공부이고, 불괴옥루(不愧屋漏)는 계신공구(戒愼恐懼)하여 이미 극기할 만한 일이 없는 것입니다. 이 모두 이런 경지로 가득 채워 나가는 차서입니다. 시미유쟁(時靡有爭)은 사람들을 변화시킨 것이고, 백벽형지(百辟刑之)는 사람들을 교화시킨 것입니다. 무성무취(無聲無臭)는 또한 천명의 성(性)과 실리의 근원을 지극히 하여 말한 것입니다.

대체로 이 『중용』의 대지는 오로지 실리의 본연을 발명하여 사람들이 이 실리를 가득 채워 망령됨이 없기를 바란 것입니다. 그러므로 그 말이 비록 많지만 그 추뉴는 성(誠) 한 글자에서 벗어나지 않습니다. 아! 그 의미가 깊습니다."

○〈或問〉曰 何以言誠爲此篇之樞紐也

曰 誠者 實而已矣 天命云者 實理之原也 性 其在物之實體 道 其當然之實用 而敎也者 又因其體用之實 而品節之也 不可離者 此理之實也 隱之見微之顯 實之存亡而不可揜者也 戒謹恐懼而愼其獨焉 所以實乎此理之實也 中和云者 所以狀此實理之體用也 天地位萬物育 則所以極此實理之功效也 中庸云者 實理之適可而平常者也 過與不及 不見實理而妄行者也 費而隱者 言實理之用廣而體微也 鳶飛魚躍 流動充滿 夫豈無實而有是哉 道不遠人以下 至於大舜文武周公之事孔子之言 皆實理應用之當然 而鬼神之不可揜 則又其發見之所以然也 聖人於此因以其無一毫之不實 而至於如此之盛 其示人也 亦欲其必以其實 而無一毫之僞也 蓋自然而實者 天也 必期於實者 人而天也 誠明以下累章之意 皆所以反復乎此 而語其所以至於正大經而

立大本 參天地而贊化育 則亦眞實無妄之極功也 卒章尙絅之云
又本其務實之初心而言也 內省者 謹獨克己之功 不愧屋漏者
戒謹恐懼而無己可克之事 皆所以實乎此之序也 時靡有爭 變也
百辟刑之 化也 無聲無臭 又極乎天命之性 實理之原而言也 蓋
此篇大指 專以發明實理之本然 欲人之實此理而無妄 故其言雖
多 而其樞紐不越乎誠之一言也 嗚呼 深哉

제21장

○어떤 사람이 성명(誠明)의 설을 물어 나는 아래와 같이 답하였다.

"정자(程子)의 여러 설은 모두 학자들이 전하여 기록한 것으로 내외의 도가 행하는 것으로써 성(誠)·명(明)을 삼은 것[270]은 친절하지 않은 듯합니다. 오직 '먼저 마음에서 그 점을 밝힌다'(先明諸心)라고 한 1조는[271] 지(知)로써 명(明)을 말하고 행(行)으로써 성(誠)을 말하여 옳습니다. 그 훈해는 곧 정자의 「안자소호하학론」(顏子所好何學論)에서 말한 것[272]으로 정자가 직접 쓴 글이니 또한 기록한 사람이 실수가 없을 수 없음을 알 수 있습니다.

장자(張子)의 설[273]은 대개 성(性)·교(敎)가 나누어진 것으로 학문의 두 길을 삼고서 성현의 등급을 논하지 않았기 때문에 성(誠)을 말미암아 명(明)에 이른다는 말이 있는 것입니다. 정자의 논변[274]이 비록 그 뜻을

---

270) 내외의……것: 대전본『중용혹문』소주에 실린 정자의 설에 "自其外者 學之而 得於內者 謂之明 自其內者 得之而兼於外者 謂之誠 誠與明 一也"라고 하였다.

271) 오직……1조는: 대전본『중용혹문』소주 정자의 설에 "君子之學 必先明諸心 知所往 然後力行 以求至 所謂自明而誠也 故學必盡其心 知其性 然後反而誠之 則聖人也"라고 하였다.

272) 그……것:『송원학안』권16에 수록된 정자의 「안자소호하학론」에 "君子之學 必先明諸心 知所養 然後力行以求至 所謂自明而誠也"라고 하였다.

273) 장자(張子)의 설: 대전본『중용혹문』소주에 실린 장자의 설에 "自誠明者 先盡 性 以至于窮理也 謂先自其性理會來 以至於理 自明誠者 先窮理 以至于盡性也 謂先從學問理會 以推達于天性也"라고 하였다.

얻었지만 장자가 말한 본의가 잘못된 까닭을 미처 궁구하지는 못했습니다. 정자가 '성(誠)은 곧 명(明)이다'라고 말한 것은 오류가 없을 수 없는 듯합니다.

여씨(呂氏)의 설[275]에 보이는 성(性)·교(敎) 두 글자는 본지를 얻었지만 성(誠) 자에 대해 '지극히 간결하고 지극히 쉬워 그 일이 없는 것을 행한다'는 것으로 해설한 것은 그 본지를 얻지 못한 듯합니다. 또한 성(性)·교(敎)에 대해 모두 '실연불역(實然不易)의 경지에 이르는 것'으로 말을 하였으니 '~에 이른다'〔至於〕라고 한 것은 성지(性之)의 일을 말한 것이 아니며, 불역(不易)이라 한 것도 실연(實然)의 설을 거듭 말한 것이 아닙니다. 그러나 그의 설은 유씨(游氏)·양씨(楊氏)의 설[276]보다 나은 점이 훨씬 많습니다."

○或問誠明之說

曰 程子諸說 皆學者所傳錄 其以內外道行爲誠明 似不親切 唯先明諸心一條 以知語明 以行語誠 爲得 其訓乃顔子好學論 中語 而程子之手筆也 亦可以見彼記錄者之不能無失矣 張子

---

274) 정자의 논변: 대전본 『중용혹문』 소주에 실린 정자의 설에 "張子言由明以至誠 此句却是言由誠以至明 則不然 誠卽明也"라고 하였다.

275) 여씨(呂氏)의 설: 대전본 『중용혹문』 소주에 실린 남전 여씨(藍田呂氏)의 설에 "自誠明 性之者也 自明誠 反之者也 自成德而言 聖人之所性也 反之者 自志學而言 聖人之所敎也 成德者 至于實然不易之地 理義皆此出也 天下之理 如目睹耳聞 不慮而知 不言而喩 此之謂誠則明 志學者 致知以窮天下之理 皆得卒亦至於實然不易之地 至簡至易 行其所無事 此之謂明則誠"이라고 하였다.

276) 유씨(游氏)·양씨(楊氏)의 설: 대전본 『중용혹문』 소주에 실린 광평 유씨(廣平游氏)의 설에 "自誠明 由中出也 故可名於性 自明誠 自外入也 故可名於敎 誠者 因性 故無不明 明者 致曲 故能有誠"이라 하였고, 구산 양씨(龜山楊氏)의 설에 "自誠而明 天之道也 故謂之性 自明而誠 人之道也 故謂之敎 天人一道 而心之所至 有差焉 其歸則無二致也 故曰誠則明矣 明則誠矣"라고 하였다.

蓋以性敎分 爲學之兩塗 而不以論聖賢之品第 故有由誠至明之
語 程子之辨 雖已得之 然未究其立言本意之所以失也 其曰誠
卽明也 恐亦不能無誤 呂氏性敎二字 得之 而於誠字 以至簡至
易 行其所無事 爲說 則似未得其本旨也 且於性敎 皆以至於實
然不易之地爲言 則至於云者 非所以言性之之事 而不易云者
亦非所以申實然之說也 然其過於游楊 則遠矣

제22장

○어떤 사람이 물었다. "지성(至誠)과 진성(盡性)에 관한 제가의 설은 어떠합니까?" 나는 아래와 같이 답하였다.

"정자(程子)는 자신을 극진히 하는 충(忠)과 남에게 극진히 하는 신(信)으로 진기성(盡其性)을 해석했는데, 이는 대체로 그 일을 따라 그 점을 극진히 말한 것으로 바른 해석이 아닙니다. 이 문장의 의미는 오늘날 글로 표현할 수가 없습니다. 정자는 찬천지지화육(贊天地之化育)을 논하면서 '찬조(贊助)로써 말할 수 없다'라고 하였고, 궁리하여 본성을 극진히 해서 천명에 이르는 것을 논하면서 '곧 궁리하는 것이 바로 천명에 이르는 것이다'라고 하였으니[277] 또한 의심할 만한 점이 있는 듯합니다.

대개 내가 시험 삼아 그 점을 논해보았습니다. 천하의 이치는 하나가 아닌 적이 없지만 그 분수(分殊)를 말하면 다르지 않은 적이 없습니다. 이것이 자연의 형세입니다. 대개 사람이 천지간에 태어나 천지의 기를 품부받았으니 그 몸은 곧 천지의 몸이고, 그 마음은 곧 천지의 마음입니다. 이치로써 말하면 이 어찌 두 가지 물체가 있겠습니까? 그러므로 모든 천하의 일은 사람이 하는 것과 같지만 그것을 행하는 소이(所以)는

---

277) 정자는……하였으니: 대전본 『중용혹문』 소주에 실린 정자의 설에 "贊者 參贊之義 先天而天弗違 後天而奉天時之類也 非謂贊助 只有一箇誠 何助之有 又曰如言窮理以至於命 以序言之 不得不然 其實 只是窮理便能盡性至命也"라고 하였다.

천지가 하는 것 아님이 없습니다. 더구나 성인은 의리에 순일하여 인욕의 사사로움이 없으니 성인이 하늘을 대신하여 만물을 다스리는 것은 곧 천지의 마음으로써 천지의 화육을 돕는 것으로 더욱 피차의 간격이 있음을 볼 수 없습니다.

그 분수로써 말한다면 하늘이 행하는 바는 참으로 사람이 미칠 수 있는 바가 아닙니다. 그리고 사람이 하는 것도 천지가 미칠 수 없는 점이 있습니다. 그러니 그 일이 참으로 같지 않습니다. 다만 분수의 형상은 사람이 모르지만 이치가 하나로 귀결되는 점은 대부분 살피지 못합니다. 그러므로 정자의 말씀[278]은 이일(理一)의 의미를 발명한 것이 많으며, 분수에 대해 언급한 것은 적습니다. 대개 억제하고 드러내는 형세가 그렇게 하지 않을 수 없었던 것입니다. 그러나 그 형평을 조금 잃은 점이 없지 않습니다.

오직 그 이른바 '단지 일리(一理)로 천(天)·인(人)이 하는 바는 각자 분수가 있다'라고 한 것은 치우치지 않고 온전히 갖추어진 설이 됩니다. 그러나 독자는 그 점을 살피지 못합니다. '궁리해서 천명에 이르며, 사람의 본성을 극진히 해서 다른 생명체의 본성을 극진히 한다'라고 한 설에 이르러서는 정자와 장자의 논설에 다른 점이 있지만 또한 이로써 미루어보면 그 설이 애초 매우 다르지 않습니다.

대개 이치로써 말하면 정조(精粗)·본말(本末)이 애초 두 가지로 이르는 것이 없으니 참으로 점진적인 차례가 있음을 용납하지 않습니다. 그러니 정자의 논설과 같아야 합니다. 그러나 만약 그 일로써 말하면 그 친

---

278) 정자의 말씀: 대전본 『중용혹문』 소주에 실린 정자의 설에 "自人而言之 從盡其性 至盡物之性 然後可以贊天地之化育 可以與天地參矣 言人盡性 所造如是 若只是至誠 更不須論所謂人者天地之心 及天聰明 止謂只是一理 而天人所爲 各自有分"이라고 하였다.

소(親疎)·원근(遠近)·심천(深淺)·선후(先後)가 구별이 없음을 용납하지 않습니다. 그러니 장자의 말씀과 같아야 합니다.

여씨(呂氏)·유씨(游氏)·양씨(楊氏)의 설은 모두 좋습니다만, 여씨의 설이 더욱 확실합니다. 양씨의 설 가운데 '만물이 모두 나에게 갖추어졌다'라고 한 것[279]은 또한 앞 장의 격물치지하고 자신을 성(誠)하게 하는 의미입니다. 그러나 이 장에서 그 점을 논하면 자신에게 돌이켜 구하는 것이니 또한 말하기 부족한 점이 있어 서로 그 본의를 잃게 됩니다."

○或問 至誠盡性諸說 如何

曰 程子 以盡己之忠 盡物之信 爲盡其性 蓋因其事而極言之 非正解 此文之意 今不得而錄也 其論贊天地之化育 而曰不可以贊助言 論窮理盡性 以至於命 而曰即窮理 便是至於命 則亦若有可疑者 蓋嘗竊論之 天下之理 未嘗不一 而語其分 則未嘗不殊 此自然之勢也 蓋人生天地之間 稟天地之氣 其體即天地之體 其心即天地之心 以理而言 是豈有二物哉 故凡天下之事 雖若人之所爲 而其所以爲之者 莫非天地之所爲也 又況聖人純於義理 而無人欲之私 則其所以代天而理物者 乃以天地之心 而贊天地之化 尤不見其有彼此之間也 若以其分言之 則天之所爲固非人之所及 而人之所爲 又有天地之所不及者 其事固不同也 但分殊之狀 人莫不知 而理之一致 多或未察 故程子之言 發明理一之義多 而及於分殊者少 蓋抑揚之勢 不得不然 然亦不無少失其平矣 唯其所謂只是一理而天人所爲各自有分 乃爲全備

---

279) 양씨의……것: 대전본 『중용혹문』소주에 실린 구산 양씨(龜山楊氏)의 설에 "孟子曰 萬物皆備於我 則數雖多 反而求之於吾身 可也 故曰 盡己之性 則能盡人之性 盡人之性 則能盡物之性 以己與人物性 無二故也"라고 하였다.

而不偏 而讀者 亦莫之省也 至於窮理至命盡人盡物之說 則程
張之論 雖有不同 然亦以此而推之 則其說初亦未嘗甚異也 蓋
以理言之 則精粗本末 初無二致 固不容有漸次 當如程子之論
若以其事而言 則其親疎遠近淺深先後 又不容於無別 當如張子
之言也 呂游楊說 皆善 而呂尤確實 楊氏萬物皆備云者 又前章
格物誠身之意 然於此論之 則反求於身 又有所不足言也 胥失
之矣

제23장

○어떤 사람이 치곡(致曲)의 설을 물어 나는 아래와 같이 답하였다.

"사람의 본성은 같지만 품부받은 형기(形氣)는 다릅니다. 그 본성으로
부터 말하면 사람은 어린아이 때부터 성인의 자질을 모두 온전히 갖추
지만 그 형기로써 말하면 성인만 그 온전한 본체를 능히 들어 어느 것인
들 극진히 하지 않음이 없게 됩니다. 위의 장에서 말한 바 지성(至誠)과
진성(盡性)이 그것입니다. 그 차등은 선단(善端)이 발한 것이 품부받은
자질이 후한가 박한가에 따라서 인(仁)하기도 하고 의(義)하기도 하고
효(孝)하기도 하고 공경[弟]하기도 하여 같을 수 없습니다. 스스로 각자
한쪽으로 치우치게 발현한 것을 인하여 하나하나 미루어 나가 그 궁극
에 이르러 박한 것으로 하여금 후하게 하고 다른 것으로 하여금 같게 하
지 않으면 전체를 관통하여 그 처음을 회복함이 있을 수 없으니 곧 이 장
에서 이른바 '치곡'이라고 한 것과 맹자가 이른바 '그 사단(四端)을 확
충한다'라고 한 것이 그것입니다.

정자(程子)의 말씀은 대의가 이와 같습니다. 다만 정자가 논한 것이
상세하지 않고, 또 양유기(養由基)[280]의 활쏘기로 설을 폈습니다.[281] 그

---

280) 양유기(養由基): 춘추시대 초나라 사람으로 활을 잘 쏘는 사람이다. 『춘추좌
　　씨전』 성공(成公) 16년조에 보인다.
281) 정자가……폈습니다: 대전본 『중용혹문』 소주 정자의 설에 "曲 偏曲之謂 非大
　　道也 曲能有誠 就一事中 用志不分 亦能有誠 且如技藝上 可見 如養由基射之類

러므로 그 기질이 치우치고 후한 바를 미루어 극진히 하기만을 전적으로 힘쓸 뿐 일에 따라 힘을 기울임이 없다는 의심이 있으니 전체적으로 모든 선을 다 거론한 의미가 있습니다. 또 정자는 '형'(形)을 『논어』의 '충신(忠信)·독경(篤敬)이 서 있을 때에는 앞에 나타나고, 수레를 탔을 때에는 눈앞에 가로놓인 막대기에 보인다'[282]라고 한 것과 '이미 나의 재주를 다하자 선 것이 우뚝함이 있는 듯하였다'[283]라고 한 의미로 삼았으니[284] 이는 자기가 스스로 본 것으로 남과는 무관한 것이라고 여긴 듯합니다. 그러니 어찌 기록한 사람이 소략하게 하여 잘못한 것이 아니겠습니까? 명(明)·동(動)·변(變)·화(化)에 대한 설은 고칠 것이 없습니다.

장자(張子)의 설은 명(明)을 겸조(兼照)라 하고, 동(動)을 사의(徙義)라 하고, 변(變)을 통변(通變)이라 하고, 화(化)를 무체(無滯)라 하였으니[285] 모두 내면에서 진보하는 점으로써 말하여 그 본지를 잃었습니다. 대개 덕에 나아가는 차서는 안으로부터 밖에 도달하는 것이 이치의 자연스러운 것입니다. 위의 장에서 말한 것과 같은 경우도 자기로부터 다른 사람에게로, 사람에게서 다른 생명체에게로 확대되는데, 거기에는 각각 차서가 있으니 응당 내면만 전적으로 말하여 그 외면을 빠뜨린 것은

是也"라고 하였다.
282) 이 내용은 『논어』 「위령공」 제6장에 보인다.
283) 이 내용은 『논어』 「자한」에 보이는데, 안회(顏回)가 공부를 하여 도달한 경지를 말한 것이다.
284) 정자는……삼았으니: 대전본 『중용혹문』 소주에 실린 정자의 설에 "誠則形 誠然後便有物 如立則見其參於前 在輿則見其倚於衡 如有所立卓爾 皆若有物 方見如無形 是見何物也"라고 하였다.
285) 장자(張子)의……하였으니: 대전본 『중용혹문』 소주에 실린 장자의 설에 "致曲不貳 則德有定體 體象誠定 則文節著見 一曲致文 則餘善兼照 明能兼照 則必將徙義 誠能徙義 則德自通變 能通其變 則圓神無滯"라고 하였다.

아닐 것입니다. 또한 내면에서 진보하는 절목에도 어찌 이처럼 번거롭고 촉급할 수 있겠습니까?

유씨(游氏)의 설도 옳지만 치곡(致曲) 두 글자를 설명한 것[286)]이 다르니 이는 본의가 아닙니다.

양씨(楊氏)의 설[287)]은 이미 광휘(光輝)가 밖으로 드러나는 것을 명(明)으로 해석하고 제21장의 명즉성의(明則誠矣)를 인용하였으니 명(明)을 통명(通明)의 명(明)으로 해석한 듯하며, 학명자화(鶴鳴子和)[288)]를 동(動)으로 해석하고 또 화(化)는 학문(學問)과 독행(篤行)으로 미칠 바가 아니라고 하였으니 화(化)를 대이화지(大而化之)[289)]의 화(化)로 해석한 듯합니다. 이는 그 문장의 의미가 서로 접속되지 않으며, 명(明)과 동(動) 사이에 본문의 내용 외에 별도로 무물불성(無物不誠) 한 구절을 넣어 지성(至誠)이 만물을 감동시킨다는 의미로 나아갔으니 더욱 이해할 수 없습니다. 지금 그 문제점을 다 드러낼 수 없으나 또한 분변하지 않을 수 없습니다.ˮ

---

286) 유씨(游氏)의……것: 대전본 『중용혹문』 소주에 실린 광평 유씨의 설에 “臨行而必擇不敢徑行也 故曰致曲 曲折而反諸心也ˮ라고 하였다.

287) 양씨(楊氏)의 설: 대전본 『중용혹문』 소주에 실린 구산 양씨의 설에 “能盡其性者 誠也 其次致曲者 誠之也 學問思辨而篤行之 致曲也 用志不分 故能有誠 誠於中形於外 參前倚衡 不可揜也 故形 形則有物 故著 著則先輝發於外 故明 明則誠矣 未有誠而不動 動而不變也 鶴鳴在陰 其子和之 非動乎 曲能有誠 在一曲也 明則誠矣 無物不誠也 至於化 則非學問思辨篤行之所及也 故唯天下至誠 爲能化ˮ 라고 하였다.

288) 학명자화(鶴鳴子和): 이 문구는 『주역』 중부괘(中孚卦) 구이효사(九二爻辭)의 “鶴鳴在陰 其子和之ˮ를 줄여 쓴 것이다.

289) 대이화지(大而化之): 이 문구는 『맹자』 「진심 하」에 보이는 것으로 성(聖)을 말한다.

○或問致曲之說

曰 人性雖同 而氣稟或異 自其性而言之 則人自孩提 聖人之質 悉已完具 以其氣而言之 則惟聖人爲能舉其全體 而無所不盡 上章所言至誠盡性 是也 若其次 則善端所發 隨其所稟之厚薄 或仁或義 或孝或弟 而不能同矣 自非各因其發見之偏 一一推之 以至乎其極 使其薄者厚而異者同 則不能有以貫通乎全體而復其初 即此章所謂致曲 而孟子所謂擴充其四端者 是也 程子之言 大意如此 但其所論不詳 且以由基之射爲說 故有疑於專務推致其氣質之所偏厚 而無隨事用力 悉有衆善之意 又以形爲參前倚衡 所立卓爾之意 則亦若以爲己之所自見而無與於人也 豈其記者之略而失之與 至於明動變化之說 則無以易矣 若張子之說 以明爲兼照 動爲徙義 變爲通變 化爲無滯 則皆以其進乎內者言之 失其旨矣 蓋進德之序 由中達外 乃理之自然 如上章之說 亦自己而人 自人而物 各有次序 不應專於內 而遺其外也 且夫進乎內之節目 亦安得如是之繁促哉 游氏說 亦得之但說致曲二字 不同 非本意耳 楊氏既以光輝發外爲明矣 而又引明則誠矣 則似以明爲通明之明 既以鶴鳴子和爲動矣 而又曰化非學問篤行所及 則似以化爲大而化之之化 此其文意 不相承續 而於明動之間 本文之外 別生無物不誠一節 以就至誠動物之意 尤不可曉 今固不能盡錄 然亦不可不辨也

제24장

○어떤 사람이 지성여신(至誠如神)의 설을 물어 나는 아래와 같이 답하였다.

"여씨(呂氏)의 설[290]이 옳습니다. 그가 동호사체(動乎四體)를 논하면서 위의(威儀)의 법칙으로 해석한 것은 더욱 확실한 설이 됩니다.

유씨(游氏)의 설[291]에 '심(心)은 기(氣)에 합하고, 기는 신(神)에 합한다'라고 한 것은 유학자의 말이 아닙니다. 또한 심(心)은 형체가 없고 기(氣)는 물체가 있으니 어떻게 도리어 이로써 묘(妙)함을 삼을 수 있겠습니까?

정자의 '쓰면 바로 둘에 가깝다'라고 한 논설[292]은 대개 촉산(蜀山) 사람 동오경(董五經)의 무리 중에 앞일을 미리 안 자가 있었던 것처럼

---

290) 여씨(呂氏)의 설: 대전본『중용혹문』소주에 실린 남전 여씨의 설에 "至誠 與天地同德 與天地同德 則其氣化運行 與天地同流矣 輿亡之兆 禍福之來 感於吾心 動於吾氣 如有萌焉 無不前知 況乎誠心之至 求乎蓍龜 而蓍龜告 察乎四體 而四體應 所謂莫見乎隱 莫顯乎微者也 此至誠所以達乎神明而無間 故曰至誠如神 動乎四體 如傳所謂威儀之則 以定命者也"라고 하였다.

291) 유씨(游氏)의 설: 대전본『중용혹문』소주에 실린 광평 유씨의 설에 "至誠之道 精一無間 心合於氣 氣合於神 無聲無臭 而天地之間 物莫得以遁其形矣 不旣神矣乎"라고 하였다.

292) 정자의……논설: 대전본『중용혹문』소주에 실린 정자의 설에 "人固可以前知 然其理須是用則知 不用則不知 知不如不知之愈 盖用便近二 所以釋子謂又不是 野狐精也"라고 하였다.

이단의 설을 따랐기 때문에[293] 그 일에 나아가 그 우열을 논한 것이지 지혜를 쓰지 않아서 알지 못하는 것을 참으로 귀히 여길 만한 것으로 삼아 지성(至誠)이 앞일을 미리 아는 것보다 훌륭하게 여긴 것은 아닙니다.

지성이 앞일을 미리 아는 것은 곧 그 사리의 조짐이 이미 나타난 것을 통해 아는 것으로서 이른바 '남이 나를 속일까를 미리 생각하지 말고, 남이 나의 말을 믿지 않을까를 미리 억측하지 않으나 항상 그런 의도를 미리 깨닫는다'[294]라고 한 것과 같으니 술수로 미루어 징험하는 번거로움이나 상상하여 추측하는 사사로움이 있는 것이 아닙니다. 그러니 또한 어찌 그가 신과 하나가 되는 데 해롭겠습니까?"

○或問至誠如神之說

曰 呂氏得之矣 其論動乎四體 爲威儀之則者 尤爲確實 游氏心合於氣 氣合於神之云 非儒者之言也 且心無形而氣有物 若之何而反以是爲妙哉 程子用便近二之論 蓋因異端之說 如蜀山人董五經之徒 亦有能前知者 故就之而論其優劣 非以其不用而不知者 爲眞可貴 而賢於至誠之前知也 至誠前知 乃因其事理朕兆之已形而得之 如所謂不逆詐不億不信而常先覺者 非有術數推驗之煩 意想測度之私也 亦何害其爲一哉

---

293) 촉산(蜀山)……때문에: 대전본『중용혹문』소주에 "又嵩山有董五經 隱者也 程子聞其名 謂其亦窮經之士 特往造焉 董乎日未嘗出 是日不値 還至中途 遇一老人負茶果以歸 且曰 君非程先生乎 程子異之 曰先生欲來 信息甚大 某特入城 置少茶果 將以奉待也 程子以其誠意 復同至其舍 語甚款 亦無大過人者 但久不與物接 心靜而明矣"라고 하였다.
294) 이 문장은『논어』「헌문」제33장에 보인다.

제25장

○어떤 사람이 제25장의 설을 물어 나는 아래와 같이 답하였다.

"자성(自成)과 자도(自道)는 정자(程子)의 설[295]과 같아야 아래 문장과 상응이 됩니다. 유씨(游氏)와 양씨(楊氏)의 설[296]은 모두 기다림이 없이 그러한 것으로써 이 구절을 논했는데, 그 설이 고상하지만 이 문장에서는 타당한 점이 없게 되며, 또 그것은 노장(老莊)의 영향을 받은 말입니다.

성자 물지종시 불성무물(誠者 物之終始 不誠無物)의 뜻도 정자의 말씀만 지당한 설이 됩니다. 그러나 그 말이 너무 소략합니다. 그러므로 독자들은 혹 알 수가 없으니 그 점을 미루어 말하고자 합니다. 대개 성(誠)이라는 말은 '가득 채운다'[實]는 뜻일 따름입니다. 그러나 이『중용』의 성(誠)은 이치의 실리로써 말한 점이 있으니 '성(誠)은 숨길 수 없다'(誠不可揜)라고 말한 것과 같은 유형이 그것입니다. 또 성(誠)은 마음의 실리로써 말한 점이 있으니 '자신에게 돌이켜 성실하지 않으면'(反身不誠)[297]이라고 말한 것과 같은 유형이 그것입니다. 독자들이 각자 그 문

---

295) 정자(程子)의 설: 대전본『중용혹문』소주에 실린 정자의 설에 "誠者自成 如至誠事親 則成人子 至誠事君 則成人臣"이라고 하였다.

296) 유씨(游氏)와……설: 대전본『중용혹문』소주에 실린 광평 유씨의 설에 "誠者 非有成之者 自成而已 其爲道 非有道之者 自道而已 自成自道 猶言自本自根也"라 하였고, 구산 양씨의 설에 "誠自成 道自道 無所待而然也"라고 하였다.

297) 이 문구는『맹자』「이루 상」제12장에 보인다.

장의 의미가 가리키는 바를 따라 그 의미를 찾으면 그 뜻을 각각 얻을 것입니다.

이 장에 이른바 성자 물지종시 불성무물(誠者 物之終始 不誠無物)이라고 한 것은 이치로써 말하면 천지의 이치가 지극히 실(實)하여 한순간도 망령됨이 없기 때문에 예로부터 지금까지 하나의 생물도 실하지 않음이 없으며, 한 생물 안에서도 처음부터 끝까지 모두 실리(實理)가 하는 것이요, 마음으로써 말하면 성인의 마음은 지극히 실하여 한순간도 망령됨이 없기 때문에 태어나면서부터 죽을 때까지 한 가지 일도 실하지 않음이 없으며, 한 가지 일 속에서도 처음부터 끝까지 실심(實心)이 하는 것입니다. 이것이 바로 이른바 성자 물지종시(誠者 物之終始)라는 것이 그러한 것입니다.

아직 성인의 경지에 이르지 못한 사람으로서 그 본심이 실한 사람일지라도 실심(實心)이 끊어짐을 면치 못하니 실제로 그 초심을 소유한 처음부터 아직 실심이 끊어지기 전까지는 행하는 바가 실하지 않음이 없지만 실심이 끊어지게 되면 끊어진 뒤부터 다시 실심에 접속하지 않을 때까지는 무릇 말하고 행동하는 것 모두가 말할 만한 실(實)이 없게 됩니다. 비록 그런 일이 있을지라도 없는 것과 다를 것이 없습니다. 공자께서 안연(顔淵)에 대해 '석 달 동안 인(仁)을 어기지 않았다'(三月不違仁)[298] 라고 하신 말씀과 같은 경우, 석 달 동안 하는 바가 모두 실(實)하였지만 석 달 뒤에는 실(實)이 없음을 면치 못했다는 것이니 이는 대개 인(仁)을 어기지 않은 처음부터 끝까지가 곧 그 일[事]의 종시(終始)인 것입니다. 그리고 나머지 제자들에 대해서는 '하루에 한 번 또는 한 달에 한 번 인(仁)을 어기지 않는 데 이르렀을 뿐이다'(日月至焉)[299] 라고 하신 것은

---

298) 이 문구는 『논어』「옹야」제6장에 보인다.

그 때에 이르러 행하는 바가 모두 실(實)하지만 그 뒤로는 실(實)이 없음을 면치 못하였다는 말이니 이는 대개 인(仁)을 어기지 않는 데 이른 처음부터 끝까지가 그 물(物)의 종시인 것입니다. 이것이 이른바 불성무물(不誠無物)이라는 것이 그러한 것입니다.

이로써 말한다면 하늘에 있는 것은 본디 실(實)하지 않을 이(理)가 없습니다. 그러므로 이(理)에서 태어나는 모든 생명체는 반드시 이 이(理)를 갖게 되며, 바야흐로 생명체가 있게 되면 이 이(理)가 없이 단지 실(實)하지 않은 생명체만 있는 경우는 아직까지 없었습니다. 그러나 사람에게 있는 것은 혹 실(實)하지 않은 마음이 있을 수 있습니다. 마음에서 나온 모든 물사(物事)는 반드시 이 마음의 실(實)을 가지고 있어야 그 물사의 실(實)을 소유하게 되니 그 마음의 실(實)이 없으면서 능히 그 물사의 실(實)을 소유한 경우는 아직까지 없습니다. 정자가 이른바 철두철미(徹頭徹尾)라고 한 말씀[300]이 대체로 이와 같습니다.

그 나머지 사람들의 여러 설은 대체로 모두 성(誠)이 하늘에 있는 것이 실리(實理)가 되는 줄만 알고, 성(誠)이 사람에 있는 것이 실심(實心)이 되는 줄 모른 것입니다. 그러므로 설을 편 것이 너무 고원하며 왕왕 상호 어긋나 경문(經文)의 본의를 잃는 데 이르렀습니다. 그러니 정히 사랑[愛]이 인(仁)을 극진히 하기에 부족한 줄만 안 것과 같아 모든 인(仁)을 말한 경우 마침내 훈해할 만한 글자가 없는 데에 이르렀으니 그 또한 잘못입니다.

여씨(呂氏)가 자공(子貢)·자사(子思)가 말한 바의 다른 점을 논한 것[301]은 또한 좋습니다만 오히려 미진한 점이 있습니다. 대개 자공의 말

---

299) 이 문구도 『논어』 「옹야」 제6장에 보인다.
300) 정자가……말씀: 대전본 『중용혹문』 소주에 실린 정자의 설에 "誠者 物之終始 猶俗語徹頭徹尾 不誠 更有甚物也"라고 하였다.

은 지(知)를 주로 했고, 자사의 말은 행(行)을 주로 했습니다. 그러므로 그 소중한 바에 각각 나아가 빈주(賓主)의 구분이 있게 된 것이니 성덕(成德)·입덕(入德)의 다름이 될 뿐만이 아닙니다.

양씨(楊氏)의 설[302]은 물지종시(物之終始)를 곧장 천행(天行) 두 글자로 훈해하였는데, 이는 대체로 『주역』의 '끝나면 시작이 있으니 천행(天行)이다'(終則有始 天行也)[303]라고 한 말에 근본하여 빌려 의탁한 것으로 발명(發明)한 바가 없습니다. 양씨의 말에는 대개 이와 같은 점이 많으니 경문을 해설한 큰 병폐 중 가장 심합니다. 그가 또 '성(誠)하면 드러나 물(物)이 있고, 불성(不誠)하면 거두어 물(物)이 없다'라고 한 설도 온당하지 않습니다. 성(誠)의 물(物)이 있음은 드러나길 기다려 있는 것이 아니며, 불성(不誠)의 물(物)이 없음도 거두기를 기다린 뒤에 없는 것이 아닙니다. 또 그가 '오히려 사계절의 운행이 그치면 성물(成物)의 공이 없어진다'라고 한 것은 대개 거둔 뒤에 물(物)이 없다는 의미이며, 또 곧장 하늘에는 실(實)하지 않음이 없다는 이치로써 사람에게 실(實)하지 않은 마음이 있음을 비유한 것은 비유를 취함이 친절하지 않습니다. 사계절의 운행이 어찌 때로 그치는 것이 있겠습니까?"

○或問二十五章之說

---

301) 여씨(呂氏)가……것: 대전본 『중용혹문』 소주에 실린 남전 여씨의 설에 "子貢曰 學不厭 智也 敎不倦 仁也 學不厭 所以成己 此則成己爲仁 敎不倦 所以成物 此則成物爲智 何也 夫盡己性以成己 則仁之體也 推是以成物 則智之事也 自成德而言也 學不厭 所以致吾知 敎不倦 所以廣吾愛 自入德而言也 此子思子貢之言 所以異也"라고 하였다.

302) 양씨(楊氏)의 설: 대전본 『중용혹문』 소주에 실린 구산 양씨의 설에 "其爲物終始 天行也 誠則形 形故有物 不誠而著乎僞 則有作輟 故息 息則無物矣 由四時之運已 則成物之功廢 尙何終始之有 故以智則不察 以行則不著 以進德則不可久 以修業則不可大 故君子唯誠之爲貴"라고 하였다.

303) 이 문구는 『주역』 고괘(蠱卦) 「단사」(彖辭)에 보인다.

曰 自成自道 如程子說 乃與下文相應 游楊 皆以無待而然論
之 其說雖高 然於此 為無所當 且又老莊之遺意也 誠者物之終
始不誠無物之義 亦惟程子之言為至當 然其言太略 故讀者 或
不能曉 請得而推言之 蓋誠之為言 實而已矣 然此篇之言 有以
理之實而言者 如曰誠不可揜之類 是也 有以心之實而言者 如
曰反身不誠之類 是也 讀者 各隨其文意之所指 而尋之 則其義
各得矣 所謂誠者物之終始 不誠無物者 以理言之 則天地之理
至實 而無一息之妄 故自古及今 無一物之不實 而一物之中 自
始至終 皆實理之所為也 以心言之 則聖人之心 亦至實 而無一
息之妄 故從生至死 無一事之不實 而一事之中 自始至終 皆實
心之所為也 此所謂誠者 物之終始者 然也 苟未至於聖人 而其
本心之實者 猶未免於間斷 則自其實有是心之初 以至未有間斷
之前 所為無不實者 及其間斷 則自其間斷之後 以至未相接續
之前 凡所云為 皆無實之可言 雖有其事 亦無以異於無有矣 如
曰三月不違 則三月之間 所為皆實 而三月之後 未免於無實 蓋
不違之終始 即其事之終始也 日月至焉 則至此之時 所為皆實
而去此之後 未免於無實 蓋至焉之終始 即其物之終始也 是則
所謂不誠無物者 然也 以是言之 則在天者 本無不實之理 故凡
物之生於理者 必有是理 方有是物 未有無其理而徒有不實之物
者也 在人者 或有不實之心 故凡物之出於心者 必有是心之實
乃有是物之實 未有無其心之實而能有其物之實者也 程子所謂
徹頭徹尾者 蓋如此 其餘諸說 大抵 皆知誠之在天為實理 而不
知其在人為實心 是以 為說太高 而往往至於交互差錯 以失經
文之本意 正猶知愛之不足以盡仁 而凡言仁者 遂至於無字之可
訓 其亦誤矣

428

呂氏所論子貢子思所言之異亦善 而猶有未盡者 蓋子貢之言
主於知 子思之言 主於行 故各就其所重 而有賓主之分 亦不但
爲成德入德之殊而已也 楊氏說 物之終始 直以天行二字爲解
蓋本於易終則有始天行也之說 假借依託 無所發明 楊氏之言
蓋多類此 最說經之大病也 又謂誠則形 而有物不誠則輟而無
物 亦未安 誠之有物 蓋不待形而有 不誠之無物 亦不待其輟而
後無也 其曰猶四時之運已則成物之功廢 蓋亦輟而後無之意 而
又直以天無不實之理 喻夫人有不實之心 其取譬也 亦不親切矣
彼四時之運 夫豈有時而已者哉

제26장

○어떤 사람이 제26장의 설을 물어 나는 아래와 같이 답하였다.

"이 장의 설은 가장 번잡한 것이 됩니다. 유씨(游氏)·양씨(楊氏)가 무식(無息)과 불식(不息)을 논변한 것과 같은 설[304]은 그렇지 않은 듯합니다. 만약 그들의 말과 같다면 불식즉구(不息則久) 이하는 어떤 지위에 이른 뒤에 무식이 되겠습니까?

유씨는 또 득일(得一)로써 불이(不貳)의 의미를 형용하였는데,[305] 또한 가차(假借)한 유형입니다. 글자가 비록 정밀하지만 의미는 소활합니다.

여씨(呂氏)가 이른바 '그 명(命)을 그치지 않고, 그 덕을 그치지 않는다'라고 한 설[306]은 의미가 어긋남이 없지만 말에는 또한 병폐가 있습니다. 대체로 천도와 성인이 그치지 않는 까닭은 모두 실리(實理)가 저절

---

304) 유씨(游氏)⋯⋯설: 대전본『중용혹문』소주에 실린 광평 유씨의 설에 "至誠無息 天行健也 若文王之德之純 是也 未能無息而不息者 君子之自彊也 若顔子之三月不違仁 是也"라고 하였으며, 구산 양씨의 설에 "無息者 誠之體也 不息 所以體誠也"라고 하였다.

305) 유씨는⋯⋯형용하였는데: 대전본『중용혹문』소주에 실린 광평 유씨의 설에 "其爲物不貳 天地之得一也 一則不已 故載萬物 雕刻象形而莫知其端也 故生物不測"이라고 하였다.

306) 여씨(呂氏)가⋯⋯설: 대전본『중용혹문』소주에 실린 남전 여씨의 설에 "天之所以爲天 不已其命而已 聖人之所以爲聖 不已其德而已 其爲天人德命則異 其所以不已則一 故聖人之道 可以配天者 如此而已"라고 하였다.

로 그러하기 때문입니다. 비록 그치려고 해도 그렇게 할 수가 없습니다. 그런데 지금 '그 명(命)을 그치지 않고, 그 덕을 그치지 않는다'라고 말한다면 그치지 않는 데에 의미가 있게 되니 성인과 천도가 저절로 그러한 점을 밝히는 말이 아닙니다.

또 여씨는 하늘의 밝고 밝은 별들을 축적해 무궁한 데에 이른 것으로써 사람이 자기 양심을 충만히 하여 천지와 덕을 합하는 데 이르는 것을 비유하였으니[307] 의미는 매우 좋습니다. 그러나 이 장에 이른바 '지성이 쉼이 없어 박후(博厚)하고 고명(高明)한 데에 이른다'라고 한 말은 곧 성인이 그 도를 오래 지속해 천하에 교화가 이루어지는 일을 말한 것이며, 이 장에서 이른바 '축적하여 이루어진 것'이라는 말은 곧 기상(氣象)과 공효(功效)를 말한 것으로 정씨(鄭氏)가 이른바 '지성의 덕이 사방에 드러난 것이다'[308]라고 한 것이 그것이지, 자기에게 있는 덕이 축적되기를 기다린 뒤에 이루어진다는 것을 말한 것이 아닙니다. 그러므로 마지막 장에 문왕(文王)의 시를 인용하여 그 점을 증명한 것이니 어찌 점차적으로 축적함을 말한 것이겠습니까? 만약 여씨의 설과 같다면 이는 쉼이 없음을 인한 뒤에야 성(誠)에 이르고, 그치지 않음을 말미암은 뒤에야 천도에 순일(純一)하게 되는 것이니 그 본지를 잃은 것입니다.

---

307) 여씨는……비유하였으니: 대전본 『중용혹문』 소주에 실린 남전 여씨의 설에 "雖天之大 昭昭之多而已 雖地之廣 撮土之多而已 山之一卷 水之一勺 亦猶是矣 其所以高明博厚神明不測者 積之之多而已 今夫人之有良心也 莫非受天地之中 是爲可欲之善 不充之 則不能與天地相似 而至乎大 大而不化 則不能不勉不思 與天地合德 而至于聖 然所以至于聖者 充其良心 德盛仁熟 而後爾也 故曰 過此以往 未之或知也 窮神知化 德之盛也 如指人之良心 而責之與天地合德 猶指撮土而求其載華嶽振河海之力 指一勺而求其生蛟龍殖貨財之功 是亦不思之甚也"라고 하였다.
308) 이 문구는 『중용장구』 제26장 주자의 주에 인용되어 있다.

양씨(楊氏)의 설에 '천(天)으로써 동(動)하기 때문에 쉼이 없는 것이다'라는 말이 있는데,[309] 그 말은 매우 좋습니다. 그런데 그가 '천지의 도와 성인의 덕은 두 가지로 이루어짐이 없다'라고 한 것은 단지 성인의 일을 논한 것일 뿐인데, 그 뒤에 또 경문의 천지지도 가일언이진야(天地之道 可一言而盡也)를 이어 말했으니[310] 이는 대개 경문의 이 문구가 말의 단서를 바꾸는 것인 줄 모른 것입니다. 그는 심지어 '하늘이 하늘이 된 까닭과 문왕이 문(文)이라는 시호를 받게 된 까닭이 모두 불이(不已)에 근원한다'라고 하였으니[311] 이는 또한 여씨의 설이 잘못된 것과 같습니다.

대저 성현의 말씀은 내외(內外)·정조(精粗)에 각각 마땅한 바가 있어 극치가 아닌 것이 없습니다. 근세의 유학자들은 그 점을 혹 살피지 못하여 바깥에서 모두 끌어다가 안에 집어넣으려 하고, 거친 것에서 모두 미루어 정밀한 데에 이르려고 하였습니다. 〈제23장〉 치곡장(致曲章)의 명(明)·동(動)·변(變)·화(化) 및 이 장의 박후(博厚)·고명(高明)과 같은 경우는 대체로 그 번쇄하고 천착함을 이기지 못하여 그 본지에 잘못된 점이 더욱 심합니다. 그러니 학자들은 이 점을 살피지 않아서는 안 됩니다."

○或問二十六章之說

---

309) 양씨(楊氏)의……있는데: 대전본『중용혹문』소주에 실린 구산 양씨의 설에 "誠自成 非有假於物也 而其動以天 故無息"이라고 하였다.

310) 그가……말했으니: 대전본『중용혹문』소주에 실린 구산 양씨의 설에 "然天地之道 聖人之德 其爲覆載成物之功 則無二致焉 故又曰 天地之德 可一言而盡也 所謂一者 誠而已 互相明也"라고 하였다.

311) 그는……하였으니: 대전본『중용혹문』소주에 실린 구산 양씨의 설에 "誠之一言 足以盡之不息之積也 若夫擇善而不能固執之 若存若亡 而欲與天地合德 其可乎 故又繼之天之所以爲天 文王之所以爲文 皆原於不已"라고 하였다.

曰 此章之說 最爲繁雜 如游楊無息不息之辨 恐未然 若如其言 則不息則久以下 至何地位 然後爲無息耶 游氏 又以得一形容不二之意 亦假借之類也 字雖密 而意則疎矣 呂氏所謂不已其命 不已其德 意雖無爽 而語亦有病 蓋天道聖人之所以不息 皆實理之自然 雖欲已之 而不可得 今曰不已其命 不已其德 則是有意於不已 而非所以明聖人天道之自然矣 又以積天之昭昭 以至於無窮 譬夫人之充其良心 以至於與天地合德 意則甚善 而此章所謂至誠無息 以至於博厚高明 乃聖人久於其道而天下化成之事 其所積而成者 乃其氣象功效之謂 若鄭氏所謂至誠之德 著於四方者 是已 非謂在已之德 亦待積而後成也 故章末 引文王之詩 以證之 夫豈積累漸次之謂哉 若如呂氏之說 則是因無息然後至於誠 由不已然後純於天道也 失其旨矣 楊氏動以天故無息之語 甚善 其曰 天地之道 聖人之德 無二致焉 顧方論聖人之事 而又曰 天地之道 可一言而盡 蓋未覺其語之更端耳 至謂天之所以爲天 文王之所以爲文 皆原於不已 則亦猶呂氏之失也 大抵 聖賢之言 內外精粗 各有攸當 而無非極致 近世諸儒 乃或不察乎此 而於其外者 皆欲引而納之於內 於其粗者 皆或推而致之於精 若致曲之明動變化 此章之博厚高明 蓋不勝其煩碎穿鑿 而於其本指 失之愈遠 學者 不可以不察也

제27장

○어떤 사람이 제27장의 설을 물어 나는 아래와 같이 답하였다.

"정자(程子)와 장자(張子)의 설[312]이 갖추어졌습니다. 장자가 논한 것은 각 구절을 따라 하나의 뜻을 삼았으니[313] 조목마다 문의(文義)에 매우 절실한 설이 됩니다. 그러므로 여씨(呂氏)가 그 설을 따른 것입니다.[314] 그러나 다시 유씨(游氏)·양씨(楊氏)의 설[315]로 충족하면 그 뜻

---

312) 정자(程子)와……설: 대전본『중용혹문』소주에 실린 정자의 설에 "自大哉聖
人之道 至道不凝焉 皆是一貫 ○德性者 言性之可貴 與言性善 其實一也 ○須是
合內外之道 一天人齊上下 下學而上達 極高明而道中庸 又曰 極高明而道中庸 非
二事 中庸 天理也 天理固高明 不極乎高明 不足以道中庸 中庸 乃高明之極也 又
曰 理則極高明 行之只是中庸也"라고 하였으며, 장자의 설에 "天體物而不遺 猶
仁體事而無不在也 禮儀三百 威儀三千 無一物之非仁也 昊天曰明及爾出王 昊天
曰及爾游衍 無一物之不體也 ○不尊德性 則問學從而不道 不致廣大 則精微無所
立其誠 不極高明 則擇乎中庸 失時措之宜矣 ○尊德性 猶據於德 德性須尊之 道
行也 問 問得者 學 行得者 猶學問也 尊德性 須是將前言往行所聞所知 以參驗 恐
行有錯 致廣大 須盡精微 不得鹵莽 極高明 須道中庸之道 ○致廣大極高明 此則
儘遠大 所處則直是精約 ○溫故知新 多識前言往行 以畜德 繹舊業而知新益 思昔
未至而今至之 緣舊所見聞而察來 皆其義也"라고 하였다.

313) 장자가……삼았으니: 대전본『중용혹문』소주에 실린 장자의 설에 "尊德性而
道問學 致廣大而盡精微 極高明而道中庸 皆逐句爲一義 上言重 下言輕"이라고
하였다.

314) 여씨(呂氏)가……것입니다: 대전본『중용혹문』소주에 실린 소주에 실린 남전
여씨(藍田呂氏)의 설에 "道之在我者 德性而已 不先貴乎此 則所謂問學者 不免
乎口耳爲人之事而已 道之全體者 廣大而已 不先充乎此 則所謂精微者 或偏或陋
矣 道之上達者 高明而已 不先止乎此 則所謂中庸者 同汚合俗矣"라고 하였다.

이 비로소 갖추어집니다. 그런데 유씨의 설에 지도(至道)와 지덕(至德)을 분별한 것은 본지를 얻은 것이지만 우우대재(優優大哉)에 대한 설[316]은 선하지 않은 것이 됩니다. 그리고 그가 방위도 없고 형체도 없으며 형체를 벗어나고 지혜를 떠난 것으로써 극고명(極高明)의 의미를 삼고,[317] 인덕(人德)·지덕(地德)·천덕(天德)으로써 덕성(德性)·광대(廣大)·고명(高明)의 구분을 삼은[318] 설은 본지를 잃은 것이 매우 심합니다.

　양씨의 설[319]은 더욱 이해할 수 없습니다. 대개 도는 자연의 길이며, 덕은 사람이 얻은 것입니다. 그러므로 예는 도체(道體)를 각각의 경우에

---

315) 유씨(游氏)……설: 대전본『중용혹문』소주에 실린 광평 유씨의 설에 "懲忿窒欲 閑邪存誠 此尊德性也 非學以聚之 問以辨之 則擇善不明矣 故繼之道問學 尊德性而道問學 然後能致廣大 尊其所聞 行其所知 充其德性之體 使無不該偏 此致廣大也 非盡精微 則無以極深而研幾 故繼之以盡精微 然後能極高明 始也 未離乎方 今則無方矣 始也 未離乎體 今則無體矣 離形去智 廓然大通 此極高明也 非道中庸 則無踐履加據之地 不幾於蕩 而無執乎 故繼之以道中庸 高明者 中庸之妙理 而中庸者 高明之實德也 其實非兩體也"라고 하였으며, 구산 양씨의 설에 "尊德性而後能致廣大 致廣大而後能極高明 道問學而後能盡精微 盡精微而後能擇中庸而固執之 入德之序也"라고 하였다.

316) 우우대재(優優大哉)에……설: 대전본『중용혹문』소주에 실린 광평 유씨의 설에 "優優大哉 言動容周旋 中禮也"라고 하였다.

317) 그가……삼고: 대전본『중용혹문』소주에 실린 광평 유씨의 설에 "始也 未離乎方 今則無方矣 始也 未離乎體 今則無體矣 離形去智 廓然大通 此極高明也"라고 하였다.

318) 인덕(人德)……삼은: 대전본『중용혹문』소주에 실린 광평 유씨의 설에 "尊其德性而道問學 人德也 致廣大而盡精微 地德也 極高明而道中庸 天德也 自人而天 則上達矣"라고 하였다.

319) 양씨의 설: 대전본『중용혹문』소주에 실린 구산 양씨의 설에 "道之峻極于天 道之至也 無禮以範圍之 則蕩而無止 而天地之化 或過矣 禮儀三百 威儀三千 所以體道而範圍之也 故曰 苟不至德 至道不凝焉 所謂至德者 禮 其是乎 夫禮 天所秩也 後世或以爲忠信之薄 或以爲僞 皆不知天者也 故曰 待其人然後行 蓋道 非禮不止 禮 非道不行 二者 常相資也 苟非其人 而梏於儀章器數之末 則愚不肖者之不及也 尙何至道之凝哉"라고 하였다.

맞게 절제해 드러낸 것이니 반드시 그 사람이 덕이 있은 뒤에야 능히 그일을 행할 수 있습니다. 지금 양씨의 설은 예를 덕으로 보고 그 도를 응집하려 하였으니 이미 잘못된 것입니다. 그런데 그는 또 '예는 도가 아니면 방탕하여 그침이 없고, 예는 도가 아니면 의장(儀章)·기수(器數)의 말단적인 데에 얽매여 행하지 못하는 점이 있다'라고 하였으니 이는 이른바 도라는 것이 곧 허무하고 황홀하여 원래 준칙이 없는 물체가 되고, 이른바 덕이라는 것도 도를 응집하기에 부족하여 도리어 도를 기다리는 바가 있게 됩니다. 이는 아마 노자의 말인 듯하니 잘못이 더욱 심합니다.

온고이지신 돈후이숭례(溫故而知新 敦厚以崇禮)에 대한 여러 설은 다만 두 구절이 상대하는 것으로 그 뜻이 한쪽으로 치우쳐 폐지할 수 없음을 밝혔으니 대의가 참으로 그렇습니다. 그러나 세밀히 분석해보면 이미 알고 있는 것을 익숙히 한 뒤에야 새로운 지식을 앎이 있지만 이미 알고 있는 것을 익숙히 하고서 또 새로운 지식을 알지 않아서는 안 된다는 것입니다. 이미 능히 할 수 있는 것을 돈독히 한 뒤에야 아직까지 제대로 삼가지 못하는 예절을 숭상할 수 있지만 이미 능히 할 수 있는 것을 돈독히 하고서 또 아직까지 제대로 삼가지 못하는 예절을 숭상하지 않아서는 안 된다는 것입니다. 이 점이 여러 설에서 빠뜨린 것입니다.

대저 이 다섯 구절은 이 장 첫머리에 나오는 도체의 대소를 이어 말한 것입니다. 그러므로 한 구절 안에 모두 대소의 두 가지 의미를 갖추고 있습니다. 예컨대 덕성(德性)·광대(廣大)·고명(高明)은 이미 알고 있는 것[故]이고 이미 능히 할 수 있는 것[厚]으로 도의 큰 것이며, 문학(問學)·정미(精微)·중용(中庸)은 새로운 지식[新]이고 제대로 삼가지 못하는 예절[禮]로 도의 작은 것입니다. 덕성을 드높이고서 문학(問學)을 말미암으며, 광대함을 지극히 하고서 정미함을 극진히 하며, 고명을 지극히 하고서 중용을 말미암으며, 이미 알고 있는 것을 익숙히 하고서 새로운 지식을 알아 나가며, 이미 능히 할 수 있는 것을 돈독히 하고서 아직 제대로 하지 못하는 예절을 숭상하는 것이 이 덕을 닦고 이 도를 응집하는 방법입니다. 그가 도의 대소에 대해 어느 것인들 체득하지 않음이 없기 때문에 윗자리에 있건 아랫자리에 있건 다스려지는 세상에 살건 어지러운 세상에 살건 어느 곳인들 마땅하지 않음이 없으니 이것이 또한 이 장의 전체적인 본지입니다."

○或問二十七章之說

曰 程張備矣 張子所論 逐句爲義 一條甚爲切於文義 故呂氏因之 然須更以游楊二說 足之 則其義始備耳 游氏分別至道至德 爲得之 唯優優大哉之說 爲未善 而以無方無體 離形去智 爲極高明之意 又以人德地德天德 爲德性廣大高明之分 則其失愈遠矣 楊氏之說 亦不可曉 蓋道者 自然之路 德者 人之所得 故禮者 道體之節文 必其人之有德 然後乃能行之也 今乃以禮爲德 而欲以凝夫道 則旣誤矣 而又曰 道非禮 則蕩而無止 禮非道則梏於儀章器數之末 而有所不行 則是所謂道者 乃爲虛無恍惚元無準則之物 所謂德者 又不足以凝道 而反有所待於道也 其諸老氏之言乎 誤益甚矣 溫故知新 敦厚崇禮諸說 但以二句相對 明其不可偏廢 大意固然 然細分之 則溫故然後有以知新 而溫故 又不可不知新 敦厚然後有以崇禮 而敦厚 又不可不崇禮此則諸說之所遺也 大抵 此五句承章首道體大小而言 故一句之內 皆具大小二意 如德性也 廣大也 高明也 故也 厚也 道之大也 問學也 精微也 中庸也 新也 禮也 道之小也 尊之道之 致之盡之 極之道之 溫之知之 敦之崇之 所以修是德 而凝是道也 以其於道之大小 無所不體 故居上居下 在治在亂 無所不宜 此又一章之通旨也

제28장

○어떤 사람이 물었다. "자사(子思)가 살던 시대에 주나라 왕실은 쇠미하여 예악이 국가에서 관장되지 못하고, 제도가 천하에 행해지지 않은 지 오래되었습니다. 그런데 자사가 '거동궤 서동문'(車同軌 書同文)이라고 말한 것은 어째서입니까?" 나는 아래와 같이 답하였다.

"당시 주나라 왕실이 쇠미했지만 사람들은 오히려 천하가 함께 떠받드는 군주로 여겼으며, 제후들이 신하라고 여기지 않는 마음이 있었지만 피차가 세력을 다투어 서로 숭상할 수 없었고, 아래로 6국이 망하기 전까지는 오히려 성(姓)을 바꾸고 문물을 고쳐 통일된 제도로 천하를 안정시키는 자가 있지 않았으니 주나라의 문자와 수레의 궤도를 누가 바꿀 수 있었겠습니까?"

어떤 사람이 또 물었다. "주나라 수레의 궤도와 글을 짓는 문자는 무엇 때문이 이와 같이 반드시 같았습니까?" 나는 아래와 같이 답하였다.

"옛날 천하를 소유한 사람은 반드시 정삭(正朔)을 개정하고 복색(服色)을 바꾸며 휘호(徽號)를 달리하여 천하 사람들의 이목을 새롭게 해서 그들의 심지를 통일하였습니다. 예컨대 하(夏)·은(殷)·주(周) 삼대의 다른 제도는 오히려 『서집전』(書集傳)에 보이는 것이 상세합니다. 궤(軌)는 수레의 바퀴 자국입니다. 주나라 사람들은 여(輿)를 숭상했는데, 그 제작법은 『주례』 동관(冬官)에 기록되어 있습니다. 수레의 넓이는 6척 6촌입니다. 그러므로 그 땅에 닿는 바퀴 자국은 서로의 간격에 넓고 좁

은 것이 한결같아 먼 곳이나 가까운 곳 할 것 없이 같지 않음이 없습니다. 더구나 수레를 만드는 것이 반드시 이런 제도에 합치되어야 나라 안에서 운행할 수 있어서 통하지 않는 곳이 없게 됩니다. 이런 제도에 합치되지 않으면 담당 관리가 그 점을 성토할 뿐만 아니라 도로를 운행할 때에 저절로 치우치고 막혀서 반걸음도 전진할 수 없으니 또한 금지하기를 기다리지 않고서도 저절로 다르게 만들지 않을 것입니다. 고어에 이른바 '문을 닫으면 수레를 나란히 대고, 문을 나서면 수레바퀴 자국을 따른다'라고 하였으니 대개 그 법도가 같음을 말한 것입니다. 『춘추전』에 '수레의 궤도를 함께하는 지역의 제후들이 모두 이르렀다'[320]라고 하였으니 온 세상 내의 정령이 미치는 곳에 있는 제후들은 오지 않는 이가 없었음을 말한 것입니다.

문(文)은 글자의 점과 획의 형상입니다. 『주례』에 사도(司徒)는 백성에게 도예(道藝)[321]를 가르치는데[322] 글씨 쓰기[書]가 그중 하나입니다. 또한 『주례』 춘관(春官) 「외사」(外史)에 '사방에 서명(書名)[323]을 전달하는 것을 관장한다'라고 하였으며, 추관(秋官) 「대행인」(大行人)의 법칙에도 '9년마다 한 번씩 유시(諭示)한다'[324]라고 하였으니 그 제도의 상세함이 이와 같습니다. 그러므로 비록 주나라 말기 온 세상이 분열되었을 때에도 오히려 그 제도는 변치 않았던 것입니다. 반드시 진(秦)

---

320) 이 문구는 『춘추좌씨전』 은공(隱公) 원년조에 보인다.

321) 도예(道藝): 육예(六藝)와 같은 뜻이다.

322) 사도(司徒)는……가르치는데: 『주례』 지관(地官) 「대사도」(大司徒)에 "以鄉三物 敎萬民而賓興之……三曰禮樂射御書數"라고 하였다.

323) 서명(書名): 『서경』의 「요전」 「순전」 등을 글을 가리킨다는 설과 명(名)을 자(字)로 보아 '글자를 쓰다'라는 뜻으로 보는 설이 있다.

324) 이 문구는 『주례』 추관(秋官) 「대행인」에 "九歲 屬瞽史 諭書名 聽聲音"이라고 한 것을 가리키는 듯하다.

나라가 6국을 멸망시켜 그 호령과 법제가 천하에 동일해짐이 있게 된 뒤에야 수레 제도는 6척을 법도로 삼고, 글자는 소전(小篆)·예서(隷書)을 법도로 삼아 주나라의 제도가 비로소 개정된 것이니 누가 자사의 시대에 갑자기 그렇게 바뀌었다고 말하겠습니까?"

○或問 子思之時 周室衰微 禮樂失官 制度不行於天下 久矣 其曰同軌同文 何耶

曰 當是之時 周室雖衰 而人猶以爲天下之共主 諸侯雖有不臣之心 然方彼此爭雄 不能相尙 下及六國之未亡 猶未有能更姓改物 而定天下於一者也 則周之文軌 孰得而變之哉

〈或問〉曰 周之車軌書文 何以能若是其必同也

曰 古之有天下者 必改正朔 易服色 殊徽號 以新天下之耳目 而一其心志 若三代之異 尙其見於書傳者 詳矣 軌者 車之轍迹也 周人尙輿 而制作之法 領於冬官 其輿之廣 六尺六寸 故其轍迹之在地者 相距之間 廣狹如一 無有遠邇 莫不齊同 況爲車者 必合乎此 然後可以行乎方內 而無不通 不合乎此 則不惟有司得以討之 而其行於道路 自將偏倚杌隉 而跬步不前 亦不待禁而自不爲矣 古語所謂閉門造車 出門合轍 蓋言其法之同 而春秋傳所謂同軌畢至者 則以言其四海之內 政令所及者 無不來也 文者 書之點畫形象也 周禮 司徒敎民道藝 而書居其一 又有外史掌達書名於四方 而大行人之法則 又每九歲而一諭焉 其制度之詳 如此 是以 雖其末流 海內分裂 而猶不得變也 必至於秦滅六國 而其號令法制 有以同於天下 然後車以六尺爲度 書以小篆隷書爲法 而周制始改爾 孰謂子思之時而遽然哉

440

제29장

○어떤 사람이 제29장의 설을 물어 나는 아래와 같이 답하였다.

"삼중(三重)에 대한 여러 설은 같지 않습니다. 정자(程子)도 정씨(鄭氏)의 주를 따랐지만[325] 문장의 뜻이 모두 통하지 않습니다. 오직 여씨(呂氏)의 한 설[326]이 그 본지를 얻은 것이 될 뿐입니다. 상언(上焉)·하언(下焉)에 대해서는 여씨의 설[327]도 잘못되었습니다. 애석하게도 그는 앞의 구절을 인하여 미루어 해석하지 않아 이런 모순이 생긴 것입니다."

어떤 사람이 또 물었다. "그렇다면 상언자(上焉者)는 때[時]로써 말한 것이고, 하언자(下焉者)는 지위[位]로써 말한 것이라고 한 설은 하나의 설이 될 수 없을 것이니[328] 또한 하언자가 패자(覇者)의 일이 되지 않으리라는 것을 어찌 안단 말입니까?" 나는 아래와 같이 답하였다.

---

325) 정자(程子)도……따랐지만: 대전본『중용혹문』소주에 실린 정자의 설에 "三重 卽三王之禮 此卽鄭註之說"이라고 하였다.

326) 여씨(呂氏)의……설: 『중용장구』제29장 제1절 주자의 주에 인용되어 있는 것을 가리킨다.

327) 여씨의 설: 대전본『중용혹문』소주에 실린 남전 여씨(藍田呂氏)의 설에 "上焉者 謂上達之事 如性命道德之本 不驗之於民之行事 則徒言而近於荒唐 下焉者 謂下達之事 如刑名度數之末 隨時變易 無所稽考 則臆見而出於穿鑿 二者 無取信於民 是以 民無所適從"이라고 하였다.

328) 그렇다면……것이니: 이는 주자의『중용장구』주에 상언자는 시왕이전(時王以前)을 말한 것이라 하고, 하언자는 성인재하(聖人在下)라고 한 것을 지적해 말한 것이다.

"천하에 왕도정치를 펴는 것으로 말하면 지위는 다시 숭상할 수 없으며, 패자의 일로써 말하면 그 선은 일컬을 만한 것이 못 되니 어찌 의심하겠습니까?"

어떤 사람이 또 물었다. "이 제29장 문장의 뜻은 근사한 것이 많아 상호 바꿀 수 있을 듯한데, 그것에 분변이 있습니까?" 나는 아래와 같이 답하였다.

"삼왕(三王)이 있는 것은 자취로써 말한 것입니다. 그러므로 불류(不謬)라고 말한 것이니 이미 행한 것과 더불어 차이가 없음을 말한 것입니다. 천지(天地)는 도로써 말한 것입니다. 그러므로 불패(不悖)라고 한 것이니 그 자연과 더불어 어긋나는 바가 없음을 말한 것입니다. 귀신(鬼神)은 형체가 없어 알기 어렵습니다. 그러므로 무의(無疑)라고 한 것이니 어두움(幽)은 밝은 데(明)에서 징험함이 있음을 말한 것입니다. 후세의 성인은 아직 나타나지 않아 요량하기 어렵습니다. 그러므로 불혹(不惑)이라고 말한 것이니 먼 것은 가까운 데에서 징험함이 있음을 말한 것입니다. 동(動)은 일신을 거론한 것인데 행(行)과 언(言)을 겸하여 말한 것입니다. 도(道)는 사람이 함께 말미암는 바이니 법(法)과 칙(則)을 겸하여 말한 것입니다. 법(法)은 법도를 말하니 사람이 마땅히 지켜야 할 바이고, 칙(則)은 준칙(準則)을 말하니 사람이 바름을 취하는 바입니다. 멀리 있는 사람은 그 덕이 널리 퍼지는 것을 기뻐하기 때문에 발돋움을 하고서 그를 사모하고, 가까이 있는 사람은 그 행실에 떳떳함이 있음에 익숙하기 때문에 오래 되어도 편안하게 여기는 것입니다."

○或問二十九章之說 曰 三重諸說 不同 雖程子 亦因鄭註 然於文義 皆不通 唯呂氏一說 爲得之耳 至於上下焉者 則呂氏亦失之 惜乎 其不因上句以推之 而爲是矛盾也 曰 然則上焉者 以時言 下焉者 以位言 宜不得爲一說 且又安知下焉者之不爲霸

者事耶 曰 以王天下者而言 則位不可以復上矣 以霸者之事而
言 則其善 又不足稱也 亦何疑哉

〈或問〉曰 此章文義 多近似 而若可以相易者 其有辨乎

曰 有三王 以迹言者也 故曰不謬 言與其已行者 無所差也 天
地 以道言者也 故曰不悖 言與其自然者 無所拂也 鬼神 無形而
難知 故曰無疑 謂幽有以驗乎明也 後聖 未至而難料 故曰不惑
謂遠有以驗乎近也 動 舉一身 兼行與言而言之也 道者 人所共
由 兼法與則而言之也 法 謂法度 人之所當守也 則 謂準則 人
之所取正也 遠者 悅其德之廣被 故企而慕之 近者 習其行之有
常 故久而安之也

제30장

○어떤 사람이 소덕(小德)과 대덕(大德)의 설을 물어 나는 아래와 같이 답하였다.

"천지(天地)로써 말하면 높고 낮고 흩어지고 다른 것은 소덕의 천류(川流)이고, 오목불이(於穆不已)는 대덕의 돈화(敦化)입니다. 성인으로써 말하면 조물주가 각기 만물에 부여한 것은 소덕의 천류이고, 순역불이(純亦不已)는 대덕의 돈화입니다. 이로써 미루어보면 여러 설의 잘잘못을 알 수가 있습니다."

어떤 사람이 또 물었다. "그대가 이른바 '내외를 겸하고 본말을 갖추어 말한 것이다'329)라고 한 것은 어째서입니까?" 나는 아래와 같이 답하였다.

"이는 한 가지 일로써 말할 수 없습니다. 짐짓 공자께서 이미 행하신 자취로써 말하면 그 서적이 있음으로 말미암아 하(夏)나라 때의 책력을 얻고330) 『주역』의 의미를 드러내 밝히셨으며, 그 행적이 있음으로 말미암아 제철에 나는 음식이 아니면 잡숫지 않았고,331) 요란스럽게 우레가 치고 맹렬한 바람이 불면 반드시 안색이 변하셨으며,332) 벼슬할 만하

---

329) 이 문구는 『중용장구』 제30장 제1절 주자의 주에 보인다.
330) 하(夏)나라……얻고: 이 문구는 『예기』 「예운」(禮運)에 보인다.
331) 제철에……않았고: 이 문구는 『논어』 「향당」(鄕黨) 제6장에 보인다.
332) 요란스럽게……변하셨으며: 이 문구는 『논어』 「향당」 제16장에 보인다.

면 벼슬하고 그만둘 만하면 그만두고 오래 머물 만하면 오래 머물고 속히 떠날 만하면 얼른 떠나신 것[333]에 이르기까지 모두 그것이 옳은 데에 해당하니 율천시(律天時)의 의미를 알 수 있습니다. 그 서적이 있음으로 말미암아 『서경』 「우공」(禹貢)을 차례로 편정했고, 『주례』 「직방씨」(職方氏)를 기술하셨으며, 그 행적이 있음으로 말미암아 노(魯)나라에 거처할 때에는 심의(深衣)를 입고, 송(宋)나라에 거처할 때에는 장보관(章甫冠)을 쓰셨으며, 등용되면 도를 행하고 버려지면 도를 간직하여[334] 만나는 바에 따라 편안히 하시는 데에 이르렀으니 습수토(襲水土)의 의미를 알 수 있습니다.

이로 인하여 미루어보면 옛날 성왕들이 해가 뜨는 것을 맞이하여 길흉을 점쳐서 정삭(正朔)을 반포하여 백성에게 나누어주었는데, 그 큰일로 왕위를 선양하고 포악한 군주를 내치고 정벌하는 데에 이르기까지 각각 그 시기로써 한 것은 모두 율천시의 일입니다. 그리고 국토를 나누어 구획하고 전야(田野)를 구분해 측량하며 사방의 제후를 다스려 거처할 지방을 구별하였는데, 넓게 미침이 곤충과 초목에 이르기까지 각각 그 본성에 따라 한 것은 모두 습수토의 일입니다. 가령 공자께서 나라를 얻어 다스리셨다면 또한 어찌 이렇게 하는 데 부족했겠습니까?"

○或問小德大德之說

曰 以天地言之 則高下散殊者 小德之川流 於穆不已者 大德之敦化 以聖人言之 則物各付物者 小德之川流 純亦不已者 大德之敦化 以此推之 可見諸說之得失矣

〈或問〉曰 子之所謂兼內外該本末而言者 何也

---

333) 벼슬할……것: 이 내용은 『맹자』 「공손추 상」 제2장에 보인다.
334) 등용되면……간직하여: 이 내용은 『논어』 「술이」(述而) 제11장에 보인다.

曰 是不可以一事言也 姑以夫子已行之迹 言之 則由其書之
有 得夏時 贊周易也 由其行之有 不時不食也 迅雷風烈 必變
也 以至於仕止久速之 皆當其可也 而其所以律天時之意 可見
矣 由其書之有 序禹貢 述職方也 由其行之有 居魯而逢掖也 居
宋而章甫也 以至於用舍行藏之所遇而安也 而其襲水土之意 可
見矣 若因是以推之 則古先聖王之所以迎日推筴 頒朔授民 而
其大至於禪授放伐 各以其時者 皆律天時之事也 其所以體國經
野 方設居方 而其廣至於昆蟲草木 各遂其性者 皆襲水土之事
也 使夫子而得邦家也 則亦何歉於是哉

제31장~제32장

○어떤 사람이 지성(至聖)과 지성(至誠)의 설을 물어 나는 아래와 같이 답하였다.

"양씨(楊氏)의 설[335] 가운데 제31장 총명예지(聰明睿知)를 군덕(君德)으로 해석한 것은 그 본지를 얻었지만 미진하며, 관유(寬裕) 이하의 해석은 본지를 잃었습니다. 대개 총명예지는 생이지지(生而知之)·안이행지(安而行之)로 맨 앞에 나오니 모든 사물의 바탕입니다. 그 뒤의 용(容)·집(執)·경(敬)·별(別)은 인·의·예·지의 일입니다. 제32장 경륜(經綸) 이하에 대한 제가의 설도 혹 그 문장의 뜻을 얻었습니다. 다만 천하의 대경(大經)을 경륜하는 것이 화(和)를 극진히 하는 것이 되고, 천하의 대본을 세우는 것이 중(中)을 극진히 하는 것이 되고, 천지의 화육(化育)을 아는 것이 궁리(窮理)가 되어 천명에 이르는 줄 모르고, 또 위로는 지성(至誠)에 연계될 바가 없고 아래로는 언유소의(焉有所倚)에 속할 바가 없으니 그 강령을 얻지 못한 것이 됩니다.

유씨(游氏)의 설에 앞의 제31장을 지성(至聖)의 덕을 말한 것으로, 이 제32장을 지성(至誠)의 도를 말한 것으로 본 것은 본지를 얻었습니다.

---

335) 양씨(楊氏)의 설: 대전본 『중용혹문』 소주에 실린 구산 양씨의 설에 "書曰 惟天生聰明時 又易曰 知臨大君之宜吉 則聰明睿知 人君之德也 故足以有臨 寬裕溫柔 仁之質也 故足以有容 發强剛毅 以致果 故有執 齊莊中正 以直內 故有敬 文理密察 理於義 故有別"이라고 하였다.

그의 설 가운데 덕자기용(德者其用) 이하[336]는 모두 좋습니다."

　○或問至聖至誠之說

　曰 楊氏以聰明睿知 爲君德者 得之而未盡 其寬裕以下 則失之 蓋聰明睿知者 生知安行而首出 庶物之資也 容執敬別 則仁義禮智之事也 經綸以下 諸家之說 亦或得其文義 但不知經綸之爲致和 立本之爲致中 知化之爲窮理 以至於命 且上於至誠者 無所繫 下於焉有所倚者 無所屬 則爲不得其綱領耳 游氏以上章爲言至聖之德 下章爲言至誠之道者 得之 其說自德者其用以下 皆善

---

336) 그의……이하: 대전본『중용혹문』소주에 실린 광평 유씨의 설에 "德者 其用也 有目者 所共見 有心者 所共知 故凡有血氣者 莫不尊親 道者 其本也 非道同志一 莫窺其奧 故曰苟不固聰明睿知達天德者 其孰能知之 盖至誠之道 非至聖 不能知 至聖之道 非至誠 不能爲 故其言之序 相因如此"라고 하였다.

제33장

○어떤 사람이 마지막 장의 설을 물어 나는 아래와 같이 답하였다.

"위의 3장을 이어 이미 성인의 덕을 말했는데 그 성대함을 지극히 하였습니다. 자사(子思)께서는 학자들이 고원하고 현묘한 영역에서 그것을 구하여 가벼이 자고자대하다가 도리어 도를 잃을까 염려하였습니다. 그러므로 그 지극히 가까운 데로 돌아가 말씀하시어 덕으로 들어가는 방향을 드러내 보여 학자들로 하여금 안에서 마음을 써 남이 알아주길 구하지 않을 줄 먼저 안 뒤에 신독(愼獨)하고 성신(誠身)하여 그 궁극에 순순히 이를 수 있게 하고자 한 것입니다.

군자가 공경한 마음을 돈독히 하여 천하가 태평스럽게 다스려지는데, 그 평치하는 이유는 찾을 만한 소리도 냄새도 없으니 이것이 바로 지성(至誠)의 성대한 덕이 자연스럽게 이룩한 공효이며 중용의 지극한 공입니다. 그러므로 무성무취(無聲無臭)로써 이 글을 끝맺은 것입니다.

대체로 『중용』 전편으로 논하자면 천명지성(天命之性)·솔성지도(率性之道)·수도지교(修道之敎)와 천지가 제자리를 잡는 소이(所以)와 만물이 화육(化育)되는 소이는 여기에서 그 실덕(實德)을 알 수 있습니다. 이 제33장으로 논하자면 제1절에 이른바 '담박하되 싫증나지 않고, 간결하되 문채가 나고, 온화하되 조리가 있으며, 저 멀리 보이는 것이 이 가까운 곳에서 말미암는 줄 알며, 바람처럼 겉으로 드러나 보이는 것이 안의 근본으로부터 비롯됨을 알며, 내면의 은미한 것이 밖으로 드러남이 있는 줄 안다'라고 한 것은 여기에서 그 공을 이룩한 것을 볼 수 있으니 모두 빈말이 아닙니다. 그러나 이런 경지에 들어가는 까닭은 다른 것이 없습니다. 또한 '자신에게 돌이켜 신독할 뿐이다'라고 말한 것입니다. 그러므로 제1장에서 그 의미를 이미 드러냈고, 이 제33장에서 다시 거듭 그 점을 밝혀 극도로 말하였으니 그 지의(旨意)가 깊습니다. 제5절에 불현(不顯)이라 한 것은 또한 의금상경(衣錦尙絅)의 마음을 채워 그 궁극에 이른 것이니 『시경』 원시의 뜻풀이와는 같지 않습니다. 대개 그 말을 빌려서 말한 것이니 『대학』에서 경지(敬止)를 말한 사례[337]와 같습니다."

어떤 사람이 또 물었다. "제가의 설은 어떠합니까?" 나는 아래와 같이 답하였다.

"정자(程子)의 설[338]이 지극합니다. 여씨(呂氏)의 설은 이미 이 장의 본지를 잃었고, 또 그 강령과 조리를 얻지 못하여 문장의 뜻에 타당하지 못한 점이 더욱 많습니다. 예컨대 이 제33장은 위의 문장에서 성(聖)·성(誠)의 극치를 말한 것을 이어서 그것을 돌이켜 하학(下學)의 초심에 근

---

337) 『대학』에서……사례: 『대학장구』 전 제3장 제3절에 『시경』 대아(大雅) 「문왕」(文王)의 "於緝熙敬止"를 인용하여 말한 것을 가리킨다.
338) 정자(程子)의 설: 대전본 『중용혹문』 소주에 실린 정자의 설에 "不愧屋漏 便有簡持敬氣象 又曰 不愧屋漏 則心安而體舒 ○尙不愧屋漏 是敬之事 ○聖人修己以安百姓 篤恭而天下平 惟上下一於恭敬 則天地自位 萬物自育 氣無不和 四靈何有不至 此體信達順之道 聰明睿知 皆由此出 以此事天享帝 ○道 一本也 知不二本 便是篤恭而天下平之道 又曰 君子之遇 事無巨細 一於敬而已矣 簡細故以自崇 非敬也 飾私智以爲奇 非敬也 要之 無敢慢而已 語曰 居處恭 執事敬 雖之夷狄 不可棄也 然則執事敬者 固爲仁之端也 推是心而成之 則篤恭而天下平矣 ○毛猶有倫 入毫釐絲 忽終不盡 ○中庸言道 只消道 無聲無臭四字 總括了多少 ○中庸之語 其本至於無聲無臭 其用至於禮儀三百 威儀三千 自禮儀三百 威儀三千 復歸於無聲無臭 此言聖人心要處"라고 하였다.

본하여 미루어 말해 그 궁극에 이른 뒤에 그친 것입니다. 그런데 여씨는 '이 장은 모두 덕이 이루어져 근본으로 돌아가 중용의 도를 극진히 함을 말한 것이다'라고 하였으니[339] 이미 이 제33장의 본지를 잃은 것입니다. 이 장에는 모두 여덟 번이나 『시경』의 시를 인용하고 있는데, 의금상경(衣錦尚絅)으로부터 불현유덕(不顯惟德)에 이르기까지 5조항은 학문을 시작하고 덕을 완성하는 과정의 소활하고 정밀함 및 얕고 깊은 점의 차서를 말한 것입니다. 그리고 불대성이색(不大聲以色)으로부터 무성무취(無聲無臭)에 이르기까지 3조항은 모두 드러나지 않은 덕을 찬양한 것입니다. 그런데 지금 여씨는 불현유덕(不顯惟德)으로 앞의 세 가지 뜻[340]을 통틀어 겸하여 말하였고, 또 뒤의 3조항을 통틀어 진덕공부(進德工夫)의 얕고 깊은 차서로 삼았으니[341] 또한 그 조리를 잃었습니다.

심지어 지풍지자(知風之自)를 견문과 동작이 모두 마음으로 말미암아 나오는 것을 아는 것으로 해석하고, 지미지현(知微之顯)을 마음의 정미함이 밝게 도달하고 갑자기 드러난 것을 아는 것으로 해석하고, 부동이경 불언이신(不動而敬 不言而信)을 사람들이 공경하고 신뢰하는 것으로 해석하고, 재물과 여색에 대한 욕구 및 어버이와 어른에 대한 사심이

---

339) 여씨는……하였으니: 대전본『중용혹문』소주에 실린 남전 여씨의 설에 "此章皆言德成反本 以盡中庸之道"라고 하였다.

340) 세 가지 뜻: 제3절의 부동이경(不動而敬), 불언이신(不言而信)과 제4절의 불상이민권(不賞而民勸), 불노이민위어부월(不怒而民威於鈇鉞)을 가리킨다.

341) 여씨는……삼았으니: 대전본『중용혹문』소주에 실린 남전 여씨의 설에 "不顯惟德 百辟其刑之者 要其所以不動而敬 不言而信 不賞而勸 不怒而威 豈有他哉 在德而已 ○德輶如毛 謂之德者 猶誠之者也 未至乎誠也 若至乎誠 則與天爲一無意無我 非勉非思 渾然不可得而名者也 聲臭之於形 微矣 有物而不可見 猶曰無之 則上天之事 可知矣 ○不動而敬 不言而信 不賞而勸 不怒而威 則德孚於人 而忘乎言動矣 然猶有德之聲色 存焉 至于不大聲色 然後可以入乎無聲無臭而誠一於天"이라고 하였다.

천하 사람들에게 통용되는 것으로 독공이천하평(篤恭而天下平)을 삼고, 덕으로 성지(誠之)의 일을 삼지만 오히려 성색(聲色)이 있으니 무성무취의 경지에 이른 뒤에야 성(誠)이 천(天)과 하나가 된다고 하였으니 또한 문장의 의미가 온당하지 못한 점이 이러합니다.

그러나 근세의 해설가 중에는 그의 지풍지자의 설을 깊이 취하여 '이는 정자(程子)가 아니면 말할 수 없는 것이다'라고 하는 자가 있으니 이는 대개 불교의 '작용(作用)이 성(性)이다'라고 하는 담론에 익숙해서 료옹(了翁)[342]의 서문의 오류를 살피지 않았기 때문입니다. 학문을 강론하지 않아 그 누추함이 이런 지경에 이르렀으니 가련합니다.

유씨(游氏)의 이른바 '마음속에 간직한 것이 없고 외물과 교섭함이 없어 담담하게 순수하고 소박하여 홀로 신명(神明)과 더불어 이 담박함에 거처한다'라고 한 설과 '무성무취는 사람들에게서 떨어져 혼자의 경지에 선 것이다'라고 한 설[343]은 모두 유학자의 말이 아닙니다. 유씨가 또 '남에게 발(足)을 잃지 않고, 남에게 안색(色)을 잃지 않고, 남에게 입(口)을 잃지 않는다'라고 한 설[344]은 또한 남을 접할 때 살피는 일이니 간(簡)[345]을 말한 것이 아닙니다. 유씨가 삼지(三知)를 논한 것[346]은 견

---

342) 료옹(了翁): 진관(陳瓘, 1057~1124)의 호.

343) 유씨(游氏)의……설: 대전본『중용혹문』소주에 실린 광평 유씨의 설에 "無藏
於中 無交於物 泊然純素 獨與神明居此淡也 然因性而已 故曰不厭 ○無聲無臭
則離人而立於獨矣"라고 하였다.

344) 유씨가……설: 대전본『중용혹문』소주에 실린 광평 유씨의 설에 "不失足於人
不失色於人 不失口於人 此簡也 然循理而已故文"이라고 하였다.

345) 간(簡):『중용장구』제33장 제1절 간이문(簡而文)의 간(簡)을 가리킨다.

346) 삼지(三知)를……것: 삼지(三知)는『중용장구』제33장 제1절의 "知遠之近 知
風之自 知微之顯"을 가리킨다. 대전본『중용혹문』소주에 실린 광평 유씨의 설
에 "欲治其國者 先齊其家 知遠之近也 人人親其親 長其長 而天下平 可不謂近矣
乎 欲齊其家 先修其身 知風之自也 易於家人曰 風自火出 而君子以言有物 行有

강부회한 병폐를 면치 못하며, 그가 덕유여모(德輶如毛)를 논한 뒷부분 [347]은 그 잘못이 여씨(呂氏)의 설과 같습니다.

양씨(楊氏)의 지풍지자에 대한 설[348]은 여씨의 구본의 설[349]과 대략 같은데, 그가 증명을 취한 것은 또한 모두 너무 고원하니 여씨의 개본을 참고하고 취하여 이른바 견문(見聞)이라고 한 것[350]을 제거하고, '언어의 득실과 동작의 시비가 모두 유래한 바가 있음을 알아 삼가지 않아서는 안 된다'라는 말을 더하면 거의 그 설이 옳을 것입니다. 그는 또 덕유여모를 '덕이 있지만 아직 교화를 시키지 못한 것'으로 해석했으니[351] 여씨·유씨의 설이 잘못된 것과 같습니다.

후씨(侯氏)의 설[352]은 소활한 점이 많습니다. 그의 설 가운데 오직 '이 제33장은 덕으로 들어가 덕을 이룩한 차서를 다시 기술한 것이다'라고

常 可不謂所自乎 欲修其身 先正其心 知微之顯也 夫道 視之不見 聽之不聞 而常
不離心術 日用之間 可不謂矣乎"라고 하였다.

347) 그가……뒷부분: 대전본『중용혹문』소주에 실린 광평 유씨의 설에 "所謂德者
非甚高而難知也 甚遠而難至也 舉之則是 故曰德輶如毛 旣已有所舉矣 則必思而
得 勉而中 是人道有對 故曰毛猶有倫 若夫誠之至 則無思無爲 從容中道 是天道
也 故曰 上天之載 無聲無臭 至矣"라고 하였다.

348) 양씨(楊氏)의……설: 대전본『중용혹문』소주에 실린 구산 양씨의 설에 "世之
流風 皆有所自淸之隘 和之不恭 知其自此 則君子不由也"라고 하였다.

349) 여씨의……설: 대전본『중용혹문』소주에 실린 남전 여씨의 설에 "墨子兼愛 楊
者爲我 其始末有害也 其風之末 則至於無君無父 而近於禽獸 伯夷之不屑就 以爲
淸 柳下惠之不屑去 以爲和 其風之末 不免乎隘與不恭 君子不由 則其端不可不愼
也 故曰差之毫釐 繆以千里 其知風之自歟"라고 하였다.

350) 이른바……것: 대전본『중용혹문』소주에 실린 남전 여씨의 설에 "以見聞之廣
動作之利 推所從來 莫非心之所出 其知風之自歟"라고 하였다.

351) 그는……해석했으니: 대전본『중용혹문』소주에 실린 구산 양씨의 설에 "德輶
如毛 未至於無倫 猶有德也而未化 非其至也 故上天之載 無聲無臭 然後爲至"라
고 하였다.

352) 후씨(侯氏)의 설: 대전본『중용혹문』소주에 실린 하동 후씨(河東侯氏)의 설
에 "自衣錦尙絅 至無聲無臭 至矣 子思再敍入德成德之序也"라고 하였다.

한 설만 본지를 얻은 것이 됩니다."

　○或問卒章之說

　曰　承上三章　旣言聖人之德　而極其盛矣　子思懼夫學者求之
於高遠玄妙之域　輕自大而反失之也　故反於其至近者而言之　以
示入德之方　欲學者　先知用心於內　不求人知　然後可以愼獨誠
身而馴致乎其極也　君子篤恭而天下平　而其所以平者　無聲臭之
可尋　此至誠盛德自然之效　而中庸之極功也　故以是而終篇焉
蓋以一篇而論之　則天命之性　率性之道　修道之敎　與夫天地之
所以位　萬物之所以育者　於此　可見其實德　以此章論之　則所謂
淡而不厭　簡而文　溫而理　知遠之近　知風之自　知微之顯者　於此
可見其成功　皆非空言也　然其所以入乎此者　則無他焉　亦曰反
身以愼獨而已矣　故首章已發其意　此章又申明而極言之　其旨深
哉　其曰不顯　亦充尙絅之心　以至其極耳　與詩之訓義　不同　蓋亦
假借而言　若大學敬止之例也

　〈或問〉諸說　如何

　曰　程子至矣　呂氏旣失其章旨　又不得其綱領條貫　而於文義
尤多未當　如此章　承上文聖誠之極致　而反之　以本乎下學之初
心　遂推言之　以至其極而後已也　而以爲皆言德成反本之事　則
旣失其章旨矣　此章凡八引詩　自衣錦尙絅　以至不顯惟德　凡五
條　始學成德疎密淺深之序也　自不大聲色　以至無聲無臭　凡三
條　皆所以贊夫不顯之德也　今以不顯惟德　通前三義而幷言之
又以後三條者　亦通爲進德工夫　淺深次第　則又失其條理矣　至
以知風之自　爲知見聞動作　皆由心出　以知微之顯　爲知心之精
微　明達暴著　以不動而敬　不言而信　爲人敬信之　以貨色親長　達
諸天下　爲篤恭而天下平　以德爲誠之之事　而猶有聲色　至於無

454

聲無臭 然後誠一於天 則又文義之未當者 然也 然近世說者 乃
有深取其知風之自之說 而以爲非程夫子不能言者 蓋習於佛
氏作用是性之談 而不察乎了翁序文之誤耳 學之不講 其陋至
此 亦可憐也 游氏所謂無藏於中 無交於物 泊然純素 獨與神明
居 所謂離人而立於獨者 皆非儒者之言 不失足於人 不失色於
人 不失口於人 則又審於接物之事 而非簡之謂也 其論三知 未
免牽合之病 其論德輶如毛以下 則其失與呂氏同 楊氏知風之自
與呂氏舊本之說 略同 而其取證 又皆太遠 要當參取呂氏改本
去其所謂見聞者 而益以言語之得失 動作之是非 皆知其有所
從來 而不可不謹 則庶乎其可耳 以德輶如毛 爲有德而未化 則
又呂游之失也 侯氏說 多疎濶 惟以此章爲再敍入德成德之序者
獨爲得之也

옮긴이의 말

　주자는 종래의 오경(五經) 체제에서 사서(四書) 체제로 학문의 중심을 이동하였다. 사서는 공자의 말을 기록한『논어』, 공자와 증자(曾子)의 말을 기록한『대학』, 자사(子思)가 지은『중용』, 맹자의 말을 기록한『맹자』이다. 주자는『예기』에 들어 있던「대학」과「중용」을 별책으로 독립시켜 편차를 개정하고 장구(章句)로 나누어 새롭게 해석한 뒤『논어』『맹자』와 합해 사서라고 명명하였다. 그리고 공자-증자-자사-맹자로 이어지는 도통(道統)을 드러내 밝혔다. 이는 공자 이전의 오경보다 공자 이후의 사서를 통해 성현의 본지(本旨)를 터득하고자 한 것이다.

　주자는 20대부터 사서를 정밀하게 읽으며 저술을 시작하였다. 48세 때인 1177년『논어집주』(論語集註)『논어혹문』(論語或問)『맹자집주』(孟子集註)『맹자혹문』(孟子或問)『대학장구』(大學章句)『대학혹문』(大學或問)『중용장구』(中庸章句)『중용혹문』(中庸或問)의 저술을 완성하였다.

　주자는『논어』『맹자』의 해석서는 집주(集註)라 하고,『대학』『중용』의 해석서는 장구라 하였다. 집주는 전대의 주석을 모아 해석했다는 의미이지만 장구는 장·구로 나누어 새롭게 해석했다는 의미이다. 십삼경주소본『예기』에 수록된 「대학」 「중용」은 장·구로 나뉘지 않은 한 편의 글이다. 이런 글을 장(章)을 나누고, 구절별로 나누어 해석을 했기 때문에 특별히 독자적인 이름을 붙인 것이다.

　주자는 사서 체제를 새롭게 정립하고 전대의 설을 수용하면서 자신의 관점으로 해석하였는데, 특히『대학』『중용』의 해석에 심혈을 기울였다. 『대학』은 임종하기 사흘 전까지 개정을 거듭했다고 하며, 사마광(司馬光)이『자치통감』(資治通鑑)을 편찬하는 데 일생의 정력을 기울였듯이 자신은『대학』을 해석하는 데 일생의 정력을 다하였다고 하였다. 이런 점에서 보면 주자의『대학』『중용』 해석은 주자학의 근간에 해당한다.

　『대학』은 학문의 규모를 말한 것으로, 지식인이 공부해야 할 일이 체계적으로 기술되어 있다. 즉 학자는 먼저 자신의 명덕을 밝혀 사물에 대한 인식과 도덕적 주체를 확립하고, 그다음에 남들에게 그 덕화를 베풀어 온 세상 사람들이 다 같이 평안하게 살아가는 치도(治道)의 원리를 배워야 한다는 것이다. 이런 내용이 삼강령(三綱領)·팔조목(八條目) 속에 정연하게 서술되어 있다. 반면『중용』은 성인의 가르침으로 내 존재의 근원을 탐구하고 체화(體化)하여 천인합일을 추구하는 것이다.『대학』이 횡적으로 현실 사회의 문제를 주로 한 반면『중용』은 종적으로 나의 마음의 문제에 주목하여 인도를 닦아 천도에 합하기를 추구하는 내용이다.

　『대학』과『중용』은 짧은 한 편의 글로『논어』와『맹자』에 비해 분량이 매우 적지만 위와 같은 측면에서 보면 단편적인 말을 모아놓은『논어』와『맹자』에 비해 그 내용이 체계적이다. 특히『중용』은 인간 존재의 본원인 천(天)을 언급하고 있어 이해하기 쉽지 않다. 주자도『중용』에 대해 초학자들이 알기 어려운 내용이라고 언급하였으며, 조선시대 학자들도『중용』을 가장 이해하기 어려운 책으로 여겨 가장 많이 읽었다.

조선시대 학자들은 주자의 『대학장구』 『대학혹문』 『중용장구』 『중용혹문』을 함께 읽으며 그 깊은 뜻을 연역하였다. 그런데 오늘날의 학자들은 처음 공부할 때 사서를 몇 번 읽어보면 되는 것으로 간주하여 깊이 있게 이해하려 하지 않는다. 또한 대학교에서도 이 두 책을 제대로 가르치지 않고 있다. 성호(星湖) 이익(李瀷)은 자기 시대에도 『중용』을 올바로 이해하는 사람이 없다고 하였는데, 우리 시대에는 제대로 된 번역서조차 없다. 몇 종의 번역서가 나와 있지만 구두에 따라 훈석(訓釋)을 한 것에 지나지 않는다.

나도 한문공부에 열중할 때 『중용』을 수십 번 읽었지만 이해하기가 어려웠다. 문구 해석만으로 그 의미를 알 수가 없었다. 그러다 논문을 10여 편 쓰면서 논리구조와 의미맥락을 어렴풋이 파악하게 되었고, 본지를 대략이나마 파악하게 되었다. 그리하여 『중용장구』를 정확히 번역해 후학들에게 도움을 주고, 아울러 『중용혹문』도 함께 읽을 수 있도록 번역할 필요성을 느꼈다.

유감스럽게도 『중용혹문』은 번역서가 아직 없다. 『중용혹문』은 어떤 사람의 질문에 답하는 형식을 빌려 주자가 『중용』의 깊은 뜻을 연역해 놓은 글로 『중용』의 내용을 이해하는 좋은 길잡이가 되는 책이다. 주자는 『중용』을 해석하면서 『중용장구』에는 본문을 이해하는 데 꼭 필요한 것만 간결하게 주석해놓았다. 그러므로 공부하는 사람이 『중용장구』를 읽으면서 『중용혹문』을 참고하면 『중용』을 이해하는 데 훨씬 도움이 될 것이다. 그러기에 이 두 종의 책을 한 데 묶어 번역하였다.

조선시대 학술을 이해하기 위해서는 주자의 『대학』과 『중용』 해석을 정밀히 이해해야 한다. 왜냐하면 주자학의 근본이 이 두 책에 있기 때문이다. 『대학장구』와 『대학혹문』을 한데 묶어 번역하고, 다시 이 책을 출간하게 되어 오랜 숙원을 풀게 되었다. 아무쪼록 이 책이 『중용』을 공부하는 데 조금이라도 도움이 되기를 바라며, 이 책 속에 담긴 정신이 다시 우리 시대에 전해져 인도를 닦아 천도에 합하는 삶을 지향하는 사람이 많아지기를 바란다.

2014년 3월 1일
경상대학교 남명학관 산해실(山海室)에서
최석기가 삼가 씀

찾아보기

지은이 주희

주희는 중국 남송시대의 유학자로, 자(字)는 원회(元晦)·중회(仲晦),
호는 회암(晦庵)·회옹(晦翁) 등이며, 흔히 주자(朱子)라는 존칭으로 불린다.
주희는 부친이 근무하던 중국 복건성(福建省) 우계현(尤溪縣)에서 출생했다.
19세에 진사가 된 후 오랫동안 관직에 있었지만, 실제로 나아가
정치를 한 것은 수년에 불과하다. 그는 연평(延平) 이통(李侗)에게 수학해
정자(程子)-양시(楊時)-나종언(羅從彦)-이통으로 전해진 학통을 계승하였으며,
북송시대 신유학을 연 주돈이(周敦頤)·장재(張載)·정호(程顥)·정이(程頤) 등의 사상을
적극적으로 계승 발전시켰다. 송대 신유학을 집대성해 우주론과 심성론 등
형이상학적 사상체계를 만들었으며, 한(漢)·당(唐)나라 때의
훈고학적 해석의 한계에서 벗어나 우주와 인간을 하나의 논리구도 속에서
이해하는 주자학을 완성하였다. 이후 주자의 철학은 20세기 초에 이르기까지
동아시아를 지배하는 주도 이념으로 자리 잡았다.
사후 문공(文公)이라는 시호를 받고 휘국공(徽國公)에 추봉되었다.
주희는 이전까지 전래된 오경 체제의 경학을 사서 체제로 개편하였다.
그는 사서를 해석하는 데 공력을 쏟았는데, 특히 『대학』과 『중용』의 해석에
일생의 정력을 바쳤다. 『대학』의 경우 편차를 개정하고 장구(章句)를 나누어
논리구조를 체계화하였으며, 『중용』은 33장으로 나누고 단락을 크게
구별하여 해석하였다. 또한 사서 가운데서도 학자가 공부해야 할 내용이
『대학』에 모두 갖추어져 있기 때문에 학문의 규모가 된다고 생각해
제일 먼저 읽어야 할 책으로 제시하였다. 이어 『논어』와 『맹자』를 읽고,
마지막으로 천인합일을 언급한 『중용』을 맨 뒤에 읽으라고 하였다.
이와 같이 주희가 정립한 사서 중심의 경서 체제는 후대 동아시아 사상계를
지배하는 이념으로 오랫동안 지속되면서 학문의 필독서가 되었다.

옮긴이 최석기

최석기(崔錫起)는 성균관대학교 한문교육과를 졸업하고 같은 대학교 대학원에서
문학박사 학위를 받았다. 또한 한국고전번역원 연수부 및 상임연구원 과정을 졸업하고
국역실에서 전문위원으로 일했다. 지금은 경상대학교 인문대학 한문학과 교수로 있다.
저서로 『조선시대 대학도설』 『조선시대 중용도설』 등이 있으며
논문으로 「성호 이익의 시경학(詩經學)」 등이 있다.

중용

지은이 • 주희
옮긴이 • 최석기
펴낸이 • 김언호
펴낸곳 • (주)도서출판 한길사

등록 • 1976년 12월 24일 제74호
주소 • (413-120) 경기도 파주시 광인사길 37
www.hangilsa.co.kr
E-mail: hangilsa@hangilsa.co.kr
전화 • 031-955-2000~3
팩스 • 031-955-2005

부사장 · 박관순 | 총괄이사 · 김서영 | 관리이사 · 곽명호
영업이사 · 이경호 | 경영담당이사 · 김관영 | 기획위원 · 류재화
책임편집 · 김지희 김춘길 | 편집 · 백은숙 서상미 안민재 김지연 이지은 김광연 이주영
마케팅 · 윤민영 | 관리 · 이중환 문주상 김선희 원선아

CTP출력 · 알래스카 커뮤니케이션 | 인쇄 · 오색프린팅 | 제본 · 경일제책

제1판 제1쇄 2014년 10월 20일

값 28,000원
ISBN 978-89-356-6435-1 94150
ISBN 978-89-356-6427-6 (세트)

• 이 도서의 국립중앙도서관 출판시도서목록(CIP)은
e-CIP 홈페이지(http://www.nl.go.kr/ecip)에서 이용하실 수 있습니다.
(CIP제어번호: CIP2014028516)

한길그레이트북스 인류의 위대한 지적 유산을 집대성한다